管理教材译丛

U0737881

创业学

（原书第9版）

Entrepreneurship

(9th Edition)

罗伯特 D. 赫里斯（Robert D. Hisrich）
肯特州立大学

[美]　**迈克尔 P. 彼得斯**（Michael P. Peters）　　著
波士顿大学

迪安 A. 谢泼德（Dean A. Shepherd）
印第安纳大学

蔡莉　葛宝山 等译

机械工业出版社
China Machine Press

图书在版编目（CIP）数据

创业学（原书第 9 版）/（美）罗伯特 D. 赫里斯（Robert D. Hisrich），（美）迈克尔 P. 彼得斯（Michael P. Peters），（美）迪安 A. 谢泼德（Dean A. Shepherd）著；蔡莉等译. —北京：机械工业出版社，2016.12

（管理教材译丛）

书名原文：Entrepreneurship

ISBN 978-7-111-55405-9

I. 创… II.①罗… ②迈… ③迪… ④蔡… III. 创业－高等学校－教材 IV. F241.4

中国版本图书馆 CIP 数据核字（2016）第 269832 号

本书阐述了创业学的主要内容，包括创业概论，从创意到机会识别，从机会识别到商业计划，从商业计划到新企业创建以及新企业创建、成长与终结五篇，全面解读了在创建和经营企业的过程中，创业者如何承担企业生存和发展的责任及风险，迎难而上，开创属于自己的市场。

本书主要适用于普通高等学校创业基础课程，既可用于本科生教学，也可用于 MBA、EMBA 和研究生教学，同时，还可为有意于创业的人士和创业者提供帮助与参考，用作培训教材。

出版发行：机械工业出版社（北京市西城区百万庄大街 22 号　邮政编码：100037）

责任编辑：董凤凤		责任校对：董纪丽	
印　　刷：北京诚信伟业印刷有限公司		版　　次：2017 年 1 月第 1 版第 1 次印刷	
开　　本：185mm×260mm　1/16		印　　张：22.75	
书　　号：ISBN 978-7-111-55405-9		定　　价：59.00 元	

凡购本书，如有缺页、倒页、脱页，由本社发行部调换

客服热线：(010) 88379210　88361066	投稿热线：(010) 88379007
购书热线：(010) 68326294　88379649　68995259	读者信箱：hzjg@hzbook.com

版权所有·侵权必究

封底无防伪标均为盗版

本书法律顾问：北京大成律师事务所　韩光 / 邹晓东

罗伯特 D. 赫里斯（Robert D. Hisrich）

罗伯特 D. 赫里斯曾任美国雷鸟商学院全球创业中心主任、创业学首席教授，现为肯特州立大学商学院副院长、教授。赫里斯教授拥有美国迪堡大学学士学位及辛辛那提大学工商管理硕士和博士学位。

赫里斯教授的研究重点是创业及新企业创建，包括创业伦理、公司创业、妇女和少数民族创业、创业融资和全球创业。他在这些创业领域从事教学和科研工作，也曾在营销管理、产品计划和开发领域从事教学与科研工作。他的兴趣在于全球管理和创业。以此为基础，他两次以富布赖特学者的身份在匈牙利的布达佩斯访问交流。俄罗斯楚瓦什国立大学和匈牙利米什科尔茨大学授予他名誉博士学位。作为访问教授，他多次访问奥地利、澳大利亚、爱尔兰和斯洛文尼亚的大学。赫里斯教授是多家顶级创业领域期刊的编委。他还担任多家公司的董事。他在 *Journal of Marketing*，*Journal of Marketing Research*，*Journal of Business Venturing*，*Journal of Small Business Finance*，*Small Business Economics*，*Journal of Developmental Entrepreneurship*，以及 *Entrepreneurship Theory and Practice* 等学术期刊上公开发表 300 多篇论文。赫里斯教授还编著出版了 28 种著作，如 *Marketing：A Practical Approach*；*How to Fix and Prevent the 13 Biggest Problems That Derail Business*；*International Entrepreneurship: Starting，Developing and Managing a Global Venture* 以及 *Technology Entrepreneurship: Value Creation，Protection and Capture*。

迈克尔 P. 彼得斯 (Michael P. Peters)

迈克尔 P. 彼得斯是波士顿大学管理学院营销系名誉教授。他在美国马萨诸塞大学（UM）获得博士学位，在美国东北大学获得工商管理学士和硕士学位。目前，彼得斯教授已从全职教师岗位上退休。他曾经在雅典希腊商学院的美国学院访问交流，并在该校的 MBA 项目中发起了创业及商业计划大赛。此外，他还在创业领域从事写作及演讲活动。他还是多家企业的董事，并参与一个家族企业的管理。他积极帮助美国的创业者创办新企业，在世界范围内举办与创业相关的各种研讨会，就国内外的新产品开发决策问题、营销计划和市场战略提供咨询服务。他在 *Journal of Business Research*，*Journal of Marketing*，*Journal of Marketing Research*，*Journal of International Business Studies*，*Columbia Journal of World Business*，*Journal of Business Venturing* 和 *Sloan Management Review* 等期刊上发表了 30 多篇学术论文。他撰写了三本教材：*Marketing a New Product：Its Planning，Development and Control*；*Marketing for New and Mature Products*；*Entrepreneurship*。他担任波士顿大学营销系主任和小企业研究所所长长达 16 年。他爱好摄影、网球、高尔夫和科德角的皮划艇。

迪安 A. 谢泼德 (Dean A.Shepherd)

迪安 A. 谢泼德是美国印第安纳大学凯利商学院首席创业领导力教授。谢泼德教授在澳大利亚邦德大学获得其 MBA 和博士学位。其研究领域是创业领导力。他重点采用实验的方法研究人们如何充分利用认知和其他资源开发创业机会，揭示其获得较高水平的个体和组织绩效的学习过程及决策机制。谢泼德教授在顶级创业期刊、管理总论期刊、战略管理期刊、运营管理期刊和心理学期刊上发表了 100 多篇论文。

创建和经营一家新的企业要克服巨大的风险，付出巨大的努力，冲破创造新事物的各种障碍。在创建和经营企业的过程中，创业者要承担企业生存和发展的责任及风险，并获得相应回报。这种风险会因为企业走向国际化或者天生国际化而加剧。来自世界各地的消费者、企业家和政府官员对创业的兴趣与日俱增，这可以从创业研究、创业课程设置和创业论坛数量的快速增长中得到验证。每年新创建的企业超过 200 万家（尽管有 70% 失败了）。创业的重要性受到媒体的大量宣传和报道。各方面共同认识到创业无论对发达经济体，还是对发展中经济体，抑或对专制型经济体都具有重要的意义。

谁才是我们应该关注的焦点？谁为了创建一家新企业而愿意承担所有这些风险，并因此而付出必要的努力？这个人可能来自上层社会，也可能来自下层社会；可能是一位技术专家，也可能是一个缺乏技术背景的人；可能是一个大学毕业生，也可能是一个高中辍学者。这个人可能是发明家、经理、护士、推销员、工程师、学生、教师、家庭主妇，也可能是一个退休人员。这个人通常是一个能够平衡工作和家庭的人，当他们在为员工发放工资时，也在承担社会责任。

为了能够在国际视野基础上理解创业者和创业过程，本书被划分成以下五篇。

第一篇是创业概论，主要从历史的角度和研究的角度阐述创业者及其创业过程。本部分结合职业生涯和创业的未来发展方向，从机理方面及其对经济发展的影响方面分析创建新企业的作用和特点；进一步讨论了创业者的特质以及个体自我评价的方法。在简单介绍了公司创业内容之后，本部分总结了开拓新事业的主要策略。

第二篇是从创意到机会识别，重点介绍新企业创建过程中的创意、创新问题及其影响因素，分析创意的各种不同来源及其近 10 年来的发展趋势。本部分特别关注：创造性解决现存问题的技术，国内外机会识别，机会分析计划的制订以及在创建新企业过程中的创意保护和相关的法律事项。

第三篇是从机会识别到商业计划，其重点内容是商业计划。首先，本部分系统介绍了商业计划的全貌及主要方面。然后，各用一章的内容分别介绍营销计划、财务计划和组织计划。

第四篇是从商业计划到新企业创建，重点阐述创建新企业所面临的最棘手的问题——创业融资。首先，讨论了债务融资与股票融资、内部融资与外部融资。在讨论了主要的资本来源（自己、家庭、朋友、供应商和销售信用、政府资金和项目、私人捐赠和商业银行等）后，主要讲解了三种融资机制：非正式风险资本（IRC）、风险资本（VC）和公开上市融资。

第五篇是新企业创建、成长与终结，主要论述新企业创建、发展和退出的过程。本部分特别关注：开发创业战略、促进新企业成长的战略、成长阶段的新企业管理，包括早期阶段的运营管理、扩张管理和外部资源获取等。本部分重点论述保证新企业获得成功绩效和成长的管理技能非常重要。此外，本部分也讨论了创业企业成功退出的方法，专门讨论了促进新企业快速成长的方式，包括并购、特许经营、合资企业和新企业成长所需要的人力资本及财务资本等内容。

为了保证本书有利于学生学习、使用，每章都以本章概要和与本章学习内容相关的一位创业者实例开始。每章都有大量的例子供读者学习参考。每章都配有类似商业新闻专栏式的总结性文章和商业伦理类内容。每章结尾都有调研练习、课堂讨论和用于进一步研究的选读资料。

许多人，包括学生、企业高管、创业者、教授和出版商为本书的公开出版做出了贡献。我们首先要感谢对本书进行详尽和缜密审阅的教授，他们是：俄勒冈州立大学的 Ted Khoury、得州大学（达拉斯）的 Daniel Bochsler、西拉库斯大学的 Craig Watters、俄勒冈州立大学的 Robert Garrett 和艾奥瓦州立大学的 Howard Van Auken。

我们还要特别感谢，Carol Pacelli 对书稿出版的充分准备；感谢 Tracy Droessle、David Kralik、Rebecca Knowles 和 Katie Nehlsen 提供研究资料，协助编辑开发案例等。还要感谢本书的编辑：品牌经理 Anke Weekes 和推广经理 Laura Hurst Spell。我们要由衷地感谢我们的伴侣：Tina、Debbie 和 Suzie，她们的支持和理解使得我们的努力终结硕果。本书还要献给未来的创业者——我们的孩子们：Kary、Katy、Kelly、Christa、Jack、Meg 和孙辈孩子们：Rachel、Andrew、Sarah 和 Jack。

罗伯特 D. 赫里斯

迈克尔 P. 彼得斯

迪安 A. 谢泼德

目　录

第三篇
从机会识别到商业计划

第五篇
新企业创建、成长与终结

第13章 成长战略及其影响
管控 …………………… 280

第14章 从企业外部获取促进企业
成长的资源 …………… 301

第15章 代际转移计划和战略：
为了收获并结束企业 …… 327

⊖ 请参见华章网站：http://www.hzbook.com，注册后搜索书名即可下载。

创 业 概 论

第1章

创业及创业意识

▶ 本章概要

- ☐ 创业概念的界定及创业过程的解释；
- ☐ 简述创业者如何通过结构相似性获得创新思维跃进；
- ☐ 强调拼凑理论作为创业者智谋原动力的重要意义；
- ☐ 简述时常被成功创业者采用的效果推理理论；
- ☐ 完善创业者认知适应性的概念；
- ☐ 可持续创业概念引入——一种保持自然环境和社会的可持续性并使他人受益的方法。

▶ 开篇引例 厄文·马里昂·考夫曼

厄文·马里昂·考夫曼（Ewing Marion Kauffman）出生于美国密歇根州加登城的一个农场里，8岁时与家人一同移居到堪萨斯城。在之后的几年，发生了一件至关重要的事情——考夫曼被确诊为先天性心脏病。医生要求他卧床休息整整一年，甚至不能坐起来。考夫曼的妈妈是一个大学毕业生，她想出了一个可以让好动的11岁男孩躺在床上的方法——阅读。根据考夫曼对当时的描述，"当然读书啊！因为除此之外我什么都不能做，我每个月阅读多达40～50本书。当你的阅读量达到这一程度时，你就什么都读了。所以我读了所有总统的传记，我甚至还读了两遍《圣经》，尽管它非常晦涩难懂。"

另一个重要的早期童年经历以挨家挨户地上门推销为中心。因为考夫曼的家庭并不富裕，他推销36打从农场收集来的鸡蛋，以及他的父亲与他一起捕获、清理并包装好的鱼。他的妈妈在他性格的形成时期给予了他非常多的鼓励，她每天都告诉年轻的考夫曼："也许有些人口袋里比你有更多的钱，可是考夫曼，没有任何人比你更加出色。"

在青少年时代，考夫曼的工作是洗衣店送货员，同时他还是一名童子军。除了达到所有成为鹰级童子军和航海童子军的必要条件外，他在堪萨斯城还卖出了相当于常人两倍数量的"童子集会"门票，这一成就使他得以免费参加一个他的父母无论如何都负担不起的、为期两周的童子军夏令营。考夫曼说："这些经历使我获得了销售技巧，对随后我所涉足的制药生意也产生了影响。"

考夫曼从早上 8 点到中午 12 点在专科学校上课,之后步行两公里到他工作的洗衣店,一直工作到晚上 7 点。临近毕业,他开始在洗衣店为 R.A. 朗先生(Mr.R.A.Long)全职工作,而 R.A. 朗先生最终也成了考夫曼心中的榜样之一。考夫曼作为渠道领班,管理 18 ~ 20 个渠道的司机,他举办销售竞赛,比如通过挑战他的已有纪录,鼓励洗衣店的卡车司机们从各种渠道挖掘更多的客户群。考夫曼说:"之后的人生证明,当时在销售过程中所获得的锻炼让我受益颇多。"R.A. 朗先生不仅仅靠洗衣生意赚钱,同时还兼顾专利的发明创造——一种适用于衬衫领子,用于保持衬衫形状的模壳。他在他的年轻门生面前证明了,任何人都可以像使用肌肉一样,使用脑子挣钱。考夫曼评论说:"他是一个在我生命中有着非凡影响力的了不起的男人。"

1942 年 1 月 11 日,考夫曼在美国珍珠港短期加入美国海军,他的销售能力在其服役期间也再次得到应用。当他被任命为海岸警卫队三等兵,每月薪资 21 美元时,他表示:"我曾参加过航海童子军,也曾驾驶船舶,还曾搭乘过捕鲸船,所以我比三等兵更加优秀。"他的推销能力说服了美国海军部让他以海军一等兵的身份开始服役,每月薪资 54 美元。由此,考夫曼被任命为海军上将身边的工作人员,在这里,他成了一名杰出的通信兵(负责舰艇之间消息传递的海员),这也部分归功于他之前密集的大量阅读所造就的超人的信息阅读能力。带着海军上将的鼓励,考夫曼学习了通信导航课程并被指派进行甲板调试,之后成了一名领航员。

1947 年,第二次世界大战(以下简称"二战")后,考夫曼从一个 50 个申请人的能力倾向测试中脱颖而出,从而成为一名医药公司的专职销售员,向当地医生推销维生素以及腹腔镜。在没有业务津贴以及福利,仅拿固定提成的情况下,他的收入甚至在第二年超过了公司总裁。随后公司便减少了他的提成,结果是,当考夫曼任职美国中西部销售经理的时候,他可以从他管理的销售人员的提成中抽取 3%,然后他的收入再次超过了公司总裁。于是公司缩小了他的管辖范围。1950 年,他终于辞职并创建了自己的公司——马里昂实验室(Marion Laboratories)(马里昂是他的中间名)。

回想起公司初创的时候,考夫曼解释说:"其实转型创业并不像听起来那么难,因为我已经有了合作很多年的医生作为我的忠实客户。在正式起步之前,我拜访了其中的三个主要客户并表示,'我正在考虑建立自己的公司。若我承诺将继续提供与以往相同质量的供给和服务,我是否能期待您的继续合作呢?'这三人是我最大的客户,由于对我过去的服务非常满意,三人都很愿意与我继续合作。"

马里昂实验室最初销售的是一种由其他公司生产、马里昂实验室贴牌销售的注射类产品。随后公司进行了客户拓展和产品研发,并推出了其首个处方项目,一种名为维康(Vicam)的维生素产品。公司所研发的第二种药剂制品——牡蛎碳酸钙(Oyster shell calcium),同样非常畅销。

为了进行公司扩张,考夫曼从商业信托公司借来了 5 000 美元。他偿还了这笔贷款,公司最终得以继续发展壮大。几年后,外部投资者若愿意贷给公司 1 000 美元,并同意在未来 5 年内得到 1 250 美元偿还,则可以购得价值 1 000 美元的公司普通股,其间无任何间歇利息。这些价值 1 000 美元的初始投资,若在 1993 年仍然持有,其价值将达到 2 100 万美元。

得益于考夫曼与那些并非公司雇员的合伙人的良好关系,马里昂实验室持续快速成长，年销售额超过 10 亿美元。"他们都是公司的股东，亲手建立起这家公司，所以他们对于公司至关重要"，考夫曼说。合伙人的理念同时也是公司两大奠基哲学的组成部分：产者得其利，待人若待己。

1965 年 8 月 16 日，马里昂实验室经史密斯·巴尼公司（Smith Barney）以每股 21 美元的价格首次公开上市。一经上市，股票立即暴涨至每股 28 美元，且之后从未低于此水平，其发行的股票有时甚至可达到 50 ~ 60 倍的市盈率。为了让所有人都可以在公司持有股票，公司的合伙人被纳入一个利润分享计划。1968 年，考夫曼收购了堪萨斯市皇家棒球队（Major League Baseball），由此将美国职业棒球联赛带回堪萨斯城。联赛的到来有力地推动了当地的经济、社区形象以及市民荣誉感的提升。当 1989 年马里昂实验室与美林·道氏公司（Merrill Dow）正式合并时，公司有多达 3 400 名合伙人，其中 300 人在公司合并重组后成为百万富翁。新生的马里昂·美林·道氏公司（Marion Merrill Dow，Inc.）在 1998 年被欧洲的制药公司赫司特公司（Hoechst）收购的时候，已经成长为一个拥有 9 000 名合伙人，销售额高达 40 亿美元的公司。赫司特·马里昂·罗素公司（Hoechst Marion Roussel）成为全球最顶尖的、基于药品制造的医疗保健公司，其业务涉及药剂制品的产品发现、产品研发、生产制造以及产品销售。全球性跨国制药公司安万特制药（Aventis Pharma）一直专注于人类医学（处方药和疫苗研制）以及动物卫生健康的研发。1999 年年底，赫斯特·马里昂·罗索公司与安万特制药公司强强联手完成合并。2002 年，安万特的销售额达到 166.34 亿美元，较 2001 年增长了 11.6%，同时每股净收益增长了 27%。

厄文·马里昂·考夫曼，作为一个企业家、一个美国棒球职业联赛球队的所有者，同时还是一个慈善家，他将他的成就直接归功于对其"待人若待己"的基础哲学的一贯坚持。他表示："这是人生中最幸福的原则，也是经商最为睿智的原则。"

厄文·马里昂·考夫曼的联营公司理念（philosophies of associates），会对那些从事生产，同时又推动公司所制定的决策得以在组织内部贯彻执行的人予以奖励，而作为公司基础理念的这一思想，与我们现在所说的企业内部的"公司创业"一脉相承。他在初创考夫曼基金会时将这一理念进行了深化拓展。考夫曼基金会专门对项目中的"青年培养"以及"创业精神"两方面进行资助，这也将他对创业精神的信仰和回馈的思想进行了进一步升华。正如员工对他亲切的描述一样："考夫曼先生是一个真正杰出的企业家。"考夫曼基金会定会创造出越来越多的成功的"企业合伙人"。

就像当年的厄文·马里昂·考夫曼一样，其他许多创业者和准创业者也会不时地迷惑，"我真的是一个创业者吗？我真的具备成功的潜力吗？对于新的创业机会，我的经验和背景是否足够启动并运营呢？"正如幻想创办并拥有一家公司所产生的强大诱惑力一样，这一过程与生俱来的问题和陷阱也像那些成功的故事本身一样，充满着传奇般的魔力。而事实也证明，拓展型的商业冒险大多凶多吉少。想要成为那些少数的成功创业者之一，仅仅靠勤奋地努力工作和幸运女神的眷顾是远远不够的。在高度不确定的环境下，冷静思考、随机应变以及向失败学习的能力才是至关重要的。

1.1 创业的本质

创业精神在商业行为的孕育及成长过程中扮演了极为重要的角色，同时对地方乃至全国经济的繁荣发展也功不可没。而如此大规模价值产出的开端却可能非常微不足道。创业行为的出现通常基于盈利的可能性和个体创新力的纽带关系。**创业机会**（entrepreneurial opportunities）是"一种使得新商品、新服务、原材料以及新组织方法得以在高于其成本价值的条件下引进和销售的情境"。例如，一个新商机的产生可能来自一个既成的作用于单一市场的技术产品的引进，进而开发出新的市场。此外，新商机也可能会为现有市场带来新的技术创新，抑或同时带来新产品／服务和市场的更新。这种周而复始的主题便是由新商机为代表的创新产物。然而，如此可能性依赖于来自个体创新或创业集群对于当下情境作为潜在机会的主动认知、评价以及利用才得以实现。因此，创业精神应落脚于**创业行为**（entrepreneurial action），即"一种发生在已有组织内部或新创组织中的，对于新产品、新工序或新市场入驻的研发的行为"。

创业者直接抓住他们所认可的机会。因为机会存在（或创造或产生）于高度不确定性中，所以创业者必须运用他们的判断力来判定是否进行机会开发。然而考虑到犹豫不决对于创业行为的持续性具有潜在的削弱作用，所以真正理解创业行为的关键是：评估由一个潜在机会所感知到的大量的不确定性的能力以及个体对这种不确定性的承受意愿。个体过去的知识储备可以削弱这些不确定性，而他的创业动机也是衡量个人对这种不确定性的承受意愿的重要指标。

如图 1-1 所示，麦克马伦和谢泼德（McMullen-Shepherd）的二阶段创业行为理论解释了知识储备和创业动机如何影响创业行为的两个阶段。环境中预示的可能的机会转换信号往往会被一些个体注意到。当个体拥有营销或技术方面的知识储备的时候，他们便更可能在外界环境中感知到机会因素；如果他们同时被创业动机推动，那么他们便会在信息的整合处理上投入更多的精力。然而另一些人，则对这些可能性继续视而不见。第一阶段的最终结果是，个体认识到机会的存在，并判断此机会能否成为对机会识别者本人而言有价值的机会（第二阶段）。这其中包括基于机会识别者已有的知识储备评估成功开发机会的可行性，以及基于创业动机对其收益满意度进行评估。换言之，即来自他人的这个机会（第三人机会）是否可以转化为自身的机会（第一人机会）？如果个体在此时能够打消顾虑，则自然会相信当前情境下广义的机会已经形成，而且相信这个形成的广义的机会正是一个适合自己的机会，此时这个个体便会开始创业行动。

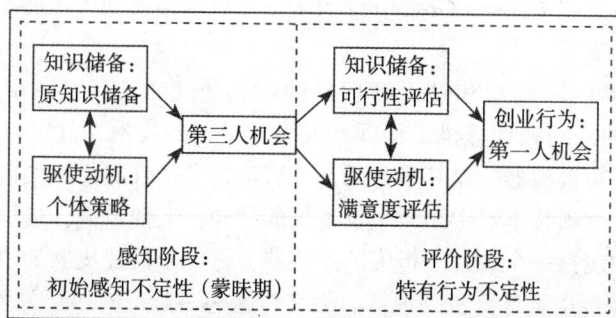

图 1-1　创业行为模型

资料来源：Reprinted with permission from McMullen, J. and Shepherd, D. A. (2006). Entrepreneurial Action and the Role of Uncertainty in the Theory of the Entrepreneur. *Academy of Management Review*. 31: 132-142.

正因为如此，创业者着手于那些已经被识别为机会因素的，同时值得为之奋斗的可能性。这其中包括**创业思维**（entrepreneurial thinking）——始于个体走出思维盲区，从而得以识别机会出现的信号，并打消关于此机会对于个体本身可行与否的疑虑，进而最终从执行过程中获取反馈的思维过程。为了更好地解释这个过程，让我们先来看看创业思维的另一种形式。

1.2　创业者是如何思考的

创业者与非创业者的思考模式是截然不同的。而且，在特定的环境下，创业者所考虑的事情很可能与他们面对其他决策或工作时所考虑的事情大相径庭。创业者经常不得不在高度不确定的环境下做出决策，在面临大笔的情感投资的同时，还必须面对高风险及沉重的时间压力。相较于时间充足、已把握问题本质以及拥有适合的规章制度、可直接切入问题点并解决问题的情况，在如此高压的环境下，我们都会选择完全不同的方式思考。当创业者即将做出一项决策时，必然表现出的是：①结构性思维；②拼凑思维；③手段导向；④认知适应性。

1.2.1　结构性思维

机会意识的形成往往有赖于创新思维的跃进。这些跳跃性创新思维的源头是个体的既存知识储备。就创业机会来说，其中一个关于创新思维跃进的例子便是：关于既有市场的认知可以将那些由新工艺衍生出的新产品/服务很好地契合到原市场之中。此外，创新思维跃进也会在已有工艺新市场引入的起始阶段出现。在连接新产品（新型服务、新的商业模式、新技术）和目标市场的过程中，目标市场的切入可以由来自目的地（比如市场）和资源地（比如技术）两方的、关于其间浅层且结构性相似的点做辅助。**表层相似性**（superficial similarities）存在于当科学技术的基础（相对易获取）元素与市场的基础（相对易获取）元素相似（匹配）的情况下。反之，**结构相似性**（structural similarities）意为在科学技术的潜在结构与市场的潜在结构相似的（匹配）情况下存在的相似性。企业家所面临的挑战通常出现在基于结构相似性的创新思维跃进中。而这正完美地解释了一个真实的例子，亦是来自雪城大学的丹尼斯·格雷瓜尔（Denis Gregoire）和我（来自印第安纳大学的迪安·谢泼德）在创业思维研究中的一个事例。

此案例来自美国国家航空和航天管理局的兰利研究中心（NASA's Langley Research Center）。研究中心的空间和计算机工程师开发了一项新的技术，其中包括航天飞机飞行员使用的庞大笨重的飞行模拟器。就其本身而言，该项技术的表层要素类似于飞行员飞行模拟器的培训。相对地，这项技术与中小学生及家长的结构相似性较低。这项技术的核心是一个表层处理方案，其中包括一个放置于指尖的感应器，以此来监控皮肤的电传导，并在另一个机器上将这些电信号传送至计算机处理器。最终，这些一对一的相互关系（皮肤至感应器以及感应器至计算机）汇聚成一个由高级指令关系组成的网络，而这张网络大体反映了此技术的性能、宗旨以及应用。因此，在很长一段时间里，这项技术可以帮助航天飞机领航员（或者飞机驾驶员，或者青少年司机）提高他们集中注意力的能力。然而，让人刮目相看的是，这项技术的目标市场与那些寻求治疗多动症非药物替代品的家长显示出极高的结构相似性。

将此技术应用于那些寻求多动症非药物替代品的家长的这个机会，对于那些被技术和新市场的表层不匹配以及随后表现出的深层次的结构相似性所干扰的个人来说，并不是显而易见的。

因此，那些可以在技术和目标市场之间感知或创造出结构性匹配的个人，特别是当表层不匹配同时出现时，这样的人更有可能识别创业机会。关于技术或者市场的专业知识显示出对此识别能力具有促进作用，更值得高兴的是，这项技术可以通过练习和培训获得。

1.2.2 拼凑思维

创业者通常都会面临资源匮乏的窘境。因此，他们要么选择从他人处获取"次级"必需资源，通过实验产生新机会，要么自主进行资源拼凑。**拼凑**（bricolage）指一些创业者通过"应用现有资源的解构整合从而应对即将来临的机会和问题"。这其中包括获取已有资源（手边资源），通过实验、调整、重新包装以及重构使其以一种区别于原始设计或构想的方式被利用。通过这个被称为"权宜利用"的过程，创业者便可创造出新的机会。贝克（Baker）和尼尔森（Nelson）（2005：341-42）提出了以下案例以支持拼凑理论。

蒂姆·格雷森（Tim Grayson）是一个农民。被废弃的煤矿坑道在他的土地上纵横交错。他知道，隧道极易塌方且产生巨大的污水坑，对农民来说是一件麻烦事，同时也容纳了大量的甲烷。甲烷是另一件麻烦事，这种有毒的温室气体在废弃的坑道里面可以留存长达几个世纪同时还毒害矿工。格雷森和他的同伴从他的农场挖了一个洞通向一条废弃的矿井。他从当地的一家工厂里得到一台二手的柴油发电机，简单、粗糙地改装后便将其用于燃烧甲烷。在这个过程中，格雷森经常在这种无色无味的气体发生爆炸时伤到脚。于是他从那些之前大部分他会卖给当地公共事业公司的回收的电力开关设备中"拼凑"出电力产出设备。因为格雷森的发电机工作时会产生大量的余热，所以他建立了一个温室用于水培番茄。该温室使用的正是他从发电机的冷却系统中得到的热水。他还将非高峰期产生的电力用于供给一种可以使植物生长加速的灯。温室里充满管道的大量的富养水被"免费"加热，这使格雷森意识到，他也许可以养殖罗非鱼。罗非鱼是一种在美国日益流行的优雅的热带鱼。他将罗非鱼放入浸泡番茄根部的水中，同时利用鱼的排泄物为番茄施肥。最终，储量丰富的甲烷仍然存在，格雷森开始将过量的甲烷销售给天然气公司。从该案例可以看出，拼凑是一种巧妙的思路并且可操作性强，是创业机会非常重要的源头之一。

1.2.3 手段导向

作为一个未来企业的领导者，你被训练为一个理性的思考者，甚至在不能保持理性的时候会受到别人的警告。也许正是这样的训诫赋予了这项工作其天性，可似乎还有一种思想被创业者同时交替使用着，在关于机会的思考时尤其明显。萨拉斯·萨拉斯瓦西（Saras Sarasvathy）教授（来自弗吉尼亚大学达顿商学院）发现，创业者在考虑问题时并不总是遵循从一个理想结果出发，之后专注于结果实现方法的单一思维模式。这样的过程被称为**因果过程**（causal process）。但是，创业者有时会使用**效果推理过程**（effectuation process），即创业者通过可用资源（自我定位、知识储备、人脉网络）的获取，在一切可能的结果中对最优结果进行筛选。萨拉斯瓦西教授本人是一个出色的厨师，所以她使用烹饪过程的例子来解释她的理论也就不足为奇了。

例如，想象一个大厨被指派为一次晚宴掌勺。有两种可以完成这次烹饪任务的方法。第一种是由主人和客人提前选出一种菜单。厨师的工作就是将菜单所需原料详细列出，采购并烹饪即可。这样的过程就是我们说的因果过程。整个过程由一个既定的菜单开始，过程则关注从菜单到成型菜肴最有效的执行方法。

在第二种方法中，主人要求厨师仔细地检查橱柜中可用的食材和器具之后再着手烹饪。这次，厨师不得不根据手中所掌握的资源将所有可能的菜谱都想象出来，选择一个菜谱，再根据这个菜谱着手烹饪。而这样的过程就是效果推理过程。所有工作的开始都是手中既有的食材和器具，过程则专注于在多种可能的满意菜谱中选择一个着手烹饪。

萨拉斯瓦西假想实验 #1：咖喱乡里

在本例中，萨拉斯瓦西教授记录了一家想象中的印度餐厅——咖喱乡里（Curry in a Hurry）的创建过程。两个经过验证的案例分别使用了因果推理理论和效果推理理论。为了达到实验的目的，她选择了一个典型的因果推理流程作为实验案例，当下较多经济理论都将其作为基础支撑，也是不可避免终将引起理论争议的假想公司。其赋予经济活动者以特定的偏好顺序，并在他们选择行为的合理性（暗示因果推理）上赋予特定的基础假设。《营销管理》（*Marketing Management*）是一本被广泛认可的经典著作，此书的各个版本在世界各地都被大量选为 MBA 课程的教科书。本文案例中使用的因果过程曾被菲利普·科特勒（Philip Kotler）在《营销管理》（1991:63，263）中作为典型并具体化。

科特勒对市场的定义如下："市场由全体潜在消费者所共享的特定需求或短缺以及那些自主参与交换活动以满足短缺和需求的人所共同组成。"（1991:63）。给定产品/服务的情况下，科特勒建议产品/服务的市场引入应遵循如下流程（科特勒假定市场存在）：

1. 进行市场远期机会分析
2. 选择并研究目标市场
3. 界定市场区隔变数并细分市场
4. 形成细分结果概况
5. 细分市场的吸引力评估
6. 目标市场的选择
7. 确定每个目标市场的可能切入点
8. 选择、发展并沟通已选择的切入点
9. 设计市场策略
10. 规划营销方案
11. 组织、实施并监控营销效能

在营销领域中，以上过程得到广泛的接受和传播，并被称作 STP，即市场细分、目标市场和市场定位。

咖喱乡里是一家有新卖点的餐厅，即一家能点快餐的印度餐厅。当前范式使用了因果推理过程。为了将这个想法实现，创业者需要以所有潜在顾客作为样本总体。我们可以想象她想要在美国宾夕法尼亚州匹兹堡建立一家自己的餐厅，而匹兹堡则是咖喱乡里最初的样本总体以及目标市场。假定在宾夕法尼亚州的人口总数中，讨厌印度菜的人口百分比忽略不计，那么创业者便可以开始进行 STP 了。

　　大量相关的市场区隔变数，如人口统计资料、居民聚居、种族背景、婚姻状况、收入水平以及外出就餐模式都可以使用。最基本的是，创业者可以向特定的居民，比如说宾夕法尼亚州的两所主要的大学，发放调查问卷来组织焦点小组，这样创业者便可以找到一个目标市场，比如包括印度人在内的、每个星期至少外出就餐两次的殷实富足的家庭。这些可以帮助创业者决定消费者的菜单选择、室内装潢、工作时间以及其他运营细节。创业者随后便可以设计出营销方案和促销活动来劝说其目标客户尝试她的餐厅。同时她也可以亲自去印度菜馆或者快餐餐厅实地考察，并为她计划中的餐厅进行最合理可靠的市场需求预估。

　　在任何情况下，整个过程都有赖于大量的分析工作和时间投入，同时还需要来自调研过程中的以及此后营销策略执行过程中的资源支持。总的来说，当前范例说明了我们会在一个庞大、综合的样本总体中开展非常具体的内部运作——也就是说，在一个既定的市场中找到我们理想的目标市场。就咖喱乡里而言，在某种程度上，这意味着一个覆盖面由匹兹堡全城到福克斯教堂（一个富裕的居民区）以及那些小康家庭（富足家庭的特定消费者形象）的地毯式推进。

　　与之相反，如果我们想象中的创业者采取了效果推理理论来建立餐厅，那么其工作方向则大相径庭（效果推理理论将此处描述为一个可行且言之有据的 STP 的替代理论，而不是一般标准化意义上的高级理论）。例如，创业者会以针对性的因果可行性以及方式方法的调研作为开端，而不是以一个同时包含既存市场、投资资金以及其他资源所构成的假想情况，即餐厅在市场中的最优可能性的前提为开端。假设其预算非常有限（比如 20 000 美元），她就应该思考如何创造性地尽可能在无成本支出的情况下将产品引入市场。想要做到这些，创业者可以劝说一家现有的餐厅成为其战略伙伴，或者在进行了足够的市场调查后，说服一个投资者提供其餐厅最初的启动资金作为投资。还有一个办法，那就是说服一家当地的印度餐厅或者快餐店授权她设立一个销售部分印度快餐的柜台。菜单的甄选和对细节的琢磨将会是实验性的主观行为，又或许是一个建立满意度的过程。

　　可以想象其他关于效果推理理论的课程，也许创业者所需要的课程仅仅是联系一两个他们在市中心工作的朋友或者亲戚，请这些亲朋好友将他做的食物带给他们的同事尝尝。如果这些办公族喜欢他的食品，那么他就很可能会得到一个外卖午餐的订单。久而久之，他就能开发出足够多的客户来支持他的餐厅开业，或者经过几个星期午餐生意的拓展工作，他也许会发现，相较于他们所感兴趣的他古怪的性格和谈话内容，特别是他不同寻常的人生感悟而言，那些曾声称喜欢他食物的人也许并不像他们所说的那样真正热衷他提供的食品。我们假想中的创业者也许现在已经决定放弃午餐的订单着手准备开始写书了，去巡回演说并最终在成功学的领域闯出一片天地！

　　给定与之前完全相同的起点，但是伴随截然不同的可能性，创业者可能会以各种各样不同的商业创建作为结果。让我们对其中一些可能性进行一个快速的浏览。试想：无论是谁第一个在我们假想的咖喱乡里购买了食物，根据定义，他就是咖喱乡里的第一个目标顾客。通过对客户需求的不断探知，便可构架一个持续扩张的客户和战略合作伙伴的网络，创业者下一步便可确定一个切实可行的市场细分。例如，如果第一个真正完成了实际购买，并再次光临二次消费的顾客是来自不同种族的职业女性，那么这就是她的目标细分市场。根据第一个顾客的需求，她可以着手定义目标市场。如果消费者对于食物有着特别强烈的兴趣，那么创业者便可以基于地理位置将所有的职业女性作为目标客户，或者可以从开发经销店的角度考虑，在这一区域对基于相似特征的职业女性进行定位——"繁忙女性"（women in a hurry）特许经营店？

或者，若消费者主要对外来的创业者和种族理念感兴趣，而不仅仅是对食物本身，那么创业者可以据此开发出新产品，比如酒宴承办服务、派对策划等——"咖喱承办"？若消费者购买食物的原因在于他们对新文化的喜爱，那么她便可以推出讲座或者课程。也许，她以印度菜肴烹饪作为起点，而后拓展到文化领域，其中包括音乐欣赏、古代历史哲学以及依托食物作为文化探索的桥梁纽带的深层理念——"咖喱学堂"？抑或真正激起他们兴趣的是主题旅行和其他围绕远东与印度的旅游线路——"咖喱大陆之旅"？

简单地说，效果推理过程的应用可以帮助创业者在截然不同的领域创建种类各异的公司。换言之，公司（结果）的原始理念（或源动因）并不意味着任何一种单一的总体策略。取而代之的是，效果推理的整个过程使得创业者得以创造出一个或者更多可能的结果，而不必拘泥于那些创业起始阶段广义上的最终目标。这个过程不仅使得若干可能的结果（尽管通常情况下只有一个或极少数能被真正落实完成）得以实现，而且促使决策者去调整，甚至随着时间的推移重新塑造、构建他的目标，利用一切出现的可能性。

我们对萨拉斯瓦西的效果推理理论的直接引用并非使得案例在因果关系的思维过程上更胜一筹，而应该说，这代表了创业者的一种思考方式。效果推理理论帮助创业者在高度不确定的环境下正常思考。确实，现今的组织机构不得不在一个复杂的动态环境中运营管理，而环境本身又日益呈现出持续飞快的、改头换面式的变化特征。在这种环境的自然作用下，大多数公司管理者需要展现出一种创业者心态，这样他们的公司才能在环境的不断更迭中成功地发展下去。这种**创业者心态**（entrepreneurial mind-set）是一种即使在不确定环境下也可以迅速地感知、行动以及动员的能力。在培养创业者心态的过程中，个体必须在变化的目标中试图为新的机会寻找合理的解释，同时就公司以及市场中的是非问题不断地质疑"确定性逻辑思维"。例如，有效的创业者会不断地"重新考虑当下的战略行为、组织结构、沟通系统、公司文化、资产分布、投资策略等涵盖公司运营的方方面面以及公司的长期健康发展"。

个体若想将这一工作变得得心应手，则必须培养自身的**认知适应性**（cognitive adaptability）。笔者（来自印第安纳大学的迪安·谢泼德）与美国空军前少校，现任教于雪城大学的迈克·海尼（Mike Haynie）共同合作开发了大量关于认知适应性的模型，以及一种可以实施捕获的测算方法，在下边即将呈现给你。

1.2.4　认知适应性

认知适应性描述的是创业者在多重决策体系结构产生过程中的动态程度、灵活程度、自制程度以及参与程度。其中，多重决策体系结构着重于感知和促进环境中的变化，进而采取行动。决策体系是基于对人和形势的了解而组织起来的，用以帮助他人了解事情的发展情况。认知适应性体现为创业者的元认知意识，即创业者反思、理解、控制自己的学习和思考的能力。具体而言，元认知描述了一种更高层次的认知过程：当面对复杂和动态环境下的信息反馈时，元认知有助于建立起个人自身、任务、现状、环境的了解和认识，从而增强其中有效的且适应性强的认知功能。

你的认知适应性如何？完成表 1-1 中的调查问卷，并将自己的结果与其他同学比较。分数越高意味着你具有更多的元认知意识，这反过来又会为你提供更强的认知适应性。抛开你的分数不谈，好消息是你可以学着更具有认知适应性。这种能力在大多数新任务中将为你提供极大的帮助，特别是在不确定的环境中寻求某个新项目或管理某家公司时。简单来讲，它要求我们"对思考进行思考"——前一个"思考"需要也同时给我们提供了思维和学习活动的知识与控制。它要求我们要有自我意识，要大声表达思维，要深思熟虑，要有策略，要有计划，要有准备，要应知尽知，还要自我监控。我们可以通过询问自己一系列有关问题，包括理解性、关联性、战略性和反思性四个方面，从而达成目的。

表 1-1　迈克·海尼"适应性认知量表"

你在认知方面的灵活性如何？请根据下列陈述，对自己进行评估，其中 1 代表"不是非常符合我"，10 代表"非常符合我"

目标取向	
我经常为自己规定目标	1 2 3 4 5 6 7 8 9 10
我清楚如何一步步完成我的目标	1 2 3 4 5 6 7 8 9 10
开始一项任务之前，我会先确定一个具体目标	1 2 3 4 5 6 7 8 9 10
当目标完成时，我会问自己完成得如何	1 2 3 4 5 6 7 8 9 10
当执行一项任务时，我经常评估自己的目标进展状况	1 2 3 4 5 6 7 8 9 10
元认知知识	
解决问题时，我会想出多种方法并从中选出最优方案	1 2 3 4 5 6 7 8 9 10
开始一项任务之前，我会先挑战自己的惯性思维	1 2 3 4 5 6 7 8 9 10
我会思考其他人对我的行为做何反应	1 2 3 4 5 6 7 8 9 10
我发现自己会无意识地运用过去用过的策略	1 2 3 4 5 6 7 8 9 10
掌握任务的相关知识后，我往往能有极佳的表现	1 2 3 4 5 6 7 8 9 10
我会创建自己的实例，使得信息更具有意义	1 2 3 4 5 6 7 8 9 10
我会尝试使用以前行之有效的策略	1 2 3 4 5 6 7 8 9 10
行动之前我会问自己关于这项任务的一些问题	1 2 3 4 5 6 7 8 9 10
我会尽量用自己的语言将新的信息翻译出来	1 2 3 4 5 6 7 8 9 10
我会试图把问题分解成为更小的部分	1 2 3 4 5 6 7 8 9 10
我会专注于新信息的意义和重要性	1 2 3 4 5 6 7 8 9 10
元认知体验	
开始一项任务之前，我会思考什么是我真的必须完成的	1 2 3 4 5 6 7 8 9 10
我会根据不同情况采用不同策略	1 2 3 4 5 6 7 8 9 10
我会合理安排自己的时间，以最佳方式实现目标	1 2 3 4 5 6 7 8 9 10
我善于组织信息	1 2 3 4 5 6 7 8 9 10
当面对一个问题时，我知道什么样的信息是最重要的考虑因素	1 2 3 4 5 6 7 8 9 10
我有意识地把注意力集中在重要的信息上	1 2 3 4 5 6 7 8 9 10
直觉告诉我，我能够最有效地发挥已给定的战略的作用	1 2 3 4 5 6 7 8 9 10
我依靠直觉制定战略	1 2 3 4 5 6 7 8 9 10
元认知选择	
解决问题时，我会问自己，我是否考虑了所有选项	1 2 3 4 5 6 7 8 9 10
完成任务时，我会问自己，是否有更简单的方法做这件事	1 2 3 4 5 6 7 8 9 10
解决问题后，我会问自己，我是否考虑了所有可选项	1 2 3 4 5 6 7 8 9 10
感到困惑时，我会重新评估我的假设	1 2 3 4 5 6 7 8 9 10
完成任务时，我会问自己，我是否尽可能多地学到了东西	1 2 3 4 5 6 7 8 9 10

（续）

元认知监测	
我会定期回顾，以帮助我理解重要的关系	1 2 3 4 5 6 7 8 9 10
有信息不明确的地方我会停下来，回到那里重来	1 2 3 4 5 6 7 8 9 10
当参与一项特定任务时，我清楚地知道自己采用何种策略	1 2 3 4 5 6 7 8 9 10
当参与一项给定任务时，我会分析给定策略的实用性	1 2 3 4 5 6 7 8 9 10
我会经常在中间暂停，以检查自己对眼前的情况或问题的理解是否正确	1 2 3 4 5 6 7 8 9 10
当我执行一项新任务时，我会问自己我表现得如何。感到困惑时，我会停下来重新读取信息	1 2 3 4 5 6 7 8 9 10

注：分数越高，意味着你越清楚地知道你是如何认知"自己如何做出决定的"，因而也更具有认知灵活性。

资料来源：Reprinted with permission from M. Haynie and D. Shepherd, "A Measure of Adaptive Cognition for Entrepreneurship Research," *Entrepreneusrship, Theory and Practice* 33, no. 3 (2009), pp. 695-714.

（1）理解性问题（comprehension questions）的目的在于，使创业者在开始解决一项创业挑战之前能够提高对环境本质的理解，不管这种挑战是来自环境的变化还是对潜在机会评估的改变。理解来自对现存问题或现存机会的本质及其影响的识别。在一般情况下，能够激发个体对理解性问题的思考，包括：相关的困难是什么？问题有哪些？重要概念的含义是什么？具体到创业者，这些问题则变为：整个市场情况如何？这项技术如何？通过创建新公司，我们想要实现什么目标？有效寻求机会的关键因素是什么？

（2）关联性任务（connection tasks）的目的在于，激发创业者思考当前的形势同过去面临并解决的情况之间的相似性和差异性。换言之，这些任务要能促使创业者开发自己的知识和经验，从而避免过度泛化。在一般情况下，关联性任务侧重于以下问题：这个问题和我曾经解决的问题有何相似性？为何如此？这个问题和我曾经解决的问题有何差异性？又为何如此？具体到创业者，这些问题则变为：这个新环境和我曾经工作的环境有何相似性？有何差异性？这个新组织和我曾经管理的已成立的组织有何相似性？又有何差异性？

（3）战略性任务（strategic tasks）的目的在于，激发创业者思考何种战略适合于解决问题（以及为什么）或者何种战略适合于寻求机会（以及怎么做）。这些任务促使创业者思考，他们处理情况的方法是什么，为什么，怎么做。在一般情况下，这些问题包括：我可以运用什么策略、手段或原理来解决这个问题？为什么这个策略、手段或原理最适用？我怎样组织信息才能解决这个问题？我如何才能实施这项计划？具体到创业者，这些问题则变为：战略地位、组织结构和企业文化的哪些改变将有助于我们管理新生事物？如何实施这项战略能使其更具可行性？

（4）反思性任务（reflection tasks）的目的在于，激发创业者思考他们对于在创业过程中每一次进步的理解和感受。这些任务促使创业者生成自己的反馈信息（在其解决过程中创建反馈循环），从而为改变提供机遇。在一般情况下，这些问题包括：我做的是什么？它有意义吗？我面临的困难是什么？我的感觉如何？我怎样验证解决方案？我能运用另一种方法完成任务吗？具体到创业环境下，创业者可能会问：要说服利益相关者，我们将面临什么困难？有没有更好的方式来实施我们的战略？如果成功在即，我们如何才能知晓它？

那些能够提高自己认知适应性的创业者，在以下方面同样能有所提高：①适应新形势——先前的经验和知识会影响一个人在新形势下学习或解决问题；②创造性——能够引发独创的有适应性的想法、解决方案或见解；③在一个特定的回答中传达出自己的理由。我们希望本书的这一节，不仅为你提供关于创业者如何能够极为灵活地思考和行动的更为深入的理解，同时也让你意识到有一些技巧可以将认知适应性融入你的生活。

我们已经讨论了创业者如何在不确定的环境中做出决策，以及一个人如何才能使自己的认知灵活性有所提升。更重要的是，我们需要注意到，创业者不仅思考，而且也计划着去行动。

《商业新闻》

我担心的是什么
——精明的创业者如何利用偏执的力量

根据话语对象不同，偏执可被定义为：一种以被害妄想为特征的精神错乱症状，非理性地对他人不信任，可以说是成功创业者的一个基本特征。

听起来是不是很疯狂？美国加利福尼亚州圣克拉拉的英特尔公司（Intel Crop.）前总裁兼首席执行官安迪 S. 格鲁夫（Andrew S. Grove）出版了这样一本书：《只有偏执狂才能生存》(*Only the Paranoid Survive*)。此书的书名源于格鲁夫经常重复引用的一句话，也是使芯片之王跃升为顶级科技企业的一句口头禅。

格鲁夫在书中写道："我记不清第一次说这句话是什么时候了，然而事实依旧如此，只要涉及企业管理方面，我都会相信偏执万岁。"当然，对于那些遭受被害妄想的患者，偏执既不是开玩笑，也不能带来任何帮助。而在商业环境中，还是有人不断练习自发主动地高度关注对自己公司的潜在威胁。

戴夫·拉克哈尼（Dave Lakhani）是一位来自爱达荷州博伊西的创业者，为小型企业提供市场营销咨询。"如果你没有一点点的偏执，你就会自满，而自满正是导致人们错失机会和生意失败的原因。"

选择你的偏执

格鲁夫认为，作为偏执狂，你要记住总会有人对你的成功垂涎三尺，因此你要关注商业的细节，小心那些潜在的、不可避免的麻烦。这意味着创业者事事都要居安思危，正如格鲁夫写道："我担心产品会出纰漏，也担心时机还未成熟就引入产品；我担心工厂运转不灵，也担心工厂数目过多。"

对于格鲁夫以及大多数提倡偏执的人来讲，偏执主要包括两个方面的内容。一方面，不要满足现状、不思进取。格鲁夫将此称为"守卫者态度"，并尝试培养自己和英特尔的员工抵御来自公司外部的威胁。另一方面，在商业中，偏执通常被定义为十分关注细微之处。拉克哈尼说："对于业务中最重要的部分，你必须注重细节，这意味着你不仅要确保在业务中的措施无误，还要关注你的客户，因为你每天都要面对他们。"

拉克哈尼举了一个在实践中偏执所具有的价值的例子。当他曾经经营的一家零售商店的销售额开始慢慢下滑时，他本可以把这当作一种暂时现象而不予理睬，但他却为此担忧并持续关注，直到他发现了其中的具体原因：一名员工的消极态度影响了他的生意。该员工被辞退后，他的销售额马上又回升了。

然而，大多数创业者偏执的重点，与其说是日常的内部细节，不如说是主要的竞争威胁和错失机遇。格鲁夫将竞争和机遇同在较高水平的情况称为"战略转折点"，通常正是在这种技术不断发展的时期，偏执最为明显。

迪拉哈集团公司（Delahaye Group Inc.）的创始人兼首席执行官凯瑟琳·潘恩（Katharine Paine）十分欢迎这种偏执频繁出现在大客户的报告里。以前，那些看似毫无根据的担忧曾让潘恩头痛不已，于是她亲自参加了推销，并在那里认识到她公司的经营方式存在严重的问题。新罕布什尔州朴次茅斯的一家50人的营销评价研究公司的领导者，将潘恩的偏执风格追溯到她的童年时代，那时她假扮印第安人，穿越整个森林跟踪猎物。每当她在脑海中将可能出错的事情或错失的机会列成一个检查表时，她总要密切关注业务的细节，哪怕只是细枝末节的小问题。潘恩认为，如果你足够未雨绸缪，如果你有能力串起所有这些线索，你就不必只是被动应对，而是可以先发制人。

偏执的范围

当然，也有一种情况是过分偏执。拉克哈尼承认，有时候它的确毫无意义，是错位的偏执，比如注重细节到花费500美元去找出一个5美元的差错的地步。拉克哈尼认为执迷于担忧每一位竞争对手正在做什么或者每一个潜在客户正在想什么，同样是一种警报信号。另外，还有缺乏与生意之外的利益的平衡。拉克哈尼指出："如果你的整个生活就是围绕着工作，工作就是你一天24小时唯一思考的事情，那也将变得有害。"

对于潘恩来讲，不采取行动就意味着你正在跨过有利的偏执而掉进有害的恐惧。潘恩说："恐惧对于我们大多数人的结果就是不作为，这对于创业者绝对是死亡的信号。如果我们害怕损失薪水或者畏惧进入一个新市场，那么我们的业务将永远无法起步。"

对于小型企业所有者来说可能更是如此。尽管偏执可能更适用于不知名企业的领导者，但有人说创业者本身就已经过于偏执了。纽约州罗切斯特市罗切斯特理工学院（Rochester Institute of Technology）的小型企业研究所主任罗伯特·巴尔巴托（Robert Barbato）认为，创业者极易因渴望独立和自决而陷入困境。他说，通常创业者会摆出一副"没有人能像我一样关心这家企业"的态度，并将这种偏执夸大到有危害的地步，他们对员工如此，甚至对客户也是如此。对此，巴尔巴托发出警告："他们总是关注幽灵，然而这个世界上根本不存在什么幽灵。"

当涉及处理员工时，这一点尤为危险。巴尔巴托称，不仅仅是创业者，大多数人工作都是为了有成就感，而不是为了图谋窃取雇主的成功果实。他承认，对于那些热衷于竞争的创业者，尤其是那些自己从未做过员工的创业者，这也许是一个难以理解的概念。巴尔巴托指出，那些拥有自己事业的人未必习惯于晋升。想要业务增长、企业发展，创业者必须学会信任和授权。

实践中的偏执

无论偏执多么有用，对于一些创业者来讲这样的标签或许还是负担过重。如果是这样的话，斯蒂芬·马科维茨（Stephen Markowitz）更愿意称其为批判性评价或批判性分析。斯蒂芬·马科维茨是特拉华谷小企业协会（Small Business Association of Delaware Valley）政府和政治关系主管。该协会是一个5 000人的商业团体。马科维茨解释道，其中的差别不仅仅在名称变更这个层次，"我说的'批判性评价'是指考虑一切事物。如果你彻底是一个偏执狂，你的威胁就是不能够批判性地评价所有事物"。

马科维茨举例说，一家大型超市将要进驻市场，给小零售商带来威胁的同时也可能使其更好地发展，这需要批判性地评估潜在的利益及危害，而不是仅仅在那里杞人忧天。马科维茨认为："如果你过分怀疑，你将不能批判性地估测出事情会如何帮助你。"

无论偏执的名称如何演变，只有少数创业者可以很快停止这种担忧。事实上，随着年龄的增加，经验往往使他们更加确信自己的偏执。潘恩回忆起，有一次，莫名的担忧使她坚持要参加一个客户会议，这个会议不允许任何差错。无论如何，她还是失去了客户。潘恩说："好消息是，我的偏执终于派上用场了。坏消息是，一切都迟了。这使我在之后的日子更加偏执。"

给创业者的建议

一位朋友刚刚成为创业者，读完上面的文章转而向你寻求建议：

1. 我为我的企业感到担忧，这就意味着我偏执吗？

2. 偏执的收益是什么，成本又是什么？

3. 我如何知道我的偏执程度适中，能让我高效管理企业，而不是让我偏执到得胃溃疡住院？

4. 强迫自己更加偏执，不会剥夺作为一名创业者的乐趣吗？

1.3　创业行动意图

创业行为通常是有意识的。创业者想要追求一定机遇，进入新市场，提供新产品，而这在无意识的行为过程中是很少见的。意图所捕捉的是影响行为的动机因素，它表现了人们愿意用多大的努力去尝试，以及计划用多大的努力去实施。通常来讲，参与一项行为的意图越强，完成的可能性越大。当采取行动被认为是可行的且令人满意的，人们会有更强烈的意图。以上同样可以用来解释**创业意图**（entrepreneurial intentions）。

创业者对于可行性的认知能力与其自我效能感有直接关系。**创业自我效能感**（entrepreneurial self-efficacy）是指一个人能成功完成要求的行为的信念。相信自己有能力完成（高自我效能感）的人往往完成得更好。因此，它反映了对于特定工作或系列任务的个人完成能力的认知状况。高自我效能感会增强主动性和持久性，从而提高完成水平；低自我效能感会减弱努力程度，从而降低完成水平。事实上，同低自我效能感的人相比，高自我效能感的人有着不同的想法和不同的表现。自我效能感影响着一个人对于行动和为之付出努力程度的抉择。创业学者研究发现，自我效能感与新的独立机构的创建呈正相关关系。

对于个体而言，不仅要将具有高创业意图的创业行为认为是可行的创业行为，也应将其看作满意的创业行为。满意度，即**喜好度**（perceived desirability），这里指一个人对创业行为的看法，即一个人对潜在创业结果有利或是不利的程度的评价。例如，创新行为如果能带来个人回报，则发生的可能性更大。因为个人回报相对来讲更具有吸引力，而非只是一种常见行为。

因此，喜好度和可行性越高，创业行为意图越强。接下来我们将研究创业者的背景特征，以理解为何部分个体同其他个体相比会更倾向于参与创业活动。也就是说，我们将检查背景特征如何为以下问题的解决提供提示：是否有一些个体或多或少倾向于将创业行为视为可行的或喜好的，因此他们是否或多或少倾向于想要做创业者。

1.4　创业者的背景和特征

1.4.1　教育水平

虽然有些人可能觉得创业者比一般人群受教育程度更低，但研究结果表明事实显然并非如此。教育在创业者成长过程中扮演着非常重要的角色。其重要性不仅体现在获得的教育水平上，还体现在帮助创业者解决面临的问题方面，事实上它在持续发挥重要作用。尽管正规的教育对于开创商机来讲并不是必要的——那些高中就辍学却成功了的人，比如安德鲁·卡内基（Andrew Carnegie）、威廉·杜兰特（William Durant）、亨利·福特（Henry Ford）、威廉·莱尔（William Lear），都体现了这一点，但它确实能提供一个良好的背景环境，尤其是当涉及创业领域时。例如，创业者曾引证，在金融财务、战略规划、市场营销和企业管理等领域确实需要一定的教育背景。无论书面还是口头，较强的沟通能力对于任何创业活动都非常重要。

即使一般的教育也是有价值的，因为这有利于新知识的整合和积累，为个人提供了一个更大的机会集合（即更广泛的知识基础更有利于发现和捕捉潜在机会），并协助创业者适应新形势。一般的教育（及经验）可以为该创业者提供知识、技能和解决问题的能力，而这些能力在不同的情况下是可以转换的。事实发现，虽然教育对于一个人发现新机会的可能性有积极影响，但它并不能够最终决定那个人是否会开创商机以开拓他所发现的机会。在一定程度上，如果个人坚信他们所受的教育使其创业行动更为可行，那么他们更有可能成为创业者。

1.4.2　年龄状况

创业过程中的年龄状况也一直备受研究者关注。在结果评估过程中，区分创业年龄（创业者开始创业经历的年龄）和实足年龄（从出生到计算时为止共经历的周年数）是十分重要的。下一节我们将会讨论，工作经历是成功最好的预测因素之一，特别是当新创企业和之前的商业经历同处于相同的领域时。

在实足年龄方面，大多数创业者在22～45岁开始自己的创业生涯。开始一项事业也不仅仅局限于这个年龄段，只要创业者具备必要的经验和资金支持，以及成功启动和管理一家新创企业所需的高能量水平就可以。而每五年都有一个里程碑式的年龄（25、30、35、40、45岁），那时人们更倾向于开始创业生涯。正如一位创业者所言："当30岁离我越来越近时，面对开始一家新创企业给我的感觉就是，机不可失，时不再来。"通常，男性创业者倾向于在30岁出头开始他们第一次具有重要意义的创业，而女性创业者则倾向于在35岁左右。而在孩子已经独立生活的家庭中，创业这项事业相当受欢迎，因为此时在财务方面他们担忧较少，而且人们开始思考在人生剩下的时光中他们真正愿意做的事情是什么。

1.4.3　工作经历

工作经历（work history）会影响人们做出创业的决定，但它在新创企业的成长和最终成功方面也同样起到作用。虽然一个人对工作各方面的不满意，比如缺乏挑战或晋升机会，挫败或无聊，常常激发新创企业的建立，然而一旦创业者做出决定，以前的技术和行业的经验就变得重要起来。以下几个领域的经验尤为重要：融资、产品或服务的开发、加工制造以及分销渠道的拓展。

随着企业的建立和成长，管理方面的经验与技能变得越来越重要。虽然大部分企业成立时只有很少的员工，但随着员工数量的增加，创业者的管理技能所发挥的作用越来越大。此外，比如在启动过程中，在高度不确定性下做决策，"从零开始"进行文化建设，增加企业资本，管理高增长等，这些创业经验也是同样重要的。大多数创业者表示，他们最具重要性的一次创业并不是他们的第一次创业。在他们的整个创业生涯中，他们接触到许多新的创业机会，并不断收集更多更新的创业想法。

最后，先前的创业启动经验可以为创业者在运行一项独立业务或判断信息相关性的基准方面提供专业知识和专家意见，使其理解新的创业机会的"真实"价值，加速商业创立过程，并提高企业性能。先前的创业启动经验能为后续业务的开展提供一个比较好的预测。在某种程度上，创业启动经验使创业者更加坚信他们能够成功地摘得创业的果实，而意识到这种增长的可行性又将增强他们的创业意图。

1.5　行为模范和支持体系

在创业者的职业发展道路上影响他们的最重要的因素之一是他们对于榜样的选择。榜样可以是父母、兄弟、姐妹、其他亲属或其他创业者。成功的创业者往往被潜在的创业者看作催化剂。正如一个创业者简洁地指出："在评估泰德（Ted）和他成功创业者的身份后，我知道我聪明得多，而且可以更好地完成工作。于是，我开始紧盯自己的生意。"可见，榜样可以提供一个重要的信号——对于他们，创业是可行的。

在开启一项新事业的过程之中及其之后，**行为模范**（role models）仍可以作为一种支持能力，从而扮演导师的角色。在新创企业的每一个阶段，创业者都需要一个强有力的支持和咨询系统。这种支持系统在开始阶段也许是最关键的，因为它在组织结构、获得所需的财政资源和市场营销方面能够提供相应的信息、建议及指导。由于创业是嵌在社会环境内的一种社会角色，因而对于一个创业者而言，在新创企业形成过程中建立诸多连接点并最终形成网络系统就变得非常重要。

随着最初接触点的增多和连接规模的扩大，它们形成了一种和流行的社交网络具有类似属性的网络系统——有密度指标（个体之间联系的广泛性）和中央指标（创业者到所有其他个体的总距离以及网络系统中所有个体的总数量）。网络中创业者和任意个体之间的联系强度依赖于关系的发生频率、等级水平和互惠程度。越是频繁、深入、互利的关系，创业者和个体之间的网络系统越是强大、持久。虽然大多数网络系统并不是正式组织，但非正式网络系统带来的精神支持和专业支持仍使创业者受益匪浅。

1.5.1　精神支持网络体系

建立一个由家人和朋友组成的精神支持网络体系（就像一支拉拉队），对于每一个创业者而言都是非常重要的。在整个创业过程中会出现许多困难和孤独的时刻，而这支拉拉队在其中扮演了至关重要的角色。大多数创业者表示，配偶是他们最大的支持者，允许他们将更多的时间投入到新创企业中。

在**精神支持网络体系**（moral-support network）中，朋友也扮演着重要的角色。朋友不仅可以提供更真诚的建议，还会给予鼓励、理解甚至援助。创业者可以信任朋友，而无须担心他们的评论。最后，亲人（子女、父母、祖父母、姑姑和叔叔），也可以是精神支持的强有力来源，尤其是当亲人也是创业者的时候。正如一个创业者所言："我得到了整个大家庭的支持，这是我成功的关键。是这支理解、鼓励我的拉拉队，使我能够在无数困难和问题中坚持走下去。"

1.5.2　专业支持网络体系

在整个新创企业的建立过程中，除了鼓励之外，创业者还需要建议和忠告。建议可以从创业导师、商业伙伴、行业协会、个人关系甚至是**专业支持网络体系**（professional-support network）中的任何一员那里获得。

大多数创业者表示他们有自己的导师。那么，一个人如何找到导师呢？这项任务听起来非常困难。因为导师是教练，是参谋，也是拥护者，是创业者可以分享问题和成功的人，而被选者需要的是该领域的专家。创业者可以在开始寻找导师时准备一张不同领域的专家名单，比如基本商业活动中的金融、销售、会计、法律、管理领域，那些可以提出创业者需要的有实用价值的建议的专家。接下来应该确定并联系名单上能够提供最多援助的人。如果被选者愿意充当导师的角色，创业者应该定期告知他商业的进展情况，这样彼此的关系才能逐步发展起来。

商业伙伴网络体系同样可以发展成为良好的建议来源。这个团体可以由如下人员构成：有创业经历的自主创业者；新创企业产品和服务的客户和购买者；专家，如顾问、律师或会计以及企业供应商。其中，客户和购买者是重点发展群体。该群体代表了企业的收入来源，同时也是口碑广告效应的最佳推动者。没有什么方式能比满意的消费者的口碑广告更有助于建立一个成功的商业名声并促进其商誉的提升。

供应商则是专业支持网络体系中另一个重要组成部分。一家新创企业需要与供应商建立可靠的跟踪记录体制，以确立良好的合作关系，并确保原料和其他物资的充足供应。供应商也是行业内部发展趋势和竞争情况的良好信息来源。

除了导师和商业伙伴，行业协会也可以提供一个优秀的专业支持网络体系。行业协会成员可以使新创企业保持竞争力，因为行业协会紧跟新的发展形势，从而可以提供全面的行业数据。

最后，创业者的个人关系同样是一个专业支持网络体系中的重要组成部分。个体之间因为相同的兴趣爱好、相同的体育赛事、相同的俱乐部、相同的公民参与和相同的校友组织而发展形成的关系，是推荐、建议和信息的极佳潜在来源。每一个创业者都需要建立精神支持和专业支持两个网络体系。这些联系和交往提供了自信、支持、建议和信息。正如一个创业者所言："在你自己的生意里，你是独自一人。这肯定需要确立一个支援团队来共同分担困难，并为新创企业获取多方信息和全面支持。"

因此，认识到创业活动是嵌入在人际关系网络中的，这一点非常重要。这些网状系统被定义为一组参与者（个人和组织）及其之间的一系列联系，使得个体能够获取创业成功所需的各种资源。而这些资源可以帮助发现和利用机会，协助创建新的独立组织。

深存于这些网状系统中的信任使得潜在的创业者有机会获得那些非常宝贵的资源。例如，商业网状系统是由具有共同利益、双方友谊、彼此信任的独立公司组织而成的，尤其是在促进那些难以整理的、知识密集型的技能的转让方面更为重要，因为那些技能通过其他方式获得会更加昂贵。这些网状系统也为那些很难通过合同约定而强制执行交换的商品和服务创造了机会，使得追求机会变得更加容易。从某种意义上讲，网状系统使得个人更加坚信自己能够获取那些成功实现创业的关键性资源，这种增长的并被意识到的可行性将会使创业意图更加坚定，其中就包括可持续创业的意图。

1.6　可持续创业

可持续发展也许是我们这个时代最重要的议题，而创业对此可以产生积极影响。换句话说，创业行为可以帮助我们实现可持续发展。**可持续创业**（sustainable entrepreneurship）具体而言，是指在追求已识别的机会过程中关注于保持自然、生态、社会（可持续发展），以求将未来的产品、工序、服务变为现实而（使创业行为）获得收益。其中，收益被广义地解释为包括对个人利益、经济、社会（发展）的经济效益和非经济效益。

在麦克马伦和谢泼德的二阶段模型的基础上，我们了解到创业行为是受知识和动机驱动的。那些对自然环境知识——物质世界，包括地球、生物多样性和生态系统，了解得越多的创业者，越容易注意到自然环境的变化。但是我们也不能低估如市场、技术及开发等创业知识的作用，没有这些，可持续发展不可能成为现实。

鉴于保护自然的创业行为会被当作可持续创业，于是创业行为还要为创业者和其他人以及社会创造收益。长期以来，人们一直认为创业者可以自己创造经济财富，然而创业者对于发展的影响要远远大得多。他们可以在经济、环境、社会方面为其他人创造收益，包括提供就业机会，提高产品质量及价值，增加政府税收。对他人产生的环境效益包括减少空气污染，改善空气质量，改善饮用水质量，以及以其他方式提高生活水平。而社会效益包括提高婴儿存活率，增加预期寿命，扩大优质教育，实现机会平等及其他。例如，混合能源灶可以大大降低家中的颗粒污染物，同时符合传统烹饪方法；发展中国家那些了解家常菜做法的人就能够意识到混合能源灶是一个机遇。不过不只自然是可以持续的，社会也需要保护。事实上，正是对本地群体文化的了解，激发了人们寻求可以用来传承这些文化的机会。

我们认识到，我们对可持续创业的阐释可以说是高度理想主义的。不过，这与把创业行为当作一种工具（如锤子）的想法是一致的，工具可以被用来做好的事情（如建立一个社区中心），也可以做坏的事情（如作为伤害他人的武器）。然而我们坚信，在当今世界有许许多多的人，正积极地运用创业行为这个工具来维护自然环境和社会群体，并为他人创造收益。也许，你就是其中的一员。

🌐 创业伦理示例　　　　　**公司的道德准则**

2002 年（和 2008 年）的财务丑闻已经使得立法者和协会团体采取更多的行动，于是很多公司都开始为全体员工制定一套道德准则。实施道德准则有许多优势：员工越是意识到什么是正确的行为，越容易做出正确的事情。他们会更好地了解自己的职责和期望，并在识别和处理商业风险时承担适当水平的责任和义务。道德准则不仅是一份概述相关政策的正式文件，它还将正面的价值观融入整个组织。一套有效的方案应包含以下三个关键的组成部分：

领导者要树立榜样

员工往往模仿公司的主管、经理和其他成功人士的行为举止。因此，在每一个级别的每一个人都必须遵守公司的准则。那些看起来似乎是小举动的事情，比如与同事讨论秘密财务信息，却可以在所有员工中产生涟漪效应。如果高级管理人员不能始终遵守最高道德标准，那么当有人向他们报告无法完成相同标准时，他们就不应感到惊讶。

道德规范是核心价值观

公司以其道德方面的商业行为而为人知晓，这就使得道德规范成为企业文化的一个关键性因素。诚信做事被视为和最终结果一样重要。道德标准对于每一次做出的决定或采取的行动都适用，而不仅是在有争议的情况下。我们公司的最近一项调查发现，越来越多的组织机构在雇用员工时将道德规范考虑其中。58%的首席财务总监受访者表示，应聘者最打动他们的品质，除了工作能力和工作意愿以外，是诚实和正直。这里的58%比起1997年时的32%，可以算是一个大幅增长。

员工共享问题时有安全感

工作环境必须让人们觉得他们可以向管理人员传达坏消息而不必担心有不良后果。在一家以道德规范为导向的公司里，工作人员可以报告任何类型的不当行为，不管是费用报表的虚假信息还是重大的财务欺诈，并且相信他们的职业生涯不会因此受到负面影响。一旦监事会意识到一个潜在的问题，他们需要立即采取行动。即便是在小问题上没能坚持到底，也可能破坏道德规范计划的成功。

拥有一套道德准则并不能阻止每一次危机，但它会确保工作人员对预期有一个清晰的认识。和员工共同合作制定规则，并确保每个人都清晰此规则。然后采取措施，在整个组织中逐步灌输核心价值观。通过定期地加强巩固，道德规范将引导团队做出每一个决定，并逐渐成为公司经营方法上的一个核心要素。

资料来源：From Max Messmer, "Does Your Company Have a Code of Ethics?" *Strategic Finance*, April 2003. Excerpted with permission from Strategic Finance published by the Institute of Management Accountants, Montvale, NJ.

本章小结

创业与行动密不可分。在付诸实际行动之前，创业者利用自己所学的知识及创业动机来弥补自身的不足，以确信现实中的创业机会对自己而言是真实存在的。随后，他们要确定这次机会与创业者的知识背景及创业动机是否契合——这是属于他们的机会吗？专注于创业过程的人的思维方式会与做其他事情的人（比如管理型任务）的思维方式有所不同。在创业的过程中，个人与企业都要形成"创业心态"。

在讨论"创业心态"前，我们首先引入关于结构性思维和效果推理理论概念的思考，而这对创业者思考他们任务的传统方式带来了挑战。

通过结构性思维的运用及对事物表象迷惑的免疫，创业者需要建立技术与市场的联系来识别潜在的机会。而且，尽管创业者在考虑一些任务时采用了传统的思维方式，但他们在思考一些任务时会倾向于更有效的方式（有一些创业者会表现得更加明显）。创业者时常会根据他们所拥有的资源或渠道来对可能的成果进行选择，而不是通过事先设定一个理想结果，随后专注于实现这一成果的方法来实现目标。谁也不敢说到底是依照菜单下厨的"传统型厨师"，还是依照橱柜里的食材来下厨的"效果型厨师"做出来的菜更好吃。但是我们可以断定更专业的创业者对于机会的思考往往更有效果。有效的思考能帮助创业者在特定的环境下做出决定。创业者常常处于资源有限的环境里，但是能够充分利用和整合身边的资源来创造机会。

外部环境对创业绩效会产生影响，因此创业者要能够适应随时可能发生变化的环境。在这一章我们引入了认知灵活性的概念，同时强调了它是可以被度量和学习的。创业者可以通过不断自问有关理解

性、关联性、战略性、反思性四个方面的问题来了解自己的思维过程，并以此来建立更强大的认知适应能力。

创业者的造就来源于其自身意愿。这种意愿越强，成为创业者的可能性越大。随着个体认为创业过程的感知愈加可行，创业的想法会变得愈加强烈。而创业者的背景与个性，如教育水平、个人价值观、年龄状况及工作经历、榜样作用和支持体系、网络体系等，都会对获取这种可行性及认同性的感觉产生影响。

创业成果的体现可以是创业者自己及其家人的经济收益。但是这或许不是个体成为创业者的唯一原动力。有些人会发掘机会来保证自然环境或者社会的持续发展并使他人受益。这种创业过程我们称为可持续创业。

◎ 调研练习

1. 与其他五个不同国家的人交谈，询问创业精神对他们的意义是什么，以及他们国家的文化如何有助于/阻碍了他们的创业精神的形成。

2. 询问一名创业者事业的现状，并且请他描述一下企业从一开始到如今所做出的决定及一些重要的事件。对这些过程进行分类，将其分为非正式型、有效型或二者兼备。

3. 请两名创业者及五名非本班级的学生

填写"适应性认知量表"（见表1-1）。相较于其他创业者，你的得分如何？相较于其他同学呢？

4. 当为其他班级指导家庭作业或课堂练习时，询问自己理解性问题、关联性问题、战略性问题及反思性问题。考虑这对任务成果会产生什么影响。

5. 创业对身边的自然环境有何影响？对于社区的可持续发展又有怎样的影响？利用数据支持你的论述。

◎ 课堂讨论

1. 列出你认为创业课程有必要包含的内容，并证明。

2. 你真的认为创业者会有效地去思考吗？你在有些时候会有效地思考吗？哪种方式才好？为什么我们在创业课堂上被教导要经常自由地去思考？有没有在某一特定的问题或任务中，自

由的思考这种方式要比有效的思考更好？又是什么时候自由的思考可能要比有效的思考更好？

3. 为了在认知上做到灵活，要求创业者不断地询问自己：那样做会不会产生能被雇员和投资者看到的疑问，进而成功更难被取得？此外，尽管灵活是

好，如果公司不断基于环境中小的变化而调整，购买者会对公司的本质感到困惑。此时适应总是对的吗？

4. 你认为可持续发展应当纳入创业课程吗，或者教材作者为了保证政治上的正确仅仅将其收录作为部分章节？

5. 提供一些创业者思维活跃的例子。

6. 什么可以激励你成为一名创业者？你主要担心的是什么？

◙ 选读资料

Baker, Ted; and Reed Nelson. (2005). Something from Nothing: Resource Construction through Entrepreneurial Bricolage. *Administrative Science Quarterly*, vol. 50, no. 3, pp. 329–66.

In this article the authors studied 29 firms and demonstrated that entrepreneurs differ in their responses to severe resource constraints. Some entrepreneurs were able to render unique services by recombining elements at hand for new purposes that challenged institutional definitions and limits. They introduce the concept of bricolage to explain many of these behaviors of creating something from nothing by exploiting physical, social, or institutional inputs that other firms rejected or ignored. Central to the study's contribution is the notion that companies engaging in bricolage refuse to enact the limitations imposed by dominant definitions of resource environments; rather they create their opportunities. (from journal's abstract)

Baron, Robert. (1998). Cognitive Mechanisms in Entrepreneurship: Why and When Entrepreneurs Think Differently Than Other People. *Journal of Business Venturing*, vol. 13, no. 4, pp. 275–95.

In this conceptual article, the author presents information on a study that examined the possible differences in the thinking of entrepreneurs and other people. This paper offers a number of implications of a cognitive perspective for entrepreneurship research.

Busenitz, Lowell; and Jay Barney. (1997). Differences between Entrepreneurs and Managers in Large Organizations: Biases and Heuristics in Strategic Decision Making. *Journal of Business Venturing*, vol. 12, no. 1, pp. 9–30.

In this article the authors explore the differences in the decision-making processes between entrepreneurs and managers in large organizations. In particular they focus on a number of biases, such as the overconfidence bias, but also point out some benefits from the use of biases and heuristics.

Davidsson, Per; and Benson Honig. (2003). The Role of Social and Human Capital among Nascent Entrepreneurs. *Journal of Business Venturing*, vol. 18, pp. 301–31.

This study examines nascent entrepreneurship by comparing individuals engaged in nascent activities with a control group and finds that social capital is a robust predictor for nascent entrepreneurs, as well as for advancing through the start-up process. With regard to outcomes like first sale or showing a profit, only one aspect of social capital, viz., being a member of a business network, had a statistically significant positive effect. The study supports human capital in predicting entry into nascent entrepreneurship, but only weakly for carrying the start-up process toward successful completion.

Gaglio, Connie Marie; and Jerome Katz. (2001). The Psychological Basis of Opportunity Identification: Entrepreneurial Alertness. *Small Business Economics*, vol. 16, pp. 95–111.

In this article the authors describe a model of entrepreneurial alertness and propose a research agenda for understanding opportunity identification. They investigate the origin of the entrepreneurial alertness concept and the notion of the psychological schema of alertness.

Gregoire, Denis; and Dean A. Shepherd. (In press). Technology Market Combinations and the Identification of Entrepreneurial Opportunities. *Academy of Management Journal*, http://www.aom.pace.edu/amj/inpress.

Integrating theoretical work on the nature of entrepreneurial opportunities with cognitive science research on the use of similarity comparisons in making creative mental leaps, the authors develop a model of opportunity identification that examines the independent effects of an opportunity idea's similarity characteristics and the interaction of these characteristics with an individual's knowledge and motivation. They test this model with an experiment where they asked entrepreneurs to form beliefs about opportunity ideas for technology transfer. They found that the superficial and structural similarities of technology-market combinations impact the formation of opportunity beliefs, and that individual differences in prior knowledge and entrepreneurial intent moderate these relationships. (from journal's abstract)

Haynie, J. Michael; Dean A. Shepherd; Elaine Mosakowski; and Christopher Earley. (2010). A Situated Metacognitive Model of the Entrepreneurial Mindset. *Journal of Business Venturing*, vol. 25, issue 2, pp. 217–29.

The authors develop a framework to investigate the foundations of an "entrepreneurial mindset"—described by scholars as the ability to sense, act, and mobilize under uncertain conditions. They focus on metacognitive processes that enable the entrepreneur to think beyond or reorganize existing knowledge structures and heuristics, promoting adaptable cognitions in the face of novel and uncertain decision contexts. They integrate disparate streams of literature from social and cognitive psychology toward a model that specifies entrepreneurial metacognition as situated in the entrepreneurial environment. They posit that foundations of an entrepreneurial mindset are metacognitive in nature, and subsequently detail how, and with what consequence, entrepreneurs formulate and inform "higher-order" cognitive strategies in the pursuit of entrepreneurial ends. (from journal's abstract)

Haynie, J. Michael; and Dean A. Shepherd. (2011). Toward a Theory of Discontinuous Career Transition: Investigating Career Transitions Necessitated by Traumatic Life-Events. *Journal of Applied Psychology*, vol. 96, pp. 501–24.

Career researchers have focused on the mechanisms related to career progression. Although less studied, situations in which traumatic life events necessitate a discontinuous career transition are becoming increasingly prevalent. Employing a multiple case study method, the authors offer a deeper understanding of such transitions by studying an extreme case: soldiers and Marines disabled by wartime combat. Their study highlights obstacles to future employment that are counterintuitive and stem from the discontinuous and traumatic nature of job loss. Effective management of this type of transitioning appears to stem from efforts positioned to formulate a coherent narrative of the traumatic experience and thus reconstruct foundational assumptions about the world, humanity, and self. These foundational assumptions form the basis for enacting future-oriented career strategies, such that progress toward establishing a new career path is greatest for those who can orientate themselves away from the past (trauma), away from the present (obstacles to a new career), and toward an envisioned future career positioned to confer meaning and purpose through work. (from journal's abstract)

Hitt, Michael; Barbara Keats; and Samuel DeMarie. (1998). Navigating in the New Competitive Landscape: Building Strategic Flexibility and Competitive Advantage in the 21st Century. *Academy of Management Executive*, vol. 12, pp. 22–43.

The article cites the importance of building strategic flexibility and a competitive advantage for organizations to survive in the face of emerging technical revolution and increasing globalization. The nature of the forces in the new competitive landscape requires a continuous rethinking of current strategic actions, organization structure, communication systems, corporate culture, asset deployment, and investment strategies—in short, every aspect of a firm's operation and long-term health.

Hmieleski, Keith; and Andrew Corbett. (2006). Proclivity for Improvisation as a Predictor of Entrepreneurial Intentions. *Journal of Small Business Management*, vol. 44, pp. 45–63.

This study examines the relationship between improvisation and entrepreneurial intentions and finds that entrepreneurial intentions are associated with measures of personality, motivation, cognitive style, social models, and improvisation. The strongest relationship is found between entrepreneurial intentions and improvisation.

Ireland, R. Duane; and Michael Hitt. (1999). Achieving and Maintaining Strategic Competitiveness in the 21st Century: The Role of Strategic Leadership. *Academy of Management Executive,* vol. 13, pp. 43–55.

> *In this article the authors acknowledge that effective strategic leadership practices can help firms enhance performance while competing in turbulent and unpredictable environments. They then describe six components of effective strategic leadership. When the activities called for by these components are completed successfully, the firm's strategic leadership practices can become a source of competitive advantage. In turn, use of this advantage can contribute significantly to achieving strategic competitiveness and earning above-average returns in the next century.*

Keh, Hean; Maw Der Foo; and Boon Chong Lim. (2002). Opportunity Evaluation under Risky Conditions: The Cognitive Processes of Entrepreneurs. *Entrepreneurship: Theory and Practice,* vol. 27, pp. 125–48.

> *This study uses a cognitive approach to examine opportunity evaluation, as the perception of opportunity is essentially a cognitive phenomenon. The authors present a model that consists of four independent variables (overconfidence, belief in the law of small numbers, planning fallacy, and illusion of control), a mediating variable (risk perception), two control variables (demographics and risk propensity), and the dependent variable (opportunity evaluation). They find that illusion of control and belief in the law of small numbers are related to how entrepreneurs evaluate opportunities. Their results also indicate that risk perception mediates opportunity evaluation.*

Krueger, Norris. (2000). The Cognitive Infrastructure of Opportunity Emergence. *Entrepreneurship: Theory and Practice,* vol. 24, pp. 5–23.

> *In this article the author argues that seeing a prospective course of action as a credible opportunity reflects an intentions-driven process driven by known critical antecedents. On the basis of well-developed theory and robust empirical evidence, he proposes an intentions-based model of the cognitive infrastructure that supports or inhibits how individuals perceive opportunities. The author also shows the practical diagnostic power this model offers to managers.*

Kuemmerle, Walter. (May 2002). A Test for the Fainthearted. *Harvard Business Review,* pp. 122–27.

> *Starting a business is rarely a dignified affair. The article discusses what really makes an entrepreneur; what characteristics set successful entrepreneurs apart, enabling them to start ventures against all odds and keep them alive even in the worst of times; and finally, whether, if you don't possess those characteristics, they can be developed.*

McGrath, Rita; and Ian MacMillan. (2000). *The Entrepreneurial Mindset: Strategies for Continuously Creating Opportunity in an Age of Uncertainty.* Cambridge, MA: Harvard Business School Press.

> *In this book the authors provide tips on how to achieve an entrepreneurial mindset. For example, they discuss the need to focus beyond incremental improvements to entrepreneurial actions, assess a business's current performance to establish the entrepreneurial framework, and formulate challenging goals by using the components of the entrepreneurial framework.*

McMullen, Jeffery S.; and Dean Shepherd. (2006). Entrepreneurial Action and the Role of Uncertainty in the Theory of the Entrepreneur. *Academy of Management Review,* vol. 31, pp. 132–52.

> *By considering the amount of uncertainty perceived and the willingness to bear uncertainty concomitantly, the authors provide a conceptual model of entrepreneurial action that allows for examination of entrepreneurial action at the individual level of analysis while remaining consistent with a rich legacy of system-level theories of the entrepreneur. This model not only exposes limitations of existing theories of entrepreneurial action but also contributes to a deeper understanding of important conceptual issues, such as the nature of opportunity and the potential for philosophical reconciliation among entrepreneurship scholars.*

Mitchell, Ron; Lowell Busenitz; Theresa Lant; Patricia McDougall; Eric Morse; and Brock Smith. (2002). Toward a Theory of Entrepreneurial Cognition: Rethinking the People Side of Entrepreneurship Research. *Entrepreneurship: Theory and Practice,* vol. 27, no. 2, pp. 93–105.

In this article the authors reexamine "the people side of entrepreneurship" by sum-marizing the state of play within the entrepreneurial cognition research stream, and by integrating the five articles accepted for publication in a special issue focus-ing on this ongoing narrative. The authors propose that the constructs, variables, and proposed relationships under development within the cognitive perspective offer research concepts and techniques that are well suited to the analysis of prob-lems that require better explanations of the distinctly human contributions to en-trepreneurship.

Sarasvathy, Saras. (2001). Causation and Effectuation: Toward a Theoretical Shift from Economic Inevitability to Entrepreneurial Contingency. *Academy of Management Re-view,* vol. 26, no. 2, pp. 243–64.

In this article, the author argues that an explanation for the creation of artifacts such as firms/organizations and markets requires the notion of effectuation. Causa-tion rests on a logic of prediction, effectuation on the logic of control. The author illustrates effectuation through business examples and realistic thought experi-ments, examines its connections with existing theories and empirical evidence, and offers a list of testable propositions for future empirical work.

Sarasvathy, Saras. (2006). *Effectuation: Elements of Entrepreneurial Expertise.* Chel-tenham, UK: Edward Elgar Publishers.

This book gives the history of the development of effectuation and provides pro-vocative new applications and future research directions.

Sarasvathy, Saras. www.effectuation.org.

This Web site provides an up-to-date collection of works on effectuation.

Shepherd, Dean A.; and Holger Patzelt. (2011). Sustainable Entrepreneurship: Entre-preneurial Action Linking "What is to be Sustained" with "What is to be Developed." *Entrepreneurship: Theory and Practice,* vol. 1, pp. 137–63.

Informed by the sustainable development and entrepreneurship literatures, the au-thors offer the following definition: Sustainable entrepreneurship is focused on the preservation of nature, life support, and community in the pursuit of perceived op-portunities to bring into existence future products, processes, and services for gain, where gain is broadly construed to include economic and noneconomic gains to individuals, the economy, and society. (from journal's abstract)

第2章

公司创业

▶ 本章概要

- □ 了解公司创业兴起的原因；
- □ 比较传统文化和创业文化；
- □ 分析公司创业的环境；
- □ 讨论已建企业如何创建创业文化；
- □ 讨论人们对创业失败的看法，引入双元过程模型来解释如何从失败中学习经验。

▶ 开篇引例　罗伯特·蒙达维

　　罗伯特·蒙达维（Robert Mondavi）是一个贫穷的意大利移民的儿子。1943年，他的家族收购了纳帕谷查尔斯·库克公司后开始酿造葡萄酒，他任总经理。但在1966年，时年54岁的他因企业控制权问题与家族发生争吵，而后与他的长子拿出了全部积蓄并从朋友那里借款创建了罗伯特·蒙达维酒业公司。罗伯特的理想是在加州创建首屈一指的葡萄酒酿造企业并能够成功地与全球著名的葡萄酒酒业集团抗衡。最终，罗伯特·蒙达维酒业集团成为加州生产酿造优质葡萄酒的领头羊，并有望与来自法国、西班牙、意大利和德国的酒业集团一较高下。

　　为了实现自己的宏伟目标，罗伯特认为有必要在葡萄酒细分市场创建罗伯特·蒙达维品牌。于是，他的酒厂开始用最优质的葡萄生产限量版的葡萄酒，这种酒在市场上定价最高，单瓶获利也颇丰。但是，他很快意识到，在创建品牌的过程中，这种战略不利于企业获得足够的现金流来拓展业务。为了解决这一问题，罗伯特决定生产较为廉价的葡萄酒以薄利多销。为此，他不遗余力地在纳帕谷寻找优质的葡萄园为企业提供葡萄。此外，他与纳帕谷的一些葡萄种植商签订了长期的合同并与他们共同提高葡萄的质量。

　　罗伯特建立了先进的葡萄酒生产线，并向客人展现了独特的蒙达维酿酒工艺。很快，这家全新的葡萄酒企业成了行业的标杆。罗伯特·蒙达维也成为第一个整合不同背景和拥有不同栽培技术专家的葡萄酒生产商，这些人可以为其提供不同的发展建议。他也开发了新的葡萄提取工艺技术以及冷发酵技术。此外，蒙达维在加工过程方面不断创新，如不锈钢发酵池、真空软木塞瓶装技术以及法国橡木桶保鲜技术等。由于崇尚葡萄的自然生长，蒙达维引进了自然农耕法和保育法来提升葡萄的质量，加强环境保护，改善工人的健康状况。此外，蒙达维公司在一开始就不断提倡将葡萄酒作为人们日常生活的一部分。罗伯特·蒙达维酒业公司是音乐会、展览会以及烹饪节目的赞助商之一。

罗伯特·蒙达维在他的书中阐述了其对创新的看法：

从一开始我就想，我的葡萄酒厂应该从法国、意大利传统的酿酒酒庄吸取灵感，学习方法，但我也想成为拥有最新酿造技术的楷模，成为行业拥有最新、最好酿造理念的领军企业，成为创新、创造、充满激情的殿堂。在这里，人们可以亲身感受到酿造葡萄酒是所有人共同的事业和共同的追求。

1972年，蒙达维的不懈努力终于获得了世人的认可，因为，这一年的洛杉矶葡萄酒品鉴盛会将公司1969年生产的解百纳索维农葡萄酒认定为加州生产的顶级葡萄酒。

尽管罗伯特·蒙达维不断地努力，但凡事并不如想象得那么顺利。20世纪70年代的罗伯特·蒙达维葡萄酒公司虽然声名鹊起，引人注目，但是它的产品并没有引起一些五星级酒店以及高端酒商的兴趣。于是，在近10年间，蒙达维走遍了国内外，推销纳帕谷葡萄酒以及罗伯特·蒙达维品牌。蒙达维经常在他的商务旅途中向餐厅员工推销他的葡萄酒。蒙达维生产的葡萄酒逐渐进入一些五星级酒店的用酒名单。截至20世纪70年代末，餐馆老板、著名的葡萄酒品评家以及行业评论家都愿意引介蒙达维葡萄酒。在认识到他的葡萄酒逐渐受欢迎之后，蒙达维开始慢慢地抬高价格。此后，这家企业逐渐将产能扩大到年产50万箱。

之后，罗伯特·蒙达维开始生产一系列葡萄酒来满足不同客户、不同细分市场的需求。此后的10年间，罗伯特通过收购伍德布里奇、拜伦以及加州海岸酒业公司来扩充其产品线，而这些并购是通过长期借贷实现的。

20世纪90年代早期，快速的扩张、葡萄种植园的病虫害导致罗伯特·蒙达维公司陷入财务危机。经过多年的深思熟虑之后，罗伯特·蒙达维融资继续扩张并确保企业控制在家族手中。1993年6月10日，罗伯特·蒙达维在纳斯达克挂牌上市，发行370万股股票，每股发行价13.5美元。此次公开募股融资4 995万美元，使公司的市值达到2.133亿美元。

此次公开发行的股票分为两类：A类普通股主要面向家族成员发行；B类普通股主要面向社会公开发行。A类股票每股具有10票投票权，而B类股票每股只有1票投票权。这种股票发行方式确保了罗伯特·蒙达维家族拥有90%的所有权，牢牢掌控着企业的命运。罗伯特·蒙达维的股价在首发之后的几天内跌到每股8美元，6个月后又跌到每股6.5美元，大幅拉低了企业的市值，也使罗伯特·蒙达维家族的财富减半。

导致股价下跌的一个原因就是罗伯特·蒙达维公司没有披露相关信息，使得投资机构和分析家难以评估企业的价值，同时被降级评估的还有另外两家廉价酒业外贸公司。为了解决这一问题，罗伯特·蒙达维开始游说投资者并使他们相信，在全球范围内创建一家强大的、受全球认可的葡萄酒生产企业是可能的。作为他支持企业传播与激发消费意识的一部分，罗伯特将他的团队送往纽约、波士顿和芝加哥，让投资者品鉴他们送上的美酒。就像罗伯特·蒙达维所说："我们必须打一场漂亮仗，把葡萄酒带到他们面前，不要给他们解释我们的工艺，把我们的酒递到他们手中。让他们亲口品尝，让他们体验一下咱们的专业技术和卓越品质。"

同时，罗伯特·蒙达维公司持续不断地创新。1994年，这家企业创造性地做出了法兰式密封性好的瓶装葡萄酒，受到业界的普遍欢迎。

自20世纪90年代中期以来，罗伯特·蒙达维公司按照50：50的股权比例开始与其他企业合资创建跨国公司。1979年与法国波尔多的巴隆公司合作生产"一号作品"，1995年与意大利托斯卡纳区的花思蝶酒庄合作生产丹泽特灰皮诺白葡萄酒；1996年与智利爱德华多家族联合生产卡丽德拉干红葡萄酒；2001年与澳大利亚最大的葡萄酒生产商南方酒业合作生产新式葡萄酒。

今天，罗伯特·蒙达维公司仍旧以独特的文化和创新精神在全球范围内追求卓越，在2002年实现了4.41亿美元的营业收入。这家企业创建了20种独特的标签、80多个单一品种的葡萄酒，畅销80多个国家和地区。一些诸如"罗伯特·蒙达维葡萄酒""罗伯特·蒙达维专用酒"以及"伍德布里奇葡萄酒"等上等葡萄酒品牌在全球获得了巨大的成功，但这家企业仍然是家族企业。

作为加州葡萄酒业的全球代表，罗伯特·蒙达维引领美国葡萄酒行业进入了新纪元，并倾其终身创建了独特的美国葡萄酒文化。通过不懈的努力和对卓越的不懈追求，他将加州带入了全球顶级葡萄酒制造基地行列。

2.1 公司创业兴起的原因

已建公司内部对于创业的兴趣由于社会、文化和业务层面的各种事而得到加强。在社会层面，大家对于做自己的事业和用自己的方式做事有着越来越浓厚的兴趣。那些坚定地相信自己才能的个体经常渴望创造属于自己的事业。他们具有渴望承担责任和强烈的表达个人意愿以及自由的工作环境的需要。如果工作环境中没有自由，挫折将会导致该个体效率降低或者甚至离开组织到别处去获得自我实现。这种对于人生意义的寻找，当缺少耐心的时候，会在结构化组织中导致不满的发生，并且这种情绪近来比以往任何时候都要严重。当组织不能提供上述的价值，个体就会寻找能够提供的机构。

公司创业（corporate entrepreneurship）是一种激励方式，它利用那些组织中可以与众不同地和更好地处理事情的个体。大多数人认为Xerox是一个《财富》前100强的庞大的官僚化的机构。尽管，这对于这家价值230亿美元的巨大的公司来说，部分可能是正确的，但是Xerox已经做出了独特的事情，即尝试着使具有创造性的员工不离开公司。1989年，Xerox建立了XTV（Xerox技术公司），以便于通过投资于公司富有前景的技术来达到增加利润的目的。如果不是这些投资，许多技术就会被忽视。罗伯特·亚当斯（Robert A.Adams），XTV的总裁评论道："Xerox想要避免过去通过拥有一个制度而阻止技术从公司泄露出去的错误。"

这个基金已经资助了无数家新创企业，比如丹尼斯·施特姆勒（Dennis Stemmle），一个在Xerox服务了25年的员工的想法。施特姆勒的想法是制造一种靠电池运转的简单的复印机，以便能够放在公文包里配合手提电脑使用。在长达10年的时间里，这个想法都没有被

Xerox 的执行委员会通过，最终是被 XTV 和中国台湾的高科技公司资助实现的。同样的事情发生在所有被 XTV 资助的公司身上，每家公司 20% 的利润归公司的创立者和核心员工所有。这为像丹尼斯·施特姆勒一样的员工提供了激励，使其承担风险，离开 Xerox，创建一家技术型公司。

XTV 为它的母公司 Xerox 提供财务的和非财务的支持。被资助的公司为母公司和新公司的创建者、员工都提供利润。Xerox 的经理十分重视员工的想法以及内部的技术。XTV 是成功的吗？如果说 XTV 被模仿是任何暗示的话，显然就是成功的。在 XTV 的概念中包含着一个风险的元素，因为组成新企业的 Xerox 的员工在新企业失败时没有被确保有一个管理的职位。这使得 XTV 与多数公司内的创业企业不同。风险因素和没有铁饭碗是 AT&T（一个模仿 XTV 的基金）公司的基础。

Xerox 认识到的是成千上万的其他组织中的执行官也正在意识到的：那就是在组织中保持或者逐渐灌输创业精神以便于能够创新和成长是很重要的。这种认识已经革新了管理思想。在一个大型的组织中，阻碍创造和创新的问题会经常出现，尤其是在那些与组织的主要使命不直接相关的活动中。从灵活性和创造力中得来的增长和多样性尤其重要，因为大型的、垂直整合的、多样化的公司通常在竞争的环境中比小型的公司更具效率。

对于灵活性、增长和多样化的阻力，可以部分地通过在已建公司里发展一种创业精神加以克服，即为公司创业。公司创业的增长反映了社会的、文化的和业务压力的增长。宣传竞争已经逼迫公司对以下领域产生兴趣：新产品开发、多样化、增长的生产力和通过诸如裁员的方法降低成本。

公司创业最强烈地反映在组织的创业活动和管理层导向中。这些创业努力包含以下**四个关键要素：新业务创业、组织创新、自我更新以及先动性**。

新业务创业（有的时候被称为公司创业）是指在已建公司内部创生新业务。这些创业活动包含通过重新定义公司现有的产品或者服务，发展新市场或者形成更加止式的、自治的或者半自治的单元或者业务来创造新的价值。新业务创业的构成是公司创业最显而易见的特征。**组织创新是指产品和服务创新，重点在于技术的发展和创新**。它包括新产品开发、产品升级和新生产方法及工艺。

自我更新是通过关键观点的更新达到的组织的转型。它有战略和组织的变迁内涵，并且包括业务概念、重组的重新定义，以及增加创新的系统内变化的引入。先动性包括率先采取行动和风险承担，以及竞争的侵略性和大胆，这些尤其反映在高层管理团队中的导向和活动中。一个先动性的组织趋向于通过执行试验来承担风险；它也率先采取行动，并且在追逐机会的过程中大胆而具有侵略性。具有这种先动性精神的组织试图在诸如新产品或者服务、运营技术以及行政管理技术等关键领域占据领导地位而非跟随竞争者。

2.2　管理决策制定与创业决策制定

哈佛大学教授霍华德·史蒂文森认为，创业精神代表了一种以区别于传统的方式对已建企业进行管理的模式。创业管理与传统管理在以下八个方面存在着差异：战略导向、机会承诺、资源承诺、资源控制、管理结构、奖励理念、成长导向和创业文化。这些方面的差异如表 2-1 所示。

表 2-1　创业企业与传统管理型企业的差异

创业焦点	概念维度	管理重点
受机会认知的驱动	战略导向	受所控资源的驱动
短期变革	机会承诺	长期发展
带有少量曝光的多个阶段	资源承诺	出于全部战略承诺的某一阶段
关键资源的分散性使用或租用	资源控制	拥有所需资源的所有权
具有多重非正式网络的结构	管理结构	掌权者独裁
基于创造的价值	奖励理念	基于职责和工龄
快速成长是当务之急：接受风险以获得成长	成长导向	安全、缓慢和稳定
提倡对机会的广泛搜寻	创业文化	机会搜寻受到所控资源和失败惩罚的限制

资料来源：This table is taken from T. Brown. P. Davidsson, and J. Wiklund, "An Operationalization of Stevenson's Conceptualization of Entrepreneurship as Opportunity-Based Firm Behavior," *Strategic Management Journal* 22（2001），p.955.

2.2.1　战略导向与机会承诺

使得创业管理型企业区别于那些传统管理型企业的前两个因素——战略导向和机会承诺与战略相关。在以企业的标准对创业精神进行深入理解的过程中，强调战略问题不足为奇，因为创业精神和战略都对企业的绩效有着重要的意义。

战略导向是指那些形成企业战略构想的因素。我们可以将它理解为对企业的战略决定起驱动作用的企业理念、看待世界的角度、审视自己的方式等，这些想法或理念都是企业战略背后的驱动因素。创业管理战略受现存机会或新产生机会的驱动，并且较少涉及追求机会过程中可能需要的资源。对于创业管理型企业，利用已发现的机会是首要的，获取并整理必须资源是次要的。资源不会限制创业管理型企业的战略构想。传统管理型的战略是有效地利用公司资源。因此，公司拥有资源的种类和数量（或者知道它可以随时获得）对于从战略角度思考企业的未来发展至关重要。只有那些通过有效地利用现有资源便可把握的机会才被视为企业制定长远战略思想的基石。

创业精神和战略不仅是对企业未来的简单思考，它们也关系到企业采取的行动。企业通过实际行动来做出判断，通常对财务状况和竞争力进行分析。创业管理型企业和传统管理型企业在机会承诺方面有较大差异。更多的创业管理型企业具有针对机会的创业导向，由于它们致力于对潜在机会采取行动，因此能快速把握机会，为捕捉机会敞开了更多的窗口。它们还能够从一个特定的机会中快速地撤回资源，这样，如果对机会的追逐过程中反馈回来的初始信息暗示这对企业来说可能不是适宜的机会，管理部门便能够"终止业务"，使最初投入所造成的损失最小化。相反，传统管理型企业则倾向于过分强调信息；它们从数据收集处获得信息并对这些信息进行分析，以此确定所配置资源的收益。如果传统管理型企业选择追求既定的机会，它表示企业将初始投资长期地定位于这一行业的决心。

2.2.2　资源承诺与资源控制

需要重点强调的是，创业家仍旧关心在追逐机会时他们必须投入的资源，但是他们具有利用资源承诺以追逐机会的创业导向。关于资源的想法越来越倾向于企业如何能够在追求某一特定机会时，使其可能需要的资源达到最小，即将企业所必须投入的用以追求机会的资源减到最少，实现资源效率。例如，创业管理型企业可能通过以多级的或多步骤的方式在每步以最少的资源投入以达到"试水"的目的。当机会和环境迅速变化时，这种少量资源的投入为企业提供了快速调整战略方向的灵活性。从心理学上讲，这些少量削减的成本帮助创业管理型企业避免受到行动中某一特定环节的牵制，尤其是当这一行动环节的结果是失败的。当传统管理型企业决定为某机会投入资源时，它会进行大规模的投入，也就是说，与其用脚趾去试水，它宁愿基于上一周的外界温度、水的密度以及是否使用水池盖来进行估算。如果基于这一估算，水温从理论上被认为是足够热的，传统型管理者会全身心地致力于这一资源投入。

企业由于对资源做出了较大的承诺而常常理所应当地去证明最初所做决定的正确性，所以最初的承诺赢得了保持持续资源承诺的势头。因此，传统型管理者对现有信息进行深入的分析以决定是否着手去做——如果他们选择努力争取，那么资源的投入很难撤回。

除了资源承诺之外，创业企业和传统管理型企业在资源控制上也存在差别。创业企业较少关心资源的所有权而更加重视从其他资源所有者处获得资源，包括财力、智力、技能以及能力。它认为："如果可以从别处获得资源，我为什么需要控制它呢？"为了创业企业和资源所有者两者的利益，机会允许企业有效地配用其他企业的资源，从这种意义上讲，获取资源是可能的，也是有益的。相反，传统管理型企业则关注资源所有权和对资源的长期累积。它认为，如果它控制了自己的资源，那么它便可以自给自足。对这类企业而言，资源所有权带来的控制意味着：为了企业的利益，资源能够得到更有效率的配置。

2.2.3　管理结构与奖励理念

面向管理结构的创业导向是创业企业发展的根本。也就是说，在高层管理者和客户之间存在的官僚阶层越少，这种组织结构也就有越多的非正式沟通渠道。这样，创业管理型企业能够从外部环境中发觉并交换更多的信息，并且足够灵活以便能够针对这些信息快速采取行动。

企业不仅通过结构组织在一起，也通过其奖励理念实现运作。这种创业管理型企业重视追逐机会，目的是为企业（也希望为他人，包括整个社会）带来全新价值的新产品。那么，创业管理型企业具有倾向于奖励的创业理念也不足为奇了。这些奖励根据员工对机会的识别／形成或者利用所做的贡献来进行分配。有了之前所说的创业型组织的结构，员工通常会对潜在机会进行试验并因此得到奖励。传统管理型企业根据职责来奖励管理人员和普通员工。在这种企业中，职责通常是由每个管理者或者员工所控制的资源（资金或人力）数量决定的。晋升是奖励的一种，它为一个管理者带来更多的资源控制权并因此带来更长远的奖励余地。

2.2.4　成长导向与创业文化

一家拥有创业成长导向的企业对快速扩大企业规模有着很强烈的欲望，虽然传统管理型企业也渴望成长，但它们更喜欢以稳定的步伐缓慢成长。也就是说，它们更倾向于"更易控制"的成长步伐，因为这样不会由于企业控制的资源处于危险局面而"使公司动荡不安"，并因此也不会使工作和高层管理人员的权威受到威胁。

　　创业管理型企业和传统管理型企业之间仍存在着文化差异。一家拥有创业导向文化的企业鼓励员工引进新思想，尝试以及参加其他可能带来创造性效益的任务或活动。这些创造性结果受到企业管理人员的高度评价，因为对于新产品来说，这通常是机会来源。机会是创业管理型企业的关注焦点。

　　相反，传统管理型企业从评估其可控资源开始，而且这也反映在它的组织文化中。所以，虽然传统管理型企业仍然对新想法感兴趣，但大多数是以现在所控制的资源为中心的一些想法。由于所出现的想法只与现在所控制的资源有关，所以传统管理型企业所识别的和创造的机会范围受到了限制。

　　纯粹的创业管理型或者传统管理型的企业是不可能存在的。大多数企业一般处于两者之间。表 2-2 为判断某一特定企业的创业管理程度提供了一个测度范围。得分越高，企业越倾向于创业管理型。

表 2-2　创业型企业的管理测度

战略导向		
正如我们所定义的战略，我们主要关心的是如何最有效地利用我们所控制的资源	1 2 3 4 5 6 7 8 9 10	我们不会受到在（或不在）手边的资源的限制
我们根据现有资源来限定要追逐的机会	1 2 3 4 5 6 7 8 9 10	我们的根本任务是追逐我们认为具有价值的机会，然后获取资源以利用机会
我们拥有的资源明显影响着我们的企业战略	1 2 3 4 5 6 7 8 9 10	机会掌控着我们的企业战略
资源导向		
由于我们的目标是利用资源，我们会经常大量而迅速地投资	1 2 3 4 5 6 7 8 9 10	由于我们不需要因资源而着手对机会的追逐，我们的资源承诺是分阶段的
更喜欢总体掌控并且拥有我们所使用的资源	1 2 3 4 5 6 7 8 9 10	从资源中所获取的一切就是利用它们的能力
更喜欢只使用公司的自有资源	1 2 3 4 5 6 7 8 9 10	更喜欢利用借或者租来的资源
在开发机会的过程中，资金的获取能力比只有想法更重要	1 2 3 4 5 6 7 8 9 10	在开发机会的过程中，有想法比有资金更重要
管理结构		
更喜欢通过复杂、严谨的控制和信息系统以实现对资金和公司运转情况的严格控制	1 2 3 4 5 6 7 8 9 10	更喜欢松散的、非正式的控制，而对非正式关系具有依赖性
特别强调遵循正式的过程和程序来完成任务	1 2 3 4 5 6 7 8 9 10	特别强调甚至可以使用与正式程序无关的方法完成任务
特别强调坚持真实可靠的管理原则和产业规范	1 2 3 4 5 6 7 8 9 10	特别强调适应多变的环境，无须顾虑过去的实践
强烈坚持全企业统一管理的风格	1 2 3 4 5 6 7 8 9 10	管理人员的管理风格允许在非常正式到非常不正式之间自由变换
特别强调使在线员工和人事部门都严格遵守他们的正规工作说明书	1 2 3 4 5 6 7 8 9 10	员工可以根据个人性格来决定适当的工作行为
奖励理念		
基于职责对员工进行评定付酬	1 2 3 4 5 6 7 8 9 10	基于为公司增加的价值来对员工评定付酬
员工通常以晋升和每年加薪的方式得到奖励	1 2 3 4 5 6 7 8 9 10	我们试着通过设计可以从企业增加的价值中获取利益的方式来给员工报酬
员工的地位是由他所拥有的职责数量决定的	1 2 3 4 5 6 7 8 9 10	员工的地位基于他为公司带来的价值

（续）

成长导向		
成长不是我们的最高目标，至少企业的长期生存也是同样重要的	1 2 3 4 5 6 7 8 9 10	全企业上下都认为成长是我们的最高目标
全企业上下都知道稳固的增长是扩张的最好方式	1 2 3 4 5 6 7 8 9 10	我们的目的是尽可能快速成长
创业文化		
很难找到足够多的、有前途的想法来利用我们的全部资源	1 2 3 4 5 6 7 8 9 10	我们有很多有前途的想法，多过我们拥有的时间和追逐的资源
社会的变化很少能为我们企业带来商业上有前途的想法	1 2 3 4 5 6 7 8 9 10	社会的变化常常为我们带来新产品和新服务的想法
我们公司很难发现能转变成有利可图的产品或服务的想法	1 2 3 4 5 6 7 8 9 10	我们从未缺乏能转换成有利可图的产品或服务的想法

资料来源：This table is taken from T. Brown, P. Davidsson, and J. Wiklund, "An Operationalixation of Stevenson's Conceptualization of Entrepreneurship as Opportunity-Based Firm Behavior," *Strategic Management Journal* 22(2001), Appendix.

🌐 **创业伦理示例**

创业者与管理者的伦理行为

了解管理者和创业者的伦理行为及其影响因素对美国经济的未来以及整个世界的经济体系都是十分重要的。当企业运行在竞争激烈的全球经济中时，这些因素的意义显得愈加明显。在这样的环境中，竞争者富有攻击性地打破现状，力图改变竞争规则。与此同时，当今的商业发展影响着适用于现今商业交易的伦理标准，新兴的创业公司为未来的世界经济体系奠定了伦理基调。

尽管美国拥有强大的法律体系，比如1977年的《反海外腐败法》，并且提倡管理者和创业者的伦理行为，但是人们并没有很好地理解这些团体的伦理态度与行为。管理者和创业者在特定情况下将会如何做出反应？在他们的内外部交易中，他们仍会持有高伦理标准吗？由于管理者处于更加官僚化的环境中，他们的伦理标准是否会高于创业者？或者，由于创业者所从事的商业活动能更确切地反映他们的个人价值，他们的伦理标准是否会高于管理者？

在一项研究中，研究人员调查了165名创业者和128名管理者，使用了一个二级量表来测度二者的区别。通常，创业者和管理者只在关于不同活动的道德规范和他们对其他人的伦理看法等两个方面存在细微差别。

关于对12种情况和7个情节的伦理本质的评价，这两个小组差异甚微。一个重要的发现就是，这两类决策者之间存在着伦理态度的相似之处，这可能是由于这两个小组的伦理态度受到相似的法律文化以及教育因素的影响的缘故。一些明显的差异表明，创业者更倾向于持有伦理态度。

研究结果表明，为了实现公司的价值，管理者需要比创业者牺牲更多的个人价值，而且，创业者在公司内部交易中不断彰显较高的伦理态度，比如从不在工作上多花一分钟，从不公为私用。这些发现同我们可以预期某人在处理他自己的财产时会变得更加道德的论点是一致的。研究结果指出，通过增加所有权，管理者自愿用他们公司的财产进行更多的道德交易。分红制公司（管理者和其他主要员工）因此可以降低道德危机的可能性以及减少在公司内部通过某种管理权利的投机取巧行为。同样地，公司同消费者和社区的长远关系通常应当通过一些慈善性活动反映出来。

资料来源：From Branko Bucar and Robert Hisrich, " Ethics of Business Managers vs. Entrepreneurs, " *Journal of Developmental Entrepre-neurship* 6, no.1 (2011). Reprinted with permission of The Journal of Developmental Entrepreneurship. All rights reserved.

2.3 公司创业的环境

公司创业的环境在组织中是怎么建立起来的？在已建组织中建立创业环境，是需要有一些因素和领导特质的。一个好的创业环境的全部特点，如表 2-3 所示。以下就其中的十项进行详述。

表 2-3 创业环境的特征

• 组织在技术前沿方面运营	• 多个团队合作的方法
• 鼓励新创意产生	• 长期视野
• 鼓励试验并允许错误发生	• 自愿项目
• 允许失败	• 合适的回报体系
• 没有机会限制因素	• 可以获得支持者和拥护者
• 资源是可获得的并且是易接近的	• 高层管理的支持

第一，组织在技术前沿方面运营。研究与开发是成功的新产品的关键来源，公司必须在产业技术的前沿运营，鼓励和支持新的创意而不是否定它们，尤其是在需要一家快速的投资回收率和高销售额的公司里。

第二，鼓励试验并允许错误发生。成功的新产品或者服务在被发现时往往不是完全被开发的，而是逐渐进行的。第一台面市的计算机问世前经历了很长的试验时间和一些失败。想要建立创业精神的公司必须允许在开发新产品的过程中出现错误和失败。这与传统组织既定的事业和晋升体系相反。然而如果没有机会失败，就几乎没有公司创业的风险实体能够发展。几乎所有成功的创业者在创建企业的过程中都至少经历过一次失败。从教训中学习的重要性和困难在前面的章节中已经讨论过。

第三，组织必须确定在新产品开发中没有初始的机会限制因素。通常在一个组织中，有很多帮派被保护，使得潜在创业者建立新业务单元的尝试遭到挫败。在一家《财富》500 强的公司里，一项建立一个创业环境的尝试最终失败了，原因是潜在创业者被告知他所提议的新产品和公司是不可能的，因为它们在另一个部门的管辖下。

第四，公司的资源必须是可获得并且是易接近的。正像一个公司创业者所说的那样："如果我的公司真的希望我投入时间、精力和事业生涯的风险去建立一家新企业，那么它需要把金钱和人力资源都投入到这个过程中。"通常，有限的资金没有用来创建新的东西，而是用于解决那些对底线有直接作用的问题。一些公司，如 Xerox、3M、AT&T 已经认识到这个问题，并且建立了分离风险 - 资本体系来资助新的内部和外部的创业公司。即使资源是可获得的，条条框框也会阻碍创业者接近它们。

第五，鼓励多个团队合作的方法。这种开放式的方法，是典型的公司创业结构的对立面。公司创业成功案例的评估显示出的一个关键要素就是相关人员的完善工作的存在。发展一家新企业的团队是很复杂的，因为一个成员在公司内的晋升和整体事业发展基于他在现有职位上的工作绩效而不是对新企业的贡献。

第六，除了鼓励团队，公司必须建立一个长期的视野，以评估项目的成功和每次风险投资的成功。如果一家公司不愿意为一个长达 5 ～ 10 年投资回收期的项目投钱，它就不应该建立一种创业环境。这种对金钱的耐心与风险投资公司和其他投资创业的机构对投资／回报的时间视角没有不同。

第七，公司创业精神不能强加于个体，个体必须是自愿参加的。公司的理念和创业思想之间存在差异。有的人擅长已建企业的管理，有的人擅长创业，大多数经理人不能够担当成功的公司创业者。那些从自我选择中涌现出的人物必须全程负责一个项目。这与大多数公司对于新产品开发的程序不一致，因为不同的部门和个体会在开发过程中的每个阶段介入。一个个体愿意花费额外的时间和精力来创建一家新企业，这需要机会和相应的回报。一个公司创业者热爱新创建的内部企业，并且愿意做一切事情来确保其成功。

第八，好的创业环境的特点就是有合适的回报体系。公司创业者需要为付出的所有精力、努力和风险获得合适的回报。回报应当基于建立的绩效目标的实现。一家新企业中的职位是激励和引出成功所需要的活动和努力的最好回报。

第九，适合公司创业的公司环境具有赞助商和组织上下的拥护者。这些拥护者不仅支持创新活动，而且致力于建立新的目标和方向。正像一个公司创业者所说的那样："要想让一家新企业成功，公司创业者要能够根据意愿调整计划而不考虑他们离目前的目标有多近。"公司通常在经理人接近目标的能力上衡量他们，不管在这些成就中反映出来的绩效的质量。

第十，或许是最重要的，创业活动必须是被高层管理者全心支持和欢迎的，不仅表现在他们的出席上，还表现在所需要的人力、物力资源能够到位上。没有高层管理者的支持，就不可能有成功的创业环境。

2.4 公司创业者的领导特征

在公司环境内，某些个人特质被认为是构成一个成功创业者的特征。**这些特征包括理解环境、有远见与灵活性、创造管理办法、鼓励团队合作、鼓励公开讨论、争取支持者联盟和具有执着的精神，如表 2-4 所示。**

表 2-4　公司创业者的领导特征

● 理解环境	● 鼓励团队合作	● 争取支持者联盟
● 有远见与灵活性	● 鼓励公开讨论	● 具有执着的精神
● 创造管理办法		

一个创业者需要理解环境的各个方面。这种能力部分地体现在个体的创造力水平上，这种水平在大多数个体身上随着年龄和受教育程度而递减。要建立一家成功的创业公司，个体必须有创造性并且对公司内外部的环境有广博的理解。

想要在公司内部建立成功企业的人必须同时是一个有远见的领导者——一个胸怀大志的人。尽管有许多关于领导的定义，公司范畴内最好的描述是："一个领导就是一个园丁，当你想要一个西红柿的时候，你需要一粒种子，把它放进肥沃的土地，认真地浇水照看。你不制造西红柿，你培育它们。"另一个好的定义是："领导是梦想伟大事情的人，并且有能力把这些梦想传播给其他人使之成为其中的一部分。"马丁·路德说："我有一个梦想"，并且把这个梦想传播给成千上万的人，使之跟随他努力，克服巨大的困难。建立一家成功的企业，创业者必须有梦想而且把梦想传授给其他人同其一起克服困难。

第三个必要的领导特征就是创业者必须灵活而能够创造管理办法。创业者不应该保守，而应该鼓励变革，对变革持开放态度。通过挑战公司的信念和假设，创业者有机会在组织结构中创建一些新的东西。

公司创业者需要具有的第四个特征：鼓励团队合作。这与商学院讲授的组织实践和结构不同，但是在已建机构中是明显的。在形成新企业的过程中，结合一系列技能需要建立跨部门的结构和回报体系。为了将破坏的程度最小化，公司创业者必须是一个好的外交家。

公开讨论应当受到鼓励以便发展一个创新的好团队。许多公司经理人忘记了坦诚公开的讨论和作为成员受教育过程一部分的不同意见。相反，他们花时间制造保护性的障碍使自己在公司帝国之中隔离开来。在成功的企业中，一般成员会觉得不同的意见和批评有助于寻找最优解决方案。团队成员的这种对不同意见的开放程度取决于公司创业者的开放程度。

开放导致支持者和鼓励者联盟的建立。公司创业者必须鼓励和肯定每一个成员，尤其是在困难的时候。这种鼓励非常重要，普通的事业生涯的激励和工作稳定性不能够成功地用于建立一家新的公司。一个好的公司创业者使每一个人都成为英雄。

最后，但不是不重要的，是要具有执着的精神。在任何新公司的建立过程中，挫折和困难都是不可避免的。只有当公司创业者坚持不懈的时候，新企业才能创生，才能成功地实现商业化。

2.5 在组织中实施公司创业

一个渴望建立创业环境的组织必须具备创新执行程序。尽管这可以通过内部解决，但是通常最好有外人参与以便推进这个过程。当组织的环境是传统的而且没有变革和新产品引进历史的时候尤其如此。

2.5.1 公司创业过程

公司创业过程的第一步是确保公司创业被组织中的高层、次高层和中层管理者支持。没有高层管理者的支持，组织没有办法贯彻所有必需的文化变迁。一旦公司高管层以足够的时间（至少3年）致力于公司创业，"公司创业"这个概念就能被引入组织。最有效的方式是开研讨会。在研讨会中，创业者会引入公司创业的各个方面，并开发出转变公司文化至创业文化的战略。一旦初始的框架被确定，概念被接受后，公司创业者需要接受识别、选拔和培训。这种培训需要侧重识别机会和市场以及开发商业计划。

第二，高层管理者有兴趣支持的想法和领域以及用于开发这些概念的风险投资的金额应该得到确定。整体项目预期和每家创业公司的目标结果应该被确立。更进一步地，这些应该具体到时间框架、额度和新企业的盈利需求，也包括组织的影响。伴随着创业培训，公司创业者需要确立导师系统。没有赞助者或者拥护者，就没有希望把组织文化转变成创业文化。

第三，公司需要使用技术使自己变得更有灵活性。在过去几十年中，那些像大公司一样运营的小企业已经成功运用了相关技术。除了通过个人电脑和银行大型的数据库的帮助，一个像 Value Quest Ltd 的小公司怎样和非常大的公司竞争呢？相似地，大公司可以使用技术使自身变得像小公司一样快速反应和灵活。

第四，组织应该由一组愿意培训员工和共享他们的经验的、感兴趣的经理人组成。培训的部分应该安排在每个月某天的特定时间进行。关于公司创业的信息应该得到很好的发布，这些信息是关于新企业单元中新想法转变成市场化的产品或者服务的具体情况。这需要创业团队撰写商业计划，收集顾客的反馈以及初始购买目的，学习怎么与组织结构共存。

第五，组织需要想办法接近客户。这可以通过数据库，挖小公司的墙角和帮助零售商来实现。

第六，一个想要创业的组织应该学会以很少的资源获得很高的产出。这在很多较小规模公司里面都出现了。在现今的宣传竞争环境中，高层冗余的组合已经过时了。为了安顿大量中层的裁员，需要在组织中大量放权于各个阶层。不足为奇的是，在这种公司中控制的幅度高达 30：1。如果创业要普及的话，精益的概念就需要发扬。

第七，组织需要建立公司创业的强大的支持结构。由于公司创业活动在组织中属于次级活动，所以这一点尤其重要。因为创业活动不能直接影响底线，所以很容易遭到忽视和得不到充足的资金与支持。要想成功，这些创业企业就需要灵活的、创新的行动，对于支出的支配权以及能够获得足够的资金支持。当公司创业者不得不每天证实费用支出的时候，这就不是一个内部的创业企业而是资金资源在运作层面的延伸了。

第八，支持也必须根据创业单元的绩效与回报挂钩。这使得团队成员更努力地工作和更有效地竞争，因为他们都直接从他们的努力中获利。由于公司创业是更大的组织的一部分而不是一个彻底独立的单元，产权明晰非常难于处理。

第九，组织需要执行评估系统。该系统允许成功的创业单元扩张，不成功的创业单元消减。组织能够设立限制使这种扩张不与公司的使命相左。相似地，没有活力的创业公司也不应该由于投资兴趣而存在。

2.5.2 可能存在的问题与应做出的努力

公司创业不是没有问题。一项研究发现，在公司内部发展起来的新企业比由创业者发起的独立的企业在初期的时候绩效更差。理由是公司难于保持一个长期的投入，创业者缺少做自主决定的机会，以及受限制的环境。一般来说，独立的、获得风险投资的新创企业比公司创业的企业绩效好很多。大致情况是，独立公司不止盈利快，而且盈利多。

这些发现不应该阻碍组织开始公司创业。有很多公司理解了必需的环境和创业者特征，并且成功地以它们自己的方式建立起了新的企业。这些公司中最广为人知的一个就是 3M（明尼苏达矿业制造公司）。3M 有很多创业成功的例子，它允许员工把自己的一部分时间投入到独立的项目中。这使得公司的部门实现了一个重要的目标：在近五年里从新产品的销售中显著获利。这些创业活动中的一个典范是由亚瑟·傅莱（Arthur Fry）发起的便签。作为 3M 的化学工程师，傅莱知道科学家的发现——一种低黏度的胶 Spencer Silver，这种胶被认为特性不好。然而，这种特性很好地解决了傅莱的问题——制造可以轻松揭下来的一种胶底便签。在获准把这种想法商业化后，这种产品的样品在 3M 公司和其他公司的秘书中大受欢迎，以至于创造了巨大的需求，公司开始销售这种产品。

另外一家致力于公司创业概念的公司就是 Hewlett Packard（HP）。虽然惠普曾经没有意识到史蒂夫·沃兹尼亚克（Steven Wozniak）提议的潜在价值（该提议最后成为苹果公司的基础），但是惠普公司采取了行动来确保它能够识别和领导创新而不会错失良机。然而，惠普的创业道路并不容易。正像查尔斯·豪斯（Charles House），这个工程师没有听从戴维·帕卡德（David Packard）的命令而坚持开发了一种高质量的视频监视器。这种监视器，一被开发，就被 NASA 的人造登月设备和核心工厂使用。尽管只销售了 30 台，却创造了巨额利润。

IBM 也决定通过公司创业帮助公司实现利润增长。公司发展独立业务单元概念，每个单元都是一个独立的组织，有自己的小型董事会和决策层，可以就制造与市场问题做出决策。业务单元已经开发了银行自动应答机、产业机器人、IBM 个人电脑等产品。公司创业者 Philip Estridge 领导他的部下开发和销售个人电脑，IBM 的销售员工和零售市场因此打破了一些 IBM 当时最有约束力的规则。

这些和其他一些成功的故事表明公司创业的问题不是不可克服的，执行公司创业可以带来新的产品、利润增长并促使一个全新的公司环境和文化的诞生。

2.5.3　从失败中学习

创业行为充满了不确定性，因为机会存在这样的环境中。创业行为是结果未知的实验。无论是新项目、新企业还是新的商业模式，创业行为有时并不像预期的那样取得成功——这些行为并没有实现目标而最终被终止了。这是学习的机会，通过学习为什么创业行为失败，创业者在未来可以避免这些失误，并很好地处理与创业行为紧密联系的不确定性问题。俗话说，失败乃成功之母，但在实践中操作起来很难。实际上，当负面情绪出现时，这种学习将会变得很难。创业行为对创业者越重要，负面情绪对创业者的影响就越大。虽然这些负面情绪有碍学习，但如果创业者能快速地从失败中振作起来，那么他将会迅速且有效地学习失败经验并在此实施创业行为。

利用双元过程模型处理负面情绪的人能够很快地从创业失败的负面情绪中恢复，这种双元过程模型需要关注两类导向。第一个是过失导向，即关注创业行为过失。拥有过失导向的创业者会寻找朋友、家人以及心理学家来谈论他们的过失以及负面情绪。而当创业者能够理解失败的深层次原因时，他便能够打破多愁善感的桎梏。若长时间关注失败事件，个人的情感也会被这些事情包围，这就会导致当前的情况更加恶化。而这种负面情况可以通过关注第二个导向——恢复导向来加以解决。这一导向主张将自己的注意力转移到其他因素上，分散自己对失败事件的过度关注。分散注意力可以在短期内降低负面情绪的水平，降低失败的影响。但是，如果完全不关注失败事件将不利于学习。因此，在两类导向之间摇摆意味着创业者可以从两类导向中收益并降低创业失败所产生的不良影响。

双元学习过程有一系列作用。第一，经历过此类情感的创业者更易于降低他们的害羞感和尴尬，这会鼓励创业者勇敢说出他们的感觉，可能会加快他们的恢复过程。第二，失败会导致一些心理和生理结果，创业者若能意识到这些便能够减压。第三，从失败中恢复并开始学习是一个过程，此过程有利于创业者降低悲伤、无助的不良情绪。第四，在两类导向之间摇摆可以加速恢复和学习过程。第五，从创业者失败中恢复过来能够增加创业者的创业知识。这些都有益于个人和社会。

◘ 本章小结

已建企业可以创造环境条件来激发组织内部的个人创业行为，也就是说，使组织成员尽可能完全地认识到创业成果的可行性与有利性。在现存公司结构内部，这种创业精神和努力被称为公司创业。

公司创业需要创业管理方法，为了证明这种创业方法，我们从八个维度对比了创业管理型和传统管理型企业的不同，即战略导向、机会承诺、资源承诺、资源控制、管理结构、奖励理念、成长导向以及创业文化。幸运的是三位瑞典研究人员编制了一个问卷，使我们能够就企业处于创业企业管理型与传统管理型之间哪一种模式来对企业进行访谈。

组织在渴望创业文化的同时应该鼓励新的想法和实验研究，排除机会参数，使资源容易获得，提倡团队合作和自愿的公司创业精神，高层管理者应支持这些行为。公司创业者还必须具有一定的领导特质。除了富有创造性、灵活性和有远见，公司创业者还必须能够在公司结构内部合理安排。公司创业者需要鼓励团队合作并在已建组织内部圆滑处事。公开讨论和对团队成员的大力支持也是必需的。最后，公司创业者面对困难障碍必须坚持不懈予以克服。

在已建组织内部实施公司创业需要管理人员的承诺，尤其是高层管理人员。组织必须慎重选择领导，为企业建立一般的指导原则，并且在企业项目开始时预测结果。培训是过程中的重要部分。随着角色模型和创业风险的引进，组织必须建立一个强大的组织支持系统，连同激励和奖励体系来鼓励团队成员。

对个人以及组织来说，从结束的项目中吸取经验教训是重要的。然而，从这些失败的项目中学习似乎说起来容易，做起来难。那些将他们的时间和精力投入到项目中的人，当项目以失败结束时会感觉糟糕，这些消极情绪可能会妨碍他们学习。处理消极情绪的双元学习过程将会帮助个人快速恢复并且有利于他们的经验学习。

◘ 调研练习

1. 在规模大且运营较好的公司的研发部门采访三名员工，从采访中，理解公司是如何培养公司创业精神的。抑制创业精神的因素有哪些？针对增强组织上下的创业精神，企业应怎样做更好？

2. 上网搜索四种拥有成功的公司创业文化的企业案例。在所有这些成功的案例中，获得成功常见的关键因素是什么？哪一个是独一无二的？如果一家公司能在已建企业内部培养创业文化，怎样做才能阻止其他公司抄袭这一培养过程并带走初始的优势？

3. 让来自两家公司的管理者填写关于"创业管理"的问卷调查表（见表2-2），基于问卷找出哪家企业更倾向于创业型管理？这与你的商业直觉一致吗？

4. 采访在已经结束的创业项目中工作过的三名员工。问他们对该项目的感觉、结项之后的感觉，以及今天感觉如何。他们是如何处理项目失败的？

◉ 课堂讨论

1. "公司创业"是否是一种矛盾修饰法？已建组织的特征，比如常规与结构，是否在提高效率的同时抹杀了创业精神？对企业而言，效率和创业精神能否兼得？

2. 一家企业创业导向不断增长是不是一件好事？是否存在这样一种情况，即追逐机会的同时降低了企业绩效？

3. "一些事对你来说很重要"意味着什么？谁遗忘了对他们重要的事情？你又如何挽回损失？结合公司创业谈谈你的理解。

◉ 选读资料

Brown, Terence; Per Davidsson; and Johan Wiklund. (2001). An Operationalization of Stevenson's Conceptualization of Entrepreneurship as Opportunity-Based Firm Behavior. *Strategic Management Journal*, vol. 22, pp. 953–69.

This article describes a new instrument that was developed specifically for operationalizing Stevenson's conceptualization of entrepreneurial management. The instrument should open up opportunities for researchers to further evaluate entrepreneurship in existing firms.

Dess, Gregory; R. Duane Ireland; Shaker Zahra; Steven Floyd; Jay Janney; and Peter Lane. (2003). Emerging Issues in Corporate Entrepreneurship. *Journal of Management*, vol. 29, pp. 351–78.

In this article, the authors identify four major issues scholars can pursue to further our understanding about corporate entrepreneurship (CE). The issues explored include various forms of CE and their implications for organizational learning; the role of leadership and social exchange in the CE process; and key research opportunities relevant to CE in an international context. Throughout the article, the authors use the organizational learning theory as a means of integrating our discussion and highlighting the potential contributions of CE to knowledge creation and effective exploitation.

Ireland, R. Duane; Jeffrey G. Covin; and Don F. Kuratko. (2009). Conceptualizing Corporate Entrepreneurship Strategy. *Entrepreneurship: Theory and Practice*, vol. 33, pp. 19–46.

In this article the authors conceptualize the components of corporate entrepreneurship (CE) to include (1) the individual entrepreneurial cognitions of the organization's members and external environmental conditions that invite entrepreneurial activity; (2) the top management's entrepreneurial strategic vision for the firm, organizational architectures that encourage entrepreneurial processes and behavior, and the generic forms of entrepreneurial process that are reflected in entrepreneurial behavior; and (3) the organizational outcomes resulting from entrepreneurial actions, including the development of competitive capability and strategic repositioning.

Krueger, Norris. (2000). The Cognitive Infrastructure of Opportunity Emergence. *Entrepreneurship: Theory and Practice*, vol. 24, pp. 5–23.

In this article the author argues that seeing a prospective course of action as a credible opportunity reflects an intentions-driven process driven by known critical antecedents. On the basis of well-developed theory and robust empirical evidence, he proposes an intentions-based model of the cognitive infrastructure that supports or inhibits how individuals perceive opportunities. The author also shows the practical diagnostic power this model offers to managers.

Kuratko, Donald; R. Duane Ireland; Jeffrey Covin; and Jeffrey Hornsby. (2005). A Model of Middle-Level Managers' Entrepreneurial Behavior. *Entrepreneurship: Theory and Practice*, vol. 29, pp. 699–716.

In this article, the authors integrate knowledge about corporate entrepreneurship and middle-level managers' behaviors to develop and explore a conceptual model. The model depicts the organizational antecedents of middle-level managers' entrepreneurial behavior, the entrepreneurial actions describing that behavior, and outcomes of that behavior, as well as factors influencing its continuance.

Morris, Michael H.; Donald F. Kuratko; and Jeffrey G. Covin. (2010). *Corporate Entrepreneurship and Innovation: Entrepreneurial Development within Organizations.* Mason, OH: Thompson Publishing.

This book provides an extensive account of how to introduce entrepreneurial action within an existing organization. The goal of the book is to explain how to develop an entrepreneurial mindset and is organized around a three-phase model to examine (1) the nature of entrepreneurship within established organizations, (2) how to create an organizational environment that supports entrepreneurship, and (3) how to sustain entrepreneurship, and its performance benefits, over time.

Shepherd, Dean A. (2003). Learning from Business Failure: Propositions about the Grief Recovery Process for the Self-Employed. *Academy of Management Review,* vol., 28, pp. 318–29.

This article employs the psychological literature on grief to explore the emotion of business failure. It suggests that the loss of a business due to failure can cause the self-employed to feel grief, which is a negative emotional response interfering with the ability to learn from the events surrounding that loss. Recovering from grief involves dealing with the loss, avoiding thinking about the loss, or a dual process that iteratively combines these two approaches. A dual process provides the speediest path to grief recovery enabling the self-employed to learn more from the events surrounding the loss of the business owing to a lack of emotional interference. Those who have not yet completed this process continue to feel negative emotions and remain in the recovery process. But even in the presence of grief, a dual process minimizes emotional interference enhancing the ability of the self-employed to learn from the loss of a business. An improved ability to learn from business failure is important for individuals and society.

Shepherd, Dean A. (2009). *Lemons to Lemonade: Squeezing the Most out of Your Mistakes.* Wharton School Press.

Learn More from Failure, Learn It Faster . . . and Use Those Lessons to Achieve Breakthrough Success! We all fail. And we all want to learn from our failures. But learning from failure doesn't happen automatically. It requires very specific emotional and rational skills. You can learn those skills from this book. Drawing on leading-edge research with hundreds of failing and successful entrepreneurs, Dr. Dean A. Shepherd offers powerful strategies for managing the emotions generated by failure so failure becomes less devastating, learning happens faster, and you grow as much as possible from the experience. Shepherd shows how to clarify why you failed, so you can walk away with insights you can actually use . . . how to eliminate "secondary" stresses that aggravate failure or make it more likely . . . how to master the self-compassion you deserve in times of trouble . . . and a whole lot more. Failing will never be easy or desirable. But this book will make it less catastrophic, and more instructive, so you can get back to success and get there fast. Mourn your failure faster, so you can learn from it sooner. Learn how to "undo" your emotional ties to failure. Grow from the experience of failure. Absorb the lessons that don't fit with your preconceptions. Discover when to "pull the plug" on a failure in progress. Know when to move on, so failure won't last longer or feel worse than it has to. Stay committed to excellence, no matter what. Keep focused on success, even in environments where multiple failures are commonplace. (from abstract)

Shepherd, Dean A.; Holger Patzelt; and Marcus Wolfe. (2011). Moving Forward from Project Failure: Negative Emotions, Affective Commitment, and Learning from the Experience. *Academy of Management Journal,* vol. 54, pp. 1229–59.

Project failures are common. We theorized and found that although time heals wounds (reduces the negative emotions from project failure), it heals differently depending on the strength of individuals' specific coping orientations. Further, wounds are shallower for those who perceive that their organization normalizes failure. We conjointly consider learning from failure and affective commitment to an organization as determining how individuals move forward from project fail-

ure. *Findings suggest that studies framing moving forward solely as learning from failure will likely overstate the benefits of a "loss orientation" and understate the benefits of both a "restoration" and an "oscillation orientation."*

Shepherd, D. A.; Jeffrey G. Covin, and Donald F. Kuratko. (2009). Project Failure from Corporate Entrepreneurship: Managing the Grief Process. *Journal of Business Venturing,* vol. 24, pp. 588–600.

In this paper, the authors complement social cognitive theory with psychological theories on grief in their discussion of two approaches to grief management—grief regulation and grief normalization—that hold promise for enabling corporate entrepreneurs to cope with negative emotions induced by project failure. They propose that to the extent that organizational members have high self-efficacy for recovering from grief over project failure, or this coping self-efficacy can be built through the social support offered by the organizational environment, regulating rather than eliminating grief via normalization processes will explain superior learning and motivational outcomes.

Shepherd, Dean A.; and Melissa Cardon. (2009). Negative Emotional Reactions to Project Failure and the Self-Compassion to Learn from the Experience. *Journal of Management Studies,* vol. 46, pp. 923–49.

Project failure is likely to generate a negative emotional response for those involved in the project. But do all people feel the same way? And are some better able to regulate their emotions to learn from the failure experience? In this paper the authors develop an emotion framework of project failure that relies on self-determination to explain variance in the intensity of the negative emotions triggered by project failure and self-compassion to explain variance in learning from project failure. They discuss the implications of the model for research on entrepreneurial and innovative organizations, employees' psychological ownership, and personal engagement at work.

Shepherd, Dean; and Norris Krueger. (2002). An Intentions-Based Model of Entrepreneurial Teams' Social Cognition. *Entrepreneurship: Theory and Practice,* vol. 27, pp. 167–85.

In this article the authors present an intentions-based model of how to promote entrepreneurial thinking in the domain of corporate entrepreneurship. They emphasize the importance of perceptions of desirability and feasibility and that these perceptions are from the team as well as the individual perspective.

Stevenson, Howard; and J. Carlos Jarillo. (1990). A Paradigm of Entrepreneurship: Entrepreneurial Management. *Strategic Management Journal,* vol. 11 (Special Issue), pp. 17–27.

In this article the authors propose that the very concept of corporate entrepreneurship sounds to many entrepreneurship scholars like something of an oxymoron. They point out that there is no doubt that, of late, entrepreneurship in general has gained its status as a legitimate scholarly research subject, enjoying in addition much public interest. The authors offer a discussion of the concept of entrepreneurship within established firms.

第3章

新企业快速成长战略

☐ 理解创新是创业的重要行为之一；

☐ 理解创业战略对创业机会产生与后期开发的作用；

☐ 理解机会开发所需的资源；

☐ 客观地评估创业机会；

☐ 理解不确定环境下的创业决策制定；

☐ 了解领先者的优势与劣势；

☐ 理解与创业有关的风险及风险规避战略。

◐ 开篇引例　贾斯汀·派勒的创业故事

很抱歉如此之久才给你回信。我想我不给你回信的原因是我觉得对你提出的问题没有考虑透彻。我认为有时只有在事情发生过后你才知道你的所作所为是否正确。

以上这段话是澳大利亚企业家贾斯汀·派勒（Justin parer）对我有关创业问题的回复。他的创业史表明只有不断地尝试才可以总结出个人的创业战略。这种创业战略是一种长期的客观战略而不是短期仅凭直觉做出的主观决策。

贾斯汀的第一次创业失败了。这是一件不幸的事情。18岁的时候，他开了一家自动送餐比萨饼公司。"准确来说，这个创意是其他人的。我当时是一家比萨饼店的送货司机，我尝试着思考了我的人生规划。那时，我刚被学校退学，所以很清闲。和我一起工作的伙计说：'为什么咱们不把比萨饼卖到外面？'当时市场的送餐服务非常不卫生，而且热狗供应商的数量屈指可数。"最终贾斯汀的生意以失败告终，因为地方理事会终止了为从事这种类型的食品企业提供许可证。

当谈到这段失败的创业时，贾斯汀首先说的是这段经历是他人生中的宝贵经验。其次，他表示，这段经历也是一个强大的推动器，"它减轻了我在承受挫折时的痛苦，并且它使我意识到不能面对现实就得离开市场"。

他又继续说："我不确定失败后我还应不应该继续尝试。我知道我喜欢做生意并且我为不能成功而感到沮丧，比起期待成功的人，我觉得我更像是一个失败者。我的信心被打击了，所以我开始寻找我的安全感。我怎么才能买起房子呢？我有稳定的家庭吗？对以上问题，我几乎没有明确的答案。所以当我有机会来大学学习时，我抓住了这次机会。前一次的创业失败，让我知道我不可以再这样无目的地工作，我需要有一个定位，大学给了我重新定位的机会。"

贾斯汀在大学时的第二次尝试和他的第一次尝试没有相似之处。他对学习产生了浓厚的兴趣并成为了一名非常优秀的学生，将书本上的知识用到了实践之中。他主修会计学，并且在安永会计咨询公司得到了他的第一份工作。会计学的知识和实践经验为他提供了有关业务（审计业务）的核心流程与创业决策过程。除了把握到了学习知识的机会，贾斯汀也选择了会计作为其重新创业的基础，因为它给了他与其他人之间（包括潜在利益者）在商场上交流的机会，帮助他在商界建立了一个巨大的关系网，这成为了其防止以后生意失败的盾牌。

贾斯汀的会计服务对象之一是船台业务（船舶建造及维修）。从这份工作中，他能够获得非常多的行业专业知识和工作流程。这个行业网为他以后形成的业务网奠定了基础，并且他的特定行业知识为他提供了学习评估价值的机会。他收购了该项业务并使其生产效率得到提高，非常成功甚至超过了他在收购时定的目标。

他最近又与他的弟弟沃里克成了合伙人，并收购了一项金属加工业务。这项业务本身具有相当大的潜力，并且还可以与船台业务发挥协同效用。果然，这项业务获得了成功。

当我想起"理想"的企业家，我就会想到贾斯汀·派勒。他真的是一个乐观而且富有魅力的企业家，他用他的自信和激情克服了所有困难（不包括他回答的有关成功的问题），不仅保持了资金的良好运作，而且也实现了创业管理策略的灵活运用。

3.1　创业战略

创业机会的产生

创业机会始于"**新进入**"（new entry），而"新进入"是指为现有市场或新市场提供新产品，为新市场提供现有产品，创建新组织。不管产品、市场对竞争者、消费者而言是新还是旧，"新"都是一把双刃剑：一方面意味着稀缺，有利于新企业与其他竞争者之间有所区别；另一方面增加了不确定性，需要更多适宜的资源，创业者面临更多的压力。

创业战略（entrepreneurial strategy），是指对创业所做出的一系列决策、行为和反馈，以及随后的开发，一个可以最大化收益和最小化成本的新的创业方式。

图 3-1 阐释了创业战略的重要组成部分及其三个主要阶段：创业机会的产生，创业机会的开发，将创业机会的产生与开发的情况反馈到第一阶段。创业机会是随着知识与其他资源整合成有价值、稀缺且难以模仿的资源束而产生的。通过机会评估，选择有价值的机会进行开发。绩效主要取决于创业战略、风险规避战略、企业组织形式、创业者竞争力、管理团队和企业本身。

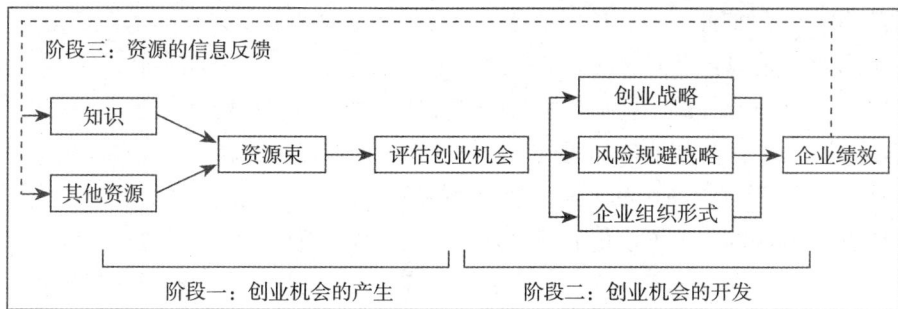

图 3-1　创业战略：创业机会的产生与开发

尽管本节主要关注阶段一和阶段二，但这并不代表阶段三中的信息反馈不重要。因为创业者不能仅仅指望一个创业机会的产生和开发。事实上，企业的长期绩效是建立在许许多多创业机会的产生和开发之上的。如果企业仅仅依靠一个创业机会，那么当一个产品进入成熟和衰退阶段，也就意味着企业生命周期由盛转衰。

3.2　创业资源

创业资源是一组适应于机会开发所需的资源束。

3.2.1　资源束的定义

产生创业机会的资源束是企业竞争优势的来源之一。理解可持续竞争优势的来源可以让我们深入了解创业者在长时间内保持高绩效的原因。理解资源是企业运作和获得良好绩效的基石。企业在生产过程中投入的资源包括机器、财务、技术以及人力资源。资源以不同方式组合形成资源束，为企业取得良好绩效提供原动力。例如，当作为重要资源之一的熟练劳动力，一旦与能够促进沟通、团队合作和创新的组织文化相结合，对企业的贡献就会增大。若想真正理解资源的作用，需要研究的是资源束，而不仅仅是构成资源束的各项资源本身。能够使企业在一段时间内产生优于竞争对手绩效的资源，必须具备以下特点：①价值性，它能引导企业寻找机会，减轻威胁，为消费者提供有价值的产品和服务；②稀缺性，它是独有的，或者仅被少量潜在竞争者拥有；③不可模仿性（包括不可替代性），对竞争者/潜在竞争者来说，无法替代这些资源，复制这些资源组合相当困难或者成本极高。

例如，清风技术公司就拥有有价值的、稀缺的、不可模仿的资源束。该公司发明了一种旨在降低脚温度的、可通风的运动鞋。一款可通风的运动鞋，之所以可能会受到消费者的欢迎是因为现有的运动鞋的设计存在很大的缺陷。如果脚出汗或者发热，现有的运动鞋会引起脚长水泡、真菌感染和产生异味（我知道我妻子很高兴让我穿上这款鞋子来减少脚臭）。这款产品对清风技术公司的管理团队也是有价值的，这是因为该产品为进入一个庞大的、利润丰厚的市场提供了途径。

该技术也具有稀缺性和不可模仿性。说它具有稀缺性是因为其他厂商都没有成功发明一款可以充分使人的脚得到充分通风的产品。有一些厂商试图让空气吹入鞋中但发现这样做只能提高脚的温度。当前，各大厂商都在尝试间接为脚通风的鞋产品，但多孔鞋不能达到该鞋达到的效果，不仅如此，多孔鞋还会导致鞋易进水。这也就是说，如果你走进一个水坑，你的脚会被弄湿。清风技术公司的真空鞋就是在鞋通风技术上的一个创新尝试。

这项技术对客户有价值，新颖，所以说它就是一项专利。专利的目的就是保护专利权人的专利不被别人窃取。和其他诸如版权、商标的知识产权保护措施一样，清风技术公司已经拥有了一个可以免于竞争的产品专利（至少会持续一段时间）。这也就是说清风技术公司拥有了有价值的、稀缺的、不可模仿的资源束。而大多数企业所面临的关键问题是：如何创造一组有价值的、稀缺的且难于模仿的资源束？如何最大限度地开发、利用资源束？

3.2.2　资源束的创造：创造一组有价值、稀缺且难以模仿的资源

创业资源（entrepreneurial resource）**是能够获取的资源并将其重组为有价值、稀缺且难以模仿的资源束。**本身具有价值的知识是创业资源的基础，它建立在实践基础上并且存在于创业者的脑海中以及管理层和员工的记忆中。基本上，经验是一种特质，只属于个体，是稀缺的。进一步来看，这种知识难以与他人交流，这就使得竞争者/潜在竞争者难以进行复制。

因此，知识对于产生资源束有着重要的作用，并将持之以恒地引导新企业的创建。但是否意味着只有经验丰富的管理者或企业才能创造创业机会呢？恰恰相反，实践表明，那些最主要的机会往往不是他们发现、创造的。例如，开发山地自行车的先驱是自行车爱好者，而自行车的行业巨头如施文和赫菲（Schwinn and Huffy）却在相当长的时间之后才察觉到这种产品的商机。

而现有的自行车厂商似乎难以"跳出来思考"，或者它们根本没有这样做的动力。我们注意到发明山地自行车的就是自行车爱好者。他们拥有关于现有技术和在现有的技术条件下消费者产生的问题（也包含他们本身）的知识。这种独特的、基于个人经验的知识为他们的创新奠定了基础，因而促成了**发明**。

因此，希望在创新上有所作为的人们，应该去寻找他们自身和团队成员所具有的独特经历以及所拥有的独特知识。尤其是那些与创业机会产生有关的知识往往与市场及技术密切关联，不可能存在于书本或课堂中，否则的话，每个人都可以获得，就没有独特性可言。

1. 市场知识

市场知识（marketing knowledge）是指创业者所拥有的那些能帮助他们洞察市场和消费者的信息、技术、诀窍及技能。做到对市场和客户了如指掌，使创业者能够更深入地认识现有产品。事实上，使创业者与客户共同分享产品使用与效用方面的知识，可以引导创业者整合资源以解决客户不满意的问题。在这种情况下，创业者的市场知识较市场研究所获得的知识更为重要。市场研究如调查，并不一定有效，因为对于消费者来说，清楚地说出产品和服务中存在的问题很困难。如果创业者缺乏关于市场、消费者态度及行为的知识，就无法识别和创造出更具价值的新产品或新市场。

其实，山地自行车案例已经指出了这种知识对创业机会产生的重要性。这些自行车爱好者非常了解在现有技术下使用自行车会遇到的相关问题。这可能是因为这些自行车爱好者不是以当初自行车制造商设计的用途来使用的，比如越野和在崎岖的地形上探险。

但是，市场调研无法揭示有关现有技术不足的信息，人们也难以清楚地说出对那些不存在事物的需求。另外，制造商收集到的一部分信息可能已经缺失。例如，"即使自行车框架断裂，这个骑车的傻瓜还是会以每小时 30 英里⊖的速度在下一段崎岖不平的山路骑行，这个信息应该被搜集，但不会成为自行车制造商开发山地自行车的信息"。这是由于自行车爱好者熟知市场、消费者的心理和行为，这使得他们能够以特定方式整合资源，来解决消费者的不满之处。该案例展示了一种问题导向的解决方案，并因此开辟了一个新的市场。

2. 技术知识

技术知识（technological knowledge）也是创业机会产生的基础之一，是指那些创业者所掌握的、能帮助他们洞察新知识产生路径的信息、技术、诀窍以及技能。尽管技术知识的市场应用性并不显而易见，但它可能成为一种技术，成为产生创业机会的基础。30 多年前问世的激光经过不断改进开辟了潜在的、颇具吸引力的市场，创造了许多创业机会。目前，激光技术已经被应用于导航、精密测量、音乐录制和光学化纤中。在手术过程中，激光技术也被用于修复脱落的视网膜和治疗失明。这些创业机会均是首先源于激光技术知识的应用，其次才是市场适用性。

类似地，人们最初也认为计算机发明的应用是有限的，而事实上新的市场已经随着计算机技术的深化而进一步得到扩展。在航空工业领域，计算机被广泛应用于研究高效的飞机设计方案、自动驾驶仪等自动化导航和驾驶系统、空中管制的雷达系统、航线飞行反应器，以及计算机联网售票与行李追踪系统（尽管行李看似丢失了）。

可见，技术知识能够引导技术进步，发明一项新技术不只是满足市场需求，而是可以多方面地开辟新市场。为了取得通过知识进步不断进行的技术发明，创业者可能没有考虑其商业可行性。但由于一个微不足道的原因发明的一项技术，随后可能被发现有更为广泛的应用范围。例如，"唐"（Tang）牌食品（冷冻干燥咖啡）、魔术贴、特氟龙都是因太空计划而被发明的产品，但之后都有了除此之外更广泛的应用。

总之，资源束是创业的基础，源于创业者的市场知识、技术知识和其他资源。若所依托的资源束是有价值的、稀缺的且难以模仿的，创业行为就可能成为企业持久的竞争优势和更高绩效的源泉。

3.2.3　创业机会的评估

一旦完成资源的重新组合，创业者需要进一步评估新产品或新市场是否具备足够的吸引力以及是否值得开发，并确定新的资源组合是否真正有价值、稀缺且难以模仿，而这取决于创业者所掌握的信息程度及其在没有完全信息时进行决策的意愿。

1. 创业信息

先验知识和信息搜寻　用于挖掘潜在创业机会的市场和技术方面的先验知识在评估一个特定机会时十分关键。丰富的先验知识帮助创业者更好地评估手头的工作，此时创业者只需要再收集少量的相关信息就可以做出开发与否的决策。

⊖　1 英里 =1.609 3 千米。——译者注

《商业新闻》　　　　　　　　　**亚拉巴马项目的电梯游说计划**

　　有一个富裕的朋友让你帮忙留意可以进行投资的新项目。他很忙，所以只希望你介绍那些真正有投资前景的企业。看了下面的介绍后，你会将娜塔莉和恩里科推荐给你这位富豪朋友吗？

　　创始人：娜塔莉·查宁（41岁）和莫若·恩里科·扎诺（39岁），亚拉巴马项目的共同合伙人，该项目的地点位于亚拉巴马州的佛罗伦萨。

　　公司性质：一家大量使用回收材料的服装公司。

　　创办时间：2000年，注册资本20 000美元

　　营业额：预计2003年会达到150万美元。

　　赞助商：在参加一次晚上的聚会时，查宁手缝了一件T恤，并为此着迷。由于她具有服装设计的背景，于是和她擅长财务与市场营销的合伙人莫若·恩里科·扎诺进行了合作。可她在纽约找不到一家制造商来做相应的手工，但是，她在收集相似产品的时候发现了解决方法，促使她回到亚拉巴马州本地去寻找赞助商（她现在住在纽约和亚拉巴马州，但耗费了她的大部分时间到亚拉巴马州去工作）。

　　再生产品：亚拉巴马项目的增长点包括新材料，但是其产品T恤的主要材料是新泽西的再生棉。该T恤的零售价为250～4 000美元。该项目一直以高效益为重点目标。"我们正在有计划地和这种类型的厂商联系"，查宁说，"幸运的是，我们从一开始就拥有世界上最好的商店，像纽约的巴内斯（Barneys）和伦敦的布朗（Browns）。"

　　所需用品："亚拉巴马项目包含两个部分：再生材料的使用和精湛的手工技术，"查宁在120名从事缝纫工作的妇女面前如此骄傲地说："这种荣耀包括每个人和其制作的每件衣服。"

　　资料来源：Reprinted with permission of Entrepreneur Media, Inc., " Natalie Chanin and Enrico Maronee-Cinzano," by April Y. Pennington, February 2003, *Entrepreneur* magazine: www.entrepreneur.com.

　　搜寻信息本身就是知识的积累，并能指导创业。事实上，创业者所具有的知识越多，搜寻便越有效率。也就是说，拥有特定领域大量知识储备的创业者相当清楚到哪里去寻找信息，并且能够快速地将这些信息转化为机会评估所需的知识。

　　但是，创业者在搜寻过程中也有进退两难的时候。一方面，如果搜寻期较长，就会为创业者赢得充分的时间来获得更多的信息，这些信息有助于了解该创业机会所要求的资源束是否具备有价值、稀缺且难于模仿的特性。一旦获得足够的信息，创业者能够更准确地评估市场是否有足够的需求以及在竞争中能否保护产品不被模仿。另一方面，搜寻信息耗费成本，包括金钱和时间。决定要开发一种新产品时，创业者需要搜索更多的信息对产品是否具有足够的价值做出更精确的评估，而就在继续寻求充分信息之时，机会可能已经悄然流逝。

　　机会之窗（window of opportunity）　它指的就是环境有利于创业者开发特定机会的一段时间，用以描述特定创业行为动态变化的本质。机会之窗打开时，对创业者来说，环境适于企业在现有产品基础上开发一种新产品或进入一个新市场，但机会之窗关上以后，环境就变得不利。一个关于机会之窗关闭的例子是当另一位创业者已经进入该行业并建立起坚固的禁止准入和模仿的贸易壁垒，当他拥有更多可取信息的时候，花费在收集额外信息上的时间会增加机会之窗关闭的可能性。

2. 不确定条件下的决策权衡

是立即开发创业机会以避免错过，还是寻求更多信息后再开发创业机会？二者之间的抉择使创业者陷入两难的境地，需要创业者做出选择：冒险开发或保守不为？一方面，冒险开发可能使创业者采取行动后却发现自己高估了创造市场需求、保护技术的能力，因为有所行动而对企业不利；另一方面，保守不为则可能使创业者因低估了自己的能力而错失良机，因为不采取创业行动而对企业不利。

3. 机会是否开发的决策权衡

评估创业者是否确信自己已经做好开发创业机会的前期工作。如图 3-2 所示，对创业机会开发与否的决策取决于创业者是否认为自己已经掌握了做决策所需的足够信息，以及这扇机会之窗是否仍然为此创业机会而敞开。而创业者是否认定其已掌握足够的信息又取决于信息存量以及创业者在非完全信息下做决策的信心。

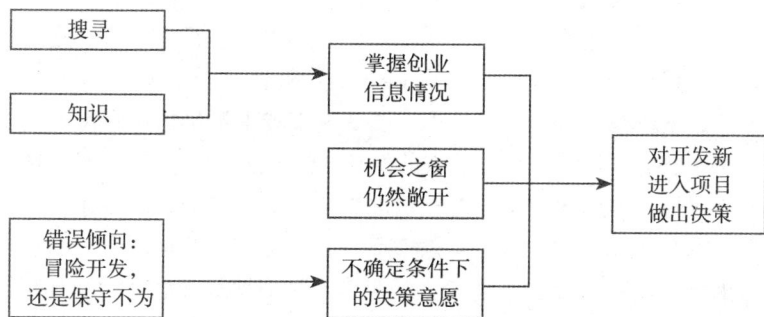

图 3-2　是否利用创业机会的决策

其实**评估创业机会**（assessment of a new entry's attractiveness），关键不在于机会是否真正存在，而在于创业者是否具有足够创业成功的信心，包括是否激发了市场需求、高效地生产了产品、建立了良好信誉、培养了客户忠诚度以及降低了转换成本。创业成功与否取决于创业战略。

3.3　创业机会的开发战略

当问及竞争优势的源泉时，创业者普遍会这样回答——领先，我们是领先者。那么，真的是这样吗？有待考究。当然，领先确实能带来很多竞争优势，从而有利于提高企业绩效。这些竞争优势包括以下几个方面。

3.3.1　领先者优越性

（1）**成本优势**。市场领先意味着创业者可以在"经验曲线"中先行一步。经验曲线告诉我们，企业生产同种产品的数量越多，则单位产品生产成本越低。这是由于规模经济使更多的产品分摊了固定成本。

（2）**竞争优势**。尽管领先者在初期只有为数不多的客户，但是一旦他们正确地评估机会，市场就会快速发展起来，且面临的竞争对手较少。即使竞争对手随后进入市场、夺取份额，但是创业者仍然可以从整个市场的快速增长中获得补偿。事实上，在市场的增长阶段，新企业更多的是关注市场需求的满足，而较少关注自身活动，如降价、与他人争夺市场份额等。

（3）**渠道优势**。领先者与重要的供应商和分销商建立的深厚客户关系，能够保护重要供销渠道，同时这无疑对那些市场新进入者构筑了壁垒，使他们最后被迫选择劣等供应商和分销商。

（4）**市场优势**。在满足消费者需求中，领先者能够占据有利地位。市场优势表现为：①选择和保护市场中最具吸引力的部分；②将自己置身于市场中，增强自身识别、适应市场变化的能力；③有时，他们甚至可能以自己的产品作为行业标准。

（5）**经验优势**。①通过老产品来了解市场、改进老产品，包括设计、生产和营销等活动；②没有深入市场的企业可能很难或无法觉察到市场的细微变化；③建立自己的网络可以为创业者提供有关创业机会、颇具价值的早期信息。只有亲身参与到市场中才可获得这些学习机会，因为某些知识是通过实践（干中学）而不是观察他人行为（间接知识）获得的。

但是第一个吃螃蟹的人未必就能取得成功。许多新产品生产领域都存在着后来者居上的现象。事实上，录音机市场上的领先者安豹（Ampx）和索尼（Sony）就被跟随者日本胜利公司（JVC）和松下公司（Matsushita）超过了；圆珠笔市场上最早的厂商雷诺兹（Renolds）和威尔·永锋（Eversharp）早就破产了，后来的派克（Parker）和比克（Bic）却赚个盆满钵满。

正如图3-3所示的天平那样，领先者有很多优势，但也有很多环境条件使他们的创业过程困难重重。在考虑是否作为领先者开发新产品或者开拓新市场时，创业者必须权衡先动行为的利弊，要考虑到：进入环境的稳定性；创业者引导消费群体的能力；为延长产品市场领先时间，创业者需要建立相应的进入壁垒。下面将逐一分析这些因素。

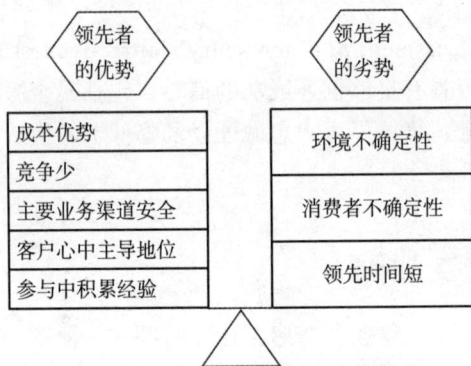

领先者的优势	领先者的劣势
成本优势	环境不确定性
竞争少	消费者不确定性
主要业务渠道安全	领先时间短
客户心中主导地位	
参与中积累经验	

图 3-3　影响进入市场时机的因素（领先者优劣势）

3.3.2　环境的不确定性与领先者的优劣势

企业绩效高低取决于其资源配置和外部环境是否匹配，如果二者匹配，则绩效良好，企业受益。如果创业者推出根本没有市场价值的新产品，结果将会因为该新产品无法与外部环境相契合而导致企业绩效低下。

为了适合外部环境，创业者必须首先确定成功进入目标市场的关键因素，也就是任何企业要想在特定行业竞争中取得成功就必须达到的要求。是提供更好的服务、稳定性、最低价格还是拥有一项被认定为行业标准的技术？截至目前还没有定论。所以，创业者对企业资源进行整合只能基于对关键成功因素的猜想。假如猜测正确，环境稳定，那么企业将有可能成功。然而，如果环境改变，关键成功因素也随之改变。结果，资源的实际有效性可能会降低，甚至企业的识别能力和对新环境的适应力也会随之降低。

在**新兴产业**（emerging industry）中，环境的改变令人难以捉摸。新兴产业是指那些刚刚形成的、正在成长的以及还没有建立起来规则的行业。这里，创业者在如何获得成功上有相当大的自由发挥空间，其中包括建立有益于企业的行业规则。直到规则完全建立，行业走向成熟，新兴产业环境仍在不断变化。对于创业者来说，很难判断这种变化的本质以及变化是否还会发生，因为他们面对需求和技术的不确定性，即使事先有所察觉，也很难做出相应的反应。

1. 需求不确定性

需求不确定性（demand uncertainty）是指很难准确估计潜在市场的规模和发展速度以及把握市场的关键因素。事实上，领先者本来对用于估计潜在市场规模和发展速度所需的信息就知之甚少，不确定性又进一步增加了评估未来需求的难度，因而不利于新企业的成长。高估或低估需求都会对绩效产生消极影响。如果高估需求，创业者要承担过大规模所带来的相关费用，比如新建了本没有必要的大型工厂，结果发现面临的市场小到不足以维持业务。而低估市场需求，创业者就要承担产量不足所带来的损失，不能满足现有客户和新客户，可能惠及了竞争对手，或者由于扩容产生额外费用。

需求不确定性加大了创业者准确把握市场变化的难度。随着市场的成熟，客户的需求和口味可能会变化，如果创业者没有意识到这些（或者没有能力适应这些），竞争者可能趁机提供超值产品/服务而赢得客户。实际上，随着计算机技术的发展，关键成功因素也从注重质量和声誉转为注重低成本。脱颖而出的戴尔（Dell）创造的低成本商业模式，使其成功地超越了那些对客户需求变化反应迟钝而继续依靠声誉的企业。

创业者认为，推迟进入市场无须花费相同成本就可以从领先者那儿获得所需的信息。虽然丰田公司推迟进入美国小轿车市场，却通过调查领先者大众汽车公司的客户需求并且加以利用，生产出更符合需求的产品，以此来降低需求的不确定性。同时，丰田公司还获得了消费者长期偏好的信息，因为当时的市场及消费者偏好正在趋于稳定。总之，当需求处于不稳定、不可预知时，领先者面对的是弊大于利的局面，这时创业者应该考虑推迟进入市场。

2. 技术不确定性（technological uncertainty）

领先者往往需要对一项新技术做出承诺。然而，却有许多不确定因素影响着这项新技术，包括是否会如预期的那样应用，是否会出现一项更优的替代技术。如果表现不如预期，将会发生一系列费用并产生不良影响，如损害创业者或企业的声誉，以及因该技术做出必要改变而带来的研发和生产成本。

即使该技术如预期一样应用，更先进的技术仍有可能出现，并有利于跟随者。例如，1974 年，邓科特尔（Docutel）公司几乎提供了所有的 ATM 机。但是，当 ATM 机技术发展到允许客户以电子方式转移资金时，像霍尼韦尔、IBM 和伯勒斯公司就采用了新的技术来更好地满足客户的需求。正因为这样，邓科特尔公司的市场份额才在短短四年内就下降到 10%。

推迟进入市场为创业者降低了技术的不确定性。例如，他们可以通过学习领先者的创新程序来降低自身的技术不确定性。这可能涉及完全改变领先者产品的行为。通过学习领先者的研发项目，创业者拥有的技术知识是模仿领先者的产品（除非有知识产权保护）或进行技术改进的基础。同时，推迟进入市场也为创业者提供了观察、学习领先者行为以及失误的机会。例如，当进入部分市场后，领先者突然发现那里没有足够的需求来维持企业运作，跟随者即可引以为鉴。总之，当技术不确定性较大时，领先者面对的是弊大于利的局面，这时创业者应该考虑推迟进入市场。

3. 适应性

市场需求和技术的改变并非等同于领先者的失败，只是说明创业者必须去适应新环境。然而，改变是困难的，让创业者忘却曾经的辉煌，转而去改变员工角色、责任以及体制，进行企业重组，这确实不易。因为，组织具有保持旧况、抵制变化的惯性。例如，美敦力公司曾是心脏起搏器的市场领导者，但由于它迟迟没有将现有的技术更改为新的锂技术，所以它失去了市场的领先地位。跟随者由于不受组织惯性约束使用了新技术，从而使美敦力公司由于延迟使用新技术付出了代价。

此外，不可否认的是，创业者的耐力、恒心在新企业"走入正轨"时大有裨益，但是阻碍了创业者察觉、执行、改变的能力。当面临一项新技术时，创业者往往在现有的技术上投入更多的资源，并强化原有的战略导向，而不是去适应新技术，改变战略导向，这样的错误决策加速了企业的倒闭。所以说，对于所有企业来说，尤其是领先者而言，适应外在环境至关重要。

3.3.3　消费者的不确定性与领先者优劣势

不管是新产品进入已有市场或者是已有产品进入新市场，都包含"新"这一要素。与"新"相伴而生的就是消费者的不确定性。**消费者的不确定性**（uncertainty for customers）是指创业者难以准确估计产品/服务对消费者来说是否具有价值。他们往往不确定如何使用该产品以及该产品是不是能如预期的那样好，即使如此，他们也还想知道新产品在多大程度上比现有产品好。像大多数人厌恶不确定性一样，消费者也是如此。即使新产品比老产品更好，消费者也不愿意去接受。因此，只提供更好的新产品不足以让领先者成功进入市场，创业者还需要降低消费者的不确定性。

针对上述情况，创业者可以利用广告向消费者提供有关产品使用以及产品功效的信息，甚至可以用市场比较来突出该产品是如何优于其他替代品的。这样做以后，消费者会更愿意接受新产品。完全足不出户的电视购物频道已经向世人展示了信息广告的魅力。真空袋广告主要就是描述了一种装衣物或其他东西的袋子，抽掉袋子里的空气，这样衣服就变"小"了，衣橱里就能容纳更多的东西。

然而，让消费者了解如何使用一种新产品并不总能奏效。如果用来开拓新市场的新产品十分新颖，消费者则缺少参照物来分辨这些信息。例如，发明一项主要应用于国家防御和其他高科技的政府办公产品，虽然为企业提供了一个进入市场的机会，但同时要求消费者具有相关的背景。而客户要想知道煎锅中的不黏层如何起效以及这种表层的好处，就要求创业者自己得先有一个参照物。因此，创业者面临的挑战是在提供广告信息之前就创建一个参照物。

潜在消费者的不确定性也可能来自产品使用范围的广泛性。也就是说，即使消费者知道如何使用新产品，也不愿意购买，除非确信能够很快地使用它。例如，大家都知道一个新软件包能够以更低的价格提供更强大的表格功能但消费者也不会去购买，除非他知道要多久才能学会使用。在这种情况下，创业者可以采用演示文稿来指导客户，如同在线免费帮助那样作为软件包的一部分。

决定推迟进入市场的创业者将面临更为成熟的市场和更趋于稳定的消费者。因为不确定性已被领先者逐渐弱化。事实上，推迟进入市场本来也需要大量指导，但创业者往往也可以搭便车，即从领先者的早期投资中获益。

尽管如此，领先者仍然可以通过努力来争取竞争优势，包括以一种对企业有利的方式来引导消费者偏好。例如，教育可以引导客户群的偏好从而给公司带来优势（比如以企业产品作为行业标准），可以树立"创始人"的声望，激励消费者忠诚以及建立进入和模仿壁垒等。

下面要讨论的是建立进入、模仿壁垒对创业绩效的影响。

创业伦理示例

做正确的事情：聪明的企业家会获得经济效益和社会效益的双赢

查理·威尔逊正在进行一项提高企业社会效益的活动。他为自己在休斯敦的拥有 160 万美元注册资本的打捞公司提出了提高社会效益的任务。他表示："作为企业家的最终目标应该是实现个人价值，而不应该是盈利。"

但是千万不要把他错当成道德模范。这些都是企业运营成功中不可或缺的一部分。"诚信会在企业发展中起到至关重要的作用，"威尔逊说，"它会在业务中使客户信任自己。其他企业已经采取了这条提高企业社会效益的捷径，我认为这样做也毫无坏处。如果你的企业社会形象不好，客户是不会和你谈任何业务的。"

诚信已经和业务建立了牢固的关系。当被问及企业家有关诚信的问题时，很多人不屑一顾。这些就是那些喜欢破坏规则的人。我还是建议企业家遵循既定的规则，但这可能会发生变化。关于在即将到来的新世纪中，是否应该在商业活动中讨论价值观、道德观、责任观的问题已成为亟待解决的问题。

"这就像 20 年前的产品质量运动，"印第安纳波利斯沃克信息咨询公司的董事长弗兰·沃克这样说。这家公司的主要业务是跟踪客户满意度和评价商业诚信。"客户需要有一种方法将公司区分开来。"多年来，区分的标准一直是质量。可是现在，沃克说："现在产品的质量都大致相同，所以需要更高的标准进行区分。"

所以，各位企业家都做好提升自身企业诚信水平的准备了吗？虽然大多数企业家仍然不会摒弃对苏格拉底和柏拉图的喜欢，但现在已经有大量的企业家正给予诚信更大的关注，希望企业可以在提高经济效益的同时提高社会效益。

资料来源：Reprinted with permission of Entrepreneur Media, Inc., "Do the Right Thing," by Gayle Sato Stodder, August 1998, *Entrepre-neur* magazine: www.entrepreneur.com.

3.3.4　领先期与领先者的优劣势

领先者具有一些潜在优势，但是如果不能阻止或者阻碍潜在竞争者进入提供类似的产品，原有的优势将很快被瓦解，企业也会每况愈下。进入壁垒为领先者（或没有其他人）提供了一段在本行业内经营且竞争很有限的美好时光，也就是领先者的**领先期**（lead time）。

领先期为创业者赢得一段竞争较少的时间，并为日后竞争加剧时的企业生存做好准备，其中包括致力于使市场朝着有利于领先者的方向发展，如创业者利用营销上的优势将自己的产品质量定义为行业质量标准。

如果领先者成功建立起进入壁垒，则会延长领先期。由于重要壁垒都产生在与关键利益相关者的关系之中，这样就能够阻止竞争者／潜在竞争者的进入。具体方式如下：

- **培养消费者忠诚**。领先者建立企业、生产产品均需要重视客户的意见，以此来确保消费者忠诚。消费者忠诚能够使竞争者更难，且需要更高的成本进入市场和占有份额。忠诚有时候是通过消费者将产业与领先者联系起来而确定的。例如，日本"超干啤酒"的前身是朝日啤酒。其客户群的忠诚度会使其他啤酒厂商包括占主导地位的啤酒生产商（麒麟）也难以进入该市场。
- **设立转移成本**（switching costs）。领先者需要建立转移成本机制来加强客户忠诚、留住已有客户。航空公司回馈活动中的特定航线上里程积分活动，能够在资金和情感上吸引消费者，从而提高了消费者转向其他竞争者时的成本。
- **保护产品独特性**。如果产品的独特性是企业优势的来源之一，那么领先者有必要采取措施加以保护、维持。知识产权可以采取专利、版权、商标或商业机密的形式来实现。
- **保障供给和配送**。领先者通过建立与主要供应商、分销商的垄断关系，来打击潜在进入者，实现自我发展。例如，海洋商业产品公司是第一个发现生长在澳大利亚塔斯马尼亚岛上的特殊海藻的公司。这类特殊的海藻被称为裙带菜并且是日本人和韩国人的主食。海洋商业产品公司能够获得独占澳大利亚（可能在南半球）塔斯马尼亚海岸的使用许可管理权，而该海岸正是目前唯一已知的裙带菜的产地。这就意味着海洋商业产品公司将成为该产品的唯一供应商。

进入壁垒可以有效地减少领先者所面临的竞争对手。典型的竞争就是通过压低价格、抬高边际成本从而导致边际收益及总利润的减少来实现的。尽管这样，竞争并非毫无裨益，有时甚至能提高企业绩效，有利于行业成长。因为企业在激烈竞争中能为消费者创造更多价值，从而变得更有效率、更具创造性。不管是采用提高产品质量或是降低价格，还是二者兼而有之的方法来提升客户价值，都吸引了更多消费者进入这一新市场。

因此，领先者必须谨记，设置进入壁垒固然可以降低行业内的潜在竞争水平，从而获益，但是，这也可能因为将许多准进入新行业的消费者拒之门外，从而造成失败。所以，领先者应该考虑这样的战略，即一些竞争者进入，分担先进入成本，再一起建立壁垒以阻止其他潜在竞争者的跟进。

《创业杂志》　　　提出让创业者更创新的建议

尼尔·富兰克林（Neil Franklin）在1998年就开始提供24小时电话客户服务，该项服务非常受客户欢迎。这项服务符合富兰克林依据总部人员的编制情况而选择的战略方向，其总部位于达拉斯的电信工程公司，所以他投资了一个电话系统，为他的10名员工提供了24小时电话客户服务。现在富兰克林已经38岁，其公司也有近50名员工，他们都在继续探讨如何改善客服服务水平。24 小时电话客户服务很成功，但其他的尝试就不一定能产生这种效果了。其中一个失败的案例就是为每个客户量身制作自己的 Web 网点。"我们为该项目已投入 3 万美元的资金，但我们最终还是放弃了这个项目"，富兰克林回忆道。在全球范围内主要城市用广告宣传品牌的尝试也中途夭折。"这个项目初期运行得相当顺利，"富兰克林说，"直到后续进行追加投资时才发现问题。"

富兰克林的项目尝试非常类似于"创新组合"战略。该策略由位于纽约的麦肯锡咨询有限公司开发。该公司致力于提供产品战略、市场战略以及实施战略，并频繁进行试验以保证企业不会错过机会也不会冒风险使用战略。

决策方法的组合解决了传统商业计划中的弱点，它只能对诸如市场、技术发展、客户反馈、竞争对手的反馈以及销售这些方面做出未来前景不确定的假设。布莱恩把创新组合战略与第二次世界大战中使用组合战略进行船舶补给做了比较。组装的军事设备和运输船组可以使他们能相互支持并发送信息，计划者可以根据船舶是否到达他们的目的地而进行规划。以同样的方式，企业家可以通过投资组合的措施来获得成功。

做计划

该战略的实施包含三大步骤。首先，你应该搜索那些你比较了解的企业，这就意味着你比竞争对手有优势。你可以利用你熟知竞争对手的优势来实施低成本战略和强强联合战略。布莱恩还说，要尽量避免进入你不熟悉的业务领域。

其次，当你识别出对你有利的环境后，这时你应该采用一个有约束的、动态的管理方法。要注意管理方法间的彼此相关性。这些方法应该不唯一，应保证一个方法失败不会导致满盘皆输，同时，这些方法应该融入企业的总战略中。投资就意味着你要做出诸如产品开发、产品试点、市场调查等工作，这些起步工作短期很可能看起来不太重要，但可以在长期看出相关效果。

最后是发现无效的策略，并且向其他策略倾斜。任何规模的公司都适用组合措施。富兰克林一直将制定的策略个数保持在 20 ～ 30 个，因为他知道 90% 不会成功。他说："这主要是要保证时刻有策略运行，如果你没有保证时刻有策略，那你就被别人超过了。"

对企业家的建议

想要提升公司的创新能力，应该参考以下建议：

（1）新项目在实验期似乎成效显著，但是如果存在很多困难的叠加，可能导致该项目付诸东流。我如何在项目创新期的时候既减少成本投入又获得实验期的优势来减少失去项目的风险？

（2）我的员工、购买方和供应商会乐意与我公司进行合作，因为我公司之前一直以成功的形象示人。所以，我不确定当我公司出现一系列失败的时候这些人是否还会和我公司合作（尽管那仅仅是个小失败）。我认为这是一个心理问题，所以我应该如何把握好这一点呢？

（3）即使别人都可以接受失败，但我不确定我能否应付得来。当项目失败时，我在心理上很难接受。这难道仅仅是我没有及时停止项目的缘故吗？

资料来源：Reprinted with permission of Entrepreneur Media, Inc., " Worth a Try, Who Knows What's Going to Work? So Put as Many Ideas as You Can to the Test, " by Mark Henricks, February 2003, *Entrepreneur* magazine: www.entrepreneur.com.

3.4　创业风险规避战略

创业对创业者自身及其企业来说，具有很大的风险。**风险**（risk）就是未来结果的不确定性或损失，可能会导致破产。部分风险来自创业者对市场需求、技术发展以及竞争者行为的不确定。但是，借助战略包括市场规模战略和模仿战略，企业可以降低部分或全部的不确定性，从而降低风险损失。

3.4.1　市场定位战略

市场定位是创业者对客户群定位以及产品／服务类型的选择，而市场范围的大小取决于创业者认为降低哪种风险更重要。

1. 小市场战略

小市场战略是为一小部分客户群体提供小范围的产品／服务，以满足他们的特定需求。在与更强大、更成熟的企业竞争时，创业者可运用该战略从多个方面为企业减少风险。

- 小市场战略使企业重点生产特定产品，经营局部业务和发展特定技能。这样做的结果使企业同那些以大规模生产为导向、以获取规模经济利益为目标的强大竞争对手区分开。生产差异性产品的小市场定位战略有利于企业同强大、成熟的大企业竞争。
- 由于企业把重点放在特定的客户群上，积累的专业技能和专业知识使企业在与对手竞争时处于有利的地位。一个奉行小市场战略的创业者在提供优质产品和宣传客户急需的相关产品知识时显得更加游刃有余。
- 小市场战略设定销售的最终目标是夺取高盈利市场的份额，因而适合生产特定产品、经营局部业务和发展特定技能的企业。总之，比起那些热衷于生产规模的企业来说，崇尚小市场战略的企业更有可能为客户提供具有上述品质的产品和服务。

然而，运用小市场战略并不总能使创业者高枕无忧。企业可能会自认为生产的产品品质卓越，但客户并不一定认同这些所谓的改良产品；即使他们认同了，也不一定愿意为产品的改进买单。此时，他们或许更喜欢大企业生产的产品。换句话说，创业者认定的细分市场与规模化市场之间的边界十分模糊，结果导致在面对竞争时，小市场战略并不总是能够保护企业利润。

此外，如果细分市场具有足够的吸引力，也可能招致大型成熟企业进入以瓜分利益。那些以规模为导向的大型企业可能会通过开发副产品参与该市场的竞争。

尽管小市场战略有时能降低企业竞争风险，却不足以抵抗另外一种风险，即市场需求预期不准确的风险。实际上，小市场战略重点关注单一客户群体（或一小部分客户群体），但是如果市场出现动荡、规模减小、吸引力降低等变化，那么企业就有蒙受损失的巨大风险。实施小市场战略犹如把所有的鸡蛋全放在一个篮子里，倘若篮子破了，鸡蛋就全摔破了。但大市场战略能提供监控不确定性的方法，能够帮助企业降低风险。

2. 大市场战略

大市场战略是处理不同市场不确定性的"组合策略"。创业者通过企业为不同市场提供大量产品，可以深入了解各种产品的盈利情况，以及整个市场的情况。由此，他就能做出正确的取舍，将资源集中到前景广阔的产品、市场上。事实上，大市场战略就是在市场中不断地尝试，直到能够应对市场不确定性。

企业家的最终战略将在学习过程中被发掘。相反，小市场战略则要求企业能对即将集中投入资源的小市场了如指掌，否则一旦判断失误，便无回旋余地。事实上，大市场战略强调的是企业向众多市场提供大量产品，如同在竞争对手之间开辟了正面交锋的战场。因为创业者不仅要同小市场内的专业化企业进行抗衡，也要和大市场内的生产者进行竞争。

总之，小市场战略降低了竞争却增强了市场不确定性，大市场战略则相反。创业者需要选出一种战略，以降低其最关注的风险，或是与竞争相伴而生的风险，或者市场不确定性带来的风险。众所周知，如果潜在竞争者进入已有市场，原有企业定会固守市场份额，但这时由于市场需求已趋于稳定，所以创业者可以借助市场调研了解特殊消费群体所偏好的新产品，在这种情况下，竞争风险很大而市场不确定性较小，采用小市场战略来降低风险将更为有效。

但是，如果潜在竞争者进入新市场，原有企业此时更关注如何满足新客户，而不再是争夺市场份额或报复新成员。在这种情况下，市场不确定性很高，关乎产品的孰胜孰负，采用大市场战略为宜。

3.4.2　模仿战略

1. 模仿战略的必要性

模仿是降低创业风险损失的另一种手段。模仿战略是指模仿其他企业的惯例做法，包括同行或相关行业企业。关于模仿战略可以提高企业效绩的观点与最早在本章开篇提出的观点相悖，即有价值的、稀缺的和不可模仿的资源束才会产生好的绩效，而模仿战略并不能使资源束变得具有稀缺和不可模仿的特性。

这可能是真的，但模仿战略仍然会提高企业绩效。因为一个成功的新进入者并不一定在企业运作的各方面都是新颖的；相反地，模仿其他企业的模式，能够为创业者提供外在的竞争优势。

创业者可能会很快发现，模仿成功企业的经营模式比起考虑周全、耗资巨大、信息不完整的调研来得更容易。实际上，模仿是个人认知的替代品。这个论断在 Rexhaul 公司（该公司卖的游艺车比其竞争对手要更便宜）总裁的格言里有很好的阐述："在我们公司，我们定义它为 R&C，即研究与复制（copy）。"

模仿成功创业公司的做法可以获取使新企业家取得成功的技巧，而不是试图发现具体需要哪些技能和从零开始学习该技能。模仿会使新企业家掌握成功技巧并迅速获得回报，而不用考虑首次进入该行业的关键成功要素是什么。这种模仿机制可以使企业家先人一步取得成功（或者说至少减少了实现特定步骤的时间）。

模仿有利于新企业形成组织规范性。如果运行稳如成功企业，新企业极有可能被客户认同。因为客户乐于与那些有声望的成熟企业打交道，尤其是提供服务的企业。一家新建立的咨询企业就需要让客户觉得自己是成熟的，而那些外在装饰，比如办公室的选址、皮椅、皮沙发和裁剪适宜的服装等，在一定程度只会增加资源负担，对服务质量的真正改善意义不大。

2. 模仿战略的类型

特许经营是一个强调模仿以减少特许权持有人损失的范例。授权后，特许权持有人通过使用"已证明了的范式"来经营企业。例如，创业者可以通过麦当劳特许经营迅速地进入某一地区的快餐行业。此时的模仿具有强制性，特许权持有人可以从已有市场需求以及对商标和商品的知识产权保护中获利，并能获取有关财务、营销和管理上的知识。尽管必须和肯德基等开展竞争，但创业方式也是独一无二，因为其总是努力做到有别于竞争对手，如精心地挑选地段。对新进入者来说，模仿战略可以化解绝大部分风险。

当然，特许经营不仅仅是模仿战略。一些企业家也企图复制成功企业，包括模仿现有产品来缩小差距、取得竞争优势，即采取跟随战略。换句话说，成功的企业在消费者心中占据重要地位，模仿者则紧跟其后，并且希望获得消费者的认可。多样化经营致力于对那些不受知识产权法保护的现有产品或服务稍做改变后，打入新的市场或者以一种有别于现有企业的方式服务于消费者。

冰激淋店就是典型的跟随战略案例，那些新进入者在模仿成功商铺的基础上，通过提供某些不同的服务来彰显它们与那些已有商铺的不同。互相竞争的冰激淋店通过提供相近的店面设计、同样的产品口味（如华夫口味）和促销策略（如先尝后买）来赢得消费者，不同的只是店址而已。

在冰激凌的例子中，我们已经注意到新进入者越来越依赖更高水平的模仿来获取竞争优势。无数的新进入者或其他国际特许经营权授予人达成协议就是最好的证明，如冰激凌零售行业中的哈根达斯（Haagen dozs）以及美国 31 冰激凌跨国特许经营权授予人已经创立了国际品牌和声望（以往只是区域的），实现了标准化的管理运作流程、企业间交流和营销达到规模经济。

然而，跟随战略可能比预想的更难以成功实施。因为，那些被模仿企业或许是依靠企业自身的组织管理知识和文化才得以成功。当组织环境发生改变时，相似的行为并不一定产生相似的结果，更何况创业者的模仿途径常常受到法律限制，如注册商标和品牌名称的使用。因此，实施跟随战略的结果有时会不尽人意。

综上所述，虽然模仿战略能减少创业者的研究开发成本，降低消费者的不确定性，使其一开始看起来就显得规范。但是实施模仿战略时，新进入者应该侧重模仿那些非核心竞争优势方面。因为，核心部分一定是企业经过长期积累才建立起来的，依靠它的有价值性、稀缺性和不可模仿性才使得企业能够取得高水平的绩效。

3.4.3　面对"新"的挑战

创建新组织属于创业范畴，并向创业者提出了已成立企业的管理者不会遇到的挑战，因"新"所带来的不利方面，主要来自如下三个方面：

- 学习成本问题。新组织的员工岗位技能培训需要时间和金钱。
- 岗位冲突问题。新组织在设置各个岗位时，难免会有重叠或空缺。在部门的界限（职权）正式地确定下来之前或者各个部门对冲突进行非正式协商（管理者有能力处理的话）之前，这种冲突会频繁发生。
- 非正式交流问题。新组织需要时间去建立尚未形成的如友谊、组织文化等非正式组织，通过正式或非正式渠道进行交流。

管理新企业要特别注意对员工的教育和培训，以提高他们的知识与技能，使他们尽快适应岗位的需要。为减少冲突，应该鼓励社团活动以增强非正式组织关系，尽快形成团队文化。如果这些能顺利实施，那么创业者将从中受益。在变化的环境中，新企业在这方面的优势会更加突出。

尽管成熟企业已经形成一定的规程、体系和程序，有助于提高它们的经营效率，但是这些规程、体系和程序在企业需要随环境变化做出调整时反而会成为一项负担。先前的实践往往形成一种向前的势头从而给企业的转变带来困难。成熟企业要接受新知识也很困难，因为思想观念已经局限于过去的行为和特色，而不能很好地协调外部环境和实际所需。

相反，新企业没有既定的规程、体系和程序，意味着其可塑性很强，这使新企业在学习方面优于成熟企业。它们无须改变固有的知识和习惯就可以学习新知识，建立起新规程、新体系和新流程，以更好地适应新环境。

创业者需要营造良好的学习环境，具备较强的新知识学习能力，使企业更具竞争优势。这种优势在环境变化中尤其重要，因为企业需要在行动中不断接受外部信息，进而形成自己的战略。先前形成的战略计划在这样的环境下不会取得很大的成功，因为环境的发展是无法预先知道的，除非创业者相当幸运。

因此，创业者必须意识到并承担起创新的职责。创新并不总是注定失败和令人沮丧的。相反，新企业相对于成熟企业有着更为重要的战略优势，尤其是在动态的环境中。创业者需要通过建立一个灵活的、能将知识用于指导未来行动的学习型组织来发挥新企业的这些优势。新企业需要从注重战略计划依赖性转变到着重依靠保持创业者和他所管理的团队的学习能力和灵活性上来。

◎ 本章小结

创新是创业者的重要行为之一，包括开发一种新产品、打入某一新市场或者创建一个新组织。创业战略是指最初形成并加以利用的一系列决策、行动和反应，坚持"获利最大，代价最小"的原则。市场知识、技术知识和其他资源创造的资源束是造就创业机会的基础。若该资源束是有价值的、难以模仿的，则新企业就具有实现良好绩效的潜能。因此，创业者应在企业、团队内寻找特别的经历和知识。创业者在评估其新产品/新市场是否值得开发和投入时应确定这组资源束是否具有有价值的、稀缺的和不可模仿的特性。是否开发创业机会则取决于创业者是否已经掌握了充分信息和创业者在非完全信息下决策的信心。

创建一个新资源组合，企业家需要评估它是否有价值性、稀缺性和不可模仿

性，以此确定市场是否值得开发并做出该决策。这个决策的做出还将取决于企业家的信心和机会之窗的打开。企业家的信心则和其自身的知识储备和抗御风险的能力相关。

新企业只有优于竞争者才会取得创业成功。领先者获得了成本、竞争、渠道、市场和经验等竞争优势，但是创业环境的不确定性、创业者向客户传授与产品相关的知识、建立壁垒以及延长领先期的能力缺失，都可能降低企业绩效。

对于创业者和新企业来说，创业机会隐藏巨大的风险，包括源于创业者对市场需求、技术开发及竞争者行为的不确定。创业者采用市场定位和模仿等战略降低风险。即选择小市场还是大市场，以及跟随（me-too）与特许经营策略。

创建新组织属于创业范畴，并向创业

者提出了新的挑战，即新企业的"负债"，包括新企业学习新事物的高成本、由新规则和新责任引起的冲突和未建立完善的非正式网络。但是，新企业也有许多"资产"，其中最重要的就是新企业日益提高的学习新知识的能力，是其优于成熟企业的战略优势，尤其是在动态变化环境中。

成长具有重大意义。企业快速成长会刺激经济发展，提高国际竞争力并减少失业。有时，过度成长也会带来失败。一项失败的尝试为创业者提供了信息，从中吸取教训，对经济发展同样有着积极作用。创业者可以采用的成长战略有：①渗透战略——鼓励现有客户购买更多本企业的产品；②市场成长战略——向新客户群出售企业产品；③产品开发战略——向那些已经购买企业现有产品的客户出售新产品；④经营多样化战略——在新市场出售新产品。所有这些成长战略都能使新企业产生竞争优势。

企业在发展中壮大，但同时面临现有财务资源、人力资源和时间安排等方面的压力。积极向上的创业者能够较好地处理这些压力，使企业蒸蒸日上。

在克服财务资源压力方面，创业者应该采用有效的财务控制、保持记录完整和存货管理技术。

在克服人力资源压力方面，创业者必须提出合理的员工结构，建立并维持一种有效的组织文化；创业者保持与员工之间的融洽关系和建立团队精神；创业者注重沟通与交流来促进信任，获取更多的建设性反馈意见；创业者需要晋升主要员工，以起到激励作用。

在时间管理方面，创业者可以更加充分地利用他们的时间，这使他们自身的生活更加丰富多彩，提高生产率，增加工作满意度，改善企业内外人与人之间的关系，减少焦虑和紧张。同时，有效的时间管理也有利于创业者发展企业，减少业务对私人时间的侵占。有效的管理时间需要坚持六个基本原则：期望、效用、分析、团队合作、优先计划和二次分析原则。

一些创业者缺乏专业管理能力，然而有些人有此能力却不愿意善加利用促进企业成长。那些同时具备能力且有企业发展抱负的创业者大多数都能够成功。若创业者有能力却毫无抱负，企业有潜力但未被发掘，创业不会取得成功。反之，有抱负但没有足够能力的创业者往往因为企业缺乏成长而感到挫败，除非找人替代，否则企业将非常危险。最后，那些既没有能力也没有抱负的创业者可能仅以保持较小的规模但有足够收入的方式经营企业。

⊙ 调研练习

1. 选择三种成功产品的发明。谁是其发明者？他们如何发明这种技术？你为什么相信他们是该技术的领先者？

2. 找出三家在新市场中的新产品领先者且可以长期领先，以及三家跟随型但是最后成为市场领先者的企业，分别分析其成败的原因。

3. 你知道新企业失败的可能性有多大吗？你知道新特许经营企业失败的可能性有多大吗？由此，你能获得什么样的启示？

◙ 课堂讨论

1. 找出五个利用模仿战略降低创业风险的案例。它们成功了吗？分析模仿可以降低哪些风险？哪些方面是模仿不了的？哪些方面造就了企业的特殊性？哪些方面是新企业优于其竞争者的优势来源？

2. 分别找出两家大规模企业、两家小规模企业以及两家规模由小变大的企业。

3. 如果大家都知道有些事情根本不可能发生，详细分析商业计划书中列及的企业战略就是浪费时间。如果人们只关注创业团队的能力，为什么不只递交管理团队的简介呢？作为风险投资家，你想看商业计划书吗？你如何评估一个管理团队的能力？

◙ 选读资料

Ardichvili, Alexander; Richard Cardozo; and Sourav Ray. (2003). A Theory of Entrepreneurial Opportunity Identification and Development. *Journal of Business Venturing*, vol. 18, no. 1, pp. 105–24.

This paper proposes a theory of the opportunity identification process. It identifies the entrepreneur's personality traits, social networks, and prior knowledge as antecedents of entrepreneurial alertness to business opportunities. Entrepreneurial alertness, in its turn, is a necessary condition for the success of the opportunity identification triad: recognition, development, and evaluation. A theoretical model, laws of interaction, a set of propositions, and suggestions for further research are provided.

Baker, Ted; and Nelson E. Reed. (2005). Creating Something from Nothing: Resource Construction through Entrepreneurial Bricolage. *Administrative Science Quarterly*, vol. 50, no. 3, pp. 329–66.

In this article the authors studied 29 firms and demonstrated that entrepreneurs differ in their responses to severe resource constraints. Some entrepreneurs were able to render unique services by recombining elements at hand for new purposes that challenged institutional definitions and limits. This article introduces the concept of bricolage to explain many of these behaviors of creating something from nothing by exploiting physical, social, or institutional inputs that other firms rejected or ignored. Central to the study's contribution is the notion that companies engaging in bricolage refuse to enact the limitations imposed by dominant definitions of resource environments; rather they create their opportunities. (from journal's abstract)

Barney, Jay B. (2001). Resource-Based "Theories" of Competitive Advantage: A Ten-Year Retrospective on the Resource-Based View. *Journal of Management*, vol. 27, no. 6, pp. 643–751.

The resource-based view is discussed in terms of its positioning relative to three theoretical traditions: SCP-based theories of industry determinants of firm performance, neoclassical microeconomics, and evolutionary economics. It also discusses some of the empirical implications of each of these different resource-based theories.

Boulding, William; and Christen Markus. (2008). Disentangling Pioneering Cost Advantages and Disadvantages. *Marketing Science*, vol. 27, pp. 699–716.

In this paper, the authors empirically test three different sources of long-term pioneering cost advantage—experience curve effects, preemption of input factors, and preemption of ideal market space—and three different sources of pioneering cost disadvantage—imitation, vintage effects, and demand orientation. The complexity of their findings suggests that managers need to think carefully about their particular conditions before making assumptions about the cost and, therefore, profit implications of a pioneering strategy.

Bruton, Gary D.; and Yuri Rubanik. (2002). Resources of the Firm, Russian High Technology Startups, and Firm Growth. *Journal of Business Venturing*, vol. 17, no. 6, pp. 553–77.

This study investigates the extent to which founding factors in Russia help high-technology firms to prosper. It was found that the team establishing the business mitigated the liability of newness. However, in contrast to the culture of the United States, the culture of Russia does not produce negative results if the founding team grows very large. Additionally, it was shown that firms that pursued more techno-logical products and entered the market later performed best.

Erikson, Truls. (2002). Entrepreneurial Capital: The Emerging Venture's Most Impor-tant Asset and Competitive Advantage. *Journal of Business Venturing*, vol. 17, no. 3, pp. 275–91.

This study presents a parsimonious model of entrepreneurial capital, defined as a multiplicative function of entrepreneurial competence and entrepreneurial commitment. The presence of both entrepreneurial competence and commitment lays the foundation for enterprise generation and performance. Inherent in this view on competence is the capacity to identify opportunities.

Fiol, C. Marlene; and Edward J. O'Connor. (2003). Waking Up! Mindfulness in the Face of Bandwagons. *Academy of Management Review*, vol. 28, no. 1, pp. 54–71.

This article models the interactions between mindfulness as a decision-maker char-acteristic and the decision-making context, and shows the impact of those interac-tions on managers' ability to discriminate in the face of bandwagons. The authors illustrate the framework by applying it to recent integration and disintegration bandwagon behaviors in the U.S. health care market.

Haynie, J. Michael; Dean A. Shepherd; and Jeffery S. McMullen. (2009). An Opportunity for Me? The Role of Resources in Opportunity Evaluation Decisions. *Journal of Man-agement Studies*, vol. 46, no. 3, pp. 337–61.

The authors apply the prescriptions of the resource-based perspective to develop a model of entrepreneurial opportunity evaluation. They propose that opportunity evaluation decision policies are constructed as future-oriented, cognitive represen-tations of "what will be," assuming one were to exploit the opportunity under evaluation. Their findings suggest that entrepreneurs are attracted to opportunities that are complementary to their existing knowledge resources; however, we also identify a set of opportunity-specific and firm-specific conditions that encourage entrepreneurs to pursue the acquisition and control of resources that are inconsist-ent with the existing, knowledge-based resources of the venture.

Keh, Hean T.; Maw Der Foo; and Boon C. Lim. (2002). Opportunity Evaluation under Risky Conditions: The Cognitive Processes of Entrepreneurs. *Entrepreneurship: Theory & Practice*, vol. 27, no. 2, pp. 125–49.

This study uses a cognitive approach to examine opportunity evaluation. It finds that illusion of control and belief in the law of small numbers are related to how entrepreneurs evaluate opportunities. The results also indicate that risk perception mediates opportunity evaluation.

Lieberman, Marvin B.; and David B. Montgomery. (1998). First-Mover (Dis)advantages: Retrospective and Link with the Resource-Based View. *Strategic Management Journal*, vol. 19, no. 12, pp. 1111–26.

This article suggests that the resource-based view and first-mover advantage are related conceptual strategic planning frameworks that can benefit from closer link-age. It presents an evolution of the literature based on these concepts.

McEvily, Susan K.; and Bala Chakravarthy. (2002). The Persistence of Knowledge-Based Advantage: An Empirical Test for Product Performance and Technological Knowledge. *Strategic Management Journal*, vol. 23, no. 4, pp. 285–306.

The authors find that the complexity and tacitness of technological knowledge are useful for defending a firm's major product improvements from imitation, but not for protecting its minor improvements. The design specificity of technological knowledge delayed imitation of minor improvements in this study.

Mitchell, Robert J.; and Dean A. Shepherd. (2010). To Thine Own Self Be True: Images of Self, Images of Opportunity, and Entrepreneurial Action. *Journal of Business Venturing,* vol. 25, issue 1, pp. 138–54.

In this study, the authors seek to complement recent research that relates "the self" to the opportunity-recognition process by deepening understanding of the self vis-à-vis this process. They do this by drawing on the self-representation literature and the decision-making literature to introduce two distinct types of images of self: images of vulnerability and images of capability. They found that both images of self—vulnerability and capability—impact one's image of opportunity. (from journal's abstract)

Robinson, William T.; and Sungwook Min. (2002). Is the First to Market the First to Fail? Empirical Evidence for Industrial Goods Businesses. *Journal of Marketing Research,* vol. 39, no. 1, pp. 120–29.

The main conclusion of this study is that the pioneer's temporary monopoly over the early followers plus its first-mover advantages typically offset the survival risks associated with market and technological uncertainties. These results are consistent with previous research in the sense that first-mover advantages that increase a pioneer's market share also help protect the pioneer from outright failure.

Teplensky, Jill D.; John R. Kimberly; Alan L. Hillman; and J. Stanford Schwartz. (1993). Scope, Timing and Strategic Adjustment in Emerging Markets: Manufacturer Strategies and the Case of MRI. *Strategic Management Journal,* vol. 14, pp. 505–27.

This study examines the realized strategies of domestic manufacturers in a growing, high-technological industrial market in the United States. It offers a typology of entry strategies focusing on issues of timing and scope and on the impact that these entry strategies have on a firm's performance.

Ucbasaran, Deniz; Mike Wright; Paul Westhead; and Lowell W. Busenitz. (2003). The Impact of Entrepreneurial Experience on Opportunity Identification and Exploitation: Habitual and Novice Entrepreneurs. In J. Katz and D. A. Shepherd (eds.), *Advances in Entrepreneurship: Firm Emergence and Growth,* vol. 6. (Greenwich, CT: JAI Press).

This paper synthesizes human capital and cognitive perspectives to highlight behavioral differences between habitual and novice entrepreneurs. Issues related to opportunity identification and information search as well as opportunity exploitation and learning are discussed.

Watson, Warren; Wayne Stewart, Jr.; and Anat BarNir. (2003). The Effects of Human Capital, Organizational Demography, and Interpersonal Processes on Venture Partner Perceptions of Firm Profit and Growth. *Journal of Business Venturing,* vol. 18, no. 2, pp. 145–65.

This study examines the effects of human capital, organizational demography, and interpersonal processes on partner evaluations of venture performance, defined as the presence of profit and growth. The results support this approach in analyzing venture teams, and it is proposed that this perspective be included in future venture viability assessment and used for intervention to enhance venture success.

Zahra, Shaker A.; Donald O. Neubaum; and Galal M. El–Hagrassey. (2002). Competitive Analysis and New Venture Performance: Understanding the Impact of Strategic Uncertainty and Venture Origin. *Entrepreneurship: Theory & Practice,* vol. 27, no. 1, pp. 1–29.

Using survey data from 228 new ventures, this study concludes that the formality, comprehensiveness, and user orientation of competitor analysis activities are positively associated with new venture performance. Strategic uncertainty and venture origin also significantly moderate the relationship between competitive analysis and new venture performance.

从创意到机会识别

第4章

创造力与商业创意

▶ 本章概要

- ☐ 识别新创企业各种创意的来源；
- ☐ 讨论产生新创企业创意的有效方法；
- ☐ 讨论创造性的内涵和解决创造性问题的方法；
- ☐ 讨论创新的重要性；
- ☐ 理解机会评估计划；
- ☐ 讨论产品开发过程；
- ☐ 讨论电子商务的形式和如何开展电子商务。

▶ 开篇引例　皮埃尔·奥米迪亚：eBay 创始人

只要看过《古董之路》或者《收藏家》节目的人都知道这样的道理，某些人眼里的废弃品在别人看来却是宝藏，而这个宝藏往往是一笔很大的财富。比如说，20 年前从大姨妈米德莱德那里继承来的一个很丑的花瓶，完全看不出色彩和光亮，但是它可能"值" 5 000 美元。而在这里有趣的就是这个"值"的含义，就是有人愿意为它付出的价钱。如果世界上没有任何人觉得米德莱德阿姨的花瓶值钱，那么它也就只是一个普通的花瓶。但是只要有一小部分人（也许就是那些收藏界的"发烧友"），给花瓶定了高价，那么花瓶就成为了珍贵之物。

正是这个有趣的现象吸引了皮埃尔·奥米迪亚（Pierre Omidyar）的注意。关于eBay 构想的开始，还有个有趣的故事。有一次，奥米迪亚和他的女朋友共进晚餐时，女友诉说着她收藏糖果盒的烦恼。她抱怨说她的生活圈中没有足够的糖果盒收藏交易者。这突然激发了奥米迪亚的灵感，他认为可以通过网络克服地域的问题，聚集全世界的买家和卖家。虽然这是一个可爱动人的小故事但是它并不全是真的。在 2000 年的一次采访中，奥米迪亚称该故事是经媒体渲染的，而随后 eBay 的发言人也称该故事纯属宣传者虚构。故事中的女友正是帕梅拉·韦斯利（Pamela Wesley），奥米迪亚现在的妻子、当时的未婚妻。显然，这个糖果盒的故事一直使她烦恼，因为她更希望自己因作为一位成功的管理顾问和分子生物学的硕士，而不是一个糖果盒鉴赏家而闻名。

真正的故事其实是奥米迪亚曾经一度着迷于高科技领域及其把人们联系在一起的功能。1967 年，奥米迪亚出生于巴黎，他的父亲是一名外科医生，母亲是一名语言学家，都是在各自专业领域的成功学者。虽然奥米迪亚不是一个典型的好学生，但他还是以自己的方式在塔夫茨大学获得了计算机科学专业的学位。由于对软件科学的着迷，他很早就学会了如何进行计算机编程，而在高中的时候就已经能写一些简单的软件程序了。奥米迪亚称自己成长的时代处于万维网出现之前，"我是在软件的世界中长大的，当时的科技环境就是创建那些能解决人们的问题和改变世界的软件包"。

大学毕业后，他曾在苹果公司的子公司 Claris 研发软件。后于 1991 年，和他的三个朋友共同创立了他们的第一家软件公司 Ink Development。后来因为电子商务的出现，公司改名为 eShop，并最终被微软收购。在 General Magic 公司全职之余，奥米迪亚继续着利用样机在网络上扩大交易面的实验。让他惊讶的是，他在网上的第一笔交易不是糖果盒，而是一台无法工作的激光打印机。就是这笔奇怪的交易打开了这扇巨大的市场大门。

虽然在线商务并不是奥米迪亚发明的，但他确实是这个领域的彻底变革者。在建立 eBay 的时候，他就意识到了人们可以在键盘和屏幕后进行交易。奥米迪亚通过考虑最早期的文明人如何进行交易的方法了解商业将如何运行成功。他意识到一个最基础的原则，也是后来让 eBay 能成功的原则，就是进行交易的人们必须彼此之间相互信任。于是，eBay 作为一个制约平衡的系统由此诞生，适用至今，这种模式已经在其他零售网站上被沿用了上千次。交易者，无论是买家还是卖家都可以在 eBay 上给对方评分，甚至进行投诉，同时还可以把他们的交易经验在网上分享给别人。通过这样的方法，买方或卖方在网上的信誉将决定其交易的成功率。正是奥米迪亚的这种对人们善良本质的无限信仰使他取得了超出想象的全胜局面，也正因为这样，奥米迪亚创建了如今众所周知的"全球在线网络市场"。

提到创业，奥米迪亚相信，成功根植于你所拥有的面对失败的勇气。那些仅有华丽的想法的人们永远也不会成功，因为他们太害怕前进，被不相信梦想会实现的心态所羁绊，这些人最大的困难是克服内心的不确定性。奥米迪亚很庆幸自己从来都不相信不要尝试新事物的说法。任何时候，只要他有新的想法，"……嘿，好吧，为什么不去试试？然后我会着手行动。"

除了敢于尝试新鲜事物的勇气，对专注事物的热情是奥米迪亚成功的第二法宝。天生对电脑和软件的兴趣以及对人类社会本能的好奇心，使得 eBay 作为他的起航事业再合适不过。在艰难的时刻，在漫长的过程，在折磨人的批判中，他的热情始终引领着他。eBay 因早期可以进行武器和色情等一些颇有争议的交易而遭到过严重的打击和批判。奥米迪亚并没有因此而惊慌失措，他冷静地分析了在审查制度和社会风化中支持者与反对者的权重。最终的结果是武器的买卖被禁止，而色情文学的交易被隔离于其余的交易市场并设定了拥有法定年龄才可进入的要求。奥米迪亚自称是 eBay 的"领航者"，在这个他创造的交易系统里，他的热情和信念不断地激励着他渡过难关，使他百折不挠。

能够在 eBay 平台上成功进行交易的关键是交易者必须首先被认定为是个"好人"。eBay 经营的核心理念是"相信人们普遍都是'好'的"，不靠谱的人只是一些例外。这样的交易市场完全不同于别的零售环境，因为在这个过程中公司控制的成分减少了。eBay 设计好页面后，所有商品都将由顾客自行选择。不再有销售人员需要培训，不再有销售布局需要设计，甚至不再有零售商影响顾客选择的传统方法。这对一些人来说看似可怕，但是在 eBay 网上，用户们将决定自己与别的用户的互动，而几乎不受公司的影响。其结果就是如果某个用户有一次糟糕的交易评价，别的用户可能永远不再选择与其交易。奥米迪亚的电子商务中减少了交易的可控性，使得整个商务系统自我进化和发展。给每一个顾客赢取利益，是这个商务模型中最为重要的部分。奥米迪亚有其明确的经营立场，那就是他毫不动摇地相信那些自始至终也同样信奉着这个信任原则的人们。因为一个人无法控制别人的行为，"……你唯一能做的就是积累一定的信用价值去鼓励人们对你产生信任，而你的顾客是否会采用这些信用价值的唯一判断途径是你是否也在乎这些价值。"就像这个年代所有那些优秀的管理者一样，奥米迪亚说到做到，这不仅让他得到了一项有利可图的事业，更让他获得了崇高的荣誉。

这个估价为 62 亿美元的网站使得奥米迪亚跻身于美国福布斯 400 强富豪榜的前列，但是奥米迪亚仍然继续着他在网络上的慈善事业，这加强了人们对 eBay 的信心。这个慈善组织是奥米迪亚与他的妻子帕梅拉在 2004 年共同创立的，用于为那些有所需要的领域投入资金。基于在 eBay 网上"人的本性都是善良"的原则，他们采用了"每个人具有与众不同的创造力"的标语。他们对微型金融、创新企业、知识产权和有关媒体、市场的一些初级交易进行投资，致力于帮助这些组织扩大规模走向繁荣，推动了翻天覆地的变革。eBay 的这种经营原则事实上适用于全球的所有商务运营。就像他们在主页上声明的一样："因为我们是因人类拥有充足的资源、想法和能力而受启发来解决这个全世界最具有挑战性的问题，所以我们相信，无论你们的经济、社会和政治的背景是什么，无论你们在哪里，都应该有改善自己和自己身边的人的生活的权力。"

奥米迪亚的这种创业精神，在全球交易市场中留下了光辉的印迹。他证明了自己是一个创新者、企业家、商人，但最根本的是，他是一个人道主义者。也正是他对人性的美好信仰使他的人生之路更为长远。而他仍将继续以其仁慈、无私以及最重要的是对人们的坚定信心来传播这种精神。

奥米迪亚成功的关键实质上是他在创业初期的创造力和独特性。初期也许是整个创业过程中最难实现的部分。因为创业初期要弄清楚新商品、新业务需要什么样的特别之处。一些新产品创意还可能源于创业者所拥有的系列的技能，这些技能可能在其丰富的人生经历当中积累而成，比如像鲍勃·里斯的 Final Technology 公司、法兰克·柏杜的柏杜鸡肉。不管其如何产生，一个用于新产品或新服务的良好的、独特的创意必须得到恰当的评价。这对成功地开启创业之路是至关重要的。在评价或者说机会评估中，创业者必须牢记，大部分的创意并不是创业的依据，而筛选、判别出那些可以作为依据从而获得关注的创意才是非常重要的。筛选判别的一个好方法就是关注未来十年的发展趋势。

4.1　发展趋势

发展趋势通常会为创业初期带来最宝贵的商机，尤其当创业之时正处于该趋势开始兴起并将持续发展的时候。在表 4-1 中，有七个能够提供商机的趋势，它们分别是绿色趋势、清洁能源趋势、有机导向趋势、节省趋势、社交趋势、健康趋势和网络趋势。

1. 绿色趋势

"绿色"能够为全世界的创业者提供丰富的商机。当代的消费者非常重视他们的消费习惯，因此越来越多的人希望能够购买到绿色产品。"水"就是绿色趋势所提供的机遇之一，尤其是在灌溉方面。例如，提高用水效率的项目——高尔夫球场或公园的开垦项目的智能灌溉系统，这些都是不错的开发项

表 4-1　未来十年的发展趋势

- 绿色趋势
- 清洁能源趋势
- 有机导向趋势
- 节省趋势
- 社交趋势
- 健康趋势
- 网络趋势

目。另外，环保的印刷业、回收利用行业和绿色清洁服务业都有着商业机遇。例如，有一家企业根据生态技术，利用虫类将回收食品中浪费的部分作为肥料，而另一家企业运用同样的过程，将浪费的资源用作燃料。

2. 清洁能源趋势

对于消费者来说，清洁能源是最有影响力的环保概念之一。19 世纪我们依靠煤炭，20 世纪我们依赖石油。很多人认为 21 世纪的能源将都来自太阳能、风能和地热能。而加速太阳能革命的重要因素是，太阳能更低的成本、高效的转换能力、生产和使用其产品的减税扶持使得太阳能的成本与电力成本相当。对于小型企业和私营企业来说，这是一个巨大的并且尚未开发的市场。如今已有少数的企业为单户住宅安装太阳能设备，并以很低的成本或者以与用户从电费中节省下的费用相当的价格来安装。

3. 有机导向趋势

如今，有机导向的趋势显得越来越重要，尤其是在食物方面。有机食物和非有机食物在价格上的差距也越来越明显。包括肉类、奶类、水果、蔬菜、面包和零食类有机食品的销售量正以每年 25% 的速度快速增长。除了食品类，其他类型的有机产品，特别是服装类的销量也在迅速提升。例如，安娜·古斯塔夫森在 2007 年创立了为婴儿生产有机服装的 Oscar and Belle 公司。这些儿童服装的尺寸适用于新生儿到两岁的孩子，并通过零售店和网络（oscarandbelle.com）进行销售。

4. 节省趋势

受到信贷紧缩、银行倒闭、房地产业下滑和房屋止赎的影响，消费者如今对他们的消费行为更为谨慎。在园林产品、业务指导、信贷和债务管理、视频网络会议、外包以及完全 DIY（do it yourself）活动等领域，消费者节省了开支。尽管如此，许多奢侈品并没有受到显著的不利影响。

5. 社交趋势

随着每周各种网络事件和社交机会的发生，社会趋势显得尤为明显。比较典型的有流行的 Facebook、MySpace、LinkedIn 等很多社交网站，还有一些商务性的社交网站。在理财和旅游这些相关的领域中，也存在着商机。因为人们希望在他们更为长寿的人生中能够有良好的经济状况并且富有活力，去享受和他们的子孙展开全新旅程的快乐。例如，有一个叫"长寿联盟"的组织，就可以为你的长期护理和理财计划提供一站式的咨询服务。

6. 健康趋势

因为世界人口老龄化的问题，对养生和保健的关注是当今社会最大的趋势，并且这将延续至未来的十年。因此，其给创业者提供了非常多的商机：美容手术、用于思维扩展的健脑俱乐部、个人健康门户网站、即时身体检测设备、健身中心、健身器具（比如最近特别流行的行动塑身鞋和平衡板设备）、量身打造的食谱、便捷的医疗诊所以及健身教练。如"绿山数字"软件就是一款为大自然爱好者开发的社交网络平台，是一个非常畅销的应用软件。

7. 网络趋势

网络趋势创造了很多沟通和采购的新形式。Web 2.0 的出现，给创业者再次带来了众多机遇。Web2.0 的网络咨询、博客、在线视频、手机应用程序或者无线网络应用程序等很多领域都有着低成本就可以进入门槛的机会。如苹果和安卓都拥有各自的平台，允许创业者创造和推销他们的应用程序，并保留因此产生的收益的 70%。其中游戏软件成为一个高速增长的行业，每天都会出现一些新的并更具互动性的游戏。

创业者应该时刻关注这些趋势，关注每一个有意义的产品创意和机遇。当然，他们还应该着眼于这些创意的来源。

4.2　新创意的来源

一些来源于顾客、竞争对手的现有产品和服务、分销渠道、政府和研究与开发活动的创意是颇有成效的。

1. 顾客

创业者应密切关注潜在顾客，既可以通过非正式的方式追踪顾客潜在的创意和需求，也可以安排一些正式场合让顾客发表意见。值得注意的是通过顾客发掘的创意必须具有足够大的市场需求，必须能够支持新企业的生存和发展。

2. 现有的产品和服务

创业者应该善于捕捉有关竞争对手的产品和服务信息，并利用这些信息进行已有产品和服务的评价。通过已有产品和服务的分析找到改进方法，从而生产更有市场吸引力的新产品或新服务，扩大销售额，挖掘潜在利润。即便是已经成立的企业也应该注意这一点。沃尔玛的创始人山姆·沃尔顿，就经常光顾竞争者的商场，为的不是关注竞争商场的缺点，而是他们做的优秀的方面，并把这些优秀的点子运用到自己的商场中。同样，詹姆森宾馆制定了一项政策，每周各个分宾馆的经理都要汇报竞争对手的情况以及价格。

3. 分销渠道

分销渠道也是理想的新创意来源，因为分销商直接接触市场，掌握大量顾客需求信息，比较熟知市场需要。分销商不仅能够提供新产品的建议，还能帮助创业者推广新产品。曾经有一名店员发现公司的针织品在大型百货商场不够畅销是因为这些针织品的颜色。于是在听取了他的意见并选择了适合的产品颜色后，这家公司成了美国非品牌针织品界领先的供应商。

4. 政府

政府主要通过以下两个途径促进新创意的产生。第一是通过政府发布的官方专利文件和数据激发许多新产品创意的产生。新创意并不是来自对专利的直接应用，而是创新者受到专利的启发，产生更符合市场需求的新产品创意。一些政府机构和刊物对申请专利起着监督作用。如由美国专利局出版的官方公报周刊，总结了每一个授权专利以及所有可用专利的许可证和价格。政府的专利委员会也会公布上千个政府所有的专利明细。《公有可用发明的许可证目录》（*the Government-Owned Inventories Available for License*）就是一本关于专利信息的优质期刊。还有像技术服务办公室这样的政府中介机构，也可以帮助创业者获取一些特定的产品信息。

第二是通过政府规章制度、创业政策促进新创意的产生。《职业安全健康法》规定企业聘用三人以上的员工就应配备急救箱，而且必须根据不同公司和行业的需求，配备特定的医疗用品。例如，建筑公司就必须配置预防恶劣天气的急救箱，而生产或者销售面霜的公司所要求的便与此不同。无论是成熟的或者初创的企业都购买一系列各类的急救箱以迎合该法规。如 R&H 这家新创的安全设备销售公司就为不同的单位快速而轻松地提供各类符合其行业标准的急救箱。

5. 研究与开发

大多数新创意和企业本身的研究与开发活动相关，正式的研发活动或非正式的实验都可能激发新创意的产生。在一家被列入《财富》500 强的公司中，有一位研发科学家开发了一种新的塑料树脂，后来发展成为一种新产品——塑料模具杯，并因此创立了一家新公司——Arnolite Pallet 公司。

4.3　新创意产生的方法

尽管创意的来源有许多，但对创业者来说，产生新创意，尤其是创建一家新企业绝非易事。创业者需要借助科学的方法形成并评估新创意，如小组聚焦法（focus group）、头脑风暴法（brainstorming）、书面头脑风暴法（brianswriting）、问题库分析法（problem inventory analysis）等。

1. 小组聚焦法

小组聚焦法是指小组成员在结构化的框架下提供各自的信息。20 世纪 50 年代以来，小组聚焦法得到了广泛使用。该方法是由主持人带领小组成员通过开放和深入的讨论，而不是简单的提问来征求参与者的意见。对于一种新产品，主持人以直接或间接的方式将讨论小组聚集在一起。小组通常由 8～14 个参与者组成，这 8～14 个参与者通过小组成员的互相评论，产生能够满足市场需求的新创意。例如，有一家公司将 12 个来自波士顿的拥有不同社会经济背景的女士组成一个小组，通过小组聚焦法获得了关于女士拖鞋的新产品创意。她们提出的新产品概念是"提供像旧鞋一样温暖又舒适的拖鞋"，这个概念被开发成新产品并取得了市场成功，其广告创意也是在这次小组讨论中产生的。

除了产生新创意以外，小组聚焦法也可用于产品创意和概念的初步筛选。通过一定的筛选程序，产生量化的分析结果。

2. 头脑风暴法

头脑风暴法是指获取新创意和问题解决方案的小组法。头脑风暴法是一种激发个人创造性思维的方法，它采用会议的形式，引导每个参加会议的人围绕某个中心议题，广开思路，激发灵感，毫无顾忌地发表独立见解，并在短时间内从与会者中获得大量的观点。尽管从小组中产生的大多数创意并没有被进一步开发，但有时也会产生很好的创意。当头脑风暴法相对集中于某个特定的产品或市场时，出现好创意的概率将会更大。

使用头脑风暴法时应遵守以下几个原则：

- 小组内任何成员都不允许批评，也不能有负面讨论。
- 鼓励随心所欲，创意越疯狂越好。
- 希望产生大量创意，创意数量越多，产生好创意的可能性就越大。
- 鼓励对构思进行组合和改进，可以在其他创意的基础上形成新创意。

头脑风暴法的过程应该是有趣的，没有人主导或禁止讨论。

一家商业银行就成功地为此而创立了一本期刊。财务主管参与了头脑风暴法，讨论市场特征、信息含量、事件频率和为银行推广该杂志的价值，其结果将为他们的客户提供有质量的信息。一旦期刊的大体格式及发行频率被确定，那么金融财富前 1 000 强的副总裁将聚集在波士顿、芝加哥和达拉斯这三个城市，参加座谈会讨论新期刊的形式以及它的相关性和价值。通过座谈会意见改进过的新期刊通常都会畅销。

3. 书面头脑风暴法

书面头脑风暴法其实就是头脑风暴的书面形式。它是由贝恩德·罗尔巴赫（Bernd Rohrbach）在 20 世纪 60 年代发明的，当时是以"方法 635"命名。和头脑风暴法不同的是，它给参与者更多的考虑时间。书面头脑风暴是一个安静的过程，所有的创意都是以书面形式呈现。一般是 6 名参与者轮流在一些特殊的表格或卡片上写下他们的想法。每一个成员一般被要求在 5 分钟内写下 3 个想法，之后将表格传递给下一名参与者，直至每一个成员填写过每一张表格为止。将会有一名组长对填写的时间进行监督，并可以根据组员要求缩短或延长思考的时间。如此一来，组员即便在不同的地区，也可以用电子表格的形式在网络上进行轮流作答。

4. 问题库分析法

问题库分析法是指通过问题的集中来获得新创意和问题解决方案的方法。在问题库分析法中，新创意不是由顾客产生的，而是按照产品分类为顾客提供一系列问题，要求他们从中选择并讨论有关这类产品的特殊问题。这种方法通常很有效，因为把已有产品和提出的问题联系起来产生一个新产品的创意比单纯地产生一个全新的产品创意要简单得多。问题库分析法有时也用于评估新产品创意。

该方法在食品行业中应用的一个例子，如表 4-2 所示。实际上最难的部分是确定产品详尽的问题清单。一旦有了这样的清单，人们通常就会自然而然地将产品和问题相联系。

问题库分析法产生的结果必须经过认真评价，因为这种结果有时未必能反映真正的商业机会。例如，通用食品公司曾开发了一个简装的麦片盒子，目的是解决现有盒子不能很好地放在货架上的问题，但结果并不成功，因为包装大小对实际的购买行为影响很小。为了保证最优的结果，问题库分析法主要被用于发现最初的产品创意，这些创意还需进行进一步评估。

表 4-2　问题库分析法

生理	感觉	活动	购买用途	心理 / 社会
A. 体重 　● 肥胖 　● 无热量 B. 饥饿感 　● 有饱腹感 　● 吃完仍然饥饿 C. 渴感 　● 不解渴 　● 食后仍然口渴 D. 健康 　● 消化不良 　● 对牙齿不好 　● 提神 　● 有酸性	A. 味觉 　● 苦味 　● 清淡无味 　● 咸味 B. 形貌 　● 颜色 　● 无食欲 　● 形状 C. 浓度 / 质地 　● 坚硬 　● 干燥 　● 油腻	A. 膳食计划 　● 健忘 　● 厌倦 B. 储藏 　● 用完 　● 包装不合适 C. 准备工作 　● 太麻烦 　● 需要的工具多 D. 烹饪方式 　● 熟食 　● 凉拌 E. 清理 　● 烤炉脏乱 　● 冰箱有异味	A. 可携带性 　● 出门的便当 　● 外带的餐点 B. 份额 　● 分量不够 　● 产生剩余 C. 可得性 　● 不合时令 　● 超市无货 D. 变质方式 　● 发霉 　● 发酸 E. 价格 　● 昂贵 　● 调料昂贵	A. 服务于公司 　● 不能用来招待客人 　● 过多最后的准备 B. 独自享用 　● 为自己做了太多烹饪工作 　● 沉闷的准备工作 C. 自我形象 　● 快捷的懒人烹饪 　● 不是勤劳的好妈妈

4.4　创造性地解决问题

创造性地解决问题是通过聚焦于事物参数获得新创意的方法。具有创造力是成功创业者的重要特质。不幸的是，创造力通常会随着年龄的增长、受教育程度的提高而降低。创造力通常呈现阶段性递减——从开始上学的时候起开始降低，经历青少年时期继续降低，30 岁、40 岁、50 岁，大幅度减弱。而且，一个人潜在的创造力会被感性的、文化的、情感的以及组织的因素所抑制。比较有效的创造性解决问题的方法，如表 4-3 所示，这些方法能够激发人们的创造力，使人们创造性地解决问题，从而激发创新行为。

表 4-3　创造性解决问题的方法

● 头脑风暴法	● 强迫关系法
● 反向头脑风暴法	● 笔记本集合法
● 书面头脑风暴法	● 特性举例法
● 戈登法	● 梦想法
● 清单法	● 参数分析法
● 自由联想法	

1. 头脑风暴法

头脑风暴法是最为熟知，也是最为广泛地应用于创造性地解决问题的方法，其操作过程之前已经介绍过。在头脑风暴法中，参与者将会自发地贡献出对问题的想法，使问题在一定的时间内得以创造性地解决。一个好的头脑风暴会议的主题不会过于宽泛，也不会过于狭隘。因为过于宽泛的主题将会使得到的创意五花八门而无法显现那些特别的因素，而过于狭隘的主题则会使回馈的创意过于单一和相似。一旦准备好了问题的主题，我们就可以选择 8 ～ 12 个人参加讨论。成员不应该是该问题领域的专家，否则会使大家不积极回应。不管想法多么没有逻辑性，所有的想法都必须记录下来，而成员禁止在会议中对此进行批评或者评价。

2. 反向头脑风暴法

反向头脑风暴法是一种通过将焦点集中在反对意见上获得新创意的小组座谈会形式。反向头脑风暴法与头脑风暴法类似，唯一不同的是在使用过程中允许批评。反向头脑风暴法主要适用于对新创意的评价。使用反向头脑风暴法时，首先确定某个创意存在的所有问题，然后再讨论解决这些问题的方法，也会提出某些具有风险预见性的问题，如"哪些方面会导致新创意失败？"因为主要反映产品、服务或创意的负面问题，所以要注意保持小组成员的士气。与别的创造性的方法相比，反向头脑风暴法总能更有效地激发出富有创意的想法。该方法通常包括对新创意所存在的各方面缺陷进行鉴别，并讨论如何解决这些问题的过程。反向头脑风暴法总能产生一些有价值的结果，因为批评一个创意要比产生一个新创意容易得多。

3. 戈登法

戈登法是在参与者对主题未知的情况下寻找新颖构思的方法。它与很多别的创意性解决问题的方法最为不同的是，小组成员不知道真正的、明确的问题内容。这就保证了组员不会被问题先入为主的想法和行为模式所影响。通常企业家会以提及与问题相关的一般抽象化概念开始，然后组员将针对这一概念抒发他们的观点。于是企业家就会引导、启发组员从这个概念延伸至另一个相关的概念，直至最终揭示真实的讨论主题，之后组员对最终解决方案的实施或者细化提出建议。

4. 清单法

清单法是一种通过列出相关事物或建议得以寻找构思的一种方法。创业者可以在一系列的问题或说明中得到整体发展的方向或者集中创意的领域。清单法的应用比较随意，不受形式和长度的限制。通常的清单形式如下：

- 是否有别的用处？是否适用于新的方法？别的用途是否有改进？
- 适用？有什么别的类似的？对于这个建议还有什么别的创意？与之前的方法是否相同？之前的方法有什么优点可以吸取或者模仿？
- 更改？有新的转机？改变原有的意义、颜色、运动、气味、形式和形状？或者别的方面的改变？
- 扩大？加入了什么？需要更多的时间？更强的频率？更牢固？更庞大？更厚实？额外的价值？增加原料？是复制，成倍，还是扩张？
- 缩小？减去了什么？更小？更浓缩？小型化？更低级？更短？更轻？更为省略？更流线型？分裂？朴素的？
- 替代？还有别的谁或什么被替换？另外的原料？另外的材料？另外的过程？另外的能量？另外的地点？另外的途径？另外的音调？
- 重新布置？要素的相互转换？另外的模式？另外的框架？另外的顺序？调换的原因和影响？改变踪迹？改变计划？
- 反向？从正面转变成了负面？如何对立？向后改变？颠倒？反面的角色？变换立场？扭转局势？不予回击？
- 合并？如何混合、融合、分类、综合？合并单元？合并目标？合并诉求？合并构思？

5. 自由联想法

自由联想法是通过单词或词组联想获取新创意的方法。它是创业者可以用来产生新创意的最简单却最有效的方法之一。这个方法有助于对某一问题产生全新的观点。首先，记下与问题有关的一个单词或一个词组，然后由这一单词或词组联想一个新的单词或词组，依此类推，在这一思考过程中，每个新词或词组都会增加一些新的东西，创造出一个创意链，最终出现新产品创意。

6. 强迫关系法

强迫关系法是通过挖掘产品关联性获得新创意的方法。强迫关系法是选定几个实体或构想并寻求关系从而产生一个完全崭新的构思。这种新组合和最终概念的开发要经过以下五个步骤：

- 明确某个孤立问题的相关要素。
- 找到这些要素之间的关系。
- 按照一定的顺序记录这些关系。
- 分析这些关系，寻求构思和模式。
- 从这些模式中，开发新创意。

强迫关系法的应用如表 4-4 所示。

表 4-4　举例说明关于纸和肥皂这两种产品的强迫关系法

选定元素：纸和肥皂		
形式	关系 / 组合	构思 / 模式
形容词关系	像纸的肥皂 似肥皂的纸	薄片 洗涤与干燥的旅行装
名词关系	纸肥皂	浸泡于肥皂水中的纸用于清洁表面
动词关系	涂上肥皂的纸 肥皂"湿润"纸 肥皂"清洁"纸	一打的肥皂片 用于涂层浸泡过程 推荐的壁纸清洁剂

资料来源：Reprinted from William E. Souder and Robert W. Ziegler, "A Review of Creativity and Problem Solving Techniques," *Research Management* (July 1975), p. 37, with permission from Industrial Research Institute.

7. 笔记本集合法

笔记本集合法是通过小组成员定期记录获得新创意的方法。在笔记本集合法中，参与者每人发一个刚好可以放进口袋里的袖珍笔记本——内容包括问题的陈述、空白页和相关的背景数据。参与者考虑问题及其可能的解决方案，每天至少记录一次，最理想的做法是记录三次，并在周末整理出一系列最好的创意和建议。这个方法可以由小组成员一起使用，每天小组成员记录自己的创意，再交给领队汇总所有资料，按出现的频率排序，列出新创意，然后由同样的参与者组成小组讨论这些新创意。

8. 特性举例法

特性举例法是通过对事物正负面的研究获得创意的方法。它要求创业者举例列出事物或问题的特性并对它们进行研究。在这个过程中，不相关的事物起初可以被结合成一个新的组合或者新的用法，以实现更令人满意的需求。

9. 梦想法

梦想法是通过不受任何局限的思考而获得创意的方法。它要求创业者对问题和其结局赋予无限想象。不要考虑任何的否定面和资源需求，记录和探讨每一种可能性，然后将这些想象概念化直至成为一个可行的形式。

10. 参数分析法

参数分析法是聚焦于参数识别和创造性综合而获得创意的方法。因此，该方法包含了参数识别和创意综合这两个方面。如图 4-1 所示，第一步参数识别是分析变量的情况来确定其相对的重要性。一些变量被确定为调查的重点，而其余的将被暂时忽略。在确定主要的问题后，再检查这些反映着问题的参数关系。之后，通过对参数和关系的评价，得出一个或多个解决方案的过程则称为创意综合。

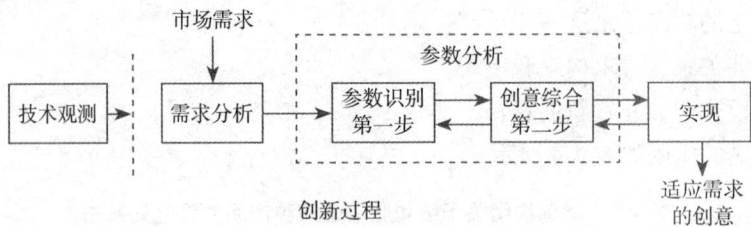

图 4-1 参数分析法的图解

4.5 新创意的创新性

创业本身就是一种创新行为，新创意的创新程度会影响企业、地区或国家经济的发展。随着技术的更替，老产品销售额将降低，旧的产业将衰落，发明和创新则成为任何经济单元长远发展的基础。如托马斯·爱迪生所说，创新型的天才是 1% 的灵感加 99% 的汗水。

4.5.1 技术创新的基本类型

根据创意的独特性，可将技术创新分为三种，按其独特性递减的排序为：突破型创新、科技型创新和普通型创新。如图 4-2 所示，突破型创新的数量是最少的。这些独特的创意往往建立在未来发展的基础上，如果它可能实现，将受到专利、商业机密或者版权的高度保护。突破型创新的发明包括：青霉素、蒸汽机、计算机、飞机、汽车、互联网和纳米技术。发明纳米技术从而解决工程问题的人正是凯斯西储

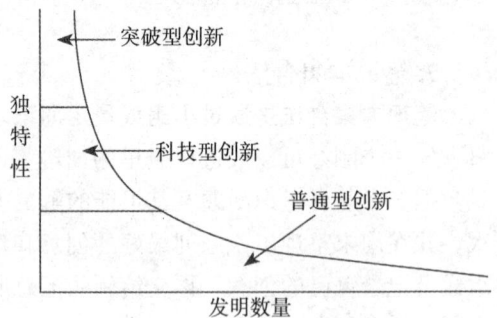

图 4-2 技术创新的分类

大学的纳米学教授、微型加工中心的主任刘仲诠。这位世界顶级的传感技术专家开创了汽车业、生物医学、商业以及应用工业的纳米世界。他拥有多项电化学以及传感技术类的专利，其中许多都已被授权。其发明之一是电化学传感器系统技术，该系统可将信号结果传输到附近的一个接收器。比如纳米接收器可以分析引擎内部的马达油量，或者可以测量生物体的血糖水平，甚至可以检测类似黑箱子的房屋中隐藏的炸弹、毒品和白蚁。

第二种就是科技型创新。该种创新比突破型创新发生的频率更高，但不如一般意义的科

学发现和技术进步。然而，它们因进一步发展了产品或市场而同样具有非凡的意义。所以这种类型的创新通常也需要保护。比如个人电脑，可存储图片、音频和文字信息的翻转式手表，喷气式飞机，这些都是科技型创新的例子。

Hour Power Watch 就是一家生产翻转式手表的公司。它拥有的专利是手表的背面有一个小空间可以存储图片、药丸、票据，甚至纳米设备和监听装置。或者如 Analiza，一家生物科技公司，专业研发和出售一种可以快速分离出合适的化学化合物的系统，从而使制药者开发新的药物。该自动系统同时可以检测多种不同的药物，并以人体对其的反应识别出最合适的药物成分。公司现今仍致力于继续探索其他的创新技术，比如用于诊断癌症的血液测试产品、可以延长血小板保质期的药物，以及奶牛的怀孕测试技术。

第三种创新形式——普通型创新，出现更为频繁。如今有越来越多的创意是现有产品和服务的延伸和升级或者说是开发了产品的另一种用途使其更具市场吸引力。这些创新通常来自对市场的分析，而不是科技的改进。换句话说就是对于市场前景的创新大于对科技的推进。萨拉·布莱克利（Sara Blakely）就是一个例子，她为了消除内衣裤线条外显的问题，将连裤袜的包脚部分剪掉，开创了无袜打底裤这个新产品。从最初的在亚特兰大创立 Spanx 品牌总部并投入资金 5 000 美元，到年度盈利 2 000 万美元，萨拉·布莱克利只用了短短 5 年的时间。

类似地，第二克利夫兰交响乐团的长笛演奏家玛莎·阿伦斯（Martha Aarons）平日热爱练习拥有 5 000 年历史的印度身心运动。运动中有一个姿势叫作下犬式，需要一个黏垫以防止手脚与地板间打滑。而就是为了避免在她巡演旅途中携带沉重的黏垫，玛莎·阿伦斯发明了一款带有黏性的手套和拖鞋。

4.5.2　定义新的创意

如何定义一个"新"的产品或者识别什么是真正意义上的新颖或独特的创意是企业家现在所面临的困境之一。蓝色牛仔裤的概念不是全新的，但因为使用了时尚的新名字而变得非常受欢迎。尽管录音机的概念已经出现很多年，索尼产的随身听却成为 20 世纪 80 年代最畅销的新产品。在这两个例子中，创新体现为一种消费者概念。

而有些产品，即使在概念上没有新意，也会被视为新产品。例如，当咖啡企业推出天然的不含咖啡因的咖啡产品时，尽管这是产品唯一的变化，但企业在先期促销活动中仍会将这种产品称为新产品，这是对产品性能的改进。

一些老产品只是简单地更换了新包装或容器，也被制造商定义为新产品。例如，当碳酸饮料制造商引进了易拉罐，即使与过去的产品相比唯一的不同只是使用了新容器，但一些消费者就把这种产品看作新的。还有喷雾罐的发明也是一个在老产品上加入新元素的新包装容器，可用于盛装鲜奶油、除臭剂或者发胶等。新的易拉罐、塑料瓶、防腐包装都有助于老产品建立新形象，如清洁剂生产商仅仅改变了包装的颜色，也会在包装和促销品上注明新品。

同时连裤袜还经历了营销策略上巨大的变化。L'eggs（Hans 公司的一个部门）就是第一个利用新包装、低价格和超市营销方式的产品。

还有些产品使用了新原料或只发生了细微的改进，如冶金技术的进步提高了工业品中许多原材料的精度和强度。企业会将使用了改进后的原材料所制造而成的产品认定为新产品。

同样，微软每推出新一版 Word，虽然只有很小程度的改进，也视为新产品。

为扩大销售量，许多企业增加产品系列，其实新增的产品在市场上已经存在，只是对企业自身而言是全新的。例如，一家制药公司增添了一条感冒药的生产线，或者一个长期从事肥皂盒生产的厂家进入了洗碗机洗涤市场。在这种情况下，产品对生产商是新的，但对消费者而言却不是新的。随着世界经济越来越多样化，这种情况到处可见。为了增加利润和更有效地利用资源，企业不断寻找和开发新市场，有些企业只是改变了一个或多个市场组合因素，就可以给老产品一个新形象。

4.5.3　新产品的分类

可以基于顾客或企业角度对新产品进行分类。这两种角度创业者都需要考虑，因为建立和达到产品目标的能力和消费者对产品的看法都决定新产品的成败。

1. 基于顾客角度的分类

从顾客角度来看，判断产品创新程度的依据是消费者行为改变的程度或消费者为使用新产品需要学会多少新知识，即新产品对消费者的影响，而不用管产品对企业而言是不是新的。

托马斯·罗宾逊根据创新的连续性，将新产品划分为三种类型：连续创新、动态连续创新和非连续创新，如图 4-3 所示。连续创新会对已建立的消费模式产生微小的影响，大多数新产品属于连续创新，如产品风格的改变、包装的改变、规格和型号的改变都属于连续创新。非连续创新是指建立新消费模式和创造全新的产品。真正的新产品属于非连续创新，这些产品往往具备全新的功能。互联网是非连续创新的典型例子，互联网的出现使人们的社会生活发生了巨大的变化。动态连续创新处于两者之间，会对已建立的消费模式产生一定的影响。根据对消费者消费模式的影响来识别新产品更容易让"顾客满意"，这对企业非常重要。

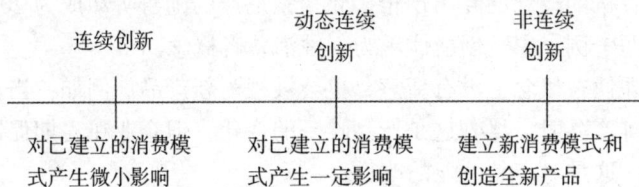

图 4-3　基于顾客角度的新产品分类

资料来源：Adapted from Thomas Robertson，"The process of Innovation and the Diffusion of Innovation," *Journal of Marketing*（January 1967），pp.14-19 with permission from American Marketing Association.

2. 基于企业角度的分类

创新企业除了需要确定消费者对新奇事物的认识，还应该在某些维度上对新产品进行分类。如图 4-4 所示，这是为新产品分类的方式之一。在这个分类系统中，一个重要的区别在于新产品和新市场（即市场开发）。新产品主要体现在改进技术的程度上，而新市场指细分市场的新旧程度。

技术创新 →			
产品目标	没有技术变化	改进技术	新技术
没有市场变化	没有创新	**重新塑造** 改变规格或物理特性使成本和质量最优	**替代** 在改进技术的基础上用新产品替代现有产品
巩固市场	**重新推销** 向现有消费者增加销售	**改进的产品** 改进产品对消费者的用途	**产品寿命延长** 添加新的、相似的产品到生产线
新市场	**新用途** 用现有产品增加新的细分市场	**市场延伸** 在新的细分市场改善现有产品	**多样化** 在新市场增加使用新技术的新产品

（市场创新 ↓）

图 4-4　新产品分类系统

4.6　机会识别

一些创业者有能力识别商业机会，这是创业过程的开始也是企业成长的基础。商业机会代表了创业者成功满足一个相当大却尚未满足的市场需求的可能性。在学者提出的机会模型中，亚历山大和理查德的机会识别过程模型比较有代表性，如图 4-5 所示。

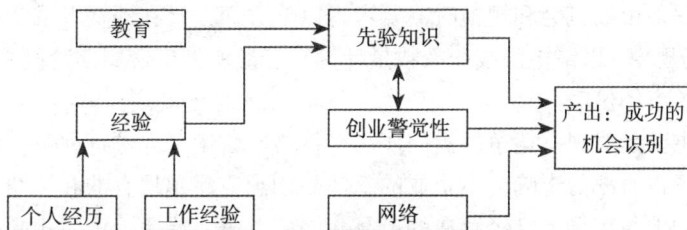

图 4-5　机会识别过程模型

资料来源：From Alexaner Ardichvili and Richard N. Cardozo. "A Model of the Entrepreneurial Opportunity Recognition process." *Journal of Enterprising Culture* 8, no. 2（June 2000）. p. 103-119. Reprinted with permission of World Scientific Publishing Co, Inc.

如图 4-5 所示，机会识别往往依靠企业家个人的知识和经验，适当情况下还依靠创业企业本身。这里所说的知识其实是一种教育和经验的结合，经验可以与工作相关，也可以来自个人的各种经历。创业者需要意识到先验知识的存在并试图理解和运用这种先验知识。创业警觉性和创业网络是机会识别过程中的另外两个重要因素，并且创业警觉性与先验知识之间相互影响。在这三个因素的作用下，创业者能够成功识别商业机会，这是机会识别过程的产出。

每一个创新的构思和机会都值得全球的企业家通过开发一个机会评估计划进行评定，这将在第 5 章中进行深入讨论。

4.7　新产品计划和开发过程

一旦创造性的构思萌生，它们就需要得到进一步的发展和完善。这个完善过程就是新产品的计划和开发过程，其可分为五个主要阶段：创意阶段、概念阶段、产品开发阶段、市场测试阶段和商业化阶段。其中，商业化阶段也是产品生命周期的起点，如图 4-6 所示。

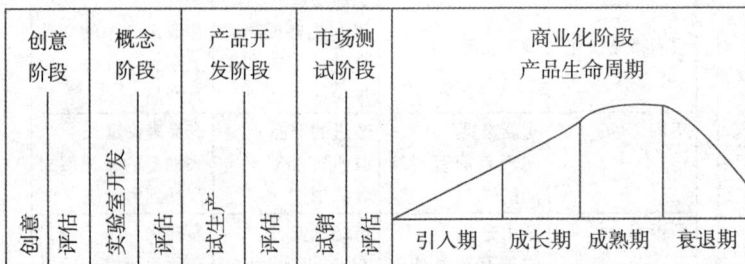

图 4-6　产品计划与开发过程

资料来源：From Hisrich, Robert, *Marketing Decisions for New and Mature Products*, 2nd edition, © 1991. Reprinted by permission of Pearson Education, Inc., Upper Saddle River, NJ.

1. 建立评价标准

在新产品计划开发过程的每一个阶段，都必须建立评价标准，这些标准应尽可能全面并能够量化。新产品创意的评价应该包括市场机会、竞争力、营销体系、财务因素和生产因素等方面。

市场必须存在着机会，并以新的或当前的需要形式存在。市场需求是新产品创意的最重要的评价标准。评估市场机会和规模时需要考虑以下方面：潜在消费者或产业购买者的特征和态度；潜在市场规模（以销售额或产品数量计算）；产品所处生命周期阶段（成长还是衰退）；本产品可能获取的市场份额。

竞争力评价主要是对现有竞争厂商的产品、价格、营销努力进行评价，特别要评估这些因素对本产品市场占有率的影响。本企业的新产品创意应超越现有的和预期竞争对手的产品和服务，从而成功地与市场上已经存在的产品和服务竞争。要评价满足相同顾客需求的所有竞争者的产品或服务，与之相比，本产品应具备一些独特的与众不同的优势。

营销体系评价主要看新产品创意与现有的管理能力和市场策略的匹配程度。企业应该能够将自身的市场经验和其他的专业技术运用到新产品开发中去。例如，通用电气将一个新的照明设备添加到生产线上，比宝洁公司添加该设备生产线容易得多。在评价新老产品匹配度时应考虑以下三个因素：现有销售能力和时间与新产品开发的匹配度；利用公司已建立的分销渠道销售新产品的能力；推广新产品的广告与促销能力。

财务评价主要看企业现有财力是否足以支持新产品或新服务创意的开发，同时，需要综合考虑产品的单位成本、销售费用、产品盈亏平衡和长期期望利润。

生产评价主要看新产品的生产要求与现有厂房、机器设备和人员的匹配度。如果新产品创意无法嵌入现有制造过程，则需要考虑更多的成本，如厂房和设备。产品生产所需要的所有材料也需准备充足。

企业在处理竞争局面的情况时，还应注重社会公德。

创业者在新创意的整个开发过程中都要进行正式的评估，以确保新产品能够成为新创企业发展的基础。通过认真和谨慎的评价，创业者在产品开发的每一阶段（创意阶段、概念阶段、产品开发阶段和市场测试阶段）做出继续或停止的决定。

2. 创意阶段

创意形成与选择是新产品开发过程的第一个阶段。在创意阶段，应选择有发展潜力的新产品 / 服务创意，剔除不切实际的创意，以使企业的资源得到最大限度的利用。在这一阶段，系统化的市场评价清单（systematic market evaluation checklist）是一个有效的评价方法。创业者可运用这种方法描述每个新产品创意的主要价值，然后让消费者根据新产品的价值选择哪种新产品创意值得开发，哪种应舍弃。企业可以运用这种评价方法对多种新产品创意进行评价，有潜力的创意可进一步开发，而与市场价值不一致的产品创意则无须浪费企业资源。

确定新产品的市场需求和新产品对企业价值创造的贡献同等重要。如果开发的新产品没有市场需求，则应终止开发过程。同样，如果新产品对企业来说没有任何好处及价值，新产品创意也不应继续开发。为了准确地评价新产品的潜在市场需求，应该考虑需求类型、需求时机、满足需要的竞争方式、可察觉到的收益 / 风险、性价比、市场规模和潜力以及消费者的消费能力等因素。有关新产品市场需求的影响因素如表 4-5 所示。在表 4-5 中，所有因素都应从新产品或新服务的特征和市场竞争力两个角度进行评价，通过与竞争产品的对比分析，确定本企业新产品创意的优势和劣势。

表 4-5　确定一个新产品或服务创意的需求

因素	方向	竞争力	新产品创意力
需求类型 ● 增加的需求 ● 减少的需求 ● 新兴的需求 ● 未来的需求			
需求时机 ● 需求的时机 ● 需求的频率 ● 需求周期 ● 在生命周期中的位置			
满足需要的竞争方式 ● 不用现有的方式运作 ● 用现有的方式运作 ● 对现有的方式进行修改			
可察觉到的收益 / 风险 ● 对顾客的效用 ● 有吸引力的特征 ● 顾客的品位和偏好 ● 购买动机 ● 消费习惯			
性价比 ● 价格－数量关系 ● 需求弹性 ● 价格的稳定性 ● 市场的稳定性			
市场规模和潜力 ● 市场增长 ● 市场趋势 ● 市场开发要求 ● 对市场的威胁			

（续）

因素	方向	竞争力	新产品创意力
消费者的消费能力 ● 一般经济条件 ● 经济趋势 ● 顾客收入 ● 融资机会			

资料来源：From Hisrich, Robert, *Marketing Decisions for New and Mature Products*. 2nd edition, © 1991. Reprinted by Permission of Pearson Education, Inc., Upper Saddle River, NJ.

需求的确定应着眼于需求的类型、需求的时机、试用产品的用户、市场可控状况、市场结构及市场特征。对每个因素的评价都应该从新创意的特征、现有方法满足需求的能力两个方面进行评价。通过分析掌握市场机会的范围。

在确定新产品对企业价值的贡献时，要对一些财务指标，如现金流出、现金流入、对利润的贡献和投资回报等因素进行评估，每一个创意的评估要与其他的投资机会进行比较，以便做出最优的选择。表 4-6 列出了需要评估的财务指标，应尽可能确定每个财务指标的具体数值，做出定量评价。随着产品的进一步开发，能够获得更加充分的信息，然后再根据新的信息对原有一些评估指标进行修正。

表 4-6　新产品或新服务创意的价值评估指标

价值评估	成本（美元）
现金流出 ● 研发成本 ● 营销费用 ● 资本设备成本 ● 其他成本 **现金流入** ● 新产品的销售额 ● 对现有产品销售增加的影响 ● 残值 **净现金流量** ● 最大披露（maximum exposure） ● 最大披露的时间（time to maximum exposure） ● 最大披露的期限（duration of exposure） ● 总投资 ● 一年中的最大净现金流量（maximum net cash in a single year） **利润** ● 新产品中的利润 ● 对现有产品销售利润的影响 ● 占公司总利润的比例 **回报率** ● 股东权益报酬率（return on shareholder's equity，ROE） ● 投资回报率（return on investment） ● 资本成本（cost of capital） ● 现值（present value，PV） ● 贴现现金流量（discounted cash flow，DCF） ● 资产回报率（return on assets employed，ROA） ● 销售收益率（return on sales）	

（续）

价值评估	成本（美元）
与其他投资相比 ● 与其他产品机会相比 ● 与其他投资机会相比	

3. 概念阶段

形成新产品概念是新产品开发过程的第二阶段。在概念阶段，通过与消费者交流，对在产品构思阶段确定的有潜力的新产品创意进行测试，确定新产品是否能被消费者接受，并对新产品创意进一步改进。从潜在的顾客和分销商那里获得产品意见，用访谈法掌握消费者对新产品的接受程度，被访谈者首先听取有关产品创意及具体产品属性的陈述，如果存在竞争产品，要与竞争产品的主要特征进行对比。通过对消费者反应的分析，可以发现被接受和不被接受的产品特征，在产品设计中应考虑被接受的产品特征，避免不被接受的产品的特征。

产品的特征、价格和推广形式可以通过评估现有概念和其他主要竞争产品来确定，有以下几个问题：

● 新产品相对于竞争产品在质量和可靠性方面如何？
● 该产品概念与市场上现有产品相比具有优势还是劣势？
● 对企业而言，这是一个好的市场机会吗？

对产品的其他方面，如价格、促销和分销等，都应做相似的评价。

4. 产品开发阶段

产品开发是第三阶段。在**产品开发阶段**（the product development stage），要确定消费者对新产品或服务的反应。经常使用的方法是将消费者样本组固定进行连续研究（consumer panel），即把制造的样品发给一组潜在的消费者，让他们对其使用情况进行记录，并对其优缺点加以评价。这种方法更适用于产品创新，只对部分服务类创新有效果。

向这些潜在的消费者征求意见时，也可以把该产品与一个或多个竞争产品的样品同时发给参与者，以便进行多品牌对比分析。然后可以通过多品牌比较、风险分析、重复购买水平或者偏好强度分析的方法来确定消费者的喜好。

5. 市场测试阶段

市场测试阶段（the test marketing stage）是新产品开发过程中的最后一个阶段。虽然产品开发阶段已经为最终的营销策划提供了基础，但是市场测试可以为产品的成功商业化增加确定性。通过市场测试，能够了解消费者对产品的接受程度，提高商业化成功的可能性。好的测试结果说明产品成功上市及创办企业的可能性很高。

4.8　电子商务与企业初创

在整个创意评测和营销战略的发展过程中，电子商务的作用是需要进行持续评估的。它给企业家提供了非常有创意的机会。越来越多的企业面向企业和企业面向消费者的网络销售展示着电子商务的重要性。comScore 的数据显示，尽管 2011 年的经济持续着不确定性，但是却是零售业电子商务非常强劲的一年。2011 年，美国电子商务消费达到了 2 560 亿美元，与 2010 年相比，同比增长了 12%。其中，旅游业电子商务增长了 11%，达到了 945 亿美元，剩余的非旅游业零售电子商务增长了13%，达到了1 615亿美元。

数字内容以及相关的订阅，如音乐、电影、电视节目和电子书籍的下载，是其中增长最快的电子商务类别，达到了26%。消费类电子产品以纯平彩电、平板电脑、电子阅读器为首，以18%的增长值排名第二。珠宝和手表类也从经济衰退中得以恢复，同比增长了17%。

促进电子商务高速增长的因素有很多，包括个人电脑的广泛使用、公司开始采用内部网络、人们开始接受互联网作为业务沟通的平台，以及网络系统变得更快、更安全。而电子商务仍将会因其各种优点而继续发展，比如它可以帮助获得更为广泛的客户群，可以降低信息传播的成本，其网络更具有互动性。

4.8.1 创意使用电子商务

如今电子商务被越来越多的企业用于扩大市场和销售渠道，同时它也成为了创业的基础。因为其可以在缩小市场成本的同时扩大销售市场，所以对于中小型企业来说，电子商务显得尤为重要。当涉足网络销售时，每一个企业家都必须解决其策略和战术，以及在线业务的一些具体问题，因为互联网商业的技术是最新型的而且是持续永久地发展的。企业家必须决定是公司内部自己运行这些互联网的业务还是将其外包给这方面的专业人士。如果是在公司内部运营，那么创业者还需保证对计算机服务器、路由器、其他的硬件和软件以及网站页面信息进行维护。企业家一般更可能外包这些业务，可以聘请网络开发设计公司来设计公司的网络页面，再由服务器上传内容，由互联网服务供应商进行维护。如此一来，企业家的主要任务就是规律地更新网页上的信息，或者选择使用不同软件公司的电子商务软件包。到底是内部经营还是外包，这取决于企业互联网相关业务的大小以及各种方案的相对成本，尤其是当互联网业务是公司的主营业务时。

网络电子商务一般包括两个部分：前端业务和后端业务。前端业务主要是指网站的各项功能，如搜索功能、购物车、安全支付等。许多企业家认为拥有一个富有吸引力的、互动性强的页面就能获得成功，事实上这个巨大的误区往往导致他们低估了后端操作的重要性。企业家应该开发客户订单的无缝式集成，不管是分配渠道还是制造能力都应该灵活得足以满足顾客的任何要求。前端和后端业务的集成是创业者在开发互联网业务和为企业提供发展持续竞争优势的机会时所面临的最大的挑战。

4.8.2 企业网站

一直以来新创企业运用企业网站的速度有着大幅度的提升。如今约90%的小型企业经营着自己的网站。然而，大多数的小型企业和创业者认为，他们缺乏建立和运营一个有质量的网站的技术能力。

评价一个优秀网站的关键之一是易用性。2008年，弗雷斯特研究公司对114个网站以实用性、易用性和可享用性进行了排名，位于首位的是Barnes & Noble书店，其次为USAA、Borders、Amazon、Costco以及Hampton酒店。

在开发网站的过程中，企业家应该牢记网站是一个沟通平台的原则并且解决如下的问题：浏览者是谁？页面的主题是什么？你希望消费者在浏览完网页后做些什么？网站是否是企业整体交流项目中不可或缺的一个部分？在解决这些问题的同时，企业家还需排版构建网站并确定网页信息，以有效地参与到目标市场中。这就要求网站内容要实时并定期更新，要有互动性。当然很重要的是，网站应该尽可能明显并拥有一定的知名度。

　　企业网站最重要的功能之一是搜索功能。公司在线所提供的产品和服务信息应该可以通过先进的搜索工具、网页地图或者主题浏览的方式被轻松地搜索到。网站还应拥有购物车、安全的服务链接、信用卡支付和客户反馈功能。购物车是一种可以接受产品订单并按照产品信息自动合计顾客订单的软件。而这些订单和一些客户的敏感信息应该移交于安全的服务器。还有邮件反馈系统允许客户向公司发送反馈信息。

　　成功的网站所具备的三大特征是速度、速度，还是速度。除此之外，对于特定的市场目标人群和不同种类的浏览器，网站应体现易用性和兼容性。如果浏览器发现网页易于操作，之后就有可能更快地搜索到产品、服务和信息，所以易用性和网页速度是携手并进的。互联网最大的优势之一其实在于它可以针对不同的细分市场简单地制定网站的内容，并考虑国际互联网的性质和其余的任何非目标的市场。例如，如果一家公司不打算在美国境外出售产品，那么它应在网站上注明只限在美国境内运送产品。相反地，如果该公司的目标是国际市场，那么它就需要考虑各种翻译和文化的问题。至于技术方面，设计者应该确保访问者浏览时网站能在不同的浏览器和平台中正常工作。一旦网站开始运营，所有营销所需的材料，包括名片、公司信头，当然还有公司的广告都应即时地出现在网站上。

　　网站开发运营优秀的一个例子是领英（http://www.linkedin.com/），一个位于加利福尼亚州圣塔莫妮卡的主要经营面向商业客户的专业社交网络。该网站的目标是增加会员量，成为专业知识的重要资源，为会员创造价值的同时增加盈利和拓展国际市场。为了实现这些目标，网站允许会员通过容易的搜索和筛选功能有效地连接每一个行业的专业数据库。网站以优化搜索引擎和集成众多应用来实现其快速成长。为了会员和客户的利益而有效地分析和提供可能认识的人，网站投入了巨资开发定位功能。该平台还提供多种语言以跨越国际区域进一步发展会员的品牌。

　　还有一些网站免费为企业家提供解决方案，包括：

- Microsoft：http://www.microsoft.com/office/olsb/OLSB%20Home%20US.htm
  六个月的免费网络和邮件托管；一个非常好的选择。
- 000Webhost http://www.000webhost.com/features
  另一个完全免费的主机站。
- Zymic: http://www.zymic.free-web-hosting/
  一个免费的虚拟主机网站。
- Webs: http://www.webs.com/
  一个免费的专业水准的网站建设网址。

4.8.3　跟踪客户信息

　　电子数据库支持个性化的一对一营销政策。数据库不仅可以跟踪行业、细分市场和各公司的动态，而且还支持针对私人客户的个人营销。跟踪客户信息可以捕捉客户所关注的自定义一对一的市场。但在这个过程中，注意必须依照法律，保护个人的隐私。

4.8.4　新创企业的电子商务

　　如今，为你的企业开发一个网页和电子商贸网站是必不可少的。产品／服务的特点是更易促成交易的必要条件。第一,产品应该能被经济和方便地运输和交付。第二,产品有着大量的拥护群并且可以分布在各个地区。第三,网络操作必须考虑成本效益、易用性和安全性。例如,一个学生可以热情地帮助身在秘鲁贫困乡村的妇女分销产品,而她们的公司只需要创建一个销售的网站。

因为制造商和零售商之间的分歧,传统营销渠道和网络营销渠道之间的冲突加剧。这最终导致了一次性合作伙伴的敌对和竞争状况。供应链中的合作伙伴必须专注于自己的核心竞争力和外包的非核心活动。当企业引入竞争的分销渠道时,必须权衡成本和决策效益,同时考虑现有业务可能的损失。

◘ 本章小结

对于任何一家成功的新创企业来说,起点是提供的基本产品或服务。新创意可以通过多种方法从内部或外部产生。从消费者的评价到政府法规的变化都可能是新创意的来源。关注顾客的评论、评价竞争对手的产品、熟悉专利中的创意和积极参与研究与开发,这些都是寻找好的产品创意的方法。另外,创业者还可以使用一些特殊的方法寻找创意。例如,可以通过小组聚焦法深入了解消费者的真实想法;问题清单法也是一种顾客导向的方法,通过这一方法,消费者可以发现特定产品存在的缺点,在开发的新产品中,可以有效地避免这些缺点。

头脑风暴法在激发创意及问题解决方面都可以使用,通过让小组在一个开放的、非结构化的环境下一起工作来刺激小组成员的创造力。其他提高创造性的方法还有列出相关问题的清单列举法、自由联想法、笔记本集合法和梦想法。有些方法比较结构化,有些则更加自由化,每个创业者都应了解并学会运用这些方法。

一旦一个或一组创意产生以后,创意开发过程就开始了。所产生的创意必须经过筛选和评价以确定是否适合进一步开发。最有潜力的创意会进入概念阶段、产品开发阶段、市场测试阶段,最后进入商业化阶段。创业者应该在整个过程中对产品创意不断地进行评价,从而成功地开创新企业。

◘ 调研练习

1. 选择一种产品或技术。采访五位购买此产品的消费者,了解他们使用产品的主要问题(或他们不喜欢产品的哪些方面)。然后让他们描述一下可以满足他们所有要求并可以替代现有产品的产品理念。接着,访问五家提供该产品的有代表性的企业,了解这五家企业认为消费者在使用其产品时会遇到哪些主要问题,并提出解决方案。

2. 选择一项技术专利(如专利局的网站),列出十种创造性使用这种技术的方法。

3. 选择你有兴趣购买的并在网上出售的三种不同产品。对每一种产品,访问三个网站,仔细浏览。回答以下问题:哪个网站最好?哪个最差?为什么?如果你创造一个完美的网站,其应该具备什么特征?

课堂讨论

1. 用头脑风暴法解决以下问题，并提供三个最有创意的解决方法。问题陈述：顾客经常乘坐一个航班，到达目的地的时候却发现行李还没有到。

2. 选择一种产品，采用清单法产生一个新创意。讨论你的产品和三个最有创造性的创意。

3. 你是否认为互联网是一家企业产生竞争优势的来源，或仅仅是企业竞争的必须手段，请给出理由。

选读资料

Fillis, Ian; and Ruth Rentschler. (March 2010). The Role of Creativity in Entrepreneurship. *Journal of Enterprising Culture*, vol. 18, no. 1, pp. 49–81.

Ian Fillis and Ruth Rentschler first explore the classical definition of entrepreneurship which includes three major dimensions: innovation, risk-taking, and being proactive. The authors investigate the link between creativity and existing entrepreneurs. The authors argue that entrepreneurs are best poised to act on the opportunity created by globalization and technological advances because of their predisposition for creativity. As a result, they are able to create competitive advantages for their organizations.

Harryson, Sigvald J. (November 2008). Entrepreneurship through Relationships—Navigating from Creativity to Commercialization. *R&D Management*, vol. 38, no. 3, pp. 290–310.

Sigvald Harryson's paper investigates the importance of relationships in value creation for the entrepreneurial enterprises. Harryson argues that there are three unique network types: creativity networks, transformation networks, and process networks. The author suggests that a different leadership style is necessary during each unique phase, and relationships between stakeholders must be managed differently at each stage of the development process to create maximum value for the organization.

Korn, Melissa; and Amir Efrati. (September 1, 2011). Biz Stone Goes Back to College, This Time as Adviser to M.B.A.s. *Wall Street Journal*, p. B.6.

The Wall Street Journal interviewed Christopher Stone, Twitter, Inc.'s co-founder, who is serving as an Executive Fellow at the Haas School of Business for one year. Stone, a serial entrepreneur, discusses his own experience as an entrepreneur as well as teaching entrepreneurship to MBA students.

Lisa Girard. (June 3, 2011). 5 Creativity Exercises to Find your Passion. *Entrepreneur.com*. http://www.entrepreneur.com/article/219709.

In this article, the author suggests five techniques for entrepreneurs in using creativity to find their passions. The author argues that finding one's passion is the fastest route to launching a successful business. The steps for exploring creativity are: revisiting childhood passions, making a "creativity board" of images, making a list of people you want to emulate, doing what you love even before the business plan, and taking a break from "business thinking."

Fadel, Stephen. (January/February 2010). Resources to Encourage Entrepreneurial Creativity and Innovation. *Online*, vol. 34, pp. 22–24, 26–30.

The author of this article is a business reference librarian at the University of Maine, Orono. The article is a helpful resource for entrepreneurs seeking information and resources from a variety of lesser-known publications and other outlets, including sample business plans as well as industry-specific information.

国内外机会识别和分析

▶ 开篇引例　莎罗尼·玛尔霍特拉

　　俗话说，需求是创新之母。没有任何地方比欠发达地区和新兴市场拥有更多的需求量。世界各地的社会企业家都在积极努力地设法提高这些地区的生活质量。莎罗尼·玛尔霍特拉（Saloni Malhotra），一位年轻的印度女性，就是这样的企业家。她的梦想是为她所热爱的祖国人民打造可持续的进步和发展。

　　作为全球范围内的竞争者，印度由于其近期的动乱，经济情况一直处于波动状态。如今印度被列为世界第九大经济体，在购买力平价上位居第四。自1991年经济自由化至今，印度对全球经济和新兴市场的崛起起到了至关重要的作用。在这个拥有近12亿人口的国家里，印度人民是该国最宝贵的财富。随着外包在西方世界企业中的流行，印度开始向利润丰厚的行业，如电脑软件及技术、电子通信以及工程类，提供拥有较高教育文化水平的劳动力，并加强和确保他们是该方面的"领跑者"。然而，城市的繁荣兴盛使得不同地区之间的人口数量存在着差距，这个存在了几个世纪的问题，显得尤为明显。在新德里、孟买、班加罗尔、加尔各答和钦奈这样的大城市，日益增长的就业市场导致了大量农村人口向城市的迁移。但是，人满为患的城市已经无法支持其全部的人口，更不用说给迁移的人们提供更好的生活质量，因此城乡差距仍在继续扩大。

　　事实上，印度并不是唯一一个存在这种问题的国家，但是因其庞大的人口数量，与世界上其他地区相比较而言，它的问题就更为显著。城市只能支持总人口的30%。而在剩余的人口中，约有3.6亿居住在农村的居民，他们除了做简单的农活之外，几乎没有其他收入来源，甚至无法接受教育。这就意味着，还有近 5 亿的印度农村居民处于贫困状态，而这个数量甚至超过了整个美国的人口总数。

正是因为这种糟糕的现象以及莎罗尼·玛尔霍特拉立志创业的决心，她最终选择采取当时被认为是相当具有风险的、困难重重的一种商业模式。在马德拉斯理工学院的导师阿肖克·金君瓦拉教授（Ashok Jhunjhunwala）的帮助下，玛尔霍特拉提议建立一家营利企业以解决当前的社会问题。

玛尔霍特拉并不认为生活在农村的农民都是一些无知的人。她相信，他们是一种未被开发的资源，焦急地寻找着任何的机会去发挥他们的潜能。为了充分利用这些资源，她计划将曾经创造了城市辉煌的商业模式，搬到农村地区。因此，经过了几年的研究，克服了重重的困难，2007 年，DesiCrew 作为社会上第一家建立于农村的业务流程外包（Business Process Outsourcing，BPO）公司诞生了。

玛尔霍特拉创立自己的公司时，只有 26 岁。虽说，在她的小企业成长为有活力的可盈利的实体公司的过程中，马德拉斯理工学院的农村科技和企业孵化器给予了帮助，但是整个历程仍是困难重重。根据定义，BPO 是指某些业务操作、流程外包或转包给第三方。这个方法之前一直被用于制造企业。因为他们发现在工资较低的地区设立厂房制造产品，然后将货品运回市场销售的方法更为经济。后来，运用 BPO 业务最多的是离岸呼叫中心，在这方面，印度的公司做得尤为出色。当玛尔霍特拉产生她的创意想法时，BPO 已经成了高科技外包业务，如软件开发和业务分析等的代名词。

当 BPO 提升了其价值链，玛尔霍特拉创立农村中心梦想实现的可能性看似越来越小。如果没有电力或互联网，人们怎么使用编程软件？如果员工都不会英语，客户有什么理由聘请这样的公司做业务分析？为了解决这些问题，玛尔霍特拉不得不从头开始。首先，她必须建造一系列的基础设施，如可以来往于商业中心的运输工具，建立电子通信系统并确保中心有可靠的电源。这将是一个漫长的过程，但是玛尔霍特拉在饮奈创立了一个总办事处作为客户和农村中心之间沟通的管道。在这种分布业务操作的模式下，使得外包在接触城市中的大型企业客户时，还可以以较低的成本进行营业。最终较低的人力资本费用将传递到客户端，形成一个双赢的局面。客户享受着低成本的服务，而农村的人民得到了通过知识而不是农业以增加收入的机会。

起初玛尔霍特拉的农村中心主要是完成一些较为简单的任务，如数据的录入和转换。然而，随着中心结构的完善，他们的工作变得越来越重要。通过基本的办公管理，扩展员工培训计划，进行人力资源管理实践，以及对电脑使用和数据录入的培训，DesiCrew 掌握了要领，达到了与城市中竞争对手相同的质量标准。玛尔霍特拉说，在公司创立初期最大的挑战之一是改变人们的观念，其实在"在贫困的地区，工作也可以以相同的质量得以完成。"一旦她证明了农村人民的能力，其企业商业模式的有效性将稳增不减。如今，DesiCrew 拥有 5 家常年固定的客户以及 21 个客户端，它将在印度其他的农村地区继续发展。

DesiCrew 造成的社会影响之一就是反向的人口迁移。通过提供当地的知识型工作和适当的通用技能培训，以及帮助员工提高收入节省开支，这样的商业模式打消了人们想从农村迁至城市的欲望。在过去，那些出生在印度农村却不希望成为农民的人们，更向往小村庄外美好的生活，所以不得不迁移至附近的城市以寻找知识型工作的机会。虽然城市里的工资较高，但是在城市生活的成本也相对较高，这就导致节省下来寄给家人的储蓄很少。虽然 DesiCrew 支付的薪水并不如传统的 BPO 公司，但是他们的员工都能留在家乡，因此生活成本较低。随着持续的经济增长周期，企业节省下来的开支将继续投资在农村，以刺激整个农村经济的增长。保持村里卢比的流通将为生活和工作在这里的人们提供提高生活质量的机会。

近七成 DesiCrew 的员工为女性。性别为何如此不均衡？从文化角度来说，女性通常更愿意与父母同住，直到她们结婚后，才会搬至丈夫的家中。而近些年，不少女性为了上学或者去城市工作以补贴家用而离开农村。然后，一旦她们结了婚，她们将会回到家住农村的丈夫家中。女性在结婚之前获得的教育、培训或者工作经验，会因为其在城市之外缺乏就业机会而白白浪费。因此，当像 DesiCrew 这样的公司在农村设立中心后，它们发现很多有能力的妇女都渴望工作。如此一来，女性员工不仅为家庭提供了经济保障，同时还提高了她们自身的社会地位。反过来说，拥有工作经验的女性，也将越来越充满自信，因为这可以激励她们努力工作，学习更多的知识，并不断地发展自我。

玛尔霍特拉计划继续扩建她的公司，并希望未来几年内员工人数能增至 1 000 名。除了规模的扩大，她还设想提升所提供服务的价值链。她相信，如果合格的人才被给予适当的资源，如教育和培训，无论人们来自哪里，没有什么事情是做不到的。在玛尔霍特拉看来，为村民提供正规的英语教育是公司的头等大事，因为如果不能正确而直接地与客户企业进行沟通，那么公司就无法得到更高利润的业务。除此之外，考虑到印度是一个拥有 15 种官方语言的国家，农村中心都坐落在了方言不同的多个地区。确实，学习讲英文非常重要，不仅仅因为它是"国家、政治和商业通信中最主要的语言"——美国中情局（CIA）世界概况中的描述，它还可以让公司内部的沟通更为顺畅。

莎罗尼·玛尔霍特拉希望改变世界使其更加美好的雄心壮志并不是独一无二的，但是它的重要意义就在于她因此采取了行动。与她父母的意愿背道而驰，她没有成为工程师或者医生，而是决定忠于自己，甘愿冒险。尽管公司目前已经处于微薄的盈利状态，但是仍然有人认为她的商业模式是疯狂的。在玛尔霍特拉看来，如果能够拥有优秀的团队和好朋友的支持与指导，就可以克服逆境。就是这样一位年轻而优秀的创业者将带领着 DesiCrew，给所有需要它的人们带去繁荣和希望。

5.1　引言

对很多企业家来说，识别市场机遇、扩大企业进入新市场困难重重。为了创建和扩展企业，创业者需要识别国内外扩张的机会。随着新创企业的成长与成熟，应该制定不同需求下的管理技能和企业家精神，这在第 2 章中已经做了介绍。然而一些企业家往往忽视了唯一不会变的就是变化这个道理。只有明白这个道理，才能像莎罗尼·玛尔霍特拉或英维康的 CEO 马尔·米克森（Mal Mixon）一样，通过不断调整组织的文化、结构、程序、战略方针和国内外的产品定位来驾驭这些变化。在美国、日本、英国和欧盟等发达国家的创业者必须在公司发展的早期就在各种各样全新的国内市场中出售他们的产品，或者就如英维康公司的马尔·米克森专注国际市场的制造、经营以达到公司的蓬勃兴旺。

当今如此有趣和令人兴奋的国际业务的机会形势是在世界历史上从未有过的。对于想要在国外市场立足并成长的企业来说，曾一度控制经济开放的东欧、中欧、苏联，以市场为导向的越南和发达的环太平洋地区都只是无限可能的一小部分。

因为越来越多的国家以市场为导向，这减小了国内外市场之间的区别。一度只为本国生产的商品如今都实现了国际化。模糊的民族特征将会继续加快产品在创业早期推向国外的进程。

在过去的十年里，各种组织机构都在试图重新定义自己为全球化的机构。无论是营利的还是非营利的，国有的还是私人的，规模大的还是规模小的，几乎每一个组织机构都感觉到了国际化的压力。正是因为组织的利己主义以及各种外部事件和压力的影响，国际化的需求在不断加速。十年前，谁会相信今天世界上 7/8 的市场是一定程度的市场经济；谁能够想象当今所发生的一些交易协议；又有谁能预料到中国的经济力量会崛起而成为世界上最大的经济体之一呢？

随着各个组织在世界经济中投资了数万亿美元，这些变革得到了公认。而因此新兴的市场将成为未来发展的载体和基础设施投资建设的需求者。只需要问问俄罗斯种植土豆的农民，因为分配设施和储存仓的不足而眼睁睁看着自己的作物腐烂，或是问问那些因为低收入而不得不离开大学另谋出路的发展中国家的经济学家，就知道了基础设施投资需求的重要性。显然，发展中国家急需足够的培训、教育和基础设施以支持他们在下一个世纪中的发展和成长。

拉丁美洲、南美洲、非洲、环太平洋地区、越南、伊拉克以及世界上其余的处在转型经济中的国家都涌现出了各种全新的市场机遇。随着私有化和放松管制的经济转型，这些地区吸引了众多企业在开发和建立分机构。

企业和贸易的全球化创造了财富，改善了就业形势，造福了全世界的国家和人民。国际化创业是激动人心的，因为它还结合了国内创业以外的人类学、经济学、地理、历史、哲学和语言学等其他学科领域。

在当今这个技术不断快速革新且竞争激烈的世界里，创业者必须考虑国际市场。

5.2　机会识别与机会评估计划

国内外创业成功的关键是要明确一个关于具有一定市场需求的产品或服务的概念。这个构思过程（在第 4 章中已说明）应该考虑以满足某个特定市场的需求，或者就如某个企业家说的那样，"无论客户是一家企业、一个单独的消费者还是政府，让他们有利可图。"

所谓"有利可图"的意义对不同的产品 / 服务，尤其是根据行业产品（企业面向企业的市场）还是消费者产品（企业面向消费者的市场）不同而不同。开发机会评估计划是概念实现最好的方法。

机会评估计划与商业计划相比的特征是：

- 时间短。
- 专注于机会而不是企业。
- 没有电子数据表。
- 是决定抓住某个机会还是等待另一个更好的机会的基础。

机会评估计划有四个部分——两个主要部分和两个次要部分。第一个主要部分是发展产品/服务的概念，分析竞争对手的产品及公司并确定产品独特卖点的唯一性，包括：

- 产品或服务的描述。
- 产品或服务的市场需求。
- 产品或服务的具体细节。
- 竞争产品的特点和所满足的市场需求。
- 拥有产品市场空间的公司。
- 产品或服务的独特卖点。

一些确定竞争对手和产业规模的数据来源将在本章下一节中进行讨论。

机会评估计划的第二个主要部分的重点是市场，包括它的规模、趋势、特征及增长率，具体包括：

- 已被满足的市场需求。
- 社会形势所强调的市场需求。
- 可供描述市场需求的任何一个市场调查数据。
- 国际的或国内的市场规模、趋势和特征。
- 市场的增长率。

第三部分（次要部分）的重点是企业以及管理团队，就其团队人员背景、学历、技能和经验而言，它应该包括以下问题：

- 为什么这个机会吸引了你？
- 如何将产品/服务的概念与你的背景和经验相融合？
- 什么商业技能是你所拥有的？
- 什么商业技能是被需要的？
- 你所知的拥有这些技能的人是谁？

第四部分即机会评估计划部分是开发一条成功创业和将概念转换为商业实体的进度执行时间表。这个次要部分包括：

- 确定每一个步骤。
- 确定活动顺序，使关键步骤形成一定的秩序。
- 确定每一步需要完成的任务。
- 确定每一步所需的时间和资金。
- 确定总共所需的时间和资金。
- 确定所需资金的来源。

5.3　信息来源

企业家可以通过竞争对手的公司和产品/服务的信息来源以及市场的规模与特点来识别一个合适的机会。这可以从信息援助、普通信息、行业和市场信息、竞争对手的公司和产品信息、政府资源、搜索引擎、贸易协会和行业刊物这八个方面进行讨论。

1. 信息援助

信息援助对企业家，特别是刚开始创业的企业家来说，是非常有用的。SCORE（www.score.org）就是一个在线免费提供个人援助的非营利组织，它覆盖了美国约 400 个地区。其援助形式主要是由退休的员工和企业家提供的培训、咨询和辅导工作。

还有小型企业发展中心（sba.gav /aboutsba /sbaprograms /sbdc/ sbdclocator/index.html）在美国覆盖了 1 100 多个地区。它提供了创立和管理新创企业各方面的咨询、培训和技术援助，而且每一个地区都有在线的资源库。这些中心其实也是 SBA（小企业管理局，sba.gov）的一部分。SBA 也为企业家提供各种各样的资源和工具。其资源库中一个非常有用的项目是"小型企业计划"，它可以一步一步地指导你开始你的创业之旅。同时 SBA 还设有专门的妇女企业中心和少数民族企业中心。

2. 普通信息

美国商会小型企业中心（uschanber.com/sb）主要通过网络工具和资源向新创的小型企业提供帮助。从评估一个创意、制订一个商业计划到筹集资金并开始创业，它注重每一个细节，这对新创小型企业来说是非常有帮助的。还有电子表格模板和很多其他政府组织形式的有用的业务型文档在工具中也都有提供。

其他提供信息的网站有：

（1）国家的小企业投资协会（nasbic.org）。它在线提供投资小型新创企业的成员数据库以及使参与者获取 SBIC 融资的指南。

（2）国家创业投资协会（nvca.org）。它提供新创投资产业的信息和地区性新创投资公司的通道。

（3）国家企业育成协会（nbia.org）。它提供的信息有孕育组织的作用，并且指导成员如何选择正确的孕育组织以及提供国内外孕育组织的名单。

（4）快速通道（www.fasttrac.org）。它是由考夫曼基金会资助的，为美国各地的企业家提供教育课程。

（5）活跃资本（ACE-Net，activecapital.org）。它为创业者提供咨询、辅导和培训以及联系美国各地被认可的投资人的机会。

（6）大学生创业组织（CEO，ceo.org）。它为众多高校的本科生提供创业项目信息。

（7）创业教育联盟（entre-ed.org）。它提供美国的创业项目和教育信息。

（8）厄文·马里昂·考夫曼基金会（kauffman.org）。它为创业者提供教育资源和研究，以及联系美国的天使资助团。

3. 行业和市场信息

为企业家提供行业和市场重要信息的各种数据库，包括：

（1）普伦基特信息咨询。它提供产业数据、市场研究、市场趋势、统计数据以及预测。

（2）弗罗斯特和沙利文信息咨询。它提供特定行业的信息，如航空航天和国防、化工 /材料、电信 /IT、消费类产品、电子产品、能源、医疗、自动化工业和运输行业。

（3）欧睿国际信息咨询。它提供消费者市场规模、市场参数及公司和品牌信息。

（4）高德纳咨询。它提供有关技术市场的信息。

（5）盖尔目录库。它提供行业统计信息及非营利组织和协会的目录。

4. 竞争对手的公司和产品信息

除了亲自调研可满足市场需求的各种已有的选项外，一些资源机构还提供了竞争产品 /服务和公司的重要信息：

（1）商管财经类全文数据库。它通过浏览数据监视器的报告提供公司和行业信息。

（2）胡佛档案。与北美产业分类系统（NAICS）一样，它提供竞争对手无论大小型公司的网站链接信息。

（3）摩根信息公司。它提供美国境内和国际上详细的公司及产品信息。

5. 政府资源

还有很多可用的美国政府信息来源，包括：

（1）普查报告。

- factfiner.census.gov
- www.census.gov/ipc/www/idb
- www.census.gov/econ/census/（ratios）

（2）进出口权威数据。

- 联合国商品贸易统计
- www.business.gov/expand/import-export

（3）北美产业分类系统（NAICS）和标准行业分类代码（SIC）。

- www.naics.com/info.htm
- www.osha.gov/pls/imis/sic_manual.html
- 由政府或其他国家所提供的类似信息

6. 搜索引擎

搜索所需的行业、市场和竞争对手的信息有很多关键的方面，其中较好的方法有：

- 搜索：_____ 和统计数据
- 搜索：_____ 和市场份额
- 搜索：_____ 和行业
- 搜索：_____ 和协会

7. 贸易协会

在美国和世界各地的贸易协会也是特定的国家行业数据很好的一个来源。一些贸易协会通过对它们成员国内外的活动进行市场调查，并且有策略地参与到特定行业的国际标准问题中。

8. 行业刊物

许多国内外的针对某一特定行业的刊物也都是不错的信息来源。这些期刊通过特定市场和市场条件的更本土化的角度来提供一些关于趋势、公司和贸易展览的有趣信息与见解。贸易期刊是最好的，往往也是唯一的竞争对手信息和特定行业增长率的来源。

5.4　国际创业的性质

国际创业（international entrepreneurship）是企业家跨越国界开展业务的过程。它可能包括了出口、许可、在其他国家建立销售点或者只是简单地在《国际先驱论坛报》的巴黎版上刊登分类广告。但是为了确定和满足不同国家的目标消费群的需求和欲望，这些活动是非常必要的。当一个企业家在不止一个国家里执行他的商业模式，那么这就是国际创业。

只有 300 年商业历史的美国在国际商务的舞台上是相对年轻的。美国与欧洲开展国际贸易和其建立国家一样迅速。国外的投资商为许多美国早期的工业贸易和工业基地提供了资金。而美国未来的商业力量将取决于美国企业家创立公司以成功进入国际市场的能力。

5.5 国际业务的重要性

无论企业的规模大小，对其而言，国际业务显得越来越重要，尤其是在今天，这个竞争异常激烈的全球经济中。毫无疑问，今天的创业者必须步入国际贸易的时代。谁能充分了解到国际商务和纯粹的国内业务有多么不同，并能相应地做出反应，成功地进入国际化，谁就是成功的企业家。

5.6 国际创业与国内创业

虽然国内外的企业家都关心销售、成本和利润，但是两者最大的区别就是这些因素对每一个决策所影响的大小不同。由于经济、政治、科技和文化这些不可控因素，国际创业的决策相比较而言更为复杂，如表 5-1 所示。

表 5-1 国内业务和国外业务

- 经济状况
- 经济发展阶段
- 经常账户
- 经济制度类型
- 政治法律环境
- 语言交流

5.6.1 经济状况

在国内业务的策略中，公司创业努力的重点是处于特定经济发展水平的单个国家。整个国家都在单一的经济体制之下，并使用相同的货币。而要创建多国区域的业务策略就意味着需要处理经济发展水平、货币估价、政府法规、银行业、风险投资、市场和分销渠道多方面的差异。而这些差异会影响创业者对国际业务计划和贸易方式的方方面面。

5.6.2 经济发展阶段

虽然美国是一个有着地域差异的工业发达国家，但是也只有在美国的企业家在根据差异需要调整业务计划时，不需要担心会出现明显缺乏基本的技术设施的情况，如对道路、电力、通信系统、银行融资和系统、充足的教育资源、健全的法律体系及现有的商业道德和规范的情况。而这些因素在其他国家变化的差异非常大，这往往会影响企业成功进入国际业务的能力。

5.6.3 经常账户

就当今灵活的汇率制度而言，一个国家的经常账户（随着时间的推移一个国家进出口的收支差异）影响着其货币的价值。而一个国家的货币价值又影响着国家之间的业务交易。例如，日本的汽车制造商和许多中国生产钢铁及合金产品的企业之间的汇率差异时有发生。

5.6.4 经济制度类型

早在 1959 年，美国副总理查德·尼克松访问苏联之后，百事可乐公司就开始考虑在苏联营销的可能性。之后，赫鲁晓夫批准了百事可乐的进入，东西方贸易的进度开始缓慢地前进。在该项目中，百事可乐并没有使用传统特许的瓶装商，而作为交换，接受了苏联安排的包装商，以满足苏联的制度和美国的制度间的差别。作为接受百事可乐的技术与产品的回报，苏联向百事可乐公司提供了伏特加酒及其在美国的分销权。贸易中有许多这样的易货交换方式或第三方的安排在不同阶段的发展和过渡型的国家中被采用。

5.6.5　政治法律环境

由于国际市场上各种不同的政治和法律环境，使得市场机会只为部分企业家打开而遏制了其余企业家的发展，从而产生了截然不同的贸易难题。最为典型的事件就是石油和其他能源产品上的价格波动及明显的数量增减。

国家的法律环境可以影响企业家经营策略的每一个单元。例如，该国家有无增值税的设立将决定企业家的定价决策。增值税的增加可能会提高价格门槛或者破坏 0.79、0.89 或者 0.99 税率的价格优势。不同国家对广告索赔中的盗版和正版所需的不同影响着广告的策略。而在商标、配料和包装方面的法律规定影响着产品的决策。另外，世界各国的所有权和组织形式也大相径庭。世界上有 150 多种不同的法律制度和国家法规，这些法律规定的商务体系的差别也很大。

虽然大多数创业者喜欢在稳定的和可自由支配的国家开展贸易，但是良好的商业机会往往是在特别的条件下发生的。所以评估每个国家的政策和稳定性相当重要。这里所说的评估主要是指政治风险的分析。每一个国家都有一定的政治风险，但是国家间的变化显著性范围，甚至国家向来的稳定性和一致性都是可能改变的。政治风险主要有三种类型：经营风险（企业经营被干扰的风险）、转移风险（试图将资产和基金转移到国外的风险）和所有权风险（国家接管企业的财产和员工时的风险）。其中，所有权风险是三者中最大的风险。冲突斗争和国家偿债能力的变化是创业者在特定国家的主要风险。这种风险可能是以游击战、内乱的形式，甚至是以企业的公司和员工为目标的恐怖活动形式发生的。

用来规范行为与执法过程的法律和规定组成了国家的法律制度，这也影响着创业者。国家的法律规定了该国的交易惯例、贸易的执行方式和参与任意贸易的当事人的权利及义务。

创业者应该对国家的法律制度有一个总体判断，但是当它涉及细节时，通常需要律师。而且理想的情况是，律师机构在美国设有总部，而在东道国设有办事处。企业家需要重点把握的四个领域为：财产权利、合同法、产品的安全性及产品责任条款。

不同的国家法律体系对保护个人和企业产权的程度有着显著的差异。企业的产权包括所拥有的资源，对这些资源的利用以及因此所得到的收入。除了建筑外，设备、土地和保护知识产权都是特别值得关注的，尤其是对科技创业的企业而言。知识产权，如书籍、计算机软件、乐谱、视频、新型化学品或药剂的公式及其他一些受保护的创意对企业来说是非常重要的而且在境外仍需要得到保护。这里提到的法律问题和知识产权保护将在第 6 章中进行详细讨论。很少有国家像美国一样有知识产权保护法和相关的法庭程序。你可能听说过，在中国只需要花在美国 10% 的成本就可以购买一个视频。即使有一本被翻译成阿拉伯语、中文、匈牙利语、印尼语、葡萄牙语、俄语、斯洛文尼亚语和西班牙语的正版书籍，在伊朗它仍有翻译成自己语言的盗版，因为伊朗不承认国际版权法。因此，创业者在进驻一个国家时，需要评估该国的企业知识产权保护以及可以非法盗版的成本。

另一个需要关注的法律问题是国家的合同法及其如何执行的过程。合同通常规定了交易条件和交易各方所拥有的权利与应承担的义务。每个国家的合同法都有着显著差异，但从一定程度上都反映了两种传统的法律类型——普通法和民法。英国、美国以及大多数的前英国殖民地国家都执行普通法，而像法国、德国、日本和俄罗斯等国家则主要执行民法。因为普通法相对不是特别明细，所以基于普通法的合同通常更加详尽并应列出所有可能的意外情况。而民法则更为详细，所以基于该法规的合同相对更为简洁。

除了法律本身，企业家还需要了解法律的强制性，以及确保其强制性的司法系统。如果该国家的法律系统没有良好的执法跟踪记录，那么合同中应包含一项协议，即将以其他国家的法规解决合同纠纷。因为企业站在其母国法律的角度将可能更具优势。对于在拥有一个糟糕的执法历史的发展中经济国家经营企业的创业者来说，这一点是至关重要的。例如，一家向俄罗斯出口匈牙利葡萄酒的公司会确保它在俄罗斯的任何合同纠纷将依照芬兰的法律制度解决。

最后，关注的领域是相关产品安全和责任的国家法律制度。从美国的产品责任和损坏赔偿的重大，到俄罗斯的轻微程度，同样地，这些法律也因国家的不同而不同。而这些法律也给企业家，尤其是美国的企业家提出了一个道德的难题：在一个产品责任和安全性要求远低于母国的国家经商时，你是应该遵循较为宽松的当地标准还是冒着会减少竞争力而丢失业务的风险坚持自己国家的严格标准呢？

5.6.6　语言交流

有时候创业者面临的最大的问题之一是能否找到一个可以翻译出恰当信息的翻译员。如表 5-2 所示，粗心的翻译员可能导致严重的问题。为了避免这些错误的发生，应该认真对待并聘请一名母语为目标语言而且有着相关专业知识的翻译员。

表 5-2　翻译中的失误

即使是完美的商业计划也可能被粗心的翻译破坏。以下是几家美国大型公司曾经犯过的糟糕的错误：		
肯德基	英文："吮指含香。"	中文："把你的手指吃掉。"
阿道夫库尔斯啤酒	英文："释放自由。"	西班牙语："喝库尔斯就腹泻。"
奥第斯工程	英文："成套设备。"	俄语："性爱工具。"
派克钢笔	英文："免除尴尬。"	西班牙语："避孕。"
裴顿农场	英文："硬汉制作嫩鸡。"	西班牙语："性兴奋的男人表露小鸡般的深情。"

资料来源：From Anton Piech. "Speaking in Tongues," *Inc*. magazine, June 2003. Reprinted with permission of Mansueto Ventures LLC.

5.7　科技环境

科技如文化一样，各地不尽相同。而科技的差异性和实用性往往令人震惊，尤其是对发达国家的企业家来说。虽然美国农场的生产大多是标准化的，可以通过对相对统一的产品进行分类以符合业界的标准，但是许多国家都不是这样的情况，以至于很难实现统一的质量水平。

新产品的创建往往需要考虑这个国家的条件和基础设施。例如，美国的汽车设计师与欧洲的相比，他们可以设定更宽阔的道路和更低的汽油消耗。因此，当交通工具设计师在不同的国家工作时，他们的设定应该反映出这个国家的基本条件。

5.8 社会文化

跨越不同的社会文化也许是企业家面临的最重要的问题。虽然文化被许多不同的方法所定义，但是其一般是指一种共同的思维和行为模式，它由父母传递给孩子或者由社会组织所传播、发展，然后通过社会要求施压而加强。文化是后天习得的个人和社会的行为及特性。

文化包含了多种元素，包括语言、社会结构、宗教信仰、政治哲学、经济状况和经济哲学、文化教育和风俗习惯（见图 5-1）。

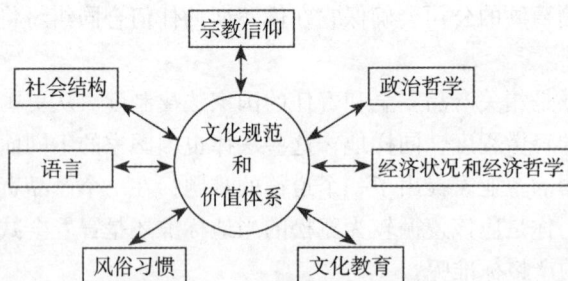

图 5-1 文化的多种元素

1. 语言

语言是由口语的和非言语的形式所组成，时常被认为是文化的一面镜子。信息和想法是通过使用口语词汇、语音语调和非言语的行为，如身体姿势、眼神接触和手势进行传递的。创业者或者他的团队中必须有人掌握东道国的语言。这不仅仅是信息收集和评估的重要条件，对于整个沟通过程和最终的广告活动的发展来说也是必不可少的要求。虽然英语已经成为了通用的商业用语，但是当处理到非英语的语言时，几乎仍然需要当地人的一些协助，如东道国的翻译人员、本土化的市场调研公司或者当地的广告代理商。

曾经有个美国的企业家与俄罗斯圣彼得堡的一家做进口高科技显微镜的小公司在谈判协议时遇到了难题。而当该企业家意识到原有的翻译员总是出错而聘请了新的翻译人员时，问题迎刃而解。

非言语形式或者文化潜语言和口语形式同等重要。非言语形式可以被认为由以下几个部分组成——时间、空间和商务关系。在世界上大部分的地区，时间的灵活性超越了美国。例如，在北京或者香港，由于交通情况的差异和严重堵塞的可能性，很难设定确切的会议时间。而"爱尔兰时间"是指会议通常在比所约定的时间晚 15 ～ 30 分钟时才正式开始。这是由一个美国教授在爱尔兰大学发现的。因为当他准时到达会议室时，空无一人，直至 10 分钟以后才有人出现，而会议则在 15 分钟后才开始。

第二个非语言形式是空间，尤其是在交谈时与对方之间应保持的距离空间。美国人、阿拉伯人和拉丁美洲人在交谈时偏爱站得比较靠近，而德国人更希望留出一定的距离。此外，在匈牙利、俄罗斯等国家的文化中，在见面问候商业伙伴时通常会不分性别而拥抱甚至亲吻。

商务关系作为非言语形式的第三个方面，也是创业者应该了解的关键。很多国家，在交易发生之前甚至是讨论业务之前，以个人形式对潜在商务伙伴的影响至关重要。例如，澳大利亚的企业家通常会在讨论业务之前，与对方的董事长、管理团队甚至对方的家庭在不同的社交场合会面。

2. 社会结构

社会结构和制度也是文化的一个方面。在美国，家庭通常是由父母和孩子组成，但是在许多别的文化中，它被扩展到包括了祖父母和其他亲戚。当然，这从根本上影响了生活方式、生活水平以及消费模式。

在一些文化中，社会阶层的影响力是巨大的，它对人们所处的社会阶层所拥有的行为和购买习惯有着显著的作用。例如，印度就是以它的阶级制度和相对刚性的社会分级系统而存续的。

参照群体在各种文化中提供了影响行为的价值观和态度。除了提供全面社会化的标准，参照群体还开发了个人的自我概念和遵守群体规范的一个基准线。因此，它们显著地影响着个人的行为和购买习惯。

企业家应该认识到社会结构和文化制度对管理者及下属的显著影响，以及这两种角色之间的相关性。在一些文化中，管理者与下属通过平等的方式进行合作，而在其他的文化中，两者相对独立。

3. 宗教信仰

宗教文化被定义为生活中所反映的个人的和整个社会的价值观和态度。宗教对企业、消费和一般贸易的影响取决于关于文化价值和态度上宗教信条所占主导地位的强度和影响力。同时主要的几个世界宗教还为跨文化的相似性提供了基础，因为世界各地的信徒拥有共同的信念和生活态度。

4. 政治哲学

一个地区的政治哲学理念也影响着它的文化。国家的规章制度对企业家及其经营方式有着深远的作用。例如，禁运、贸易制裁或者出口管制等其他业务规定可能会妨碍创业者在这个特殊的文化环境下进行交易，或者至少会在交易时，影响其态度和行为。

5. 经济状况和经济哲学

一个国家的经济状况和经济哲学影响着它的文化和企业家。无论国家总体上是否支持贸易，其对收支平衡和贸易平衡的态度，其货币是否可兑换，以及其总体的贸易政策都会影响它是否具有一定市场的贸易优势的判断，以及其交易发生的类型和效率。有些国家利用进口税、关税、出口补贴和其他限制令以达到贸易顺差来保护该国自己的行业。想想看，在一个限定出口利润的国家经商是一件多么困难的事情。

6. 文化教育

正式的与非正式的教育都影响着文化以及文化传递的方式。创业者不仅需要意识到文化教育的水平和受教育的比例，还应当注意该文化中对特定技能或职业的重视程度。以中国、日本和印度为例，它们更强调科学与工程而非文化类。

根据文化教育的水平，公司产品的技术层面可能会过于复杂，但是这个水平却影响着客户是否能正确地使用产品或服务，是否能够理解公司的广告或其他促销信息。

7. 风俗习惯

最后一个方面是了解风俗习惯,这对于创业者在谈判和赠送礼物时显得尤为重要。在谈判中,创业者可能会总结一个不准确的结论,因为他们在彼此解释时是基于自己的参考标准,而不是对方的文化。例如,中国和日本企业家在谈判中偏向使用默认的方式,而这一度被美国企业家错误地理解为是一种否认的态度。在亚洲和中东地区的国家,要达成协议通常需要更多的时间,因为他们很愿意讨论一些无关的话题。而在最后一分钟仍在积极寻求改变的特殊习惯则是俄罗斯人谈判时所惯用的。

送礼也许是最为敏感的环节。礼物可以成为文化中发展关系的重要部分,但是在确定送礼物是否合适,应该送什么类型的礼物,如何给礼物包装,以及赠予礼物的方式这几个问题上需非常慎重。例如,在中国,礼物需要两只手送出,而且收礼者通常不会当面而是私下再拆封。

5.9　有效的分销系统

由于当今最为先进的运输方式和随之而来降低的成本,企业家不需要太关心今天的全球物流情况,但是创业者仍然面临着一个巨大挑战——东道国的分销渠道。每个国家的分销渠道都存在差异,但是任何一个国家的分销渠道都是很有影响力的,都是占据战略地位的,都是全球企业成功的关键。

为了确定分销系统的最佳渠道,创业者需要考虑以下八个因素:整体的销售潜力、竞争数量和类型、产品的成本、地域大小和国家密度、国家的投资政策、汇率和控制方式、政治风险的水平、整体的营销策划。这些因素会影响分销系统的选择,而正确的选择将带来最大的销售额和利润。

5.10　国际化的动机

除非生来就有全球性的思维模式,否则许多创业者,尤其是美国的创业者,都只是勉强地在追寻国际活动。事实上,有很多因素可以成为促使创业者涉足国际商务的动机,如表 5-3 所示。利润当然是"走向世界"最重要的原因之一。通常,实际获得的利润并不能反映出进入国际市场的预期盈利能力。准备国际商务的费用,对成本的低估以及失误所造成的损失都会反作用于盈利能力。在创业者初入国际市场时,其计划和结果可能会截然不同。创业者往往认为最不可能发生的事有时却发生了,如外币汇率的巨大变化。

表 5-3　进入国际市场的动机
• 利润趋势
• 竞争压力
• 产品或服务的唯一性
• 生产能力过剩
• 国内销售量的减少
• 市场机会的唯一性
• 规模经济
• 科技进步
• 税收优惠

拥有盈利的机会是在其他市场出售产品的强烈动机。对于总部设在美国的新创企业来说,95% 的世界人口居住在美国以外的国家,这提供了非常多的市场机会。涉及重大的研究和开发,以及在国内市场中已经产生的启动生产成本,所以海外销售可能是必不可少的。如果没有国际市场的销售,仅限于国内销售的成本会导致利润的降低,对价格敏感的市场来说,这可能将成为一个问题。

企业步入海外市场的另一个原因可能是母国的销售市场放缓，甚至出现倒退现象。因为人口结构的变化，美国部分地区就出现了这种情况。

而有时企业进入国际市场是为了避免行业法规或者政府、社会对公司产品及服务的过分关注。例如，菲利普·莫里斯烟草公司在面临着政府法规的施压和反对吸烟的社会态度时，便积极在海外尤其是发展中国家进行销售。在俄罗斯，创业者有时以购买现有国外企业的形式步入国际市场。

当一些企业的技术在国内变得过时，或者产品/服务已经处于生命周期的末端，在国外市场，产品可能还有销售的机会。由于美国国内市场软性隐形眼镜的竞争激烈，技术较为落后的透气性的硬性隐形眼镜可以在欧盟国家打开新的市场。又例如，在大众停止在美国销售甲壳虫后，它仍然在拉丁美洲和南美洲进行出售，而数年后，该车竟然又重新进入了美国市场。

创业者通常还会利用国外诸如较低的劳动力成本、制造费用和原料价格的优势而进入海外市场。比如 HourPower 的翻转手表，如果它不是在中国制造，那么它不可能以它现在的低价在追忆往昔礼品店和杰西潘妮百货店销售。在沃特福德的一些商品是在布拉格生产的，以抵消爱尔兰较高的劳动力成本。在国外市场建立分销店和销售办事处也具有一定的成本优势。例如，匈牙利 Graphisoft 软件公司在美国加利福尼亚州的洛杉矶开设了一个销售办事处后，其在美国的销售量随之增长。

超越传统的销售和利润，一些更为远大的动机刺激着企业家走向世界。其中之一就是企业家希望在国际市场上建立和开发一席之地。因此公司的许多业务都将国际化，并可以进行举债经营。例如，创业者在走向世界时将建立一套全球性的分销系统并设立综合的制造能力。苹果电脑在这方面就做得很出色，它通过建立供应链而确立了稳定的利润率。企业也将因此获得竞争优势，因为这不仅可以促进公司的生产和现有产品的分销，还有利于拉大与竞争对手间的距离。同时，创业者甚至可以以更好的价格提供各种不同的产品。

5.11 国际化的战略效应

虽然步入国际化为企业提供了各种新的环境和贸易方式，但是伴随而来的还有一系列全新的问题。开展国际业务涉及很多新类型的文件，如商业发票、提货单、检验证书和托运人的出口报关单，同时还需要遵守一系列的国内与国际法规。

国际贸易的一个主要作用是将某种程度上类似的公司客户和进出端口集中化。无论是生理还是心理上与国外市场的亲密感影响着企业的经营方式。就国际市场来说，优越的地理位置不一定能为海外客户提供所谓的亲近感。文化、语言及法律因素的不同时常可以使相近的两个国家在心理接受程度上变得相当遥远。例如，一些美国的企业家认为与临近的墨西哥相比，加拿大、爱尔兰和英国从心理层面显得更易于亲近，因为它们有着相似的文化和语言。

关于心理距离问题有三个方面。第一，创业者设定的心理距离通常来自自身的认知而不是根据实际情况而定。加拿大甚至澳大利亚的创业者往往会过分注重与美国市场的相似之处，却忽略了一些见解上的巨大分歧。必须考虑到每个国际市场上都存在不同程度的差异，以避免代价高昂的失误。第二，加强心理上的亲切感，确实会使企业更容易融入市场。当企业家初入国际市场时，可以选择心理上更为亲密的市场以获得相同的体验，再攻克心理距离较远的市场，对创业者来说这可能是非常有优势的。第三，创业者应该牢记，无论在哪个国家，人们之间的相似处会多过彼此间的差异度。每一个企业家都经历了创业的过程，承担着风险，为成功而努力拼搏，并热爱着企业的经营理念。

5.12 国外市场的选择

面对这么多富有远景的可选国家，创业者最关心的两个问题是国外市场的选择及进入市场的战略。你是应该选择预期中最顶尖的市场，还是应该采取更多区域的集中化？你是应该选择可能为最大型的市场，还是选择一个更容易了解和融入的市场？一个发达的国外市场是否真的比发展中的市场更为合适？

而这些只是创业者在国外市场选择时所面临的部分问题而已。他们应该根据过去的销售情况、竞争定位以及每个市场可替代性的评估来决定市场的选择。而数据的收集可以系统地以一个区域或者一个国家为单位。这里所说的区域可以是几个国家的联盟，如欧盟，也可以是国家内的一个地区，比如中国的东南部。

因为这是一个系统化的过程，所以可以将国外市场进行排名。为什么市场排名如此重要呢？因为排名有助于避免很多创业者曾经犯过的错误，比如在建立一个严格的市场选择过程中的糟糕工作，过分地依赖假设和直觉等。国内外市场的巨大差别以及整体的全球决策要求市场选择过程分析尽可能多的数据信息。而这些信息应该至少涵盖三年的数据，才能呈现出整体的趋势。同时这些收集分析的数据也会被用于制订适当的市场进入策略和营销计划。

虽然如今有一些市场选择模式可供参考，但是一个优秀的市场选择模式应该采取以下五个步骤：①制定适当的指标；②提取数据将其转换成适当的指标；③为每一个指标确定一个恰当的权重；④分析数据结果；⑤选择决定进驻的市场以及制订适当的市场进入策略和营销计划。

第一步，应该根据过去的销售情况、竞争对手的研究以及其他进行国际商务的企业家的经验和讨论结果以确定适当的指标。公司的具体指标主要涉及三个方面：整体市场规模指标、市场增长率指标和产品指标。市场规模指标通常关于：人口、人均收入、特定产品的市场（销售类产品）以及公司类型和特定产品的销售与利润（工业类产品）。市场增长率指标主要是确定国内生产总值以及指定市场的增长率。产品指标，比如出口特定产品的市场种类规模、潜在客户的数量和顾客对产品的感兴趣程度等。

第二步，主要包括为各种指标收集数据并使数据具有可比性。为满足特定需求而收集的原始信息为一手数据，而现有的已经公开的信息为二手数据，两者都需要收集。通常来说，在分析一手数据之后确定是否还有别的信息需要采集时，才决定需要什么样的二手数据。而当采集国际性的二手数据时，会出现关于国家经济发展阶段的几个问题：①可比性（相同的内容在不同的国家有着不同的数据）；②可用性（根据不同的经济发展阶段，一些国家相比而言拥有更多的数据信息）；③准确性（数据收集过程所使用的标准可能严格抑或不严谨，由于政府的利益所趋，甚至带有偏见）；④成本代价（只有美国拥有《信息自由法案》，这意味着除了安全局和国防部的相关信息，其他政府采集的数据都是可被利用的）。例如，一个有兴趣在莫斯科西部建立第一家健身俱乐部的创业者，将要被收取两种税率：一是对外国人执行的较高的硬通货税率；二是对俄罗斯以及其他苏联国家公民执行的较低的卢布税率。为了确定最佳的地理位置，该企业家需要识别出多数外国人居住的城市区域。而在徒劳无功的大量搜索和遭遇巨大的挫败后，他最终选择购买了由俄罗斯联邦国家安全委员会所提供的数据。

当对国外市场进行研究时，创业者通常希望得到经济及人口统计的数据信息，比如人口数量、国内生产总值、人均收入、通货膨胀率、受教育比例、失业率以及教育水平等。政府机构、网站和大使馆都是收集这些信息的。其中一个最重要的信息来源是由美国商务部管理的国家贸易数据库，因为该库中的信息数据是由大量的政府机构提供的。每个国家都有其自己的包含国内生产总值的数据报告。这也造成了如国家报告、国家分析简报（CABS）、国家年度商业报告（CCG）、食品市场报告、国际报道和评论、国务部背景说明和进出口报告等大量的国际报告会议。

贸易协会及美国和其他各国的使馆也是很好的数据来源。有时，更为具体的信息还可以通过美国商务部产业咨询部或者各使馆的经济专员获得。

每一个选定指标所收集的数据还需要被转换成一个小数，以使得每个国家的指标可以以数值的形式进行排序。每一种排序方法都部分取决于创业者本身的判断。因此，另一种方法就是将每个国家的数据与全球标准的指标进行比对。

第三步是确定恰当的指标权重，以反映各项指标在预测国外市场潜力中的重要性。例如，对于一家为医院制造病床的公司，在选择国外市场时，医院的数量及类型、各医院的历史和其病床的使用年限、政府对医疗保健和其社会系统的开支，都是用于比较各国的最好的指标。而这就意味着每个指标都对应一个权重以反映该指标的重要性。不同的创业者选择的指标及其对应的分数和权重的分配都会有很大的差异，这确实较为武断。因此，无论是通过大量的思考还是内部的讨论都将做出与之前相比更好的市场选择决定。

第四步是分析数据结果。在观察数据时，创业者应该仔细审查、提出质疑并寻找其中易犯的错误。此外，还可以用假设分析法改变部分指标的权重以观察结果将如何变化。

第五步是选择决定进驻的市场以及制定适当的市场进入策略和营销计划。

5.13　国际创业的市场进入战略

企业要把商品销往国际市场有很多方法。一家公司进入海外市场和跨国经营的方式由公司的经营目的和公司的优劣势决定。企业进入国际市场进行跨国经营可以分为三个类型：出口贸易、非股权参与式国际直接投资及国外直接投资。其优缺点的比较如表 5-4 所示。

表 5-4　市场进入方式

进入方式	优点	缺点
出口	有能力利用区位选择的经验	• 高运输成本 • 贸易壁垒 • 东道国代理商问题
交钥匙工程	通过向禁止国外直接投资的国家输出科学技术来收回成本	• 强有力竞争者的创新 • 缺乏长期的市场份额

（续）

进入方式	优点	缺点
许可证贸易	低发展成本与风险	• 缺乏对技术的控制 • 无法实现区位和经验曲线经济 • 没有能力参与国际战略合作
特许经营	低发展成本与风险	• 缺乏对质量的控制 • 没有能力参与国际战略合作
合资企业	• 可以学习东道国公司的知识与技术 • 互担成本与风险 • 政策优惠	• 缺乏对技术的控制 • 没有能力参与国际战略合作 • 无法实现区位和经验曲线经济
独资企业	• 利于技术保护 • 有能力参与国际战略合作 • 有能力实现区位和经验曲线经济	• 高风险、高成本

5.13.1　出口贸易

通常情况下，一个企业首先会通过出口贸易走向国际化。出口（exporting）是指一国生产的商品通过销售和海运将货物运输到他国进行销售。其中有两种典型的贸易形式：间接出口和直接出口。

1. 间接出口

间接出口（indirect exporting）包括国内市场上外国购买者的购买行为或者通过出口贸易公司运作。对于特定的商业行为或商品，国外的购买者在全球范围内寻找供货商或者建立了在全球各地的采购事业部。创业企业可以通过这些购买者使生产的产品进入预期的目标市场。在这种情况下，虽然最后货物出口到国外，但是实际的操作过程就像是在国内市场销售一样。这种出口的方式对企业的知识和风险承担的要求都很低。

出口贸易公司是间接出口的另一种形式，这种公司一般处于商业中心。出口贸易公司通过代理不进行直接出口的国内企业的产品在海外的销售来取得佣金，而一个公司代理的厂商之间也不会存在竞争关系。出口贸易公司负责商品的销售、营销、运输和技术服务等一系列环节。

2. 直接出口

如果一家企业想要在没有财务负担的情况下更多地参与国际商务，通过海外市场的独立分销商或者公司下属的海外销售事业部进行**直接出口**（direct exporting）是一个较好的方式。海外市场上的独立分销商经常能帮助企业将产品迅速地打入目标市场。独立分销商直接联系海外顾客和潜在顾客，并且负责出口单据、财务、运输等专业事项，从中取得一定的佣金。

国际创业企业也可以在海外设立下属的销售事业部，雇用公司内部的销售人员作为海外市场代表。首先，企业可以派本公司的一个销售人员做海外市场的销售代表。随着事业部海外业务的增多，经常出现供不应求的状况，逐渐形成当地组装业务，这时产品的销售已经能保证投资的回收。这种组装经营最终会发展为在当地直接投资建厂。接着，企业就能将在当地投资的企业所生产的产品销售到其他的国际市场。

5.13.2 非股权参与式国际直接投资

当企业的市场和财政情况达到一定条件，企业就可以通过非股权参与式（nonequity arrangement）国际直接投资的三种方式进入国际市场：许可证贸易、交钥匙工程、管理合同。这三种市场进入方式都允许企业无须通过股权参与而进行国际创业，从而取得利益。

1. 许可证贸易

许可证贸易（licensing）是指一家企业（授权方）将本公司的专利、商标、技术、生产流程或产品授予一家海外公司（受权方）使用，并索取专利权费。许可证贸易适用于不想通过出口和国外直接投资而进入特定目标市场的企业。由于许可证贸易风险低，并且能给企业带来额外收益，所以是企业跨国经营的一种有利的方式。不好的方面是，授权企业可能在许可证贸易过程中缺少充分的分析而到后来发现将本公司的专利技术透露给了最大的竞争者，或者发现本公司在协助受权方公司掌握技术和如何使用许可证方面投入了太多的时间和资本。

2. 交钥匙工程

另外一个无须企业承担太多风险的跨国经营方式是**交钥匙工程**（turn-key projects）。世界上的一些欠发达国家和发展中国家意识到本国在生产技术水平和基础建设能力上的不足，但它们又不想国外资本进入本国市场。解决这种困境的方法就是由一家跨国公司为东道国来建设厂房或工程设施，培训员工，训练管理技能，当工程完成之后就将该工程交还给东道国政府或企业，因此叫交钥匙工程。

跨国公司也发现交钥匙工程是一种很好的跨国经营方式，不但可以取得工程本身的利润，而且还会带来后续性的出口。交钥匙工程的资金是由东道国政府或当地企业提供的，用项目存续期内的收入定期偿付。

3. 管理合同

企业进入国际市场可采取的最后一种方式是**管理合同**（management contracts）。许多企业已经成功地通过管理合同的履行实现了企业跨国经营。对东道国公司，管理合同方式实现了在无须出让公司股权的条件下学习跨国公司的先进管理技术。而对于跨国公司而言，这种方式也是另一种无须太多股权参与的市场进入方式。

5.13.3 国外直接投资

在国外设立独资的子公司已经成为企业通过国外直接投资进行跨国经营的优先选择。此外，参股、合资和控股也是国外直接投资的方式。跨国公司在东道国企业中所占的股份由投资的资金、行业性质和政府政策决定。

1. 参股

日本企业在国际创业过程中经常采用**参股**（minority interest）形式。这种形式既能为企业提供原材料的来源，又能给企业产品提供一个广阔的市场。企业在东道国市场建立控股子公司之前通过参股取得进入市场所需的经验，并站稳脚跟。当股东掌握了对公司更有价值的要素之后，他们对公司决策的影响力就会远远大于所占股份给他们带来的权益。

2. 合资企业

另外一个企业直接对外投资的方式就是建立**合资企业**（joint ventures）。合资企业可以有很多形式，但是按照最经常的模式是两个不同国家的公司通过合资建立一家新的公司，各自成为公司股东。

通常在两种情况下会采取建立合资企业的方式：①当一家跨国公司想获得东道国本地的技术知识、现有市场或现有生产设备时；②当需要快速进入东道国市场时。在一定时期后，可能合资企业会解散，成为跨国公司百分之百控股的独资企业。

尽管建立合资企业进入东道国市场是一个关键的战略决策，但是要把握决策成功的关键是很难的，而且当代建立合资企业的出发点已经不同于以前。以前，合资企业意味着许多不同公司的股份合作。

合资企业早在1850年就在美国的煤矿业和铁路业中产生，直到20世纪50年代，这种国际创业的形式得到了巨大的发展。而当时的合资大部分是垂直型合资企业，在这种合资方式下，两家公司都在无法承担经营不利责任的时候，仍可吸收合资公司的大量产出。

其实很大部分的合资企业并未取得成功，那是什么因素促使大量合资企业的产生呢？一项关于合资企业经营成败的研究得出了很多创办合资企业的成因，其中比例最高的一个成因就是跨国企业希望与东道国公司分摊成本与风险。一些含有重要技术的项目往往要求资源共享。这对于一个没有资金从事资本密集型创业的跨国公司来说尤其重要。

两家公司间的协同优势是另外一个创办合资企业的起因。协同优势是指收购公司通过收购取得被收购公司的补充要素，从而使本公司产生本质的变化。公司协作是两家公司的人员、顾客、产品、计划和设备的整合。协同优势的大小取决于合资企业给合作公司带来的利益大小。

取得竞争优势也是创建合资企业的起因。合资企业能使跨国公司迅速抢占市场，从而打击竞争者。

合资企业是企业进入保护壁垒较高的市场，或弥补跨国经营经验不足的有效方式。以东欧、中欧和俄罗斯之间的经济往来为例，由于在匈牙利通过创办合资企业可以免除很多企业注册门槛，所以这比创办外商独资企业简单得多。

3. 控股

还有一种股权参与式跨国经营的方式是通过**控股**（majority interest）进入国际市场。从理论角度来说，拥有公司50%以上的股份就是控股，使跨国企业在保持被收购企业在本地市场保持不变的条件下享有公司的经营权。在进入一个不稳定的市场时，跨国公司一般会先购买小部分的股份，等到销售业绩和利润收益提高时，再购买全部股份。

4. 兼并

跨国公司拥有一家公司的全部股份之后就拥有了绝对的经营自主权，许多美国公司在进行国外直接投资时都希望做到这一点。如果一家跨国公司在进入目标市场时具有资本、技术、营销手段等所有条件，那就无须和其他企业共享股权。

公司兼并和收购是企业国际创业的主要形式。在企业兼并过程中，会花大量时间选择目标公司，最后实现兼并。由于任何一次兼并都反映了资本投资的基本原理，并且给股东带来了关联财富收益，所以很难评估一次兼并行为的效益。兼并过程中不但要看到所得利益和兼并成本，特殊会计项目、法律法规和税收条款都应该考虑在内。因此，企业在兼并过程中必须从战略选择的高度对利益和遇到的问题有一个整体的概念，并且应该考虑到一家新的公司与原有公司经营整合的复杂性问题。

企业兼并有五种基本类型：横向兼并、纵向兼并、产品扩张型兼并、市场扩张型兼并和多元化兼并。**横向兼并**（horizontal merger）是指同一地理区域内生产相同或相似产品的企业间的合并。生产和销售上的规模经济驱使横向兼并的产生。这种兼并的一个典型案例是 7-11 便利商店并购美国南部某食品便利连锁店。

纵向兼并（vertical merger）是指一个生产链条中不同位置的两个公司之间的合并，公司之间往往有买卖关系。这种兼并方式既能保证上流产品供应和生产的稳定性，又能保证对企业经营关键的控制。麦当劳对连锁店的兼并，以及 PHILIP 汽油公司对加油站的兼并都是纵向兼并的案例。

兼并公司与目标公司之间有相关生产与分销关系，但两公司产品之间不存在直接竞争关系，这样的兼并方式就是**产品扩张型兼并**（product extension merger）。例如，菲利普·莫里斯烟草公司兼并了米勒啤酒公司，美泰玩具兼并了西方儿童读物出版社。

市场扩张型兼并（market extension merger）是两个生产相同产品但销往不同市场的公司间的兼并。这种方式的动机是兼并公司可以整合目标公司的管理经验、生产营销能力。例如，名为钻石链的西海岸零售商被另一家明尼阿波利斯的零售商戴顿·哈德森公司兼并。

最后一种兼并的方式是**多元化兼并**（diversified activity merger），这是一种两家没有必然联系的公司之间的联合性兼并。在这种情况下，兼并公司并不是试图通过现金的投资来扩大公司资产或想要经营与管理目标公司。这种兼并形式的一个案例就是：医疗用具生产厂商 Hillenbrand 公司收购了美国旅行箱生产商——旅行者公司。

兼并是企业为了追求协同优势的一个战略选择。协同优势的产生受一些因素的影响。第一个因素是为了取得规模经济。通过兼并可以使公司在生产、合作、管理和审计、资金控制、高水平管理能力这些核心服务共享等方面实现规模经济。而规模经济引起的公司经营、财务、管理等方面效率的提高最终给企业带来了更大的利益。

第二个因素是税收，具体来说就是未利用的税款抵扣。一家公司在成立初始处于亏损状态，没有足够的利润条件而利用延期缴税条款。企业所得税法法规规定，通过与一家亏损目标公司合并可以减少兼并公司的应缴税款，即通过亏损公司与盈利公司的合并来利用延期缴税条款。

第三个因素是合并公司间的互补资源整合。通常企业兼并是为了保证重要原材料的供应，取得先进的技术，避免来自行业竞争者的威胁。通过兼并目标公司取得成熟的技术要比企业自身研发更简单、更快速，而且在取得技术的同时也会取得目标公司内部与创新相关的策划和营销能力。

如果不考虑市场进入的方式，成功地进入海外市场并发展市场需要制订一个好的跨国经营计划。企业的跨国经营计划一定程度上是在国内经营计划的基础上发展而来的，这将在第 7 章中进行讨论。

5.14　国际创业联盟

企业进入国际市场最好的一个方法就是取得与东道国国内一家公司的合作。东道国公司了解本国的现状和文化，因而能为跨国公司国际创业提供良好的商务、金融、政治环境，从而推动企业跨国经营的发展。对东道国企业家特征的了解有助于国际创业合作的产生。

良好的创业合作伙伴具有以下两个特征：好的合作者能帮助企业达到经营目标，如市场进入、成本分担以及核心竞争力的取得；好的合作者也会从跨国公司的立场考虑问题，不会因实现自身利益而破坏合作关系。

国际创业企业应该如何选择合作者？首先，创业企业应该收集大量的东道国市场本行业，以及潜在合作者的资料信息。信息来源可以是大使馆、国家商务部的人员，东道国国内公司和潜在合作者的顾客等。其次，企业也有必要参加一些商业展会，对潜在合作者的产品参考目录进行详细对比。最后，企业应该与潜在的合作者多接触并加深了解，直到最后形成合作契约。

5.15 国际贸易壁垒

对于自由贸易，全世界有各种不同的态度。一般来说，积极的态度始于1947年左右，那时关税与贸易总协定（GATT，以下简称关贸总协定）发展起来，关税及其他贸易壁垒都减少了。这对于国与国之间的贸易产生了积极作用。

5.15.1 关贸总协定

时间最长的贸易协定之一是1947年建立的关贸总协定（GATT）。关贸总协定是一项旨在通过消除或减少关税、政府补贴和进口配额以达到自由贸易目的的多边协议。关贸总协定的成员包括100多个国家和地区，已进行了8次削减关税的谈判回合，其中最近的一次是1986～1993年的乌拉圭回合。在每个回合中，成员方就共同的关税削减进行谈判，并受共同同意的系统监督。如果一个成员感到有人违反协定，可以要求关贸总协定设在日内瓦的管理机构进行调查。如果调查显示确实存在违反协定的行为，各成员将被要求向违约国施加压力，促其改变政策，遵循所同意的关税协定。但有时，这些压力还不足以使违约国改变政策。关贸总协定有助于发展更加不受限制的贸易。为保证这种形式的贸易实现，关贸总协定需要有权力，但它的自愿成员给予它的权力有限。

5.15.2 贸易集团和自由贸易区

在全世界有许多国家联合成国家集团以增加集团中国家之间的贸易和投资，并把集团外的国家排除在外。美国与以色列在1985年签署了一份鲜为人知的协议，在两国间建立了自由贸易区（FTA）。除了某些农业产品外，所有的关税和配额在10年内逐步取消。1989年，加拿大与美国间的一个自由贸易区协议生效，这个自由贸易区将逐步取消这两个互为最大贸易伙伴的国家间的关税和配额。

美国组织了许多贸易联盟。1991年，美国与阿根廷、巴西、巴拉圭和乌拉圭签署旨在发展更开放的贸易关系的框架贸易协定。美国还与玻利维亚、智利、哥伦比亚、哥斯达黎加、厄瓜多尔、萨尔瓦多、洪都拉斯、秘鲁和委内瑞拉等签署了双边贸易协定。更为大家所熟知的是美国、加拿大和墨西哥之间的北美自由贸易协定（NAFTA）。该协定降低了关税和配额，鼓励在三国间投资。类似的还有，美国、阿根廷、巴西、巴拉圭和乌拉圭签署了《亚松森条约》，根据条约产生了南方共同市场。这是一个国家间的贸易区。

　　另一个重要的贸易集团由欧洲共同体（EC）发起。它不同于 GATT 或 NAFTA，欧洲共同体是根据超国家原理建立起来的，成员方不能独自加入与欧共体规定不一致的贸易协定。随着欧共体成员数目增加，欧共体贸易集团将成为创业者开展国际业务日益重要的因素。

5.15.3　创业战略和贸易壁垒

　　很明显，贸易壁垒给想参与国际业务的创业者提出了许多难题。第一，贸易壁垒提高了创业者出口产品或半成品到一个国家的成本。如果成本增加使创业者在与本土竞争者的竞争中处于劣势，那么在这个国家建立生产厂会更经济些。第二，自愿出口的约束会限制创业者从一国的生产厂向他国销售产品的能力。为了竞争，就要求创业者在该国建立生产基地。第三，为遵守一国的地方法规，创业者不得不在该国建立组装厂或生产厂。

5.16　对全球创业者的影响

　　一国的文化、政治、经济和分销体系明显地影响其作为潜在市场的吸引力。总之，成本和政治风险在市场经济国家较低，因为这些国家在政治上和经济上较为进步。但是，全球创业者的长期利益就是这个国家将来的成长与扩张。这种机会也许真的在欠发达、欠稳定的国家存在。全球创业者必须详细分析国与国之间的差异，决定进入哪个国家并开发合理的进入战略。

本章小结

　　对越来越多的创业者及他们国家的经济来说，国际业务正在变得日益重要。当在过度竞争的全球市场上出现机会时，国际创业——创业者在国与国之间从事商业活动的行为将在新企业成长的更早的阶段出现。许多因素（经济、经济发展阶段、贸易均衡、体制的类型、政治法律环境、文化环境和技术环境）使国际创业比国内创业更复杂。

　　一旦创业者决定参与国际业务，那么就需要考虑三种普遍的进入模式：贸易出口、非股权参与式投资和股权参与式投资。每一种模式都包含了几个备选方案，以提供不同程度的风险承担、控制权和所有权。

　　在各种各样的经济体中，美国创业者都可以找到自己的同行。从柏林到香港，创业都在蓬勃发展，它们提供了新的产品和服务、新的就业机会以及新的合作机会。

调研练习

1. 采访三位跨国企业的经理人以判断其从事国际业务所产生的效益及问题。
2. 选择一个国家，研究并报告该国的经济发展阶段、政治法律环境、文化环境及技术环境。如果某创业者考虑进入该国市场经商而你将给出建议，那么你觉得什么是最主要的战略问题？
3. 选择一个属于转型经济体的国家，并研究该国最近的经济情况。你认为该国的经济将蓬勃发展还是停滞不前？

为什么？该国政府如果可以，还应该做什么以帮助其促进经济发展？

4. 选择某个国家的特定行业。分析外国企业通常是如何进入到该国的该行业中的，并运用成功与失败的例子解释原因。

课堂讨论

1. 如果可能的话，确保每一个小组内都有一名外籍学生。小组需要以该外籍学生母国的企业和创业实质为主题进行讨论并在课堂上做报告。讨论的内容主要包括：该国的经济发展阶段、政治法律环境、技术环境及文化环境，并解释创业和企业经营失败可能的原因。

2. 我们通常关注发达国家的企业进入经济欠发达国家的市场。如果经济欠发达国家的企业进入发达国家的市场，如美国，它们是否有成功的机会？它们可以依靠什么样的竞争优势进入发达国家的市场？最优的进入模式又是什么？

3. 在母国成立并取得成功的大型企业随即应该立即追求的国际目标是什么？什么类型的产品更适合小型或新创企业进入国际市场？

选读资料

Baron, Robert A. (February 2006). Opportunity Recognition as Pattern Recognition: How Entrepreneurs "Connect the Dots" to Identify New Business Opportunities. *Academy of Management Perspectives,* vol. 20, no. 1, pp. 104–19.

The author discusses entrepreneurship using a human cognition pattern recognition framework. He discusses the value of pattern recognition to entrepreneurs who can recognize patterns to identify new or emerging trends in the marketplace. The paper ends by suggesting that entrepreneurs can utilize this framework to be better trained in opportunity recognition.

Ellis, Paul. (January 2011). Social Ties and International Entrepreneurship: Opportunities and Constraints Affecting Firm Internationalization. *Journal of International Business Studies,* vol. 42, no. 1, pp. 99–127.

The author argues that opportunity recognition is a subjective process influenced by the entrepreneur's relation with other individuals. The study, which focused on international ventures in China, determined that opportunities were sought rather than discovered, based on an individual's ties with others. The article also suggests that these ties can have a negative influence on international discovery because of the limits of the entrepreneur's network.

Puhakka, Vesa. (January 2010). Versatile and Flexible Use of Intellectual Capital in Entrepreneurial Opportunity Discovery. *Journal of Management Research,* vol. 2, no. 1, pp. 1–26.

The author explores the relationship between entrepreneurial intellectual capital and opportunity business strategy alignment among entrepreneurs. The study concludes that entrepreneurs utilize a combination of formal knowledge, management experience, intrinsic motivation, and creativity to identify and capitalize on unique opportunities. Flexibility in managing intellectual capital is important in the opportunity recognition process.

Ramos-Rodríguez, Antonio-Rafael; José-Aurelio Medina-Garrido; José-Daniel Lorenzo-Gómez; and José Ruiz-Navarro. (December 2010). What You Know or Who You Know? The Role of Intellectual and Social Capital in Opportunity Recognition. *International Small Business Journal,* vol. 28, pp. 566–82.

In this article, the authors study the influence of individual knowledge and access to information in the opportunity recognition process. They argue that social networks are critical in allowing the entrepreneur to develop the ability to recognize new opportunities in the marketplace.

Tang, Jintong. (June 2009). How Entrepreneurs Discover Opportunities in China: An Institutional View. *Asia Pacific Journal of Management,* vol. 27, no. 3, pp. 461–79.

This paper explores entrepreneurial opportunity recognition in China. The author argues that entrepreneurship is derived from a combination of individual and environmental characteristics which include human capital, social capital, social skills, environment, and personal experience. The study concludes that entrepreneurs must be able to leverage both personal and external resources to facilitate effective opportunity recognition.

第6章

创意保护和创业的其他法律事项

▶ 本章概要

☐ 识别新企业包括软件和网站在内的知识产权资本；

☐ 理解专利的本质、专利提供的权利及专利申请程序；

☐ 理解商标的目的和申请程序；

☐ 认识版权的目的和申请程序；

☐ 辨别可以保护企业商业秘密的程序；

☐ 理解许可证对于扩展业务或开办新企业的价值；

☐ 辨别影响董事会的新法规申请和上市公司内部审计的过程；

☐ 阐述与合同、保险以及产品安全责任相关的重要问题。

▶ 开篇引例　萨拉·卡曼加

2006 年，谷歌以 16.5 亿美元收购 YouTube，其收购价低于 YouTube 两年后注册的域名 youtube.com 的价值。谷歌最年轻的副总裁萨拉·卡曼加（Salar Kamangar）掌管谷歌视频部门之一的谷歌应用服务部，其与 YouTube 的模式相似。但他认为谷歌视频不能赶上或控制 YouTube，所以他做出决定——Google 收购这家新公司 YouTube。尽管它存在版权问题并且商业模式不够清晰明确，萨拉坚定地认为 YouTube 的未来充满惊人的潜能。许多人认为收购计划的成本高昂，他还是坚持自己的立场，成为对收购计划最富热情的人。

萨拉·卡曼加出生在德黑兰，但在他两岁时在伊朗爆发革命之前离开了那里。1998 年，他从斯坦福大学毕业，获得了生物学学士学位。在大学期间，他担任了波斯非营利组织 PARSA 社区基金会的主席，这个工作经历培养了他强烈的创业精神。在一个斯坦福的招聘会上，他遇到了谷歌的创始人之一谢尔盖·布林（Sergey Brin），并受雇为谷歌的第九名员工。最初，他的岗位职责并不明确，所以他基本上做了公司创办人不愿意做的所有工作。然而，他最终成为一名后起之秀，开发了谷歌关键字服务（它是谷歌与合作网站联合成立的辛迪加组织的基金会的基础），为公司提供主要的收入来源。

在谷歌应用服务运行四年后，萨拉渴望一个全新的、不同的服务。他说："我喜欢解决问题。"他喜欢找个点子，对其提出操作上的问题，将其发展为一个成功的、可盈利的想法。因此，他专注于谷歌的管理工作并最终在 2006 年收购了 YouTube。当时，YouTube 存在的许多问题与萨拉之前创办的谷歌关键词存在的问题一样棘手。他提出的第一个问题就是如何使这个网站盈利，并在前创始人不再寻求机会的地方看到了生机。萨拉同 YouTube 的创始人查德·赫尔利（Chad Hurley）和陈士骏（Steve Chen）进行了几个小时的会谈，制订出促进合作关系和促使公司盈利的详细计划。最后，赫尔利和陈辞去职务，由萨拉担任 YouTube 的首席执行官。萨拉的策略使得公司适应了视频服务市场的变革。在谷歌收购 YouTube 时，市场上只有两种视频类型：电视视频和电脑视频。但是现在视频服务无处不在，比如电话、平板电脑、掌上电脑和电视。因此，萨拉开始增加更多专业制作内容，如音乐视频、演唱会和体育节目。

2011 年，YouTube 拓展了电影租赁服务，囊括了 3 000 个主要的好莱坞工作室的版权作品，如索尼影视娱乐、华纳兄弟、环球影业和狮门影业这样的独立工作室。观众可以在同一天以 3.99 美元的价格获取电影点播服务。除好莱坞工作室作品之外，萨拉也鼓励更多的业余爱好者开发视频，其中许多人已经在网站上积累了大量的观众。但是一些工作室因为担心作品侵权而拒绝参与。管制业余爱好者上传的内容对于这些工作室来说是一个法律噩梦，所以他们不愿意参与这项业务。

谷歌收购 YouTube 后，侵权是萨拉面临的第二个急需解决的问题，而且他对 YouTube 的未来发展负有责任。为了把侵权的风险降到最低，萨拉实施了内容追踪系统 Content ID。此系统准许任何上传的素材与系统内 1 亿多个视频进行比较，如果存在任何未经授权的内容，这个素材的所有者会被提醒，然后他们可以选择移除或者继续这个视频。例如，一个 YouTube 视频包含了受版权保护的一首歌曲，这首歌曲的所有者会接到提示。YouTube 也会建议这个公司植入一则广告来购买整首歌曲的播放版权而不是移除这个视频。无须移除已上传的素材的同时，广告还可以获利并避免任何侵权问题。

除了内容比对之外，萨拉还引进了评判内容上传标准的 YouTube 版权学校（YouTube Copyright School）。萨拉认为教育对最小化侵权的可能性起着至关重要的作用。尽管一些好莱坞工作人员仍认为 YouTube 对打击违法内容的力度不够，其还是吸引着越来越多的电影制作者加入。在 2011 年随着所有新服务的启用，YouTube 的收入翻了一番，每天的移动设备收视达到 1.6 亿次，是 2010 年相关数据的三倍。谷歌虽没有披露 YouTube 的收入情况，但是分析人员称其 2011 年的总收入将达到近 4.5 亿美元并且实现盈利。

萨拉认为 YouTube 的前途是光明的，机遇无限。他激进的创业模式使得 YouTube 朝着一个积极的方向发展，成为视频服务市场的领头羊之一。

6.1　知识产权及律师选择

6.1.1　什么是知识产权

知识产权（intellectual property）包括专利、商标、版权和商业机密。它是创业者的重要资产，是即使不聘请律师也应该了解的知识。创业者由于缺乏对知识产权的了解而对这些资产保护不善的案例屡见不鲜。本节将阐述重要知识产权的类型，包括软件和网站。知识产权已经成为美国专利与商标办公室（PTO-Patent and Trademark Office）中独特的问题。

6.1.2　对律师的需求

商业是由法律进行规范的，所以创业者需要了解所有可能影响其新建企业的法规。在建立新企业的各个阶段，创业者都需要进行法律咨询。创业者所需的法律专业知识很可能由于某些因素而不同，比如新建企业是否是特许经营、独立新建或者买断企业；该企业生产消费品还是工业品；企业是否分红以及是否涉及电脑软件或进出口方面。

首先我们讨论如何选择律师。多数律师都对各自擅长的法律造诣较深，创业者应该在聘请律师之前明确自己需要精通哪类法律的律师。如果创业者能清楚自己何时需要何种法律咨询，他就会节省很多时间和资金。接下来我们会讨论许多需要法律援助的领域。

6.1.3　如何选择律师

律师作为专业人员不仅掌握基本的法律知识，而且还是某一具体法律领域的专家。创业者通常不能把握与自己利益相关的多种法律法规风险。有能力的律师能够更好地认识与法律法规相关的可能结果。

在当今形势下，律师对聘请费用是开诚布公的。事实上，有些时候普通服务费用甚至会打在广告上。一般来说，律师会以聘用定金（每月或每年固定收取金额）为基础安排办公和咨询时间。该定金不包括出庭时间或其他与诉讼有关的法律服务费用。这使创业者可以只在需要的时候叫律师到场，而不需要花费大量的上门服务费用。

在一些案例中，律师可能只被雇用一次，获得一次性收入。例如，专利法律师可能会被雇用，来帮助雇主获得专利权。一旦雇主获得了专利权，他就不需要律师了，除非可能存在着与该专利权相关的诉讼。其他建立公司或购买实体财产方面的专业律师可能会根据实际服务绩效来收费。不论如何收费，创业者都应该尽早支付这笔费用，以确保将来不会出现问题。

选择律师和雇用员工一样，你将要与之合作的律师应该是与你个人关系比较好的人。在一个大的律师事务所，可能一个初级合作伙伴会与你的新公司签约。你应该要求与这个新合作伙伴见一面，以确保双方是合得来的。

与律师建立好的工作关系会降低建立新企业的风险，并给予创业者必要的信心。当资源十分有限的时候，创业者可以考虑用可交易的股票来作为律师的报酬。这样律师就会对公司有兴趣，并提供更加个性化的服务。然而，做这样重大决定的时候，创业者必须考虑到损失公司管理权的可能性。

《商业新闻》

对创业者提出的建议：知识产权对软件创业者的作用

2008 年，4 位伯克利的学者进行的一项实证研究获得的统计数据揭示了专利对软件企业创业者的作用。700 位软件创业者参与了这项调研活动，以探求知识产权在软件行业中获得竞争优势的作用。有趣的是，约 1/3 的参与者显示出专利是 7 个获得竞争优势的选项中最不重要的一项。调查样本主要取自于邓白氏（Dun & Bradstreet）注册的高科技公司和 VentureXpert 数据库（所有获得风险投资的公司）公司的首席执行官和首席技术官。

研究人员的兴趣点在于确定是否高科技创业者能从保护知识产权的专利系统中获利。因为初创高科技企业相对缺乏有利条件，如良好的销售渠道、获取利率低的贷款及更成熟企业的支持，所以它们对知识产权更加敏感。

根据调研受访者的反馈，他们申请专利最重要的原因包括阻止竞争者抄袭、提高公司知名度、获取投资和增加首次公开上市（Initial Public Offering）的可能性。但是邓白氏注册的创业者对于专利重要性的定义明显区别于 VentureXpert 数据库的创业者。约 75% 的邓白氏创业者没有申请也不准备申请专利，而超过 2/3 的 VentureXpert 数据库的创业者已经获得或正在申请专利。虽然调查问卷没有体现出造成这个差异性的原因，但是研究者认为其来源于风险投资家的影响。

未申请专利的主要原因包括申请费用和实施专利的相关费用太高，调查反馈显示获得一个软件专利的平均费用略低于 30 000 美元。其他原因还包括软件无法成功申请专利的可能性。

既然专利不是获得竞争优势的重要因素，那么什么因素才是最重要的？对于软件企业创业者而言，赢得竞争优势最重要也是唯一的战略就是先行者优势。这与生物企业形成了鲜明的对比，其视专利为赢得竞争优势最重要的因素。此外，互补性资产为第二重要因素，如软件授权或能够提供对开源程序（open source program）进行补充的所有权。

这项研究提供了更多综合数据，可作为将来研究所需的大量数据分析。需解决的研究议题包括软件业不同部门专利率的差异性、专利所有者与非专利所有者之间的区别。

给创业者的建议

考虑如下问题：

1. 你会向即将创立开发平板电脑新配件的高科技公司的业务伙伴提供什么建议？你会立即建议他申请专利吗？

2. 在考虑是否申请专利时，他可能考虑什么因素？

3. 为什么你认为开发软件专利的成本太高？

资料来源：Stuart J. H. Graham, Robert P. Merges, Pam Samuelson, and Ted Sichelman, "High Technology Entrepreneurs and the Patent System: Results of the 2008 Berkeley Patent Survey," 24 Berkeley Technology L. J. 1255(2010).

6.2 创立组织的法律问题

在第 9 章与第 14 章，我们将会探讨组织的形式和特许经营协议，此章就不赘述了。因为创立组织时创业者有多种选择（见第 9 章），所以考虑相关问题的利弊是必要的，如负债、税金、连续性（continuity）、利息转移性（transferability of interest）、创建企业的费用和筹集资金吸引力（attractiveness of raising capital）。协议的法律咨询也是必要的，其有助于确定协议囊括最恰当的决议。

6.2.1　专利的法律事项

专利（patent）是政府和发明者之间的合同，作为发明者贡献其发明的交换。政府授权发明者在某一特定时期对其发明享有专有权，期满之后政府公布该项发明，将该发明列入公共领域。在发明期满后，作为公共领域的一部分，该项发明可能被复制，甚至被改良为更好的产品。

专利给予其所有者一种消极权利，因为它阻止任何人生产、利用或销售该项专利。另外，即使发明者被授予专利的专有权，在生产或销售该发明的过程中，发明者可能会发现它侵犯了其他专利的权益。发明者应该清楚地认识实用专利和设计专利的区别以及国际专利的一些差异。专利类型的具体内容如下。

1. 实用专利

当提到专利的时候，多数人会想到实用专利。每一个实用专利都有 20 年的期限，这个期限从在专利与商标办公室（PTO）备案之日算起。对于任何申请 FDA 批准的发明，该期限可以延长与 FDA 审查该发明所用时间等长的时间。每项实用专利的备案费用为 790 美元。外加的费用根据在申请专利时所要求的权利的多少而定。

实用专利对其所有者起到保护作用，防止其他人制造、实用或出售已鉴定的发明。实用专利一般还能够对新的、有用的、不显著的工艺技术起到保护作用，比如电影制作、复印机之类的机器、化学化合物或混合物之类的合成产品的配方以及牙膏包装筒之类的制造商品。

2. 设计专利

设计专利包括新的、有独创性的、做装饰用的以及不明显的制造商品的设计。设计专利反映物品的外观并享有 14 年的保护期。和使用专利一样，设计专利为发明者提供消极的排他权利，防止他人制造、使用或销售在此外观设计专利保护范围内的商品。每项设计专利申请的原始费用为 200 美元。另外还有颁布费，根据项目的大小收费。这些费用要比使用专利的申请费用低很多。

人们通常认为申请设计专利没有用，因为它太容易被模仿。然而，这种观点如今已经有所改善。例如，像锐步和耐克之类的鞋类制造公司就对申请设计专利很有兴趣，以此来保护其产品样式。此类专利对需要保护其产品部分或全部造型的公司来说也是有价值的。

3. 植物专利

植物专利是在和实用专利相同的条文下出具的，专利保护对象是新品种的植物。该种专利的利益保护范围有限，因此对此种专利的申请很少。

专利权由 PTO 授予。除了专利，该办公室还管理其他项目，并为创业者提供在线服务，如用于申请专利的软件、商标和版权的表格，这些将在本章进行详细说明。尽管文件披露程序（Disclosure Document Program）于 2007 年关闭，但其已被临时专利申请程序（Provisional Patent Application Program）替代。

2011 年 3 月，美国参议院通过了《美国发明法案》（The America Invents Act），用于规范美国专利商标局工作系统。大量待审核的专利申请的积压使得获得专利的平均时间延长至 34 个月。这个新立法规定了申请优先制（first-to-file），即把专利授予那些申请快速的企业而非最先提出这个理念的企业。是否拥有更多资源的大企业会比小型创业企业更容易获得专利仍是一个具有争议的话题。

6.2.2 国际专利保护的法律事项

在科技快速发展的今天，随着国际市场销售的增长，国际专利对于企业在全球市场中获得保护至关重要。由于模仿与盗版的问题，其对于创业企业是一个重要的知识产权战略。相应地，建立了专利合作协议（PCT-the Patent Cooperation Treaty）。有超过 142 个国家加入，该协议允许专利申请人在一个国家便可以完成在多个国家的专利申请，而无须分别在每个国家都申请专利。PCT 由坐落在瑞士日内瓦的世界知识产权组织（the World Intellectual Property Organization，WIPO）监督管理，它会提供事先调查，确认申请公司在其他国家是否有可能面临侵权。然后由该公司决定是否申请在每一个国家的专利。此种专利的申请需要 30 个月的时间。然而及时获取报告有些困难，国际专利管理组织重建了合作关系，包括美国专利商标局（United States Patent And Trademark Office，USPTO）、欧洲专利组织（European Patents Organization，EPO）和日本专利组织（Japanese Patents Organization，JPO）。所以专利申请的过程可以被快速跟踪检测，以提高申请的进程。在不久的未来，其他国家（如韩国）也将加入这个程序。

6.2.3 临时申请的法律事项

创业者首先备案一份**临时专利申请**（provisional patent application）文件来建立此项发明的构想日期。这个临时申请用来替代美国专利商标局（PTO）之前要求提交的披露文件。披露文件的要求设定不够严谨，当多于一人申请专利时经常引起纠纷。此外，临时申请符合欧洲申请程序，当涉及国外公司申请专利时这一申请显得尤为重要。基于优先申请制（first to file）的理念，这个申请程序基本上能够将专利授予第一个提出申请的创业者。当创业者必须准备一份清楚、精确的发明描述时，临时申请的条件相较于披露文件更加完整、全面。如有必要，除书面材料以外，需提交照片用于阐释发明。收到信息之后，PTO 将代表发明者提交申请。提交专利实际申请不得迟于临时申请文件生效的 12 个月后。

在实际提交专利申请之前，最好雇用代理人或律师对专利进行研究。经过代理人的调查，针对发明的可专利性制定决策。

6.2.4 专利申请的法律事项

专利申请必须包括发明的全部来历和描述，以及对该发明使用的权利要求。申请表格可在专利与商标办公室的网站上下载。总的来说，申请包括以下三个部分：

（1）**引言**。该部分应包括发明的背景和优点以及它能解决哪些实际问题，应当详细叙述此发明与已获得专利的发明有何不同。

（2）**发明描述**。申请材料还应包括发明的总体图纸描述。这些图纸描述必须符合 PTO 的要求。接下来要有该项发明的详细描述，包括工程规格、材料、性能等，这些对该发明的实际生产很重要。

（3）**权利要求**。这部分是申请材料各部分中最难准备的一部分，因为权利要求是衡量是否侵权的标准。这些权利要求详细说明了创业者想要得到的专利保护范围。发明的重要部分应该广泛地从多个方面进行描述，以防止他人高度模仿。同时，权利要求又不应该太宽泛，从而掩盖了专利的独特之处和优势。这个平衡是很难掌控的，应该与律师仔细讨论。

除上述三个部分外，申请还应包括由发明者签字的声明，该声明由律师提供。这样完整的申请可以提交到 PTO，发明成为专利待定品。这对创业者非常重要，因为该发明在专利申请通过之前受到完全机密保护。申请通过之后，该专利方可投放市场，为外界所知。

一项仔细申请的专利可以提供保护，防止竞争者生产与其类似的竞争商品。然而，一旦申请通过，如果存在侵权，也会招致官司，起诉别人或者被人起诉。

申请费用不是固定的，它取决于专利调查和申请中的权利要求。律师费也是申请总费用的一部分。备案费用本章前面已经提及。在专利的生命期内，还需要定期支付维持性费用。

6.2.5　专利侵权的法律事项

我们已经讨论了申请专利的重要性和程序。对于创业者来说，弄清自己是否对其他人的专利造成侵权是很明智、很重要的。其他人已经拥有专利的事实并不意味着终止你创建新公司的想法。许多企业、发明或创新都是现有产品的提高或改良。模仿和改进已有产品可能完全合法（没有侵权），也可能是很好的商业战略。对于模仿和改进现有产品，避免专利侵权是十分重要的，创业者可以尝试从专利持有者那里获取许可证。图 6-1 阐述了创业者想要经营可能对现有专利造成侵权的产品所应遵循的步骤。创业者可以利用网络帮助进行调查。如果存在可能涉及侵权的专利，创业者就可以考虑利用许可证。如果对此问题有疑问，创业者应当雇用专利法律师，以确保不会有任何侵权的可能性。表 6-1 为创业者提供了一份简明的清单，以把专利风险降到最低限度。

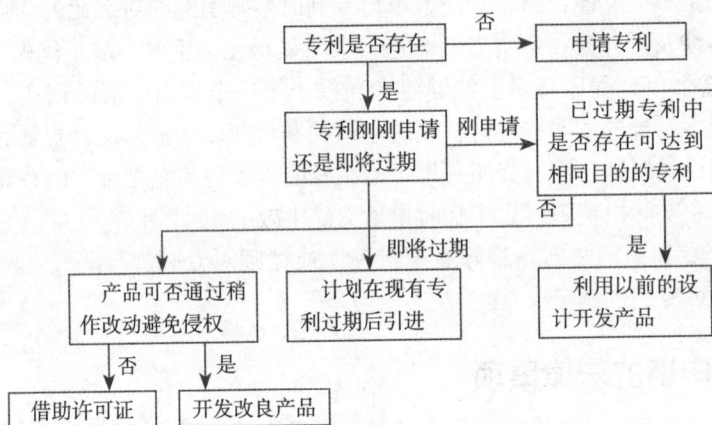

图 6-1　避免侵权的选择

资料来源：Adapted from H.D. Coleman and J.D.Vandenberg, "How to Follow the Leader," *Inc.*（July 1988），PP. 81-82.

表 6-1　降低专利风险的检查单

- 寻找一名对你的产品领域有专业知识的专利法律师
- 创业者应考虑申请设计专利保护产品设计或产品外观
- 在会议、媒体上公布发明之前，或在建立测试网站之前，创业者应寻求法律建议，因为对发明的公布可能会使后来的申请无效
- 评估竞争对手的专利以洞察他们会对专利做何种改进
- 如果你觉得你的产品对其他公司的专利造成了侵权，寻求法律建议
- 确定与可能对新产品有所改良的个人签订的雇用合同中包含这样的条款：将新的发明或产品让与公司
- 确保为已获专利的产品贴上合适的商标。没有商标会导致在专利诉讼中蒙受损失
- 考虑对你的专利实行许可证授予。这样可以通过创造新的市场机会加强对专利的投资，同时增加长期收入

6.3　商业模式专利的法律事项

随着网络使用的增加和软件业的发展，商业模式专利出现了。例如，Amazon.com 有一项"单击特色"商业模式专利，买家可以在其网站上单击订货。eBay 近期被汤姆·伍尔斯顿（Tom Woolston）起诉，他的公司 Merc Exchange 声称 eBay 侵害其专利权，包括公司旗下 eBay's 运营的很多基本方面，比如通过反向拍卖的方式买卖商品。Priceline.com 声称拥有与其服务相关的专利权，买家可以为某项服务递交投标价格。Expedia 在被 Priceline.com 起诉侵权之后，被迫向其缴纳专利使用费。许多持有此类专利的企业，以此来重创竞争对手，并获得稳定的专利使用费或许可费用收入。

由于类似诉讼行为的增加及数码科技（如互联网、电脑软件和电信）的发展，商业模式专利受到了更多关注。关注的焦点包括税务筹划（tax strategies）、保险费率的确定或如何通过第三方购买商品。如今商业模式专利正受到来自最高法院的威胁，最近美国最高法院否决了一项能够规避天气变化导致能源价格变动的风险的专利申请程序。由于不符合机械或转换检验（the machine or transformation test），联邦巡回法院对这项专利予以否决。这意味着任何商业模式或实施必须依附于一种器械，如电脑。规避能源价格变化的思维过程无须借助任何器械或电脑，因此无法取得专利。如果商业模式是可取得专利权的，最高法院的决议也没有提出任何新的、具体的认定方法，则对此种类型的专利认定仍有不确定性。

无专利的创业型企业

不是所有的创业型企业都有可取得专利的产品或理念。在这种情况下，创业者需要熟悉竞争环境以明确任何可能存在的优势或识别独特的定位策略。创业者制订独特的销售计划后会发现，市场先行者相较于任何竞争者具有明显的优势。保持特定优势是一个挑战，但却是获得长期成功的重要手段。

《商业新闻》　　对创业者提出的建议：如何从专利中盈利

Acacia 研究公司（ACTG）的利基专利许可业务（the niche patent-licensing business）逐渐实现盈利。电子业巨头苹果、威瑞森、西门子、戴尔与微软获得了 Acacia 的专利许可。未来，Acacia 的这项业务将会更加赚钱。

小型企业 Acacia 的商业战略是什么？即与一些小型无名气的科技企业合作并获取它们的专利技术许可。Acacia 收购已确认侵权的企业，且与之庭外和解，避免专利侵权冲突。这些公司的侵权索赔通常以支付费用结束。

最近微软和 Acacia 达成协议，签订技术使用许可的和解协议，包括允许他们为互联网地图提供地理资讯。

Acacia 的董事长兼首席执行官保罗·瑞安（Paul Ryan）提到，苹果公司 2008 年与 Acacia 签订了两项技术许可，威瑞森无线公司获得了无线网络设备 IP 地址同步程序的许可证。在 Acacia 成立的 18 年里，已经提交过至少 337 件与专利相关的诉讼。其负责人声称已有约 95% 的诉讼企业达成庭外和解。

据首席执行官瑞安与分析家说，迄今为止 Acacia 发展迅速。其 2010 年的销售额预期增长到 6 880 万美元，几乎相当于 2006 年 3 480 万美元收益的两倍。

评估 Acacia 的一项收购案的 Singular 分析机构的分析师肖恩·奥尼尔（Sean O'Neill）认为，Acacia 的"增长前景依然强劲"。然而每年亿万美元的高额诉讼费用仍旧吸引着分析师的关注。瑞安指出，提起诉讼到最终和解需花费双方各 1 000 万～ 1 500 万美元。

2010 年，Acacia 的财务报告显示其收益额为 3 400 万美元且将继续增长。2011 年 8 月，Acacia 从与 Force10 网络公司和西门子产品周期管理软件公司达成的和解中获得了巨额收入。

瑞安认为，签订专利侵权和解协议的企业越知名，Acacia 的营收及利润的增长额将远远超过股价。

尽管瑞安相信公司未来会签订更多的协议，但是一些如康耐视之类的公司仍坚决抵抗 Acacia，并将经过长期努力最终诉讼成功。

考虑如下问题：

你的朋友阅读了上面的文章，想要知道他是否也可以如 Acacia 的做法那样从他已经获得的专利中获利。你会如何建议他继续学习并了解是否他的任何专利可被其他公司使用？他也想知道是否 Acacia 对他的专利感兴趣，那么他该如何确认？

资料来源：Adapted from " Acacia Research Finds Ways to Make Patents Pay," by Gene Marcial, www.businessweek.com; " Acacia : The Company Tech Loves to Hate," by Rachel King, www.businessweek.com; and www.yahoo.com (ACRI stock quotes).

6.4　商标的法律事项

商标（trademark）可以是一个词语、图标、设计或者这三者的混合，抑或者是一个口号甚至某种声音，可以使人们辨别出某种商品或服务的提供者。与专利不同，只要商标还存在，它就受到保护。在美国，1989 年 11 月 16 日以后注册的商标先被授予 10 年的注册商标保护期，每 10 年办理一次商标使用展期。在第 5 ～ 7 年，注册者被要求向 PTO 提交一份保证书，表明该商标目前用于商业用途。如果不提交保证书，注册商标将被取消。在注册后第 9 ～ 10 年，以及此后的每 10 年，商标所有者必须为商标展期提交申请。否则，商标将被取消（有 6 个月的宽限期）。

商标法允许申请仅用于在国内商业或国外商业活动中使用该商标的情形。申请日即为商标使用的首日。这并不意味着创业者在商标已经使用之后不可以申请。倘若如此，创业者可以提交保证书，说明商标只用于商业用途，并标明首日使用的日期，并在 PTO 的申请表中写入合适的文字声明。

如果你想要在将来使用某商标的话，也可以现在申请。如果你诚意申请的话，可以在申请材料中加入一份将使用此商标的保证书。但是，商标的实际使用必须在 PTO 正式登记该商标之前。

商标在申请和使用的过程中可以被大幅度更改。我们有时认为很多有名的、理所应当存在的商标却是这个公司的重要资产。例如，李维斯牛仔裤的左边后口袋上的红色标签、荷兰男孩的公认的油画、快餐业中麦当劳国际公认的拱形图案、米高梅电影公司的狮吼图案和苹果公司的被咬了一口的苹果，这些只是重要商标的几个例子。

创业者注册一个商标能够获得巨大的优势或利益，如表 6-2 所示。

表 6-2　注册商标的利益

- 它提醒其他人你有商标在美国境内的独占使用权
- 它给予你在联邦法庭起诉商标侵权的权利，可以使你的利润、损失以及成本得到赔偿
- 它确立对商标商业使用的无可争议的权利
- 它确立在海关登记的权利，以防止相似商标货物的进口
- 它给予你使用注册标识（®）的权利
- 它为在外国申请专利商标提供基础

如上文所说，PTO 负责联邦商标登记注册。要提交申请，创业者需要完成一张简洁的表（该表可以下载）。申请可以邮寄，也可以通过 PTO 网站上的商标电子申报系统注册。

申请商标注册必须满足以下四点要求：完成表格填写、绘制商标、五个能体现该商标使用的样本、缴纳申请费。每个商标都必须单独申请。接到申请后，PTO 会将申请编号，并给申请人发一份申请收到通知。

注册过程的下一步是由 PTO 的审核律师做出该商标是否适合注册的决定。在大约 3 个月的时间内，审核律师就会给出该商标适合性的最初决定。创业者对此决定的所有异议都必须在 6 个月内提出，否则视为放弃申请。如果申请被拒绝，创业者仍然有权再向 PTO 申请。

一旦申请被批准，商标会在《商标官方报》上刊登 30 天，以允许其他人提出反对或要求延长可提出反对的时间。如果没有人提出反对，则签发注册证。该程序通常会花费自最初申请提出后之日起的 13 个月左右的时间。

6.5　版权的法律事项

版权保护作者的原创作品。版权保护不保护观念本身，因此允许他人以不同的方式使用此观念或概念。

由于对网络使用的极大增长，尤其是对音乐、文学作品、图片以及视频的下载等，版权法已经变得与人们密切相关。虽然软件在 1980 年被列入版权法中，但是可以在网上获取资料的问题还是为娱乐业带来了很多合法的斗争。

当 Napster 在 1999 年进入市场的时候，网民可以随意交换音乐文件。音乐制作业发展缓慢，并与这种做法斗争，因为这严重影响了唱片销量。3 年之后，音乐制作业在与 Napster 的斗争中取胜。此外，最高法院判定 StreamCast Networks 和 Groksters 所使用的 P2P（peer-to-peer）文件共享软件必须对文件进行筛选以消除其侵权行为。

如本章开篇提到，YouTube 上传的视频内容涉及侵权问题。虽然它们通过创办学校、使用特殊内容识别软件以告知素材版权所有者等方法来避免诉讼，但是面对如此多的视频上传，很多好莱坞制片公司仍对于 YouTube 的版权控制问题持怀疑态度。

与网络相关的版权保护在判例和法规没有明确制定之前，仍然是被关注的焦点和灰色区域。虽然这个问题看起来很复杂，但是注册程序很简单。

版权注册由美国国会图书馆（Library of Congress）办理，通常不需要律师。想为自己的作品注册版权，申请者须提交一套完整的申请材料（可在 www.copyright.gov 获得）、两份作品副本以及申请费（网站申请则原始申请费为 35 美元，邮件申请则为 45 美元，但可能基于作品数量收取其他费用）。根据 1978 年 1 月创建的通则，版权的受保护期限是作者在世及其逝世后的 70 年。

除了电脑软件，版权还涉及著作、剧本、艺术作品、诗词、歌曲、雕塑、模型、地图、行动计划、拼贴、棋盘游戏印刷材料、数据以及音乐等内容。在某些案例中，会涉及几种保护形式。例如，某个棋盘游戏的名称会由专利商标保护，游戏本身受到实用专利的保护，其印制或棋盘受到版权的保护，游戏规则受到设计专利的保护。

6.6　商业秘密与非竞争协议

在某些案例中，创业者可能想对其理念或工艺保密，作为**商业秘密**（trade secret）出售或许可转让。只要该理念或工艺仍然是秘密，商业秘密的寿命就不会终止。非竞争协议是一份由雇主与雇员签订的文件，用来保护公司的有价值资产（包括产品信息、客户资料、营销方案和独特战略）。

商业机密不包含在任何联邦法律中，但是却被每个州的普通法律管理机关普遍认可。参与此创意或工艺的雇员会被要求先签一份保密协议，以防止他们在职期间或离开公司后泄漏商业秘密。这份协议也会涉及雇员受雇于竞争对手时会接触到的客户姓名或清单。表6-3给出了一个简洁的商业秘密保密协议样本。创业者需要雇用律师起草协议的内容。商业秘密持有者有权起诉违反协议的签字者。

表 6-3　商业秘密保密协议

鉴于新建公司（NVC），×× 大街，×× 地 U.S.A.，是相关信息所有者

鉴于 NVC 要向即将使用、评估或就其达成更进一步协议的雇员、顾问或 NVC 代理透露商业机密

鉴于 NVC 希望对其透露的商业机密进行保密

鉴于签字者认识到严格保密的重要性，重视所有 NVC 的商业秘密

签字者同意以下各项：

1. 签字者应重视 NVC 透露的所有信息，对其严格保密。签字者只可以将此信息透露给得到 NVC 批准的人。签字者将对由违反此协议所造成的任何损失承担责任

2. 签字者在协议期间以及之后，如果没有征得 NVC 的书面允许，不可以利用此商业秘密，也不可以将此商业秘密透露给第三方

3. 对透露信息的限制不适用于签字人或公众之前就知道的信息。签字者事先就知道的商业秘密内容应在 30 天之内以书面形式告知公司

4. 工作期满之后，签字者应在 30 天之内归还所有由 NVC 提供的原始材料以及复件、记录或签字者保存的相关的其他文件

5. 通过出版或产品宣布向公众透露的商业秘密不包含在本协议之内

6. 本协议自＿＿＿＿＿＿声明之日起生效，该协议的确定、解释以及实施均依据声明法规

7. 本协议及其包含的条款约定生效后，如不经所有各方同时签字，不允许修订或改动

于 20＿＿＿年＿＿＿月＿＿＿日起生效

签字者：＿＿＿＿＿＿＿＿＿＿

新建合资公司：

经由：＿＿＿＿＿＿＿＿＿＿

职位：＿＿＿＿＿＿＿＿＿＿

日期：＿＿＿＿＿＿＿＿＿＿

向雇员透露何种信息以及透露多少信息是难以决定的，这种决定通常由创业者做出。从前，创业者倾向于通过对其他人保密的方法来保护公司机密信息。如今，趋势恰好相反，创业者认为雇员知道的信息越多，他们的工作就越有效率，也越有创造力。争议是，如果雇员不完全理解公司所有业务的话，他们不会有创造力。

多数创业者拥有有限的资源，所以他们选择不采取任何方法保护他们的创意、产品或服务。这在将来会成为严重的问题，因为如果创业者不采取适当的保护措施的话，竞争者合法复制其信息是很容易办到的。例如，通常很容易通过贸易展、临时雇员、媒体采访或声明甚至网站等方法得到竞争者的信息。在所有案例中，在对外交往中，过分热情的雇员是症结所在。若要控制该症结，创业者可以考虑下列想法。

- 培训一名员工专门回答敏感问题。
- 为所有办公室来访者提供陪同者。
- 避免在公众场合讨论业务。
- 对重要计划保密。
- 控制可能被雇员在会议或报刊采访时泄漏的信息。
- 使用简单的安全措施，比如为文件柜上锁，设置电脑密码以及其他必要的细节。
- 使雇员和顾问签保密协议。
- 尽量减少向雇员透露机密信息。
- 避免传真敏感信息。
- 如果需要的话为机密文件做记号。

不幸的是，防止商业秘密泄露的保护措施很难实施，迄今为止还没有非竞争协议庭上成功的案例。其有效性更多取决于协议本身和被应用的情境。非竞争协议无法作为呈堂证供的原因是协议的结构与内容不合理，比如法院难以强制前雇员在本行业或更大的市场中不进行竞争活动。如果在合理的时间与空间内，所有的参与方都是公正的，有条理的协议能够获得法院的支持。起草非竞争协议前，有以下几条：①确定雇员离职后是否会做有损于公司的事情；②雇用称职的劳动法律师，确认协议的公平性与可执行性；③向签订非竞争协议的雇员发放红利以资鼓励；④详细制定竞业禁止内容，如客户名单、机密软件密码或产品信息；⑤考虑除竞业禁止之外的内容，如禁止对机密信息契约的剽窃与泄露。更重要的是，只有在秘密已经被泄漏之后才能采取法律手段。创业者不必对每份文件或信息过于担心，只要未雨绸缪，多数问题都可以避免，因为商业机密的泄漏通常主要是不经意间造成的。

《商业新闻》　　**非竞争协议：雇员对于禁止向新雇主泄露商业机密有没有道德层面的责任**

即使美国法院有权对非竞争协议进行强制执行，不同州法院对此的解释各异，但是对于雇员可否向提供新职位的竞争者提供商业机密仍存在争议。与前雇主签订过非竞争协议后，雇员向新雇主泄露商业机密该负多大的责任？雇员被挖角后才可被问及商业机密的问题变得越来越重要。接下来要提及的三个案例多多少少有些不同的结果和解释。

对于俄亥俄州的 Fishel 有限责任公司案件，俄亥俄州法院判定其非竞争协议不具有强制执行效力，四位已离职并在竞争企业获得职位的雇员没有盗用商业机密、违背企业忠诚或阻碍业务关系。在这个案件中，法院认定这四位雇员在获职于新企业前没有纠缠客户，所以他们没有违反职责。

在第二个案例中，纽约地区法院裁定软件公司 Aternity 有权禁止与其签订非竞争协议的前销售总管供职于主要竞争企业、与现有客户接洽或离职一年内泄露商业机密。这个雇员已被

Aternity 解雇，且在离职前给自己发了几份包含商业机密的邮件，这是判定这个雇员有泄露机密嫌疑的有力证据，所以法院做了明确的判决。

在第三个案例中，前连襟兄弟一起想出了帮助手术移除喉咙的患者更清楚发音的医疗器材的创意。之后乔尔·贾斯特（Joel Just）创立了 JustMed 公司并把这个创意产品化。他的连襟兄弟迈克尔·布赖斯（Michael Bryce）得到 13 万份股份等值于 25 000 美元的投资回报。当布赖斯获得他应得的股份时没有签订纸质协议，他发现与贾斯特相比他的股份数量不符，所以决定删除 JustMed 公司的所有源代码副本。法院判定布赖斯是拥有软件专利的 JustMed 公司的雇员，且他对侵占公司商业机密负有责任。但是这个判决后来被推翻，法院认为布赖斯没有真正使用代码而是对股票差异有意见。在法院初判后，他已还原了源代码。因此，根据法院判决布赖斯没有盗用商业机密。

从法院判决的多样性可见，非竞争协议是否具有法律实质的问题还有争议。协议的重要性取决于不同行业，比如雇员直接接触客户从而达成交易的服务可能会因为这个雇员供职于另一家公司而把此客户的业务带到这家公司。雇员利用商业机密作为寻求新工作的谈判条件是否是不负责的，是一个重要的问题。如果商业机密有可能泄露给竞争企业，那么很明显与雇员签订非竞争协议是明智的。

6.7　许可证协议的法律事项

许可证可以被定义为甲乙双方之间的一种规则，一方拥有由专利、商标或版权保护的所有权，这种权利涉及信息、流程或者技术等。这种规则在合同中得以阐明（稍后在本部分进行讨论），要求获得许可的人支付使用费或者一些其他确定金额给专利所有者（许可证颁发者），以换取获准使用专利权、商标权或版权。

因此，对于专利、商标或版权的持有者而言，许可证被视为具有重要价值的营销策略。持有者在新的市场缺乏资源或经验的时候，这些权利可以帮助他们增加业务。对于想要投资的创业者，许可证也是一个非常重要的市场资源，但这些创业者需要按照他们的想法来使用或整合这些专利、商标或版权。

一项专利许可协议，明确指出了许可证的申报者如何能够获得专利。例如，认证颁发者可能仍然在生产产品，但是允许获许可人在一个与自己没有竞争的市场上（如海外市场）使用自己的商标进行生产。另外，许可证获得者可能用自己的商标生产和销售专利产品。专利许可协议必须措辞谨慎，并应聘请一个律师，以确保保护所有缔约方。

认证一个商标一般涉及一个特许经营协议。创业者用商标来经营一家公司，并同意支付一笔固定的资金作为商标的使用费，在销量基础上支付版权税、从特许经营者那里购买商品等，或者是这些方式的组合。在本章后面，我们将讨论特许经营。特许经营被创业者作为一种创业或获利的方式。

版权是另一种流行的可许可资产。它包括使用一个新的名称来使用或拷贝书籍、软件、音乐、图片、剧本的权利。20 世纪 70 年代末，影视节目或商业模式开始成为电脑游戏的题材，并使用了许可证。电视节目也注册了它的节目名称。名人往往会许可企业在一个产品中使用其姓名、形象或肖像的权利。（例如，泰格·伍兹高尔夫球运动装、阿加西网球服装、猫王大事记或米老鼠饭盒）。这些实际上是商标的许可。

许可证已成为《财富》500 强公司的利润空间。这些公司花费数 10 亿美元，每年研究开发新技术，它们决不会向市场推出。因此，它们往往会授权专利、商标及其他知识产权给小公司以获得利益。微软公司的 IP 事业部，就是一个很好的例子。这是一家能提供技术，用来为生物身份确认，抗伪造标签，进行人脸检测和跟踪，但它不知道如何将产品推向市场或没有推向市场的意图。微软最近许可惠普、戴尔和富士通使用电脑 Azure 云端应用程序。这些协议为微软产生数百万美元的收入。IBM 一直得益于许可协议。IBM 最近许可 EMC 公司，允许其消费者在大型机环境（mainframe environments）下使用两家公司的产品。平面世界知识库公司许可弗吉尼亚州立大学的七门初级课程使用电子商务教科书。

虽然技术是其中一个最大的许可收入，但是在这个市场上还有其他重要的角色。娱乐行业，尤其是电影制片厂，如迪士尼、梦工厂、福克斯、索尼和华纳兄弟公司，以数百万美元为底线达成许可协议为服装、玩具、游戏以及其他相关商品提供许可。到目前为止，迪士尼的许可证贸易在世界上处于领先位置。2009 年，其许可证贸易的收益达到 270 亿美元。随着《汽车总动员 2》的公映和收购漫威漫画，迪士尼的许可证贸易会持续盈利。动作英雄类电影可能是最近许可证贸易的流行趋势，比如《绿灯侠》与《青蜂侠》的公映使得索尼与派拉蒙获利。

随着热门电视节目《欢乐合唱团》(Glee) 的播出，福克斯广播公司获得巨大成功。所以，福克斯为大量的周边产品签订了许可证协议，如音乐贺卡、游戏、玩具和服装。另外，麦当劳在失去与迪士尼的长期许可证协议之后，继续与其他电影工作室签订许可证协议，如梦工厂动画公司与皮克斯动画工作室。

许可证方式也很受特殊体育赛事欢迎，如奥运会、马拉松、保龄球和田径锦标赛。按书面许可协议，出售 T 恤衫、其他衣服和配件，而这些在许可之前销售是不允许的。

对于很多公司，许可证协议代表它们可以拓展新市场、开发新产品或吸引现有目标市场的更多消费者，在萧条的市场环境中实施这个战略尤为重要。如福克斯及上文提到的其他公司利用许可证协议使得它们负债经营的任何成功产品获利。芝士蛋糕工厂、帕尼罗面包连锁餐厅、汉堡王等餐饮企业投身于制作大量现成的食物，如冷冻食品和即食食品。NBA 甚至通过许可它的商标印在外卖比萨、吐司和三明治的外包装上来增加收入。

在签署一份许可协议之前，创业者应该询问以下一些问题：

- 顾客认可被许可的资产吗？
- 许可资产如何能弥补我的产品 / 服务或者如何使我获利？
- 我在该许可资产方面有多少经验？
- 许可资产的前景如何？（例如，随着一个名人声望的下降，公司带有该人的名字的业务也会逐渐结束）
- 许可协议提供哪种保护？
- 对于支付使用费和销售额提成，我有什么承诺？
- 可以修改协议吗？在什么条件下可以修改方案？

对于创业者而言，许可证贸易是一个增加利润的很好的选择，并且没有风险和初始投资。为了能够申请许可证，创业者要有某些产品或服务能够用于许可经营，因此有必要将任何产品、信息、姓名等，以专利、商标或版权的形式加以保护。另外，许可也可以筑成新的投资方式，而这种方式可能会侵犯他人的专利权、商标权或版权。在这种情况下，从许可持有人那里试图寻求一个许可协议对创业者而言有百利而无一害。

许可也是一个有力的营销工具。在律师的建议下，创业者可能找到减少风险、扩展业务和补充现存的产品线的方式。

6.8　产品的安全与责任

对于企业家而言，评估在新的投资中经营的产品是否从属于《消费产品安全法》(CPSA)的范围是很重要的。原始的《消费产品安全法》于1972年通过，1990年修订。它由一个5人组成的委员会来监督执行，有权力为超过15 000种各类消费产品制定安全标准。2008年8月，法律的大幅度修改要求对不安全食品及潜在威胁实行更严格的标准。

被认定为不安全食品的召回和巨额罚款就是委员会强制执行的典型结果。例如，2007年美国企业的100起强制召回事件就涉及900万件玩具。在产品铅含量超标或者包含被小孩吞食的小零件的潜在风险方面，波利口袋玩具和蝙蝠侠玩偶的召回事件尤其突出。公众对召回事件的抗议是美国国会迅速实施新立法的主要原因。在过去的20年间，美国消费品安全委员会逐渐削减预算和裁员，已无法有效监察每年大量的商品发售与进口贸易。通过新的预算拨款及更多工作人员和管理部门的支持，委员会能够更有效地确保企业达到新法规对产品安全的要求。更严格的执行程序和更高的违规罚款能够提高新法的执行效率。由于更严格的规定，过去的两年间玩具召回事件已逐渐减少，但是爆出更多的汽车、非处方药和食品的召回事件。由于不同的汽车功能缺陷，丰田、本田和铃木成为汽车召回事件的主角。由于泰诺、布洛芬制剂和苯那君的召回，强生的损失超过20亿美元。沙门氏菌和大肠杆菌的爆发导致食品业的召回事件，如鸡蛋、火鸡绞肉和花生酱。

如果创业者处于任何高风险行业，则他们应对产品召回的威胁加以重视。食品和玩具的检验应优先于任何其他商业的发展。

6.9　保险的法律事项

在第6.8节中，我们对一些涉及产品责任的问题进行了讨论。但创业者除了要慎重考虑产品安全外，还要购买保险，因为发生问题是在所难免的。与服务有关的行业，比如日间看护中心、游乐园、购物中心等，官司显著增加。

在一般情况下，大多数企业能够考虑到的情况如表6-4所示。每一种保险都提供了在新的业务中管理风险的手段。主要的问题是，在创业的最初阶段，创业者一般具有的资源都是非常有限的。这样，就需要首先决定是否需要这些类别的保险。考虑到一些保险，比如残疾和交通保险，这些是法律规定的，并且不能回避。其他保险，如主要员工的人寿保险，可能是不需要的，但可能有必要依法保护企业的金融资产净值。一旦创业者决定需要什么类型的保险，然后就可以决定需要多少保险及从哪家公司购买保险。从多家保险公司取得报价是很明智的，因为不同的公司保率和选项有很多不同。总保险费用是一个重要的财务预算的因素，创业者在费用预测中要考虑可能增加的相关费用。

表 6-4　各类保险及可能的覆盖范围

保险种类	可能的覆盖范围
财产保险	• 火灾保险，由火及雷击等引起的火灾，要支付损失的货物。可以将覆盖面扩大，包括发生爆炸、暴动、车辆损坏、风暴冰雹和浓烟等的相关风险。偷盗及抢劫险覆盖小的损失，如偷盗、入室抢劫或用暴力威胁等
伤亡保险	• 因为火灾或其他被保险人的事宜造成营业中断时，需支付纯利润和费用。一般法律责任涵盖了防御成本和鉴定费用，包括对公司所造成的人身伤害或财产损失。这种范围也可被扩展到成本上。当员工可以利用自己的车办理公司的业务时出现的伤亡需要承担汽车损害赔偿责任
人寿保险	• 寿险保障延续原有的业务，也可以为幸存者提供经济保障
职工的补偿	• 在某些国家可能是强制性的，给与工作有关的雇员伤残提供补偿
合同保险	• 这是雇员工作表现的轮班责任。它保护公司防止雇员盗窃资金或者当分包商不能在规定期限内完成工作的时候保护承包商

暴涨的医疗费用对保险费有非常大的影响，同样对工人的赔偿保费的影响也很大。在过去的几年里，一些企业保险支出已增加一两倍。

创业者也要考虑医疗保险，如在马萨诸塞州，为全职员工提供医疗保险是公司的义务。这是重要的员工福利，并会要求企业根据美国各州法律的要求为员工支付相当一部分费用。公司所付费率会有很大的差异，这取决于有关计划和各种方案。如果有一大群被保险人参加，医疗保险保费会便宜一些。这对新建企业来说当然是困难的，但是可以通过加入提供相应保险的专业协会组织来解决此问题。

然而，如果你是一名自我雇用的创业者，你所具有的选择就是有限的。如果你要离职，则要考虑失业后的健康保险（COBRA）来延长你的医疗福利。这可以使你的医疗福利延长大约三年。然而，你需要为此付费。如果你的 COBRA 已过期或无法取得，你可以考虑联系国家保险部门，该部门可以为你提供开展个人医疗保险业务的保险公司清单。你也可以考虑较高免赔额的保单，因为其费用会低一些。另外，创业者还可以联系医疗保险代理协会、美国医疗保险协会或美国劳动部寻求援助，这三个组织都位于华盛顿特区。

向保险代理咨询通常不容易，因为代理常常试图向你推销保险。然而，你可以咨询大学或小企业管理办公室，他们具备专业知识并且收费很少或不收费。

6.10 《萨班斯－奥克斯利法案》

经过长时间对安然和安达信等企业不当行为的披露，美国国会在 2002 年通过《萨班斯－奥克斯利法案》。尽管这项法案为上市公司财务活动提供了管制机制，但也给创业型企业和小型企业带来了一些难题。法案要求企业从事交易活动时，证实其内部控制和财务报表的可信性，这会加剧小型企业的控制成本，故它们对这项法案不满，且这也可能阻碍它们上市的进程。

这项法案包括多个条款，媒体并没有进行大幅报道，只是讨论法律条例的概述。完整的法案或相关条款可以从相关网站上下载。

《萨班斯－奥克斯利法案》涉及一系列公司治理活动。首席执行官需要依法通过一系列公司内控机制和报告对财务报表进行担保。根据内部控制和审计，管理人员必须达到背景、服务年限和职责要求。任何影响审计或阻碍内部审计的行为都是违法的。此外，该法案还涉及银行欺诈、安全欺诈和通过电报、无线电或电视进行的欺诈。

随着该法案的通过，该法案的解读和管理者的后续职责受到关注。例如，由于对不满员工或股东引起的负面宣传担忧，是否有资格的员工会放弃成为公司董事？

由于美国新法案的条款和本国法律法规的冲突，一些已在美国证券交易所上市的外国公司选择退市。例如，根据新法规定，独立审计委员会与一些外国的法律和习惯出现冲突，这仅仅是众多存在的冲突中的一种。

私企现在虽未被涉猎在这项法案中，但是可能在未来设立预防私企管理问题的条例。如果私企与上市公司存在咨询服务或以任何形式影响法案认定的上市公司的违法行为，它们也要服从这项法案。

对于企业家来说，建立董事会顾问而非扩展董事会是其他选项。顾问不受责任的约束，因为他们对公司的决策不做最终抉择，而只是为董事会提供建议，包括创业企业的管理问题。如果风险资本家或天使投资人参与其中，他们占有董事会的一席，在这种情况下，顾问团不太可能被认可，而且此时责任保护是必要的。

6.11　合同方面的法律事项

创业者在运营新企业时，会经常与供应商、业主及客户谈判和签合同。**合同**（contract）是两方或两方以上订立的只要满足某种条件就具有法律效力的协议。表 6-5 阐述了这些条件及违反合同的结果。对于创业者来说，理解与合同相关的基本问题以及辨别在哪些谈判中需要律师是非常重要的。

表 6-5　合同条件及违反合同的结果

合同条件
- 发盘。它可以是口头的，也可以是书面的，但是若受发盘方不接受该发盘，它就没有约束力
- 受发盘方接受发盘
- 双方都有对价（有价值的事物）
- 双方都有能力或权力替公司谈判
- 合同必须合法。任何非法活动订立的合同均无效，比如赌博
- 500 美元以上的交易必须签订书面合同

违反合同的结果
- 违反合同的一方会被要求履行合同或损害赔偿
- 如果一方无法履行合同，另一方也同意放弃合同，则合同可以取消

有时商务买卖会达成口头协议。订货、组合融资、签订协议等是握手达成口头买卖协议的一般情况。通常，当事情进行顺利的时候，这个程序是有效率的。通常，当涉及的事情进展顺利时，不会有法律问题出现。但是，一旦出现纠纷时，创业者会发现不仅没有买卖可做，可能还会为没想过的事情负责任。法庭一般会基于判例提供一些指导。一个原则就是如果生意不能在一年内做完的话就不要依靠口头协议。

另外，法庭还坚持所有 500 美元以上的交易都要签订书面合同。即使是一个制造商的特定数额的报价也不是有法律效力的合同。例如，如果一个创业者询盘并收到一张 10 件商品的报价单，然后他订了 1 件商品，如果没有签订书面合同的话，卖方不必以原始报价出售商品。如果商品总计在 500 美元以上，在没有签订书面合同时，甚至已报价格也可能会被更改。

在前面的例子中，大多数商家不会设法回避责任。但是异常状况的发生可能会改变他们

的意愿。因此，进行交易的最安全可靠的方法就是签订书面合同，尤其是金额超过 500 美元且超过一年的交易。

　　所有涉及不动产的交易都必须以书面合同达成协议才具备法律效力。租赁、房屋出租以及购买都需要某种书面协议。

　　虽然在大的或复杂的交易中律师可能是必需的，但是创业者可能承担不起雇用律师的费用。因此，创业者理解以下四个提供法律保护的重点是有好处的。

　　（1）确认合同涉及的各方以及它们在特定交易中各自的特定作用（比如买方、卖方、顾问、客户）。

　　（2）交易应被详细描述（比如确切的地点、日期、单位、发货地点、哪方付运费）。

　　（3）应明确交易的价值（比如财务费用分期付款）。

　　（4）获得与你做生意的人的签字。

◘ 本章小结

　　本章利用一些创业者主要关注的关于知识产权的问题，以及其他重要的法律问题，比如产品安全、保险、合同以及《萨班斯－奥克斯利法案》等。随着网络的发展，知识产权问题变得更加复杂。创业者在做关于知识产权的法律决定时寻求法律咨询是十分必要的，比如专利、商标、版权和商业秘密等。律师具备专业知识，可以在当前形势下为创业者提供最适合的建议。本章也阐述了在雇用律师之前应当考虑的资源。这些信息能够为创业者节省时间和金钱。

　　申请专利需要雇用专利法律师，他可以协助创业者向 PTO 提交完整的申请，包括发明的来历和描述以及使用权利要求。对现有专利的评估将有助于确认是否有侵权的可能，还有助于评定改良现有专利产品或从专利持有人那里获得许可的可能性。创业者可以申请临时专利且可于 12 个月内完成最终专利申请。最先申请临时专利有利于提交专利归属权的即时报告及制定商业战略。

　　商标可以是文字、符号、设计或它们的混合，抑或能够识别某种商品、服务的一个口号或声音。只要满足以下四点要求，商标就会赋予创业者某种利益：①完成表格填写；②绘制商标；③五个能体现该商标使用的样本；④缴纳申请费。

　　版权保护原创作者的利益。版权注册由美国国会图书馆（Library of Congress）办理，通常不需要律师。由于对网络的使用，尤其是对音乐、文学作品、图片以及视频的下载，版权已经变得与人们休戚相关。

　　非竞争协议无法始终依据各州法律和协议的合理性进行强制执行。最重要的是详细制定协议内容及避免过分夸大非竞争条款的时间与空间范围。许可证是使用他人的产品、名称、信息等开办公司的一种可行的方法，也是创业者能够使用，以扩展业务而无须承担更多风险和大量投资的重要战略。

　　创业者还应清楚可能的产品安全和责任要求。对可能出现的产品问题的仔细审核和保险能够降低风险。为确保实施最节约成本的方案，创业者还应评估财产保险、人寿保险、健康保险、工人补偿以及合同契约等相关风险。

　　合同是创业者所做交易的重要部分。作为重要规定，口头协议对 1 年以上、

500 美元以上的交易无法律效力。另外，房地产类交易必须为书面合同方可有效。

《萨班斯－奥克斯利法案》在 2002 年通过，给上市公司带来了很大负担。根据此法案，上市公司需要精简其财务报告，完善董事会的责任，提供更多的审查和账户余额以避免重蹈世通、安然和其他企业的覆辙。创业者，尤其是想要经营上市公司的创业者需要清楚许多法律法规条款的相关要求。在这一点上，该法案只适用于上市公司，但是该法案还会不断被审议。立法者也可能会应创业者的要求对该法案进行修改，将私人企业加入该法案中。

调研练习

1. 在网上查找三个至少已获准三年的专利的副本。它们有什么相同之处？不同之处？你认为哪个最成功？你能在市场上找到不用这些专利的产品吗？

2. 寻找专利侵权案例的报告，描述过程和结果，列出防御专利侵权的法律费用和成功防御的收入的案例。

3. 列出一些世界最著名的商标，并用数据支持你的答案。

4. 举出现实生活中下列几种产品责任的例子：疏忽、保修、严格的责任、谎报。如果可能，阐述细节和赔偿情况。

5. 申请和获取专利的费用是多少？

课堂讨论

1. 举出三个利用商业秘密来防止竞争对手复制其产品的例子。他们采取什么行动对信息保密？你认为这些活动效果如何？

2. 即使这违反艺术家和唱片公司的意愿，版权音乐也应该在网上免费下载吗？考虑争论双方的观点，总结出一个有说服力的论点。

3. 政府应该在多大程度上参与创立和实施安全法？企业（或行业）应该在多大程度上负责创立它们自己的标准进行自我监管？

选读资料

Blum, Jonathan. (August 2011). Protect Yourself. *Entrepreneur,* vol. 39, issue 8, pp. 64–68.

The America Invents Act was recently passed by the U.S. Senate and it changes the U.S. Patent law. Now an entrepreneur must be the first to file in order to be granted the legal rights to a patent. In the past the first to invent was used as a basis by the courts in a patent challenge.

Caixing, Liu; and David Yang. (June 2011). An Analysis of the Impact of the Sarbanes-Oxley Act on Earnings Management. *Advances in Management,* vol. 4, issue 6, pp. 25–31.

This is a study that examines whether the Sarbanes-Oxley Act (SOA) mitigates earnings management and thus improves financial reporting quality. The results reported here also indicate that not only does SOA mitigate earnings management but it affects high discretionary accrual firms more than low discretionary accrual firms.

Donahey, Scott M. (February/April 2010). Unique Considerations for the International Arbitration of Intellectual Property Disputes. *Dispute Resolution Journal,* vol. 65, issue 1, pp. 38–47.

This article explores how to structure international arbitration of international patent disputes. It identifies several factors that influence lawyers to include arbitration clauses. It also presents rules for suggested arbitration agreements in international patent disputes.

Fernandez-Ribas, Andrea. (July 2010). International Patent Strategies of Small and Large Firms: An Empirical Study of Nanotechnology. *Review of Policy Research,* vol. 27, issue 4, pp. 457–73.

The focus of this article is to investigate the extent small firm foreign patents differ from their larger counterparts. The sample was taken from U.S.-owned small and large businesses that applied for international patents through the World International Patent Organization. Results indicate an important contribution of small firms to the globalization of patents. Small firms also need to consider more opportunities in foreign markets with patent protection.

Gardner, Timothy M.; Jason Stansbury; and David Hart. (July 2010). The Ethics of Lateral Hiring. *Business Ethics Quarterly,* vol. 20, issue 2, pp. 341–69.

The method of critical genealogy is used to demonstrate that the norms that discourage lateral hiring or "poaching" are strategies used by powerful employers to control the turnover of their employees, making them subjects of the employer's power. Ethical responsibility should be with the employee as well as with any alternate employer looking to make lateral hiring decisions.

Leland, Thomas. (Winter 2009). Thinking Ahead in Today's Job Market: Do Not Forget about Post-Employment Restrictions When Hiring. *Employee Relations Law Journal,* vol. 35, issue 3, pp. 9–19.

This article points out that businesses that are hiring or laying off people need to understand employees' information, knowledge, and skill and the enforceability of any agreements that the employee has made not to compete with his or her former employer. The enforceability of these agreements is discussed in detail.

Orcutt, John L. (2009). The Case Against Exempting Smaller Reporting Companies from Sarbanes-Oxley Section 404: Why Market-Based Solutions Are Likely to Harm Ordinary Investors. *Fordham Journal of Corporate and Financial Law,* vol. 14, issue 2, pp. 325–414.

This article presents an overview of a case against exempting smaller reporting firms from Sarbanes-Oxley Section 404 and its intended benefits. It explores the evidence regarding substantial compliance costs of section 404 and its probable net effect. The special attributes of smaller firms are expected to warrant special attention by policy makers.

Pikas, Bohdan; Anastasia Pikas; and Candice Lymburner. (2011). The Future of the Music Industry. *Journal of Marketing Development and Competitiveness,* vol. 5, issue 3, pp. 139–49.

With the significant advances in technology that allow people to obtain music for free the music industry cannot rely on the sales of CDs as a primary source of revenue. Either the industry needs to decide to spend millions defending against illegal downloading of music or it should succumb to the release of free music. This study of a sample of 1,158 firms compares compliance costs for various categories of firms and provides cross sectional analysis of board independence, growth expectations, and R&D expenditures.

Robertson, Scott. (May 2010). How Safe Are Non-Compete Agreements? *American Agent and Broker,* vol. 82, issue 5, pp. 50–55.

This article focuses on the safety of noncompetition agreements in insurance agencies such as anti-piracy clauses and infringement of trade secrets in the U.S. The article reports that courts do not enforce noncompete agreements and will sanction agency owners for pursuing legal action against producers who take business with them.

Strand, John L. (January 2011). Facebook: Trademarks, Fan Pages, and Community Pages. *Intellectual Property and Technology Law Journal,* vol. 23, issue 1, pp. 10–13.

The article discusses the new challenges faced by trademark holders because of the creation of Facebook community pages in the U.S. Companies are having problems controlling their profiles on the Web and this paper discusses suggestions for the protection of a company's mark on these community pages.

从机会识别到商业计划

第7章

创建新企业的商业计划

▶ 本章概要

☐ 明确什么是商业计划，由谁准备，谁会去看，怎样评价它；

☐ 了解商业计划对于投资者、债权人、雇员、供应商以及客户的价值；

☐ 识别商业计划中每一个起决定性作用的部分所需要的信息及其来源；

☐ 加强对互联网这一信息资源和营销工具的价值的认识；

☐ 提出一些商业计划的案例，并就商业计划进行逐步解释；

☐ 在计划进程的各个阶段向创业者指出一些有帮助的问题；

☐ 了解如何去监督一个商业计划的实施。

▶ 开篇引例　博林达·瓜达拉玛

商业计划，尽管人们经常称之为"荣耀之梦"，但它可能是创业者在创业初始阶段独一无二的重要文件。新创企业在其商业计划完成之前，潜在投资者可能不会考虑进行投资。不仅如此，商业计划还可以帮助创业者对于什么需要完成，时刻保持一种清晰的认识。

商业计划在其完成进而落实之前的制订和准备过程会面临很多困难，需要创业者付出很多精力。对此，没人能比博林达·瓜达拉玛（Belinda Guadarrama）——GC Micro公司首席执行官更加了解这点。她的公司为"《财富》1 000强"企业，为国防与航天工业提供计算机硬件和软件。

作为主管一家数百万美元营业额公司的创始人，博林达被两家西班牙机构——美国西语裔商会（US Hispanic Chamber of Commerce）和拉丁商务协会（latin Business Association）评为2002年年度西班牙裔杰出女企业家。她的公司一直处于由西班牙裔人所控制的公司500强之列并在过去的三年连续获得波音卓越表现奖（Boeing Performance Excellence Award）和美国农业部女性所有企业承包人年度奖（U.S. Department of Agriculture Woman Owned business Contractor）。

尽管现在她是一位成功的创业者，但这期间的历程是漫长、艰苦和几经波折的。从美国三一大学（Trinity University）毕业之后，她在奥斯汀参加了很多得克萨斯大学的研究生课程以及训练。后来，在 20 世纪 80 年代的技术爆炸时期，她搬到了加利福尼亚就职于一家出售软件的公司。和很多其他人经历过的一样，在去上班的某一天她在门上发现了一张告知公司关门的便签。

就在那时博林达决定创建自己的公司。她认为那时正是一个需要承担些风险的关键时刻，因为她已经没了工作，前途暗淡。1986 年，她和几个过去的同事创办了 GC Micro 公司。在制订商业计划的过程中，为了筹集启动资金和用于其他开销的费用，她卖了自己的房子，还把退休金兑现了。这时她很明白自己做出了一个孤注一掷的决定。最终，手握商业计划，她开始寻找筹集启动资金的门路。这个时期，她开始遭遇了一些创业过程的低潮，不断遭到拒绝。她甚至找不到一家银行肯借给她用以维持运营的 5 000 美元。幸运的是，她的坚持让自己得到了小企业管理局（Small Business Administration，SBA）贷款计划的帮助，这个项目通过其参股的一家当地银行担保了大部分的贷款。

筹集启动资金只是她早期所克服的困难之一。作为一个女性而且是一个拉美人，她不得不克服一些偏见。在一次和潜在客户的会面中，对方认为她身为少数民族女性没有足够的管理资质负责生产线，因此拒绝同她合作。然而，她的努力和坚持最终带来回报，在成立的第一年年末，公司就取得了 209 000 美元的收入。凭此成功，她让之前拒绝过自己的客户转变了看法并成为那家公司的授权经销商。

接下来的成功紧随而至，不久她便开始争取美国国防部的合同。在调查这个市场的过程中，她发现许多政府承包商都被要求纳入一些由少数民族掌管的企业作为分包商。她还发现根本没有那么多的少数民族企业，这为她的企业提供了巨大的发展机会。但随着对机会的继续研究，她发现之前已经使用过的档案现在却不能访问了。她知道这会把自己整个的业务逼到一个十分危险的境地，她决定发起诉讼。后来，GC Micro 公司与美国国防部后勤局（Defense Logistic Agency）对簿公堂，诉讼一拖就是几年。在此期间，她的公司进入了一个危险的阶段，因为很多公司表示不再与她合作了。最终她赢了官司。她敢于表明立场的勇气和具备强大领导才能的良好声誉在业界传开。

公司后来成为少数几个准时制生产（JIT）系统的合约供应商，在加利福尼亚为公司挣得了不少"最佳供应商"的褒奖。博林达的创业技能已经发展到能产生一定的公益效应的程度，她支持了加利福尼亚拉丁奇卡诺高中预防退学计划、运河社区联盟、奥乔亚移民农场营地及吉尔罗伊青年会。博林达的成功是对她创业特质的回报。她不害怕为计划她的生意付出辛苦努力，而且她不惧怕为了她心中认为正确的东西表明立场。她对社区的付出让她成为许多西班牙裔商人（无论男女）的精神动力。

GC Micro 公司在全美现在有 14 个仓库，是升阳电脑、IBM、惠普、美商存储科技、思科、戴尔、苹果和索尼等 200 家厂商的授权经销商，年销售额已达到 3 500 万美元。

7.1 计划是企业运营的一部分

在我们讨论商业计划之前，对读者来说很重要的一点是要了解不同类型的计划，这可能是商业经营活动中的一个部分。对于企业来说，计划是个永不终结的过程。在任何一家企业的初创阶段，正是创业者准备一个初步商业计划的特别关键的时段。当创业者对于企业的市场、需要推广的产品或服务、管理团队及财务需求都有一个很好的认识之后，这个计划才可以算敲定下来。随着新企业逐步发展成熟，计划将因为管理层对短期或长期商业目标的追求而得以延续。

对于任何一个确定的组织，都可能找到它的财务计划、营销计划、人力资源计划、生产计划以及销售计划等。计划可以是短期的也可以是长期的，可以是战略层的也可以是操作层的。计划在范围上也会因企业的类型或者初创阶段对它所预期的规模而有所不同。虽然这些计划可能起到不同的作用，但它们都有一个重要的目的，那就是在快速变化的市场环境中，起到指导性和提纲挈领的作用。

一些专家觉得商业计划并不能保证创业必定成功。这些学者指出很多创业者没有商业计划最后也成功了，像史蒂夫·乔布斯、比尔·盖茨、迈克尔·戴尔。但是同样存在有力的证据证明一个经验不丰富的创业者能通过商业计划的准备过程得到丰富的学习经验，特别是在初创阶段存在多种影响因素和不确定性的情况下。如果没有一个完备的创业计划，创业者会被迫考虑很多市场上可能存在的重要情况。即使这些创业者或许可能会想到这些情景，但是包括准备商业计划在内的这个过程才是终极重要的，因为计划在企业未来的发展阶段中是必需的。所以，我们一直以来强调的好的商业计划的重要性不仅针对企业初创阶段而言，还关系到企业未来潜在的成长和战略发展。

7.2　什么是商业计划

商业计划（business plan）是由创业者准备的一个书面文档，它描述了创建一家新企业所涉及的所有的内、外部因素。它通常是由营销、财务、生产和人力资源这类功能计划所构成的整合体。就像在博林达·瓜达拉玛的案例中提到的，当企业包含多种产品和服务时，商业计划对于有效目标和战略起到了整合与协调作用。所以，商业计划或者像其时常被比作的游戏计划和路线图那样回答了"我现在在哪""我将要去向何处"和"我如何到达那里"这类问题。潜在投资者、供应商甚至客户都将需要并要求得到一份商业计划书。

如果我们把商业计划看作一个路线图，我们可能对它的重要性会有更好的理解。让我们假设一下你在房车里正试着决定是否要开车从波士顿到洛杉矶（当作任务或目标）。存在多条可行路线，每一条路线需要不同的期限和花销。像创业者一样，旅行者在准备做计划之前，必须要做出一些重要的决定，收集相关的信息。

旅行计划要考虑外部因素，如车辆的紧急维修、天气状况、路面状况、要去观光的风景以及可以找到的露营地。这些因素基本上都不受旅行者控制，但又必须在计划中考虑到。这就像创业者要考虑新的规章制度、经济情况、竞争、社会变化、顾客的需求变化或者新技术等这些外部因素一样。

从另一个方面来看，旅行者对可以获得多少资金、他有多少时间以及对高速公路、普通道路、露营地、风景等的选择要心里有数。同样，创业者对于新企业中的生产、营销、人员要有所控制。

旅行者在决定"选择哪一条路""在哪个露营地休息""在选中的地点停留多长时间""花费多少时间和金钱进行车辆维护""谁来开车"等这些问题时应该把这些因素都考虑进去。因此，旅行计划需要回答三个问题："我现在在哪儿""我要去哪"和"如何去那里"。在此之后，我们例子中的旅行者或者我们书中的主体——创业者就能够决定为了实现计划需要多少资金。

我们在这一章的开篇案例中看到了博林达·瓜达拉玛如何利用商业计划解决这些问题。商业计划的基本要素在这里已经讨论完了，在接下来的章节会讨论更多的细节。

7.3　谁来撰写计划

商业计划应该由创业者来准备，但是他可以在准备的过程中向其他相关人士进行咨询。律师、会计、营销顾问、工程师等对于计划的准备是很有帮助的。上面提到的这些相关人员可以从小企业管理局、高级退休士兵服务中心、中小企业孵化器等提供的服务以及从大学中找到，或者也可以从朋友、亲戚那里获得帮助。互联网也提供了大量的信息、实际案例模板与创业计划大纲。这些大都是免费的，或者因为需要实地考察和购买及下载数据支付少量费用。实际上，在许多情况下对于那些在商业计划的准备阶段能提供合理专业意见的人以及那些可以成为管理团队重要成员的人，创业者都会将其招至麾下或者使其分得股份（与之合伙）。

要决定是雇一位顾问还是尽可能利用其他资源，创业者可以对他的自身技能做一次客观评估。表 7-1 说明了确定用来衡量欠缺技能的种类和程度的评定指标。例如，一位销售专家最近设计出一台新的设备，它可以让使用者通过贺卡发送一条十秒钟的个人信息。贺卡在外国有一种特有的亲和力。首要任务之一是要考虑怎样最好地推广这种装置：可以将其作为一种促销工具，送给公司的分销商、供应者、股东或雇员，也可以作为零售产品卖给消费者。

表 7-1　技能评估

技能	非常好	好	中等	差
会计 / 税务				
计划				
预测				
市场研究				
销售				
人员管理				
产品设计				
法律问题				
技术				

此外，对于在国际市场上创业需要的技能的评估也是十分重要的。创业者在对其技能进行评估时，认为他在产品设计和销售方面都很杰出，在组织能力方面表现良好，而其他能力则只是表现中等或者不足。为了弥补他在某一方面的不足，创业者找到一个可以弥补他所欠缺技能或弱项技能的合作伙伴。通过这样一种评估，创业者可以确定需要什么技能，以及从哪里获得它们。

7.4　商业计划的影响范围和价值：谁会看这份计划

雇员、投资者、银行家、风险投资方、供应商、客户、顾问和咨询师都可能去看商业计划。使用人群的不同通常影响商业计划的实际内容和重点。因为不同群体在读商业计划时怀着不同的目的，所以创业者就要在准备商业计划时充分考虑到所有群体所关心的内容。商业计划必须通过一些方式尽量满足所有人的需求。在实际的市场中，创业者的产品是为了满足特定客户群体的需求。

为此，在准备商业计划时可能需要考虑以下三个方面。首先是创业者的方面，对于新企业的创新性和技术特点，创业者比其他任何人都有更深刻的理解。创业者一定能清楚、全面地说出这个新企业具体是干什么的。其次是市场方面。创业者往往只考虑产品和技术方面的问题，而不去考虑是否会有人来买这种产品。创业者一定要试着站在消费者的角度来看他们的企业（顾客导向的问题将会在第 8 章里进一步讨论）。最后，创业者也要试着以投资者的视角来看他的企业。此外，有效的财务预测是必需的。如果企业不具有准备这些信息的能力，它可以寻求外部力量的帮助。

商业计划的深度和细节取决于目标新企业的规模和范围。一个要推广一种新型高科技设备的创业者需要对商业计划有全面的了解，这主要归因于该产品和市场的固有特性。一位打算开家服装零售店的创业者就无须像新型高科技设备制造商那样掌握那么全面的信息。而一家新的电子商务公司则需要在推广提供产品和服务的网站上下功夫。因此，商业计划的范围要取决于新企业属于什么行业，是服务业，还是生产制造业，是消费品还是工业产品。市场规模、竞争程度和成长潜力也同样会影响商业计划的范围。

商业计划对试图了解新企业及其目标的创业者、潜在投资者甚至新职员来说都是非常有价值的。商业计划之所以对这些人来说这么重要是因为：

- 它能帮助确定这个新企业在指定的市场上的生存能力。
- 它为创业者在组织其计划工作时起到导向作用。
- 它是一个重要的融资手段。

潜在投资者对于商业计划中应该包含哪些内容是非常挑剔的。如前所述，即使其中的一些信息是建立在假设基础上的，对于创业者来说完成计划所需要的思考过程也是一个很有价值的经历，因为它可以督促创业者估计未来的现金流和现金需求量。而且，思考过程让创业者仿佛置身于未来，引导他考虑一些在未来成功之路上可能会遇到的重要问题。

这个过程同样也给创业者提供了一个自我评估的机会。创业者往往会认为他创立的这家新企业一定会成功。然而，计划的过程促使创业者更加公正、客观地去评价自己的想法，并且思考以下这些问题：这个想法合理吗？它能起作用吗？我的客户是谁？产品能满足客户需求吗？对于竞争者的模仿，我有哪些防护措施？我能管理好这家企业吗？我将和谁竞争？这个自我评估很像是角色扮演游戏，要求创业者考虑到不同的情境，并且考虑可能会阻碍新企业取得成功的障碍。这个过程迫使创业者想办法避免这种障碍。在准备了这样一个商业计划之后，创业者甚至有可能意识到这种障碍是不能避免和克服的。那么，这家新企业可能在书面企划阶段就终止了。尽管这样的结果是最不想看到的，但总比在进一步投入了更多时间和资金后被迫终止要好。

《商业新闻》　　不要期待从一次引荐中获得报酬

　Q：我是一个独立音乐制作人。大约 30 年前，我介绍了一个十分亲密的朋友给一位唱片艺人，我们都成了朋友，还一起录了一首歌。之后我们和那位艺人失去了联系，他现在成了一位百万富翁，最近我的朋友又联系到了他，他们打算成立一家合伙公司。鉴于最开始是由我介绍他们认识的，对于他们的合伙企业我应该得到一些经济补偿吗？——R.B.，Manasquan,N.J.

A：你要求的补偿应该是一笔"中间人报酬"(finder's fee)，这是指个人从由他作为中介而完成的一笔交易中收取固定金额费用或者按交易额的一定比率收取的费用。"中间人报酬与一种服务形式的表现相关。中间人扮演着代理人的角色，所以有权因其表现得到一定的报酬。"罗伯特·切尔（Robert Chell）解释说，他是加州印第安维尔斯的一位资深商业顾问。

但是在你的情况中，那次引荐发生在 30 年前，然后就失去联系了。在很多年过去后，你的朋友主动重新联系了那位唱片艺人（现在是成功人士）并成立了一家合伙公司。

鉴于你这次没有起到中介作用，因为双方已经认识对方而且他们没有请你来做中间人。在这种情况下，你通过他们的合伙公司得到报酬就很难实现了。切尔说："如果你这次做了一些特殊的贡献的话那还有点可能。但是在现在这种情况下，就没可能了。"

其他的专家持相同的观点。一位辛辛那提的管理顾问说："如果业务关系随着在 1979 年创作的那首歌曲而开始并结束，那么要求得到一些奖励和报酬等回报是不恰当的。"

资料来源：Reprinted with permission from Karen E.Klein，"Don't Expect a Fee for Making an Introduction." September 15.2009. www.businessweek.com/smallbiz.

7.5 潜在债权人和投资者如何评价这个计划

像我们前面提到的，创业者可以找到很多模板资料或计算机生成软件包以及网络上的案例来帮助他准备商业计划。然而，这些来源仅仅能够在准备阶段发挥帮助作用，因为商业计划是要面向所有潜在的使用者和评价方的，所以应该涉及企业在管理、人员、产品或服务以及可利用资源方面的优势。写一个高质量的商业计划可以通过多种路径，但是，任何试图模仿或者将你的战略和目标往他人的模板中生搬硬套的办法都会产生非常不理想的结果。这个计划应该注重上面提到的那些因素，最终应该表达出计划的目的。

可以预料到的是，创业者首先会从他个人的角度去起草一个商业计划，并没有考虑最后要看、要评价商业计划可行性的那些人的想法。当创业者意识到谁将会读这个计划时，很有必要对它进行适当的修改。例如，要看商业计划的可能就包括供应商，他们在签订生产零部件或成品合同，甚至在签订供应大批寄售原材料的合同之前都可能要参考商业计划。客户在采购高科技通信系统这类需要签订超远期协议供应的产品前可能同样也要审阅这个计划。在以上两个实例中，商业计划就要考虑到这些业务群体的需求，他们会注意观察创业者的经验以及目标市场的预测情况。

另一个可能会评价计划的群体可能是资金的提供者。这些债权人或者投资者对于商业计划有不同的需求。例如，贷款方最在乎的是一家新企业在约定的期限内偿还债务和利息的能力。银行想要得到有关新企业未来商业机会与潜在风险的真实公正的分析结果。与一个可靠的商业计划同样重要的是创业者要与银行的借贷主管建立起很好的人际关系。甚至是政府的贷款计划对企业的商业计划都可能有帮助作用。

比尔·克朗米勒（Bill Kronmiller）和保罗·纽特根（Paul Neutgens）是美国钢铁（American Steel）的合伙经营人，该公司在蒙大拿从事钢制件业务。两人把最近的经济滑坡看作一个拓展业务的机会。因为此时更低的建造成本和摆在眼前的加入美国小企业管理局新兴领先者（SBA's Emerging Leaders）项目的机会，他们计划成立一家新的工厂以便给组织带来更好的现金流表现和更好的员工状态并使企业具备承担更大项目的能力。美国小企业管理局新兴领先者项目正在 27 座城市展开，辅助内容包括 100 个小时的课堂培训、指导以及与行业带头人的沟通。由此项目带来的 1 400 万美元的贷款可以帮助创业者将其商业计划完善到一个新的层次，使其可以招募新的员工，在国家的经济复苏过程中做出他们的贡献。

特别是提供贷款的一方非常关注贷款方的四个"C"特征：性格特征（character）、现金流（cash flow）、担保的情况（collateral）、出资额（equity contribution）。这四点基本上反映了资金提供者希望商业计划能够反映出创业者的信用记录、创业者处理债务和利息支付的能力（现金流）、为贷款担保的抵押资产或有形资产以及创业者对项目的个人投资规模。

投资者（特别是风险投资家）有着不同的需求。因为他们为公司的所有权（或股份）注入了大量的投资，而且对未来 5 ~ 7 年的现金回报有着一定的预期。与债权人比起来，投资者通常更看重创业者的性格特征，并且会花大量时间去做背景调查。重要性不仅体现在财务方面，而且体现在风险投资家通常在企业实际管理环节中扮演的关键角色。因此，风险投资家需要确定创业者从某种角度讲是顺从的，并且愿意接受投资方对企业运营的参与。这些风险投资家同样要求高回报率，因此非常关注这决定性的 5 ~ 7 年的市场状况和财务预期。

在准备商业计划时，对创业者来说很重要的一点是要考虑来自外部的需求，而不仅仅只是考虑他自己的愿景。这会让计划书成为一份仅仅强调产品的技术优势或者服务的市场优势，而不考虑达到市场目标和长期资金投放可行性的一个内部文件。

创业者在与别人分享他的商业计划的时候，往往变得非常多疑，害怕他们的想法被企业外部看过计划书的人窃取。大多数公司外部的顾问和潜在投资者都是专业的、受道德法规限制的，因此创业者在寻求外部建议时没必要被这种顾虑困扰（参见下面的栏目"保护你的商业点子"）。

🌐 **创业伦理示例**   **保护你的商业点子**

在创业者看来，如何保护商业点子是让人十分关切的问题，不过同时也有人建议他们与自己的朋友和同僚分享商业计划。因为这些计划提供了对新企业的综合性的探讨，所以创业者的担心是可以理解的。大多数受邀评价和审阅创业计划的人都会在向创业者提出建议的过程中遵守一定的道德标准和职业操守。但是，仍然有家人、朋友或者商业伙伴因为"偷"了一个点子而受到起诉。

对于创业者，除了向律师寻求建议以外，最好的策略是去让那些此时没有在运营着专业公司（比如风险投资）的商业计划读者去签订同业禁止协议或者保密协议。这种协议的实例可以在第 6 章中找到。对于那些代表专业公司的人（比如银行家或者风险投资人）不必要求其签订保密协议，因为他们即使读了这份计划也未必就此投资，而如果他们投资该计划，自然会保密。

7.6   展示计划

在通常情况下，院校、大学或者本地资助的商会有选择地让一些创业者在一个竞争性、结构化情境下展示他们的计划。每个被挑选的创业者需要在特定的时间范围内展现他们的商业计划的亮点。这就意味着创业者必须决定说什么、怎样说。典型的情况是，创业者会关注说明为什么这是一个好的机会，提供一个市场计划的概况（这个机会如何转化为现实）以及运营结果（销售情况和利润）。结语应该反映和提出风险及创业者的应对策略。

现场的听众通常包括潜在的投资者，他们有机会在演说会的现场就商业计划展示中涉及的战略问题提出他们特定的问题。在预先安排的所有商业计划都展示完毕以后，通常会宣布获胜者。获胜的商业计划会获得 10 000 ～ 500 000 美元不等的资金奖励。这种比赛的好处也不一定只局限在资金奖励上，因为优胜者毕竟只有一个。然而，既然听众是由专业的投资人组成的，对于任何一个在场演示的商业计划都有可能引起风险投资家或者个人投资者的兴趣。这种兴趣会引起进一步的交涉，或许还会带来企业未来的投资。这种关于竞赛以及价格和要求的列表请见 http：//www.bizplancompetitions.com/competitions/。

7.7　商业计划的信息需求

在为准备商业计划而投入时间和精力之前，创业者应该对经营理念做一个初步的可行性研究，来判断是否可能存在阻碍成功的因素。创业者应该通过多种途径获得更多的营销、财务和产品方面的信息。我们本章接下来要讨论的互联网对创业者来说是一种非常有用的资源。需要在这里说明的是无论创业者寻找国际市场与否整个流程是一样的。商业计划在文本上的差异性当然会存在，就好比创业者关注美国的不同产业一样。在开始做可行性研究之前，创业者应该明确这家新企业的目的与目标。这些目的与目标也为经营计划、营销计划和财务计划提供了一个框架。

目的与目标如果过于宽泛或者不具备可行性，就会使商业计划难于控制和实行。例如，一个创业者想要开一家专营传统极限运动（比如轮滑鞋、滑雪板和滑板）装备的体育用品店，他做了一个要在开业两年内开设六家连锁店的商业计划。一个朋友兼业务上的同事在读了他的这个计划之后，随即就让这名创业者解释如何以及在哪里开设这些商店。如果这个创业者对这些问题没有清楚的答案，那么他的企业目标需要定得更加合理，计划的营销和战略部分也需要进一步细化明确。这个商业伙伴向创业者解释说商业计划很像盖房子，过程中的每一步都要与目标、目的或者建筑的初衷保持一致。有了这类经历，创业者重新写了商业计划，以反映更合理的目的与目标。

马洛·斯科特（Marlo Scott）证明了在经济衰退中期，伴随着正确地细分市场，仍然存在新创企业的机会。在纽约城，她利用了一个未开发的细分市场。一家纸杯蛋糕、啤酒和红酒酒吧，这些要素组成了一家高档次的酒馆 Sweet Revenge。马洛已经通过在餐饮业搜索成功理念找到了一个推广纸杯蛋糕的方式。她还通过拍照、和酒保交谈、学习灯光和装潢、留意颜色的搭配等方式收集信息来明确什么是高档酒馆应当有的样子。她的信息带来了财务方面立竿见影的成功，达到了每年 150 万美元的收入，共卖出了 143 000 个纸杯蛋糕。她已经上过了玛莎·斯图沃特（Martha Stewart）的电视节目，曾被选为《纽约消费导刊》（*Time Out New York*）网站的编辑推荐，上过 *Bon Appetit* 杂志的专题。她未来的计划包括服装、洗涤剂、香水、香皂和结婚蛋糕。

从第一个例子中，我们可以看到商业计划的可行性、界定明确的目的和目标的重要作用。从第二个例子中，我们注意到一个基于市场信息的明确的商业战略能够提供一个对于商业计划更加有效的聚焦。一旦这个坚实的基础打好了，战略决策也就可以确定了，从而也就可以一步一步达到公司的目的与目标。

7.7.1　市场信息

创业者首先需要的信息就是关于产品或服务的潜在市场的情况。为了确定市场规模，创业者首先需要界定这个市场。例如，产品的销售对象可能是男性还是女性？是针对高收入群体还是低收入群体？是城市居民还是农村居民？文化水平高的人还是文化水平低的人？对于新企业来说，目标市场的准确界定会让市场规模以及随后对市场目标的预测变得更加容易。例如，让我们假设一位在波士顿的创业者注意到了 Au Bon Pain（法国一家著名的咖啡连锁店）和 Panera 面包公司在经营上的成功，因而正在考虑进入餐饮业，打算尝试开一家既能像"快餐厅"一样方便，又提供胜过快餐的美味食物的餐厅。随着旅游热潮的盛行，创业者决定开始一项可流动销售可丽饼的业务，打算在客流量高的地点安排大量流动餐车。

为了建立一个好的营销计划和合理的可度量的市场目标，创业者需要搜集大量有关产业和市场的信息。很多创业者在这一阶段都感到很困难，不知道从哪儿开始。起步的最好方法就是把这个过程形象化为一个倒金字塔（见图 7-1）。这就意味着，我们是从非常基础的宽泛数据和信息开始着手，直到能够确定出一个确定性战略和有限数量的目标。所有的这些信息都会在商业计划的行业分析和营销计划部分用到，这部分内容将在后面讨论（请见第 8 章）。

如图 7-1 所示，在这个过程中我们首先评价总体环境趋势，包括家庭收入趋势、人口迁移、食品消费偏好和趋势、旅游状况、就业趋势。这些信息可以从美国人口调查局、美国劳工统计局、Forrester 研究公司、《路透社商业观察》、《统计摘要》等之类的来源处获得。这些来源可以在当地院校或者

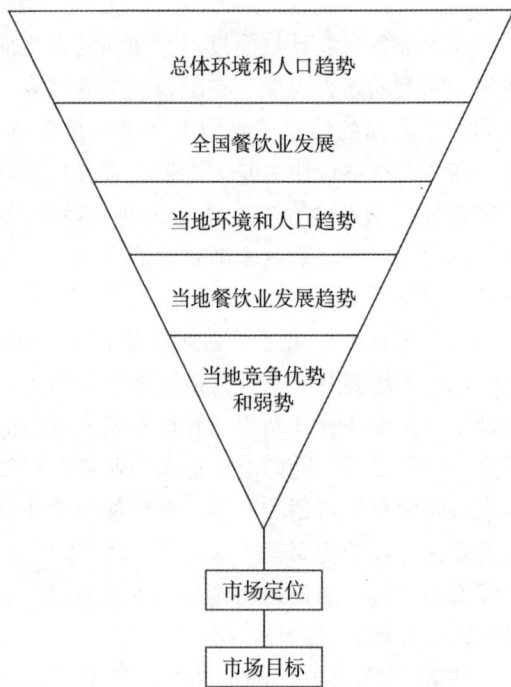

图 7-1　搜集市场信息的倒金字塔过程

大学图书馆中查到。一部分诸如美国人口调查局之类的来源可以在网上或者当地社区图书馆查到。表 7-2 列出了部分可以当作和统计数据相关的信息的来源。Forrester 研究公司和《路透社商业观察》是可以向其购买关于所在行业或市场的特定报告的一类个性服务机构。对于国际市场、人口、经济和人口统计学数据可以从诸如 www. euromoniter.com、www.census.gov/international、www. Internetworldstats. com 和 www.imf.org 等网站获得。大多数国际数据是由各个国家整理的。

下一步是评估这个国家食品服务行业的发展趋势。我们要搜索按餐厅类型分别统计的食品销售总额和商业餐馆规模数据。这些信息可以在《邓白氏商业名录》（*Dun & Bradstreet*

AllBusiness)、《美国行业百科》(*Encyclopedia of American Industries*)、www.usa.gov 网站和标准普尔净利益(S&P's NetAdvantage)找到。标准普尔也提供食品行业十分详细的数据,比如它提供的行业调查:餐厅和国家餐饮协会。在这个分析过程中还可以参考表 7-2,从一些更重要的信息来源深入查找信息。

表 7-2　关于环境趋势、工业趋势、金融比率以及其他信息的来源

来源	描述
1. 美国统计局(www.census.gov)	包含按照地域划分的人口信息
A. 2010 年美国人口数据	包括所选服务作业的总收入和年度的环比比率
B. 服务业年度调查	用以进行市场潜力、预算和预测分析的按行业划分的小范围经济数据
C. 县商业模式、都市商业模式、邮政编码商业模式	从国家、州和城市层面对社会和经济变量进行数据统计
D. 统计摘要	对于制造活动中诸如行业输入、输出和运营数据的统计,按行业分组
E. 制造业年度调查	
F. 近期工业报告	度量产品和产品长距离运输的常规统计
2. 工业和市场数据	
A. 美国行业百科	按照标准产业分类代码提供产业趋势和市场数据
B. 标准普尔(净收益和市场洞察)	关于私有和公共公司的多行业和市场的调研
C. 美国政府	寻找银行、收入(www.usa.gov/business)、经济分析、交易数据等的数据和统计信息
D. 市场占有率报告	
E. RDS 数据表	多组别的产品和服务的市场份额汇编
F. 产业和市场趋势的其他来源有产业/市场情报数据、Forrester 研究、世界投资分析报告、邓白氏工商名录、蒙特尔报告	提供市场份额、排名和工业/产品预期这些报告可以通过大学的图书馆购买或查阅
3. 财政和工业营运比率	150 000 份银行客户包括比率基准点在内的财务报表汇编
A. RMA 电子表格统计(罗伯特·莫里斯联合公司)	470 万家公司的财务数据的历史汇编超过 100 万家企业的财务报表的比率和财务百分数信息
B. 商业和工业财务比率年鉴(特洛伊网)	超过 30 000 家资本低于 200 万美元的公司的比率
C. 产业基准和关键比率(邓白氏工商名录)	本地和地区市场的调研报告,包含宽泛产业范围、涉及
D. 小企业财务研究	5 500 个业务种类的财务比率。这里的多数报告价值不到 100
E. Bizminer(www.bizminer.com)	美元

　　注意,在图 7-1 中的前两阶段关注于全国市场情况,接下来的两个阶段考虑的是业务开展地区的当地市场发展趋势。这部分的信息由当地经济总体发展趋势和对当地餐饮服务行业的评估构成。除了所需的当地市场相关数据之外,这部分数据同样可以在上面提到的那些来源处获得。此外,马萨诸塞州发布的旅游数据 [《马萨诸塞旅游行业报告》(*the Massachusetts Travel Industry Report*)] 和经济趋势(美国人口统计局)也是数据来源。当地饮食服务行业分析也会受到当地制度环境的影响。对于酒和食品配送许可的要求,每个州都有不同的规定。如果创业者定位于国际市场,那么他在搜索当地数据时也要遵循相同的流程。当然这在其他国家可能会更加困难。如果得不到信息,创业者就有必要花些时间在这个市场上和当地的商人、渠道商及顾客进行交流。这些信息也同样可以在网上或者当地图书馆找到。

　　最后一步是对当地竞争环境的分析。在这个例子中,创业者需要识别可能成为竞争者的任何饭店、食品摊点或者流动餐车服务。这部分内容可以在黄页中或者当地市政大厅(食品许可证管理局)查到,或者也可以通过观察得到,要对每一个竞争者的优势和劣势进行评估。创业者可以利用以下方式进行判断:营销调研(在第 8 章讨论),评估查看竞争者的网站、广告、菜单和地理位置,查阅当地媒体上出现的公开文章。之后创业者可以做一张表,

将竞争者的情况写在第一栏，后面分别列出他们的优势和劣势。

做完了以上这些分析之后，创业者对于明确自己的产品和服务、在竞争环境中具体的市场定位以及市场营销目标就算是做好了准备。这部分内容属于市场营销计划，更多的细节问题将会在第 8 章中讨论。这部分的数据除了对市场营销计划过程有帮助，也为后面第 10 章中的财务规划和预测工作进行了铺垫。

7.7.2　运营信息需求

企业本身的性质对生产运营进行可行性研究也有着影响。大部分所需要的信息都可以从适当的来源处获得。创业者可能需要下面这些信息：

- 地理位置：公司的选址和消费者、供应商、分销商到达公司的便利性需要确定。
- 生产运营：确定主要设备和装配作业，比如是否有业务需要外包，如果需要，外包给谁？
- 原材料：确定所需的原材料以及供应商的名字、地址和所需要的成本费用。
- 设备：列出所需要的设备及其成本，确定设备可以通过购买还是租赁来获得。
- 劳动技能：确定每一项所需的专业技能以及具备每一项技能的工人数量需求，并确定这些技能的获得来源和方式。
- 场地：确定总共所需要的空间大小，并确定是通过购买还是租赁的方式获得。
- 日常开支：确定维持正常生产任务所需的物品，如生产工具、物料、设备和薪水等。

大多数上面所提到的前期信息都应该直接纳入商业计划中去。每一项信息都需要一些研究，这类信息对那些将要评估商业计划书并可能为这个计划提供资金的人来说是必需的。

7.7.3　财务信息需求

在准备商业计划的财务部分之前，创业者需要做一个预算表，这个列表包括第一年可能产生的所有支出，以及包括销售收入和任何可获得的外部资金在内的收入。因此，这个预算包括资本支出、直接运营费用、非费用项目的现金支出。如之前所述，销售收益一定要以市场数据为基础来进行预测。在第 8 章，我们将会就预测问题开展进一步的讨论。在准备实际的预算时（见第 10 章），创业者需要确定行业基准。这个基准在准备财务计划中的最终试算报表时也会被用到。这个基准能帮助创业者在考虑到行业的发展历史和趋势的基础上对支出做出更加合理的估计。这是新企业得到所需预期费用的一个有效方法。

我们再回头看那个可丽饼生意的例子。在预计企业的运营费用时，创业者应该考虑多参考一些二手资料中提供的成本比率。例如，这些来源会提供如食品、饮料、设备、人员和许可证等费用的行业基准。像租金、设备、保险、人员费用这些支出的基本水平还可以从报纸、广告中获得，或者通过与房产中介、保险中介、设备供应商、公共事业公司进行电话沟通获得。

准备财务报表时所需要的基准和财务比率可以查阅如《小企业财务研究》（财务研究协会）、行业基准和关键行业比率（邓白氏商业名录）、年度报表研究（罗伯特·莫里斯联合公司）、RMA 电子表格（RMA eStatement Studies）和商业与财务比率年鉴（特洛伊网站）等资料。更多关于这些信息来源的具体情况参见表 7-2。相关标准也可以从类似公共竞争对手的万字报告中获得。贸易协会和商业杂志同样也可能公布一些有价值的数据，在商业计划中这些数据可以作为上文提及的那些数据的补充。这类试算报告在第一年需要按月提供，而在接下来的两年，需要按季度提供或者按年提供。有些投资者要求五年预期，所以创业者需要明确那些查看商业计划的人的具体需要。

7.8 把互联网作为资源获取工具

在这个科技迅猛发展的年代，创业者能够更加有效、便捷、经济地获得很多业务所需的信息。在准备商业计划中的行业分析、竞争者分析、市场潜力度量等这些内容时，互联网可以作为信息的重要来源。创业者在规划的后期阶段和制定决策时也会发现互联网是信息的重要来源。除了作为企业情报资源的来源，互联网也为市场营销战略提供了更多机会；通过自己的主页，企业不仅可以提供公司、产品和服务的相关信息，而且还可以下订单。

根据美国商务部公布的数据，虽然在经济低迷的背景下网上销售规模仍在持续增长。2011 年网上销售总额规模预计会达到大约 1 970 亿美元，较 2010 年相比增长 12%。西欧网上销售规模在 2011 年增长了 13%，达到了大约 1 250 亿美元的规模。网购便利性和增长的油价是电子商务规模扩大的主要原因。

创业者在写商业计划的过程中也可以使用这些搜索引擎：谷歌（Google）、雅虎（Yahoo）、必应（BING）、微软的通信网络（MSN）、美国在线（AOL）或者自然语言检索（Ask Jeeves）。只要简要地输入一个主题（比如"网上运动商品店"），就会显示出许多网站、文章或者信息来源可用以帮助创业者完成商业计划。

创业者应该登录竞争对手的企业主页以便对其市场战略有更多的了解。网络服务费用并不高，而且它不仅是创业者搜集市场、消费者、竞争情况的重要工具，也是企业配送、宣传和销售产品及提供服务的重要途径。

除了访问网站，创业者也可以去调查一下社交网络、博客和讨论组。讨论组是一个在网上与其他人讨论特定话题的网络论坛。人们会把问题的答案贴到网上。博客则更倾向于发表看法或评论问题，而不是发起对话。社交网络是科技界发展迅猛的新兴产物，是兴趣相投的人用以沟通交流的网站，比如 MySpace、Twitter、Linkedin、Windows Live Space 或者 Facebook。这些都是美国最受欢迎的网站，有很多可以满足创业者需求的功能。利用这些社交网络来展开的营销战略将在第 8 章进行讨论。利用网络，创业者可以通过输入关键词来找出最适合的新闻媒体。这些新闻媒体代表了潜在的消费者，他们可以被问到关于他们的需求、富有竞争力的产品以及对新企业的产品和服务的感兴趣程度等这样的问题。然后，这些新闻媒体的成员会对这些问题做出回答，这就为创业者提供了有价值的信息。利用社交网络进行的市场影响战略会在第 8 章中进行讨论。世界新闻组会在网上发起很多新闻讨论组，创业者可以利用关键词识别出最合适的讨论组。这些小组能代表潜在顾客群体，它们可能会针对公司提供的产品或者服务从需要、竞争产品和潜在购买兴趣等角度提出具体的问题。

与其他可选信息来源相比，创业者仅仅需要投入很少的资金来购买硬件和软件便可开始利用这些网络服务了。随着互联网的不断改进和完善，它将为创业者在计划创建新企业乃至之后的成长过程中创造宝贵的机遇。

7.9　撰写商业计划

准备一个商业计划有可能花费上百个小时的时间，具体取决于创业者的经验和知识储备，以及商业计划所要满足的目标。它应该足够全面，以便让潜在的投资者对新企业能有一个完整和清楚的认识，而且它也应该帮助创业者明确自己对于这家新企业的想法。

很多创业者错误地看待制订一个有效的计划所需要的时间。然而，一旦开始了这项工作，创业者就会意识到理清新企业的业务具有十分重要的意义。

商业计划的大纲在表 7-3 中已列出。这个大纲只能起到指导作用。就像我们在本章之前提到的那样，创业者应该明白每个创业计划都应该因计划的目的以及看计划的人的不同而不同。不过在以下大纲实例中罗列的都是一般计划所应包含的关键项目，创业者都应该予以体现。大纲中每一项的详细内容将在本章中接下来的段落中给出。每一部分的关键问题也将被适当地细化。

表 7-3　商业计划大纲

1. 标题页	7. 市场营销计划
A. 企业名称和地址	A. 定价
B. 负责人姓名和地址	B. 分销
C. 企业性质	C. 推广
D. 资金需求的说明	D. 产品预测
E. 保密声明	E. 控制
2. 执行摘要——两至三页的完整商业计划概述	8. 组织计划
3. 行业分析	A. 所有权形式
A. 未来前景和趋势	B. 合伙人或主要股东的确定
B. 竞争者分析	C. 负责人的职权
C. 市场细分	D. 管理团队背景
D. 行业和市场预测	E. 组织成员的任务和责任
4. 企业描述	9. 风险评估
A. 产品	A. 评估企业的劣势
B. 服务	B. 新技术
C. 企业规模	C. 应急计划
D. 办公设备和人事	10. 财务计划
E. 创业者背景	A. 假设前提
5. 生产计划	B. 利润试算报表
A. 生产流程（被分包的数量）	C. 现金流预测
B. 厂房	D. 资产负债试算报表
C. 机械和装置	E. 盈亏平衡分析
D. 原材料供应商的名字	F. 资金来源与利用
6. 运营计划	11. 附录（包括补充材料）
A. 企业运营描述	A. 许可证
B. 产品和服务的订单流程	B. 市场研究数据
C. 技术利用	C. 租赁协议或合同
	D. 供应商的价格表

7.9.1　标题页

这是提供商业计划内容简要概述的标题和封面页。标题页应该包括以下内容：

- 公司名称和地址。

- 创业者的姓名、电话、传真号码、电子邮箱和主页地址（如果有的话）。
- 描述公司和业务性质的一段文字。
- 资金需求量。创业者可能会提供一个数据包（比如股票或债务）。然而，很多风险投资家更倾向于用自己的方式亲自搜集这方面的数据资料。
- 关于报告的保密声明。这是从安全目的考虑的，对创业者非常重要。

商业计划书的标题页提出了创业者关于将要设立企业的基本想法。投资者把这页看得很重要，因为他们不必阅读整个计划就可以确定该项目需要投资的数目。一个标题页的例子参见表 7-4。

表 7-4 标题页实例

KC 清洁服务

橡木丘路

波士顿，马萨诸塞州，02167 号

（617）969-0010

www.cleaning.com

共同所有人：金伯莉·皮特斯、克赖斯特·皮特斯

企业描述：

本公司向中小型企业提供合约式的清洁服务。服务内容包括清洁地板、地毯、帷幔、窗户以及常规的清扫、拂灰和洗涤。合同期一年，后期服务会根据特殊服务要求和时间安排再进行细化

融资：

项目首次融资要求为 100 000 美元贷款，分 6 年到账。这笔款项将会用于支付办公地点、办公用品和设备、租用两辆货车、广告和销售成本等费用

本报告属保密文件，并且属于上述共同所有人所有。它仅供给指定的人士阅读，禁止在未经本公司书面允许的情况下复制和泄漏报告中内容

7.9.2 执行摘要

商业计划中的这个部分是在整体的计划完成之后准备的。长度最好保证在两到三页之内，执行摘要应该能激发出潜在投资者的兴趣。这是商业计划中非常重要的一部分，创业者不应该轻视它，因为投资者会通过这部分来决定整体的商业计划是否有看的价值。所以，它应该简明扼要、突出重点。

通常，执行摘要应该解答一些问题，这些内容是任何人在第一次拿到这个计划时都想知道的。例如：

- 新企业的经营理念和经营模式是什么？
- 企业的经营理念和经营模式的独特之处在哪里？
- 如何创立这家企业？
- 怎样赚钱和能赚多少？

如果这家新企业有一个很强的发展战略，并且希望在五年之内发展到进行首次公开上市的程度，那么执行摘要就应该包括一个退出战略。如果新企业最初没有这样发展的打算，则创业者应该在此部分避免讨论任何关于退出战略的问题。

任何对新企业有利的资料，如市场调研的真实数据、法律文件和能够支持之前状况描述的合同等也应该被包含到执行摘要中去。无论如何，创业者都不应该试图对计划的每一部分都进行概括，就像之前我们讨论的，这部分的重点应取决于阅读计划的人是谁。

谨记这部分的目的只是突出关键因素，并且吸引拿到计划的人继续阅读整个计划。与之

相关的人应该是计划的关键因素。例如，如果创业者中的一位曾经成功地创建过其他企业，那么就要对这位创业者及其背景进行重点描述。如果新企业已经与一个大客户签订合同，那么也应该在执行摘要中强调。这种做法类似于在重要法庭审判中律师进行的开庭陈词或者销售人员在推销电话中进行的介绍性陈述。

7.9.3　环境和行业分析

在初步进行**环境分析**（environmental analysis）以确定可以影响到新企业的国内和国际层面环境的变化与趋势时，把企业设定到合适的情景是非常重要的。这个过程在之前的章节已经谈过了。这些环境因素的实例如下：

- **经济**：创业者应该考虑国民生产总值的走势、区域内的失业率和可支配收入等。
- **文化**：评估文化的变化趋势需要从人口统计学的角度考虑人口状况的转变，如婴儿潮或人口老龄化问题的影响。观念的转变，如"买美国货"风潮以及在安全、健康、营养方面态度的转变，以及对环境的关注都将影响创业者的商业计划。
- **技术**：技术进步是很难预测的，然而创业者应该通过美国政府和主要行业所使用的资源确定潜在的技术进步发展趋势。身处于一个会因技术进步而快速变化的市场，创业者需要谨慎选择短期营销策略，而且对于可能影响到自身产品和服务的技术进步要有长期的计划准备。
- **法律**：建立一家新企业有许多重要的法律方面的问题，这在第 6 章中已进行讨论。创业者应该对未来任何可能影响产品、服务、分销渠道、价格和推广战略的法制有所准备。能够影响到营销计划的法律限制的例子是价格的放松管制、媒体广告的限制（如对香烟广告的禁止和对儿童广告的要求）、对产品或包装的安全规定等。

上面提到的这些外部因素通常都是不可控的。然而，就像我们说的那样，通过可靠信息来源了解并评估这些因素将会对创业机会给予很大的支持，并对制定合理的营销战略起到重要的作用。

像前面我们提到过的（见图 7-1），这个逐步明确市场战略和目标的过程可以形象化为一个倒金字塔模型。创业者一旦完成了环境评估，就应该进行聚焦特定产业发展趋势的**行业分析**（industry analysis）。示例如下：

- **行业需求**：相关行业需求一般可以通过已公布的资料来源获得。市场处在成长或者衰退阶段、新竞争者的数量以及客户需求的可能变化都是新企业在确定未来业务过程中非常重要的问题。
- **竞争**：大多数创业者会面临来自大企业的潜在威胁。创业者必须对这些威胁做好准备，应该明确谁是竞争者以及他们的优势和劣势是什么以便实行有效的营销计划。大多数的竞争者可以轻易通过经验、商业期刊文章、广告、网络甚至黄页识别出来。

有很多资料来源可以为创业者提供完成商业计划这部分的总体行业和竞争者的数据。其中一些来源已经在我们讨论市场信息搜集时介绍过了（请回顾表 7-2）。我们还可以从当地或大学的图书馆中获得很多这方面的信息。这些资料来源如：美国工业百科（Encyclopedia of American Industries）、新兴产业百科（Encyclopedia of Emerging Industries）、标准普尔行业调查（ Standard & Poor's Industry Surveys）、产业 / 市场情报数据中心（Market Line Business Information Center）、弗雷斯特（Forrester）、投资分析报告大全（Investext Plus）和敏特尔信息咨询报告（Mintel Report）。这些资料来源是针对不同类型的行业和市场的。我们很容易通过网上搜索（比如 Google）或者从当地图书馆得到。这些资料库中提供的大多数公开的报告可供购买。

商业计划中行业分析的最后一部分应该侧重于具体市场分析。它应该包括这样一些信息，如"消费者是谁""新企业所在的具体市场和地理区域的商业环境状况怎么样"等。任何反映具体新企业所在市场差异的因素都要加以考虑。这类信息对于商业计划中的营销计划部分的准备十分有用，我们将在第 8 章中对此进行具体讨论。

除了上面提到的那些大量行业数据来源，还有很多市场数据库可以查询相关信息供我们完成这部分商业计划。市场占有率和市场规模可以通过下面这些数据库来评估：Tablebase、商业和产业（Business & Industry）、市场份额报告（Market Share Report）、经济普查（Economic Census）、县商业模式（County Business Patterns）、当前产业报告（Current Industrial Reports）、服务业年度报告（Service Annual Survey）、月度零售（Monthly Retail）、食品工业销售和库存（Food Service Sales Inventories）等。更多的反映人口趋势和目标市场的具体数字可以从下面这些地方找到：2010 年普查总体统计特征描述 / 人口部分（Profile of General Demographic Characteristics 2010 Census/Population）、Mediamark 报告、时尚市场分析（Lifestyle Market Analyst）。最后，各个州人口数量、人口统计数据和住房数据通常都可以从联邦网站上获得。

在商业计划这一部分，创业者应该考虑的几个关键问题，如表 7-5 所示。

表 7-5　环境和行业分析的关键问题

1. 国内和国际层面的主要经济、技术、法律和政治趋势如何
2. 过去五年的行业销售总额有多少
3. 本行业的预期增长量有多少
4. 过去三年内有多少新公司进入了本行业
5. 最近本行业研发出了什么新产品
6. 谁是最主要的竞争对手
7. 怎样能使你的企业运营得比这个竞争对手的更好
8. 你的每个主要竞争对手的销售额在上升、下降还是保持稳定
9. 你的每个竞争对手的优势和劣势是什么
10. 你所在的市场最近的发展趋势如何
11. 你的客户有何特征
12. 你的客户与你的竞争对手客户有哪些不同

7.9.4　新企业描述

在商业计划的这个部分，对**新企业的描述**（description of the venture）应该被细化。这样才能使投资者了解企业的规模和范围。这部分应该从新企业的公司使命说明开始。这个说明主要描述企业的性质以及创业者希望企业达成的目标。这个使命说明和业务定义将对企业长期决策制定起到指导作用。在任务说明之后，需要提供一些能够概括和表述新企业的重要因素，包括产品、服务、企业位置与业务规模、所需要的人员与办公设备、创业者背景以及投资历史。表 7-6 概述了创业者在准备商业计划的这部分内容时需要回答的一些问题。

企业的选址对于企业的成功至关重要，尤其是对于那些零售业和涉及服务业的企业来说。因此，在商业计划中对地点的强调与企业类型有着函数关系。在评价企业所需的处所和

空间时，创业者可能需要评估以下因素，如停车位置，从公路到所在地的距离，与消费者、供应商、分销商的距离，交货速度，当地规章制度和地区法规等。一张放大的当地地图或许有助于创业者考虑道路、高速公路以及路线等因素对企业选址的影响。

表 7-6   新企业描述

1. 新企业的使命是什么
2. 你创业的原因是什么
3. 为什么你会在这次创业中取得成功
4. 到目前为止，你已经完成了哪些准备工作
5. 你的产品或服务是什么
6. 描述产品或服务的专利、版权和商标状况如何
7. 企业位置选在何处
8. 公司所在场所是新是旧？需要翻修吗（如果需要更新，费用是多少）
9. 房屋是租赁的还是自己拥有的（说明租赁条款）
10. 选定的建筑和位置为什么正好适合你的企业
11. 需要哪些办公设备
12. 哪些设备需要购买，哪些需要租赁
13. 你拥有哪些经验或可能会需要哪些经验来成功地实行这个商业计划

最近，一个创业者打算在一个繁华路段的一家卖场的斜对面新开一家甜甜圈店。交通流量说明，如果人们在上班途中愿意停下来点咖啡什么的话，这家店将有很大的潜在顾客基础。将地图放大之后，创业者注意到早晨的交通情况需要司机在路口穿过一条出港航道左转弯才能到达店里。非常不幸的是，这个路面被混凝土中心隔离带分割，车辆在此无法左转。唯一可能进入这家店的办法需要顾客开出 400 米之后转一个 U 型弯。不但如此，对顾客来说从小店出来之后如何行驶到原本正确的方向上仍然是个难题。既然该城镇没有打通此段路面的打算，创业者此后就不再考虑在此选址了。

对选位和市场的这样一个简单的评估可以使创业者避免陷入潜在的困境。标有客户、竞争对手和其他备选位置的地图对这种评估有很大的帮助。创业者可能问到的一些重要问题如下：

- 需要多大空间？
- 我应该购买还是租赁房屋？
- 每平方米的费用是多少？
- 规划的地点属于商用性质吗？
- 所在城镇对标志和停车等有何限制？
- 房屋需要翻修吗？
- 所选地点便于到达吗？
- 有足够的停车位吗？
- 现有地点有扩充的空间吗？
- 区域经济和人口概况如何？
- 有足够的可获得的劳动力吗？
- 当地的税收政策如何？
- 有排水和供电设施吗？

如果建筑和选址的决策涉及法律问题，如租赁或需要当地做出某些调整，创业者就应该

咨询或雇用一位律师。法规和租赁的问题是可以轻易避免的。但是无论如何创业者都不能在没有好的法律建议的情况下就尝试与当地政府或者土地所有人谈判。

7.9.5 生产计划

如果新企业是生产制造企业，**生产计划**（production plan）就很有必要。如果全部或者部分生产过程是要外包出去的，那么在这个计划中就应该描述承包方，包括承包方的地址、选择的理由、费用以及已经签订的所有合同。如果生产制造过程全部或者部分由创业者完成，那么他就应该描述车间设计布局方案、进行生产作业所需的机器设备、原材料及供应商的名字、厂址和期限，还有生产成本与未来的设备投资的任何需求。任何潜在投资人在评估财务需求时，生产计划中的上述条款都是非常重要的。

表 7-7 概述了商业计划中这部分的关键问题。如果新企业不包含生产制造类活动，那么这部分就应该从计划中略去。

表 7-7　生产计划

1. 你们将负责生产流程的全部还是一部分
2. 如果一些生产工作是要外包出去的，谁将是承包者？（给出名字和地址）
3. 为什么选择这几个承包者
4. 外包出去的业务工作的费用是多少？（包括书面合同的复印件）
5. 生产流程的设计方案是怎样的？（如果可能的话，列出具体步骤）
6. 生产制造直接需要的设备有哪些
7. 生产制造需要哪些原材料
8. 谁是新材料的供应者？合适的价格是多少
9. 生产产品的成本是多少
10. 企业未来有哪些设备需求
如果属于零售业或者服务业：
1. 从哪里购买货物
2. 库存控制机制如何运作
3. 新企业的库存需求量有多少？怎样促销
4. 商品如何到达消费者手中
5. 按照时间顺序，业务交易的步骤是什么
6. 为了更有效地为消费者提供服务，需要利用哪些技术

7.9.6 运营计划

所有企业（不管是否属于生产制造业）的商业计划都应该包含运营计划这部分。该部分的内容不仅局限于生产制造过程（当新企业包含生产制造活动时），还应描写货物或服务从生产传递到顾客那里的流程。它可能包括产成品的库存水平和保存情况、运输、库存控制过程以及客户服务。非生产制造类企业（如零售商或者服务提供商）在商业计划中同样需要这一部分来陈述业务交易的先后步骤。例如，一项网上零售运动服装的业务，需要出售的产品的货源在哪里，是如何买入的？它们是怎样被储存的？对库存量是如何管理的？产品是怎样运输的？最重要的是，消费者是怎样下订单并完成交易的？另外，这个部分十分适合创业者探讨商业交易过程中技术的作用。对于任何一个网上零售运营商来说，关于旨在更加有效、盈利性更强地完成一个成功交易在技术层面的需要所进行的一些解释应包含在这部分之中。

这里还要说明的很重要的一点是，服务与制造出来的产品之间的主要区别在于服务包含

无形的效用。这意味着服务不能像产品那样被触摸到、被看到、被品尝到、被听到以及被感觉到。航空公司、旅馆、汽车租赁公司、剧场、医院等所依靠的是业务交付能力和服务质量。对于这些企业来说，绩效好坏取决于地理位置、营业场所布局和人员等，同时这些反过来又能影响服务质量（包括可靠性、响应度和信用等因素）。传递这种服务质量的过程本身就是一家新创服务型企业与其他企业区别开来的过程，因此这应该作为运营计划的重点内容。生产制造类和非生产制造类新企业的一些关键问题已在表 7-7 中有所总结。

7.9.7　市场营销计划

市场营销计划（marketing plan）（将在第 8 章中具体讨论）是商业计划中非常重要的一部分，它主要描述产品或服务如何分销？如何定价？如何促销？任何对关键营销决策战略和销售预测有支持作用的营销研究结论都应该在这个部分呈现。专门就某个产品或服务进行预测是为了进一步预测新企业的盈利能力。预算和在营销战略决策过程中所需要的合理控制也会在第 8 章中详细讨论。潜在投资者认为市场营销计划对于新企业的成功是至关重要的。因此，创业者应该认真地、尽可能全面和详尽地准备这个计划，以使投资者能够清楚新企业的目标以及执行什么样的战略来高效地达到这些目标。制订市场营销计划对创业者来说是必要的，同时创业者需要按星期或者按月对其进行监督和修改，应该把市场营销计划看作短期决策的一种指导。

7.9.8　组织计划

商业计划中**组织计划**（organizational plan）这部分描述的是新企业的所有权结构，即独资形式、合伙制形式和股份制形式。如果新企业属于合伙制，那么合作的条款需要包含进来。如果新企业是股份制结构，则需要详细说明额定股本和股份认购权的分配情况，以及公司董事及高级职员的姓名、地址和履历。一张包含权力结构和组织各成员的职责的组织结构图是很有用的。表 7-8 概述了一些创业者在准备组织计划时需要回答的关键问题。这些信息可以让潜在投资者了解谁对组织进行控制以及其他组织成员如何通过体现他们的管理职能参与公司控制。第 9 章将会就商业计划的这个部分进行更加详细的讨论。

表 7-8　组织机构

1. 组织的所有权结构如何
2. 如果是合伙制企业，合伙人是谁？合伙协议的条款是什么
3. 如果是股份公司，大股东是谁？他们拥有多少股份
4. 发行了多少有表决权股票和非表决权股票以及发行了什么类型的股票
5. 有哪些董事会成员？（给出他们的姓名、地址和履历）
6. 谁有支票签发权和控制权
7. 管理团队有哪些成员？他们的背景如何
8. 管理团队中每个成员的职务和职责分别是什么
9. 管理团队中每个成员的薪水、奖金和其他方面的收入有哪些

7.9.9　风险评估

在特定的行业和竞争环境中，任何一家新企业都将面临一些潜在的风险。对创业者来说，按照下面这样的方法进行**风险评估**（assessment of risk）是非常重要的。首先，创业者

应该指出新企业的潜在风险。其次，创业者应该讨论如果这些风险真的发生了，会造成的后果。最后，创业者应该讨论利用哪些战略来规避、降低风险，当风险发生后如何应对风险。新企业的主要风险来自竞争对手的反应，以及自身在市场营销、生产和管理团队方面的劣势，或者由于技术进步而带来的产品更替。即使上述因素看似没有给企业带来风险，商业计划也应该据此解释其原因。

7.9.10　财务计划

像市场营销、生产和组织计划一样，**财务计划**（financial plan）也是商业计划中很重要的一部分。它能确定新企业需要的潜在投资，并显示出商业计划在经济上是否具有可行性（我们将在第 10 章对财务计划进行进一步的讨论）。

通常，这部分需要讨论三个财务领域。首先，创业者要对至少前三年的销售额和合理费用的预测进行概括，而第一年需要按月预测。本书第 10 章会对这方面数据的展示方式进行讨论。它包括对销售额、销售产品的成本以及总体管理费用的预测。税后净利润可通过预估所得税来预测。

财务信息需求的第二个主要方面是三年的现金流数据（其中第一年的数据按月预测）。既然资金的投入是在年中的不同时间段进行的，那么确定每月所需现金量就显得非常重要（特别是在第一年）。记住，销售额很有可能是不规律的，客户的款项也可能被拖延，所以借入短期流动资金以保证员工工资等固定开支就显得非常必要。用来预测 12 个月为周期的现金流的方法将会在第 10 章中进行讨论。

商业计划需要的最后一个财务方面的内容是预计资产负债表。它显示了新企业在一个特定时间内的财务状况。它包括资产、负债、所有者权益以及累计盈余（或者损失）等项目。第 10 章会给出资产负债表的格式及每个项目的进一步解释。考虑到潜在投资者的利益，对于资产负债表和财务计划中其他项目的前提假定也应该被列出来。

7.9.11　附录

商业计划的附录通常包含任何那些没有必要在文件正文中列出的备注资料。附录中涉及的任何文件都应该包含在计划之中。

例如，消费者、分销商、次级承包商的往来信件就是应该包含在附录中的例子。任何信息文件（如支持计划中决策的原始调研数据或者二手数据）都应该包含在内。签订的租赁契约、合同或其他任何形式的协议同样可以在附录中出现。最后，供应商或竞争对手的产品报价单也可以附加地放到附录中去。

🌐 **《商业新闻》**　　　**一次不寻常的公司成立：咖啡包的电梯推销**

一个垒球队员告诉你他听说一个新产品可作为嚼烟的替代品。你最近刚刚卖掉你在加利福尼亚州的公司，正在寻找一个投资机会，能让你饶有兴趣地再开始一段生意。你从高中到大学一直在当地联赛打垒球已经有很长时间了，很想专门投资一些和运动员相关的产品。你会考虑投资新产品吗？

我们总是看到垒球运动员吃嚼烟还不断啐口水，这让在场观众很不舒服。Pat Pezet 和

Matt Canepa 有个解决嚼烟问题的办法，这个办法还能为那些需要喝杯咖啡提一下神却没有条件喝咖啡的人提供一个很好的替代品。他们的创新是可嚼的风味咖啡包，它包含了与 1/4 杯咖啡等量的咖啡因，还有少量的维生素。他们共推出了薄荷巧克力和摩卡两种口味。Matt 和 Pat 都是业余级别小职业球队联盟的球员，也都是在加州理工大学完成的学业。在上学期间，有一天晚上当他们正在忙于一个经济项目时，打算通过咀嚼由磨好的咖啡粉末压成的小团来代替煮咖啡。随着咖啡因的"破门而入"，他们都发觉或许自己发现了什么。

这次发现之后，这对朋友赢得了两次商业计划比赛，这为他们赢得了资金和到场投资人的兴趣。2009 年，他们手握启动资金和商业计划创立了 Grinds。初次进入市场，他们首先瞄准小规模球队联盟和大联盟的垒球运动员，向他们提供 Grinds 作为嚼烟的替代品。口耳相传迅速拉升了该公司的成功势头，很多队员为他们的产品营造了良好的声誉。

截至 2011 年年末，Grinds 的收入有望达到六位数水平。虽然资金有限，他们已经动用起 Twitter、Facebook 之类的社交网络来为其产品建立口碑。他们正在考虑通过食品及药物管理局（FDA）批准，因为他们已经被选入增补附录。另一个选择是提高香料的成分拓展诸如零售店等的分销渠道。

资料来源：Adapted from www.getgrinds.com; www.twitter.com/getGRINDS; www. facebook.com/getGRINDS; and "Grinding It Out", by Matt Villano, *Entrepreneur* (September 2011), p.21.

7.10 商业计划的利用和实现

设计商业计划的目的之一就是为了在初始运行期指导创业者的行为。战略执行中很重要的一点是要设立执行过程的控制点，如果有必要还要制订应急计划。关于生产制造、市场营销、财务计划和组织活动中有必要进行控制的方面，我们会在下面章节进行讨论。对创业者来说，最重要的一点是创业者绝对不能在财务资金到位、企业开始运作之后就马上把商业计划扔到抽屉里，再也不去看。

在众多创业者之中存在一个回避计划的倾向。我们通常听到的理由是计划太死板、枯燥了，仅仅是大公司才有这个需要，而且计划没有变化快。这或许只是个借口，真实的原因可能是一些创业者害怕做计划。计划是商业运行中很重要的一部分。如果没有一个好的商业计划，创业者很可能会为此付出很大的代价。所有人不得不通过审视由供应商、顾客、竞争对手以及银行所做的计划来意识到计划对于创业者的重要性。同样关键的是创业者要意识到如果没有一个好的计划，员工就无法了解企业的目标，也不知道工作朝着哪个方向努力才是公司所需要的。

银行家总是认为企业的失败很少是因为资金的短缺，他们更倾向于相信是由于创业者缺乏有效计划的能力造成的。对于一个缺少经验的创业者来说，做出英明的计划既不是困难的也不是不可能的。通过沟通和许多比如像表 7-2 中做罗列出的那些外部资源的支持，创业者是能够完成一个有效的商业计划的。

不但如此，创业者还可以通过制订时间表来度量进度情况并制订应急计划，从而强化对商业计划的有效执行。这类经常参考的文本或者控制机制将会在下面被讨论。

7.10.1　评价计划的进程

在创建阶段的过渡期，创业者应该确定一些评价节点来确定企业的目标是否能够如期实现。在通常情况下，商业计划执行情况的评估是以 12 个月为周期的。然而，创业者往往不能等到 12 个月之后才看计划是否被成功地执行。实际上，创业者应该频繁地（比如每个月初）检查损益情况、现金流预期、库存水平信息、产品质量、销售额以及前一个月的收入和支出情况。对公司网站的评估也应该作为此过程的一部分。这个反馈行为可以很简单，但应该向组织内的关键人员及时提供当前信息，以供他们对偏离企业目标框架的决策进行调整。下面简要描述了这些控制要素。

- 库存控制：通过库存控制，公司能保证最大限度地服务客户。公司越快地回收投入到原材料和成品中的资金，就能越快地将这笔资金重新投入到生产中去，以满足更多消费者的需求。
- 生产控制：比较商业计划中的预计成本与每一天的实际运行成本，这有助于控制运行时间、工人工作时间、加工时间、延迟时间和停工成本。
- 质量控制：这将取决于生产系统的类型，但之所以设置这部分内容是为了使产品达到令人满意的标准。
- 销售额控制：销售量及销售额、销售的具体产品、销售价格、交货准时性和付款方式方面的信息对新企业进行准确预测销售额来说是非常重要的。另外，应该建立一个有效的应收账款搜集统计系统，以避免出现呆账和坏账。
- 支出：新企业也应该控制资金的流出量。对所有的账单都要进行复查，以确定要支出的金额和原因。
- 网站控制：随着在公司网站上进行的交易越来越多，应该对公司网站进行持续评估以确保它能够达到商业计划的目的与目标。有许多的服务项目和软件包可以帮助创业者完成这部分工作。这些服务公司和软件公司数量众多，恕不赘述，在网上很容易搜索到。

7.10.2　更新商业计划

即使一个非常有效的计划也很可能随着环境的改变而变得不合时宜。环境因素（如经济、消费者、新技术）和内部因素（如关键员工的流失和增加）都能够改变商业计划的方向。所以，一定要对公司、行业和市场的变化保持敏感性。如果这些变化可能会影响到商业计划，创业者应该确定需要进行哪些修改。通过这种方式，创业者能够设置更加合理的目的与目标，使新企业进入到更好的发展路线上，提高新企业成功的可能性。

7.11　一些商业计划失败的原因

通常，一个失败的商业计划可能是由于下列因素中的一个或者多个因素导致的。

- 创业者设定的目标不合理。
- 目标不可测量。
- 创业者没有全身心地投入到企业或者家庭中去。

- 创业者对于计划好的业务没有经验。
- 创业者意识不到企业的劣势和潜在威胁。
- 产品或服务没有锁定顾客需求。

设定目标需要创业者对企业的类型和竞争环境都非常了解。目标一定要非常明确，如果过于泛泛就会让人找不到控制的抓手。例如，创业者可以把目标市场占有率、销售量或收入作为目标。这些目标都是可以衡量并且可以定期监控的。

此外，创业者及其家庭成员必须全身心地投入到企业中去，只有这样才能达到新企业的要求。例如，如果创业者有自己的全职工作只用业余时间来管理企业，这是很难维持下去的。而且，因为需要占用时间和资源，所以如果得不到家人的理解，也是很难把一家企业运行起来的。不能全力以赴的创业者，债权人和投资者也是不会青睐的。

通常，没有经验的创业者很容易失败，除非他获得了必需的知识或者与那些有经验的人合作。例如，一个创业者想开一家饭店，却没有任何经营饭店方面的经验和知识，那么他就很可能会处于损失惨重的窘境。

创业者在制订计划之前应该充分了解消费者的需求。消费者的需求可以通过直接经验、消费者来信或者市场调研来获得。清楚地理解消费者需求与知道如何有效地满足消费者需求，对新企业的成功是至关重要的。

◘ 本章小结

本章主要讲述了商业计划的内容和价值，并且概述了商业计划的几个步骤。商业计划可能由下列人士阅读：员工、投资者、贷款者、供应商、客户和顾问。商业计划的涵盖范围取决于要看的人、新企业的规模以及新企业所处的具体行业。

商业计划对于创建一家企业来说是非常重要的。创业者经过一段时间工作的努力换来的将会是一份全面的、文字流畅、结构完备的书面文件。它不仅将为创业者起到一个很好的指导作用，而且还能作为一个重要的融资工具为创业者所用。

在做商业计划之前，创业者应该获得市场、生产运营以及财务评估等多方面的信息。这个过程可以被看作一个倒金字塔模式，从大环境宏观分析到具体市场的分析和定位，最后再到具体目标的确定。互联网提供了一种价格低廉的服务，它能为我们提供市场、消费者及其需求和竞争者的一些有价值的信息。这些信息应该基于新企业的目的与目标为商业计划对企业成立期的控制提供一个框架。

本章对典型的商业计划进行了综合的讨论和概述，讨论了每一个关键因素，描述了信息的搜集过程，并举出了一些具体的例子，同时对控制机制对于商业计划实施的保证也进行了解释。此外，我们还讨论了导致商业计划失败的可能的原因。

◘ 调研练习

1. 有很多软件包是为了帮助创业者写商业计划的。上网搜索其中的三个。它们的差异是什么？它们的共同点是什么？它们是如何最终帮助创业者完成商业计划的？

2. 从图书馆找五个商业计划，它们拥有的共同主题有哪些？它们哪些地方不同？选一个你认为最好的，然后说出为什么你认为这个比其他的更好？

3. 与五个创业者交流，了解为什么他们有（或没有）商业计划？对于那些有商业计划的创业者，了解他们的商业计划是什么时候完成的？写商业计划的目的是什么？以及是否真的按计划执行了？是否在不断更新？

◉ 课堂讨论

1. 关于在对未来进行准确预测过程中遇到的某个困难，商业计划有用吗？提出三个写计划的理由，同样指出三个不写计划的理由。据此你的结论是什么？为什么？

2. 什么因素使商业计划变得与众不同？

3. 创业者会宁愿用更多的时间销售产品，也不愿用这相同的时间来写商业计划，这种观点对创业者有益吗？

4. 如果一个商业计划是用来融资的，为什么创业者要在商业计划中非常详细地指出公司面临的主要风险？

5. 如果读者是创业者、投资者或者主要供应商，商业计划的目的分别是什么？商业计划怎样满足这些不同读者的需要？你认为只要简单地准备一个计划就能应对所有读者，这样的做法是可取的吗？

◉ 选读资料

Bartes, František. (2011). Action Plan—Basis of Competitive Intelligence Activities. *Economics and Management,* vol. 16, pp. 664–69.

> *Competitive intelligence has become an important business practice. The author argues that competitive intelligence is often improperly understood. His view is that it is a means of forecasting the future. It then becomes the basis of planning and important strategic decision making.*

Bekiaris, Maria; and Dan Warne. (September 2010). Starter Kit. *Money,* pp. 36–38.

> *This article provides important questions and answers related to starting a new business. The plan is regarded as one of the most important steps to get a new venture on the right path. Responses to questions regarding registering a business, setting up a company bank account, determining insurance needs, where to get help, and how to set up an efficient office are all addressed.*

Bewayo, Edward D. (2010). Pre-Start-Up Preparations: Why the Business Plan Isn't Always Written. *Entrepreneurial Executive,* vol. 15, pp. 9–23.

> *This paper summarizes the results of a survey of 355 small business owners in New Jersey. It found that 50 percent of these businesses prepared a business plan. The main reasons for not preparing a plan was either because the venture did not need financing or the entrepreneurs had prior experience that substituted for a business plan. However, about half of those entrepreneurs that had experience still felt compelled to prepare a business plan. There was also a high correlation between the preparation of a plan and the need for external financing.*

Deeter-Schmelz, Dawn R.; Rosemary P. Ramsey; and Jule B. Gassenheimer. (Summer 2011). Bleu Ribbon Chocolates: How Can Small Businesses Adapt to Changing Environment? *Marketing Education Review,* vol. 21, issue 2, pp. 177–82.

> *A small regional manufacturer of chocolates that markets to trade accounts, corporate-owned stores, and online/mail is faced with declining sales in a poor economy and changes in consumer life styles. The paper focuses on serious strategic issues such as changing the product line, considering more in-source manufacturing, reducing the number of company-owned stores, increasing sales to retail outlets, or just waiting for the economy to turn around.*

Finley, Daniel C. (January/February 2011). A Plan for Success. *Advisor Today,* vol. 106, issue 1, pp. 58–59.

> Highlighted here are views on how to accomplish goals set in the planning process. The author addresses the importance of building a blueprint with details on goals and strategy to meet these goals.

Gjerde, Thomas J.; and Thomas J. Harlow. (2010 Supplement). Valuing a Turnaround Plan for a Company in the Restaurant Equipment Business. *Journal of the International Academy for Case Studies*, pp. 39–48.

> A case study on TastySlush's plan to restore its reputation is discussed in this paper. It provides a case study of why this company failed to maintain quality and durability in its frozen dessert and beverage equipment. A consultant was hired to provide a turnaround plan to revive the company's reputation in the food equipment business.

Komoszewski, Jim. (March 2011). Creating a Business Plan. *Investment Advisor*, vol. 31, issue 3, pp. 60–64.

> This article discusses the importance of financial advisors to prepare and implement a business plan. It outlines the elements of a note card plan in order to guide investors to define goals, build a strategy, and implement changes in their business.

Robinson, Sherry; and Hans Anton Stubberud. (2011). Gender Differences in Entrepreneurs' Perceived Problems, Profits, and Plans. *International Journal of Entrepreneurship*, vol. 15, pp. 25–44.

> This is a study of European business owners that had started their business and were still in operation after three years. Thus they were considered successful. Impediments to selling products and services due to competition and lack of demand were most often mentioned. Gender differences were also reported, with women incurring lower levels of profitability.

Schnuer, Jenna. (September 2011). Rebuild Rebuild. *Entrepreneur*, vol. 39, issue 9, pp. 76–78.

> This is a good example of how to control and track inventory using a mobile device application called Thrive. The owner of a home furnishing store utilized this application to improve his business strategy.

市场营销计划

第8章

▶ 本章概要

- ☐ 理解行业分析和竞争分析对制订市场营销计划的意义;
- ☐ 理解市场调研在制定营销战略中的作用;
- ☐ 举例说明创业者进行市场分析调查研究时应遵循的切实可行的程序;
- ☐ 明确制订一个市场营销计划的步骤;
- ☐ 解释市场营销系统及其关键的组成部分;
- ☐ 列举不同的创造性战略,用以凸显新企业产品或服务的差异性。

▶ 开篇引例 拉塞尔·罗斯坦

由于财务资源的制约,推动新企业或小企业发展的营销策略往往是有限的。随着社交网络的发展,小企业找到了新的机会推进它们的产品和服务。社交网络作为营销工具被使用将在本章后面被更详细地讨论。这种全新的、向小企业提供服务的方式激发了拉塞尔·罗斯坦(Russell Rothstein)的灵感,于是他创办了 SaleSpider.com 网站。这是一个免费的网站,旨在通过加强与承包商和供应商的联系、共享网络研讨会和视频、免费发布分类广告和免费获得销售线索和商机等方式,来协助小型企业扩展它们的销售渠道和方式。

拉塞尔·罗斯坦作为一个持续的创业者,已成功推出了多家新的公司。他的第一个成果就是 Bizware,一家为石油零售商和大型便利店做软件供应的企业。1995 年,他卖掉了这家公司,此时这家公司已经成为该行业的市场领导者。在创建 SaleSpider.com 之前,罗斯坦创立了 NorthPath——为领先的技术企业提供销售线索和现场销售外包服务。罗斯坦指出,该公司吸引了大量小公司,这些小公司大都在寻找机会以一个合理的投入来实现它们业务和销售额的提高。以此为基础,2006 年,罗斯坦决定创立 SaleSpider.com,为全世界范围内的小型和中小型企业提供服务。

SaleSpider.com 有超过 870 000 的用户,是世界上最大的在线社交网络,专门服务于那些对新的收入增长点和网络关系感兴趣的企业家。网站本部虽设在加拿大多伦多,但罗斯坦表示,大约有 95% 的用户来自美国。他把企业的成功归因于抓住了时机。他指出,社交网站如 Facebook 和 MySpace 是非常成功的,但它们在为小公司提供援助方面做得还不够。他还强调：建网站不能仅限于将人们联系起来。对于企业而言，尤其需要为社交网络增加价值才有利于其成功。于是，他创建了 SaleSpider.com。

任何企业都可以免费使用 SaleSpider.com。任何企业可以便捷地创建一个账户，在新的市场里发现关联并建立联盟，识别销售渠道和订单机会，发布分类广告，甚至是参与网上贸易展。罗斯坦最近还在网站上推出热卖。点击链接便可以为会员提供打折的酒店客房、汽车出租、Web 托管甚至商业贷款等。

SaleSpider.com 作为一个免费网站，主要有三个收入来源。最大的收入来源是针对小型企业市场的广告公司。这些广告的价钱设置根据地域及行业针对性等每月20 000 ~ 50 000 美元不等。在线通信和移动营销是另外的两个收入来源。

任何一个社交网站都可以被看作 SaleSpider.com 的竞争者。例如，最受欢迎的个人档案网站之一—Facebook，已经认识到这个商业市场，最近添加了一个叫"the Like"的链接按钮。它提供了一个广阔的平台——为个人需要提出建议和帮助企业将广告定位到特定目标市场，将企业和消费者直接联系到一起。许多公司使用 Facebook 来保持与客户的沟通。LinkedIn 也是一个社交网站。它是专门针对商务人士设计的，帮他们更新简历和保持同其业务伙伴的联系。由于大量的用户群在这些网站都能够享受到一些其他服务，这可能威胁到罗斯坦。Twitter——一个提供微博客服务的在线社交网络，允许用户在其网站上发送海报。这些小信息通常是一些公司推广的新产品或新服务等。然而，这个网络起初是个人的社交网站，它报道个人的事件或经历。即使有这些竞争对手的存在，罗斯坦认为 SaleSpider.com 开创了为小企业提供多个特定服务的先河，成为头号商务社交网站。他表示将继续努力，以吸引新用户，并继续开发提供更便捷的服务保持SaleSpider.com 的领先地位。

最近罗斯坦和 SaleSpider.com 分别被《企业家》和《福布斯》杂志选出。以每月新增30 000 用户的速度增长，SaleSpider.com 仍处于起步阶段。罗斯坦和 SaleSpider.com 面临的挑战是如何保持正现金流，并继续提供新的机会，为会员创造收入和新的商机。

正如我们可以从 SaleSpider.com 的例子中看到的，在竞争激烈的环境中仍存在着很多机会。罗斯坦的创业是从理解和正确评估一个特定的细分市场的需求开始的。制定适当的策略来满足这些需求也包括对相应行业的理解和正确评估，这一点正是我们将要在本章中讨论的。

一些专家可能认为，创建一家企业是创业过程中最容易的部分，而维持一家企业却是最难的而且是最富有挑战性的。创业失败的例子比比皆是，人们常常把创业失败的原因归咎于资金缺乏和管理薄弱。然而，当我们做更深入的探究时就会发现，真正的问题往往与市场营销有关。对一个创业者来说，必须评估目标市场的需求，估计市场的规模，然后实施有效的战略，在激烈的竞争环境中准确地定位其产品或服务，从而取得成功。由此来看，市场营销计划对于一家企业的创建来说具有十分重要的意义。通过这一章的学习，你将会详细了解到有关市场营销计划的内容。

8.1　行业分析

在制订市场营销计划前，企业家需要完成商业计划的行业分析。行业分析的主要焦点是提供足够的可以影响营销战略决策的环境（国家和地方市场）知识。它开始于最广泛的基于环境和行业发展趋势的评估，然后继续对更多的本地市场环境和行业发展趋势进行评估，包括竞争。创业者应该回顾第 7 章中关于这部分的内容，了解它都包含了什么信息，以及其如何可以获得这些信息。

二手资料可以提供许多这些问题所需要的信息。除了二手资料，企业家也需要做一项市场调研获取以下方面的准确信息，比如顾客需求、竞争优势和劣势、价格、促销、分销以及产品或服务利润等。这项市场研究可以增加重要的有价值的见解，可以帮助企业家确定最精确的市场地位，设定合理的市场目标，找到实现目标的相应行动。市场调研的步骤和企业家在这个过程中获得援助的途径将在本章的后面进行讨论。

倒金字塔型的行业分析方法的一个重要好处是，企业家可以从了解竞争对手的实力和弱点开始，这可以帮助培养企业家的洞察力，教他们如何定位新企业的产品或服务。在竞争环境中记录和评估信息的方法和技术将在下面进行讨论。

8.2　竞争者分析

对竞争者进行分析时，创业者首先需要收集其主要竞争者当前战略的一手资料。表 8-1 给出了需要收集的资料的一种组织模型。创业者在收集竞争者信息时，可以尽量利用公共信息，并通过市场营销分析计划将竞争者信息补充完整。创业者在进行竞争者分析前，应充分利用一切信息，如新闻文章、网站、目录册、促销网点、与分销商和顾客的访谈及其市场营销策略。收集竞争对手的信息来源有多种途径，常用的信息渠道包括：政府统计、银行 / 投资银行、专利机构、终端销售商、供货商、客户、公关代理公司、广告代理公司、研讨会、业界专家、专业协会 / 学会、证券商、行业监察机构 / 管理机构 / 执法机构、专业调查公司 / 机构、企业年报以及企业本身。需要指出的是应慎用行业分析文章、行业年度报告；至于在商业杂志、报纸等媒体上发表的企业公关性文章则往往夸大其词，目的是提升企业在公众心目中的形象。另外，对于相对不够成熟的行业来说，统计资料的可靠性较差。所以，需要仔细考察信息的来源，并从中发现事实。所有可获得的信息都将被列入表 8-1 所提供的模型中。在完成表格后，创业者就可以开始分析每一个竞争者的优势和劣势。

创业者可以通过表 8-1 中的所有信息来确定新企业的市场定位策略：新企业是想模仿有特色的竞争者，还是试图满足其他公司尚未察觉的市场需求呢？这个分析将指导创业者并为市场营销决策的制定提供坚实的基础。考虑到数据收集的方法，接下来我们将会告诉创业者如何收集原始信息以及利用二手资料信息。

表 8-1　对竞争者的市场营销策略以及优势和劣势的评估

	竞争者 A	竞争者 B	竞争者 C
产品或服务策略			
定价策略			
分销策略			
促销策略			
优势和劣势			

8.3　新企业的市场调研

为了获得市场营销计划中所需要的信息，企业有必要进行市场调研来收集这些信息。市场调研需要收集的信息包括：谁是产品或服务的购买者？潜在市场的规模有多大？价格应该被确定在什么范围内？最适合的分销渠道是什么？能够影响潜在顾客的最有效的促销策略是什么？考虑到市场调研的成本问题，创业者需要评估这些可利用的资料和信息。有些调研方法成本不高，也可以提供重要的信息资料以挖掘新企业的市场潜能，如即将介绍的专题小组访谈（focus group）。

创业者、外部供应商或营销顾问都可以进行市场调研，或者可以委托当地大学市场营销专业的老师来制订市场调研方案。关于如何实施市场调研将在下面进行讨论。

市场调研首先要确立制订营销计划的目标，这通常是最困难的一步，因为很多创业者缺乏市场营销的知识和经验，他们甚至不清楚市场调研能为他们带来什么好处，这也是市场调研对创业者来说容易被忽视的一个原因。

8.3.1　第一步：确定目标

首先，创业者要列一份信息清单，即在市场营销计划的准备过程中都需要什么信息。例如，创业者也许认为自己的产品有市场，但是却不能确定顾客群以及产品的包装形式。在确定这个目标后，他们可以询问人们对待该产品或服务的态度，同时搜集一些人口统计学方面的背景资料以及被访问者的个人信息。这些信息就会解答上面所提及的创业者制定的目标或存在的问题。还有一些目标也可以通过下面的问题来测定：①潜在顾客愿意支付多少资金购买这项产品或服务？②潜在顾客更愿意在什么地方购买到这项产品或服务？③顾客愿意通过什么渠道了解这项产品或服务？

8.3.2　第二步：从二手资料中收集数据

二手资料为行业分析提供了收集信息的来源。市场调研中许多二手资料可用来确定营销计划方案的目标，比如前面提到的商业杂志、新闻报道、图书馆、政府机构和互联网都可以提供相关行业市场和竞争者的信息。在互联网上甚至可以通过群聊（chat groups）来收集非正式的原始信息。

商业数据总是有用的，可是创业者也需要慎重考虑为之付出的成本。不过，一些大学的图书馆会提供一些免费的商业数据库，如万方数据库、中国知网数据库等。在考虑信息的原始来源或商业来源之前，创业者应该尽可能利用免费的二手资料。在政府方面，中国国家统计局出版了一本范围广泛的人口普查报告。而得到地区信息的极好来源是市商业局、商业处、当地银行、劳动局以及当地媒体等。

表 8-2 展示了一些网站的综合列表（有些是付费的，其他都是免费的）以及一批优秀的数据库列表。企业也可以通过当地的大学或社区图书馆了解一些信息。除了表 8-2 中描述的数据来源，企业家也应该在小企业管理局的网站（www.sba.gov）搜索任何可能的研究数据。

收集二手资料的最重要的目的是为了获取有助于帮助企业家根据产品市场做出最好决策的信息。随着当今信息技术的发展，网络已经成为一个非常有效的收集客户、竞争对手和市场趋势信息的来源。完成二手资料的收集后，创业者也将确定是否需要更多的数据，在这种情况下，一手资料的收集将需要进一步规划。

表 8-2　二手资料收集来源

商业来源
这些资料为行业研究、消费者行为、产品和技术研究提供了广泛的支持。一些企业发布的报告可以在大学的图书馆或网上找到。既有收费的也有免费的，但许多都值得一试！这些网站主要有： www.nielsen.com　　　　　　　www.gfkauditsandsurvey.com www.hoovers.com　　　　　　　www.ibisworld.com www.iriweb.org　　　　　　　　www.idc.com www.gale.cengage.com　　　　　www.harrispollonline.com www. marketdataenterprises.com　www.cqg.com

与 Web 相关的人口 / 消费者研究信息
这些都是典型的网上免费资料或在当地大学图书馆可以访问到的资料，主要有： 1. 美国消费者满意度（www.bus.mich.edu/research） 由密歇根大学维护，它提供了一个范围广泛的产品和服务满意度指数 2. 劳工统计局（www.stats.bls.gov） 提供不同的消费以及住户特征、消费者的购买习惯等有关信息 3. 艾瑞（www.clickz.com） 提供数字营销问题，如与广告和消费者行为相关的统计信息 4. 美国统计（www.census.gov/compendia/statab/） 州、县两级在广泛的社会，政治和经济指南汇总统计摘要 5. 美国人口普查局（www.census.gov） 包含人口普查局的人口数据表

免费提供网络营销资源
1. 成功营销（www.marketingforsuccess.com/free-stuff.html） 这个网站提供文章，在营销、音频响应、利润计算器、网络引导和广告分析上的数据，以及免费通信 2. 免费的人口统计（www.freedemographics.com） 这个网站可以让你按地区划分，利用普查数据分析和比较任何人口变量 3. 资讯潮流（www.infotrends.com/ freedemo.html） 允许你搜索任意市场的一年数据，提供销售数据、出货量、市场份额和其他重要市场对信息技术产业的统计数据 5. 营销夏尔巴（www.marketingsherpa.com） 发布许多免费的报告提示、基准指引和营销思路，提供如何改善与费用相关的搜索的建议

其他图书馆的数据库
1. 彭博资讯（Bloomberg）：提供实时的、综合性的所有市场领域的市场数据和新闻 2. 商务客源（Business source complete）：包括超过 3 000 多篇全文文章，涵盖了广泛的主题，包括经济学、金融学、会计学、市场营销和一般管理等 3. Forrester：提供有关新兴技术及其对业务影响的市场研究报告 4. 律商联讯（LexisNexis）：涵盖广泛的行业新闻话题，如市场的发展趋势、金融、技术、会计、税务资料、法律评论 5. Mediamark 研究（MRI）：在广泛的市场范围内，通过媒体向 18 岁以上的人员发布产品使用报告 6. Mintel 报告：就美国国和欧洲市场为消费品、旅行、金融、互联网、零售、食品和饮料等行业提供市场研究的报告（重点是这些领域的市场规模和趋势）

《商业新闻》　为企业家提供有关社会媒体战略方面的建议

20 世纪 90 年代，互联网经常被看作一堆横幅和小册子的替代物。现在，我们的社会网络实现了更丰富的双向互动。我们不仅可以在互联网上设置指示牌，还有机会在人们能够听到和看到的场所建造前哨站。这就是我关于如何有效地使用这两种工具的建议。

你的主站点是你的大本营

你的网站应该做好两件事情：执行可靠的活动反馈，提供给人们将来联系你的途径。如果你只着眼于你的网站，没有人会知道你想要人们接下来怎么做。如果是这样的话，该网站需要加以修整。这是与潜在的客户做生意的首选方法。无论多么复杂的业务，你的网站应该给访客一个非常清晰和明显的步骤。

另外，如果一个人想要联系你，这是不是件容易的事？这是你获得个人业务的第二次机会。你需要重新考虑你的联系选项。

建立一个伟大的总部的目的，是通过不同社会网络与你交流的人在随着你采取下一步骤时会感到温暖和舒适。大多数人的网站混乱，用户不清楚下一步要做什么。如果你能做到上面两项，那么你的网站一定是不同的。

社交网络是前哨

如果你认为社交网络不是你业务产生的地方，那么你需要找到原因。人们不是总在社交网站里找你，他们有自己的目的。你的工作是在网站上设置一个前哨，在那里倾听，这样，当有人表达他们的需要时，你可以解决，你将有能力建立一种联系。这就是我通过通信联络信号所要表达的。你的前哨不应该只包含一堆的诙谐广告。你的 Facebook 页面上也要包括制作最为精心的报价。

真正的胜利是建立牢固的关系。在前哨里，我们的目标不是谈论你自己和你的报价，而是关于接洽别人，与其建立联系，并且使其有需要时访问你的网站。我们向你推荐如下一些小窍门：

- 设置谷歌提醒（google.com/alerts）来搜索那些不只是你的公司和产品的名称，而且通过这个设置还要能提供一些方法，通过这些方法，人们能够鉴别你的产品或服务能解决的问题。
- 使用 Twitter 的搜索（搜索 twitter.com）做同样的事情。
- 在与他人讨论你自己的公司之前先谈论他们的利益。
- 当你与新客户沟通时，询问他们你是否可以关注他们的 Twitter，并建议他们"收藏"你的 Facebook 页面。邀请他们通过这些前哨与你交流。
- 连续两周每天花 30 分钟在这些场所工作。最终 30 分钟的时间不够用，但现在它是一个很好的开始方式。

资料来源：Reprinted with permission of Wright's Media, "Talking Signs," by Chris Brogan, June 2011, *Entrepreneur*, p.76.

8.3.3　第三步：从原始资料中收集信息

收集原始信息有许多方法，比如观察法（observation）、网络法、个人访谈、专题小组访谈法或实验法。还有一些经常使用的信息收集工具，比如调查问卷。

观察法最为简单。创业者通过观察潜在顾客的购买行为来分析这些行为层面所传递的信息。网络法是通过行业领域的专家收集原始信息的一种非正式的方法，是一种有价值且成本低的方法。一项有关新企业的研究显示，最成功的企业（基于成长率）通过网络、同业公会和近期出版物，集中关注有关竞争者、顾客和行业的信息，而不成功的企业更多地关注一般经济状况和人口统计方面的趋势，因此它们很少能察觉到在目标细分市场上正在发生的变化。

个人访谈或调查是最普遍的一种方法。比起观察法，它的成本很高，但是却更有可能产生有意义的信息。访谈可以通过面对面访问、电话、邮件或者在线聊天的方式来实现，是一种时兴的与企业现有顾客群体沟通交流的特殊的方法。这些方式有各自的优缺点，创业者在使用时应权衡利弊。表 8-3 比较了它们的优缺点。

表 8-3　调查方式的比较

方式	方式的特征				
	成本	灵活性	回馈率	速度	深度
电话	便宜（取决于访谈双方的距离与访谈时间）	灵活（能够阐明或解答问题）	很好（80% 的可能，主要取决于受访者在家或接受访问的概率）	最快（在短期内可以联系到很多受访者）	只能获得较少的细节（时间的限制，8～10 分钟）
邮件	便宜（取决于单位邮件的数量和质量）	不灵活（需要受访者自身对问卷内容进行理解）	最差（问卷的完成情况取决于受访者的填写意愿）	最慢（邮寄和等待受访者完成并返回问卷都需要时间）	有深度（受访者可能在他空闲的时间完成问卷）
个人	最贵（需要面对面访谈）	最灵活（面对面访谈）	最有效（面对面访谈）	较慢（完成访谈时需要一定的时间）	获得更多的细节（开放式的提问）
网络	便宜	不灵活（需要受访者自身对问卷内容进行理解）	有效（但需要激励及其他手段的配合）	非常快（问卷以电子版的形式传递）	有深度（受访者可能在他空闲的时间完成问卷）

互联网越来越成为一些新企业收集正式的和非正式的信息的重要途径。非正式资料的收集通常使用 Facebook、Twitter 或 LinkedIn。通过使用这些社交网络，企业家可以征求关于相关公司或产品问题的反馈意见。更多正式的研究方法，如使用基于网络的调查工具，可能会涉及一些费用。SurveyMonkey 和 Zoomerang 是目前这些互联网调查工具中最流行的两个，在本章后面的信息框中会提供更多有关这些网络调查工具的应用和好处。

设计调查问卷需要考虑到创业者早先确立的目标。设计的问题应该简洁明了，对参与者没有选择偏好，并且问题要易于作答。表 8-4 列举了一个调查问卷，是创业者用来评估个性化服务的需求状况。这个问卷设计可以帮助创业者确立营销目标：需要提供什么最重要的服务、销售地点设立在哪里、产品或服务价格如何等。调查问卷的设计通过一些专业的问卷设计公司或在大学学习市场调研课程的学生都可以完成。因为这个方法在营销分析过程中是很重要的，所以创业者即使没有关于设计问卷的经验也应该通过其他途径寻求帮助来完成它。

表 8-4　个性化服务的问卷示例

1. 从下面的选项中，选出在一周的时间里，你去得最频繁的三个地方：

____干洗店　　　　　____邮局

____杂货店　　　　　____银行

____服装店　　　　　____出售非服装和非杂货类商品的商店

____礼品店　　　　　____汽车服务或修理店

____其他____（请列举）　____其他____（请列举）

（续）

2. 请从下面的选项中指出你愿意为哪项个性化服务付款：

____干洗店　　　　　____邮局

____杂货店　　　　　____银行

____服装店　　　　　____出售非服装和非杂货类商品的商店

____礼品店　　　　　____汽车服务或修理店

____其他____（请列举）　　____其他____（请列举）

3. 你认为别人选择个性化服务最重要的两个原因是什么（只能选两个）：

____排队等候

____不便利的地点

____利用自己休闲的时间

____繁忙的工作安排

____交通

____其他____（请列举）

____其他____（请列举）

4. 如果一项个性化服务对你来说是便利的、有用的，你愿意为其支付多少钱，比如收取干洗衣服、去邮局或取药方这样的个性化服务。

____3 元　　　____4 元　　　____5 元

____6 元　　　____7 元　　　____8 元

____9 元　　　____10 元　　　____多于 10 元

5. 请以等级的方式指出，你最愿意在什么地方接受个性化服务（1 表示最愿意，2 表示次愿意）：

____在我的房间

____办公室的附近

____火车站附近

____直接送到办公室

6. 请选择适合你个人情况的选项

性别：　　　____男　　　　____女

婚姻状况：____单身

　　　　　　____单亲

　　　　　　____结婚，两人工作

　　　　　　____结婚，一人工作

年龄：　　　____25 岁以下

　　　　　　____25～34 岁

　　　　　　____35～44 岁

　　　　　　____45～54 岁

　　　　　　____55 岁以上

家庭收入：____1 000 元以下

　　　　　　____1 000～3 000 元

　　　　　　____3 000～6 000 元

　　　　　　____6 000～10 000 元

　　　　　　____10 000～30 000 元

　　　　　　____30 000 元以上

专题小组访谈法是为了收集更深入彻底的信息所使用的一种非正式的方法。访谈小组通常由 10～12 名潜在顾客组成，大家一起参与讨论，最终使创业者确定市场调研目标。小组访谈以非正式、开放的形式讨论问题，能够为创业者搜集到准确的信息。

例如，两个创业者打算设立一个美发护发沙龙，专门针对中年妇女的头发造型及护理。为了了解该市场中该项服务的需求并制定有效的市场营销战略，创业者组织了一个由

31～40 岁妇女组成的访谈小组。这个专题访谈小组需要设计以下问题：应该提供什么样的服务？这些服务的需求量是多少？如何定价以及如何进行最有效的促销？这些收集到的信息将会用在营销计划的准备中。

专题访谈小组应该由一个有经验的人或除创业者之外的人来监督控制。通常这对在校学习市场调研课程的学生来说是一次很好的实践。

8.3.4 第四步：分析并阐述结果

根据样本的规模，创业者可以选择徒手绘制结果表格或者选择把数据输入电脑。无论哪种情况，评估阐述后的结果都应该能详细说明市场调研第一步中所确立的目标。通常，对问题的回答都会引起创业者初步的思考。另外，这些信息还可以交叉使用，为创业者所关注的不同问题提供答案。例如，创业者也许想从不同的年龄、性别、职业、场所等方面来比较这些问题的结果。而创业者不断地调整这些信息可以获得更有价值的结果。这些信息还可以用来帮助创业者进行市场细分。

8.4 对比分析：企业经营计划和市场营销计划的区别

企业家应该明白市场营销计划和企业经营计划之间的差异。营销计划的重点是企业一年或一年以上的所有营销活动。营销计划会根据行业、目标市场以及组织的规模和范围相应发生变化。它是企业经营计划的重要组成部分。但是，它也是一份独立的文件，需要随时随地进行调整，以确定企业实现其目标和宗旨。企业经营计划是企业随着时间发展的路线图。它的重点不仅仅是营销计划，也为研发、经营、生产、人事、财务预测和分析，以及未来的发展战略奠定基础。它也应该被定期更新，以帮助企业管理和满足组织的目标。

8.5 理解营销计划

创业者应该知道营销计划与商业计划的区别。营销计划关注的主要是一年以上的新企业的全部营销活动，其重要性取决于行业、目标市场及组织经营范围。

创业者在收集到所有必要的信息后，便可以开始准备营销计划。营销计划是陈述营销目标、战略以及随后的企业经营计划行动的文件。对于新企业来说，营销计划在企业经营计划中占据着重要的地位，并且提供了很多重要的功能和用途。营销计划确定创业者在市场上如何有效地竞争和运作，从而达到新企业的经营目标。企业确定了运作战略后，创业者就需要考虑资金的分配，这主要体现在确立预算目标和营销财务计划上。营销计划，像任何其他类型的计划一样，都可以被比作一个用于引导旅行者的行动路线。营销计划的制订需要回答下面三个基本的问题。

（1）我们曾经去过哪里？如果这是一份单独使用的文件（如经营计划），它应该包括企业的背景资料、企业的优势与劣势、竞争者的背景资料以及企业所面临的市场机会和威胁。当营销计划作为企业经营计划的一部分时，这部分主要着眼于企业市场的历史、企业营销的优势与劣势以及市场的机会和威胁。

（2）我们想去哪里（在短期内）？这个问题主要是提出新企业在未来 12 个月内市场营

销的目标。在最初的企业经营计划里，所确立的目标通常是一年以上的，因为它主要着眼于头三年的利润和现金预测。

（3）我们如何到达那里？这个问题主要讨论将要实施的独特的营销战略。它什么时候实施？由谁负责监督？对这些问题的回答通常是在计划过程开始之前所进行的市场调研中确定的。此外，还要确定预算，并把预算考虑到收入与现金流的预测中去。

管理者应该了解，营销计划主要是用来指导市场营销决策的，而不是一份概括性的、肤浅的文件。创业者在制订市场营销计划时所进行的思考过程对其很有帮助，因为为了完成营销计划，创业者必须要尽可能多地收集并思考与市场有关的信息细节，而这些信息将成为下一年决策基础的一部分。这个过程不但能让创业者了解并认识到关键的问题，同时能为应对环境变化可能带来的突发事件做准备。

创业者应该在做出任何有关生产制造、人员变动以及财务资源的决策之前制订年度营销计划。该计划应成为企业制订其他计划和编制当年预算的基础，如表 8-5 给出了一个营销计划的大纲。大纲变量的选择应该取决于产品或服务的市场和自然状况以及企业的目标。本章的重点在于讨论短期的营销计划，但这并不表示可以忽视长期计划。一般来说，创业者还需要对未来 2 ～ 3 年的市场做出预测，并将其作为企业经营计划的一部分。

表 8-5　营销计划大纲

环境分析
- 新企业的背景
- 新企业的优势与劣势
- 市场机会和威胁
- 竞争者分析

营销目标和目的
营销战略和行动方案
预算
控制

8.6　营销计划的特征

营销计划的设计应该符合某些准则。一个有效的营销计划所应具备的主要特征为：

- 它应该为实现公司的使命和目标提供一个战略。
- 它应该立足于一些事实和有效的假设，表 8-6 列举了一些所需要的事实。它必须提供现有资源的使用计划，详细描述所有设备、财务资源以及人力资源的分配。
- 必须有一个相应的组织来实施营销计划。
- 它应该具备一种连续性，以便每年的营销计划都能在它的基础上制订，并最终成功地实现公司的长期目标。
- 它应该是简洁的，一个冗长的计划有可能被束之高阁，但是，计划也不应该太短以至于连目标如何具体实现都没有包括在内。
- 计划的成功有赖于它的灵活性。如果需要的话，应该通过"如果……怎样……"的情景假设来预测某些变化的发生并制定相应的战略对策。
- 应该特别指明绩效监督与控制准则。例如，创业者可以建立一个年度绩效准则：在所选地理区域内市场占有率达到 10%。为了实现这个目标，确定在给定时间内的某些具体期望指标，比如在三个月后应该实现 5% 的市场占有率。如果没有达到，就应该制定新的战略或绩效标准。

从前面的讨论中可以看出，市场营销计划不应该是那种写好之后就搁置在一边的文件。它应该是一种有价值的、经常被参考的文件，应该能够为创业者提供下一阶段业务活动的指导。

表 8-6　制订市场营销计划所需要的信息

- 用户是谁，住在什么地方，他们购买多少，从哪里购买，为什么
- 采用了怎样的促销和广告手段，哪种手段更有效
- 市场上的价格如何变化，谁引起了这些变化，为什么
- 对于竞争产品的市场态度是怎样的
- 分销渠道怎样，它们如何起作用
- 竞争者是谁？他们分布于什么地方？有什么优势和劣势
- 最成功的竞争者运用的是什么营销策略？最不成功的竞争者又采取了怎样的营销策略
- 公司明年及今后 5 年的总体目标是什么
- 公司的优势是什么？劣势是什么
- 制造该产品的生产能力怎样

因为**"营销计划"**（marketing plan）这个词特别强调营销的含义，所以正确理解**"营销系统"**（marketing system）非常重要。所谓营销系统是指公司内部和外部的主要组成部分及其相互作用构成的系统，这一系统能够使公司成功地向市场提供产品和服务。图 8-1 给出了营销系统的框架。

如图 8-1 所示，环境变量（内部和外部）在营销计划中扮演着非常重要的角色。前面的章节所提及的外部环境变量虽然不可控，但是作为营销计划的一部分，仍然需要对其进行分析。

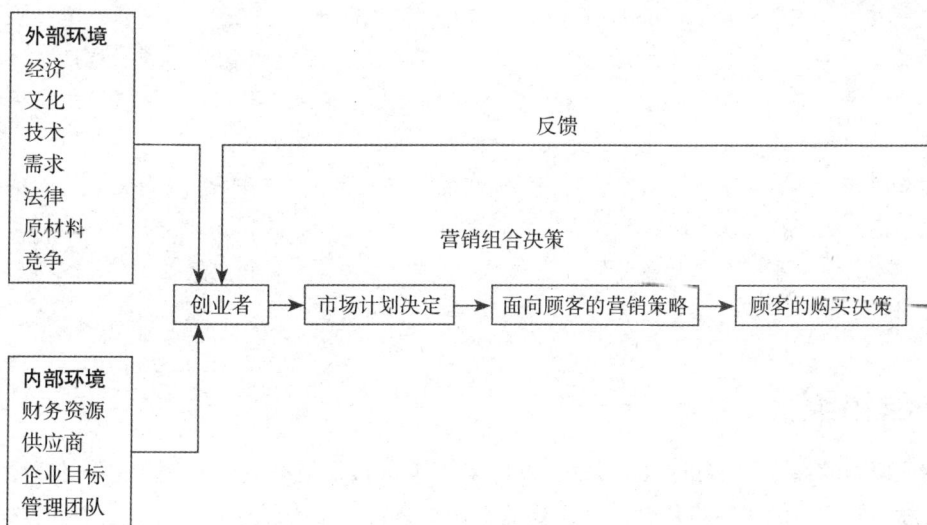

图 8-1　营销系统

对企业来说，除了外部环境因素之外，还存在一些内部环境因素，这些因素可控性比较强，对营销计划的制订以及营销战略的有效实施同样产生影响。一些主要的内部变量包括：

- 财务资源。财务计划应该概括出新企业的财务需求。任何营销计划或战略都应考虑为了实现计划目标，财务资源的可获得性以及所需资金的情况。
- 管理团队。对一个组织来说，最重要的就是要分配适当的人以落实营销计划实施的责任。在某些情况下，有些专业人才是否能够被企业获得并不确定（如某种类型的技术人员可能短缺）。在任何情况下，创业者都应建立一个有效的管理团队并分配责任以实施营销计划。
- 供应商。与供应商有关的决策要素有：价格、交货期、质量、管理辅助等。有时，如

原材料短缺或某种原材料只有少数供应商，创业者对决策的控制权就很小。由于供应的价格、交货期等可能会对很多营销决策产生影响，因此在制订营销计划时应考虑这些因素。

- 企业目标。每家新企业都应该清楚企业自身的特征。对企业特征的基础性描述有助于创业者明确企业的目标及创业者希望企业能够实现的目标。目标陈述以及企业经营目标的确定都将有助于企业制定长期决策。

《商业新闻》　　　　　　企业隐私保护

　　如果你给雇员提供一台电脑，那么你有权利知道你的员工在该电脑上做了什么吗？你可以这样做，但是一定要慎重地选择如何行使这项权利。一项调查表明，在雇员的自由权与老板的利益之间达到平衡是非常困难的。如果给每位雇员一台笔记本电脑并允许他带回家，那么雇员会十分期望在家自由使用它。如果给员工的电脑只允许在办公室里使用，问题就变成雇主会怀疑电脑是否只被用于与工作相关的事情，而没有使用电脑进行未经授权的活动。

　　许多有关企业隐私泄漏的问题就涌现出来了，尤其是当公司的很多相关经营情况通过办公室电脑共享时，很多资料可能会因为雇员个人的问题而存在很大的泄漏风险。还有雇员可能通过使用电脑的 E-mail、Facebook、Twitter 等类似网站而留下一些潜在的漏洞。隐私问题如何才能得到解决？以下有几种选择，可以帮助减少企业风险，避免对员工的道德质疑。

　　首先，也是最重要的，企业应该有相关的书面制度。对于目前所有的员工和未来新聘用的员工，应当给予其相关书面规则，使其了解如何正确做事；其次，员工应该接受培训，使他们了解制度，也懂得网络攻击如何会使公司处在危险中；最后，这种培训应披露社交网络的风险。雇员可能会毫无意识地把服务或客户的机密信息透露出来，有时即使是不太相关的职位也可能会发生隐私泄漏，员工需要了解自己的裁量权和一些基本常识的重要性，并把这些应用于他们工作中，保护好自己掌握的数据资料等。

8.7　营销组合

　　环境要素将提供很多重要的信息，以此来决定什么是最有效的营销策略。在营销计划中，实际的短期营销决策将包含四个重要的营销要素：产品或服务、定价、分销和促销。这四个要素的总和被称为**营销组合**（marketing mix）。尽管灵活性是一个需要着重考虑的方面，但是创业者仍然需要一个较强的决策基础以便能对每天的营销决策提供指导。每个营销组合要素涉及的关键决策将在表 8-7 中加以描述。

表 8-7　营销组合的关键决策

营销组合要素	关键决策
产品/服务	组件或材料的质量、风格、特征、买卖的特许权、品牌、包装、规格、服务的可获得性、产品保证
定价	质量形象、定价单、数量、折扣、快速支付限额、信用条款、支付期
分销	批发商或零售商的使用、批发商或零售的类型、分销渠道的数量、分销渠道的长度、地理覆盖区域、存货、交通
促销	媒体的选择、信息、媒体预算、个人销售的角色、销售促销（展示、赠券等）、公众对媒体的兴趣

8.8　准备营销计划的步骤

图 8-2 描述了准备营销计划所经历的各个阶段。每个阶段都会为营销计划的正式筹划提供必要的信息。下面对每一个步骤进行简述和讨论，并通过例子来帮助读者更充分地理解准备营销计划所必需的信息和程序。

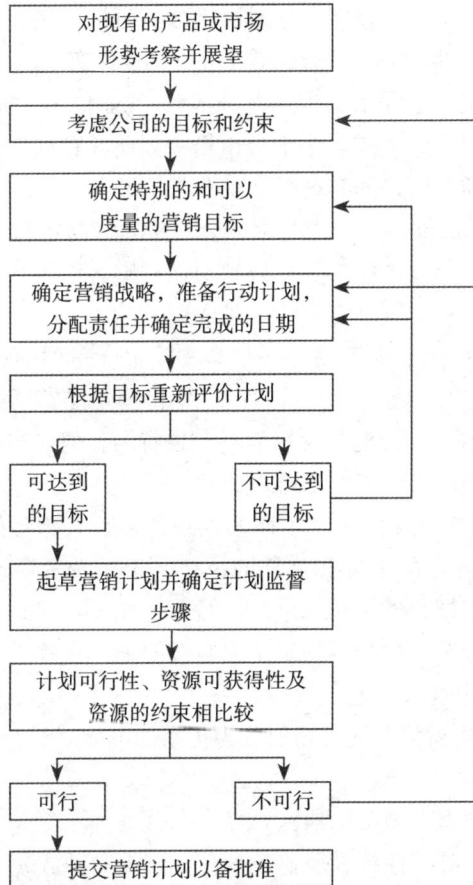

```
        ┌─────────────────────────┐
        │ 对现有的产品或市场         │
        │   形势考察并展望           │
        └─────────────────────────┘
                    │
        ┌─────────────────────────┐◄──────────────┐
        │   考虑公司的目标和约束      │               │
        └─────────────────────────┘               │
                    │                             │
        ┌─────────────────────────┐◄─────────┐    │
        │   确定特别的和可以         │          │    │
        │   度量的营销目标           │          │    │
        └─────────────────────────┘          │    │
                    │                        │    │
        ┌─────────────────────────┐◄──────┐  │    │
        │   确定营销战略，准备行动计划， │       │  │    │
        │   分配责任并确定完成的日期    │       │  │    │
        └─────────────────────────┘       │  │    │
                    │                     │  │    │
        ┌─────────────────────────┐       │  │    │
        │   根据目标重新评价计划      │       │  │    │
        └─────────────────────────┘       │  │    │
             │              │             │  │    │
        ┌────────┐     ┌────────┐         │  │    │
        │ 可达到  │     │ 不可达到 │─────────┘  │    │
        │ 的目标  │     │ 的目标  │────────────┘    │
        └────────┘     └────────┘                 │
             │                                     │
        ┌─────────────────────────┐               │
        │   起草营销计划并确定计划监督  │               │
        │   步骤                    │               │
        └─────────────────────────┘               │
                    │                             │
        ┌─────────────────────────┐               │
        │   计划可行性、资源可获得性及  │               │
        │   资源的约束相比较          │               │
        └─────────────────────────┘               │
             │              │                      │
        ┌────────┐     ┌────────┐                  │
        │  可行   │     │ 不可行  │──────────────────┘
        └────────┘     └────────┘
             │
        ┌─────────────────────────┐
        │   提交营销计划以备批准      │
        └─────────────────────────┘
```

图 8-2　营销计划流程图

资料来源：Reproduced with permission from The Conference Board, Inc. Adapted from David S.Hopkins, *The Marketing Plan*（1981），p.17 © 1981,The Conference Board, Inc.

8.8.1　确定企业经营形势

经营形势分析是描述新企业过去和现在的经营业绩，是对"我们曾经去过哪里"的一个回顾，即是对本章前面所提出的三个问题中的第一个问题的回应，同时也是对新企业商业计划中的环境分析所定义的要素的考察。

为了充分回答这一问题，创业者需要对产品及公司过去的绩效做一个回顾。如果这是一家新企业，企业背景将会包括更多的个人化信息，主要描述产品或服务是如何被开发的以及为什么被开发（如为了满足顾客的需求）。如果计划是在新企业创办后制订的，则计划中的经营形势分析应该包含现有市场状况以及企业现有产品或服务绩效方面的信息，而任何有关未来的机会或前景展望都应被包含在这一部分计划中。

关于产业和竞争环境方面的问题已经在商业计划部分进行了讨论。因此，在这一部分，创业者还应该对一些主要因素做具体的评价，这些评价将为创业者制定营销战略提供依据。

8.8.2 定义目标市场、机会和威胁

从前面所做的营销分析中，创业者应该对顾客群或目标市场有一个清楚的认识。**目标市场**（target market）是指由那些针对市场营销计划的潜在顾客所组成的特殊群体。因此，了解目标市场可以为创业者制定符合需求的市场营销活动（marketing action）策略提供依据。目标市场通常代表整个市场中的一个或多个细分市场。因此，在确定适当的目标市场前，甚至在开始理解什么是细分市场之前，拥有这个认识非常重要。

市场细分（market segmentation）是指为了给营销战略制定目标，把市场划分为适当的组群的过程。市场细分使得创业者能够更有效地对同类顾客的需求做出反应，否则创业者就得确定一种能够满足市场上每位顾客需求的产品或服务。

亨利·福特的愿望是为整个市场制造一种单一产品（一种颜色、一种风格、一种尺寸等）。他公司的 T 型车就是在装配线上大量生产，使得公司能够通过劳动力的专业化分工和原料的集中采购来降低成本。尽管他的营销战略是独特的，但在当今时代，任何一种旨在以单一产品来满足大规模市场需求的战略都难以成功。

1986 年，Reebok 公司成员保罗·费尔斯通发现许多购买跑鞋的顾客并不是运动员，他们购买跑鞋只是为了追求舒适的感觉和跑鞋的风格。于是费尔斯通开发了一个市场营销计划，直接以这部分人群为市场目标。

创业者对市场进行细分及目标顾客的确定通常按照如下过程进行：

Ⅰ 确定你希望追求的市场或行业。

Ⅱ 根据顾客的特征及购买情况把市场划分为更小的群体。

A. 顾客的特征

● 地理的（比如州、国家、城市、地区）。

● 人口统计的（比如年龄、性别、职业、教育、收入和种族）。

● 心理的（比如个性和生活方式）。

B. 购买情况

● 期望的利益（比如产品特征）。

● 使用（比如使用率）。

● 购买条件（比如时间的可获得性和产品的目的）。

● 购买动机（比如对产品的熟悉程度及购买意愿）。

Ⅲ 选择细分市场。

Ⅳ 制订一个使产品、价格、分销和促销一体化的市场营销计划。

让我们来假定一个创业者考虑尝试在波士顿郊区为放学后的学生提供班车接送的服务。这项服务主要面向一些高收入家庭，这些家庭通常是由双职工（多数是从事专门职业的人）和 10～15 岁的孩子组成。这项班车服务计划用小卡车或类似的交通工具接送孩子（10～15 岁）外出就医或参加其他约会和课后活动。因为学校通常会为他们的学生提供巴士服务，所以班车服务计划所服务的活动都将与学校无关。

　　了解目标市场之后，首先要确定的是符合使用者形象的候选社区。以城市人口调查和任何可获得的间接资源作为出发点，通过统计数据了解居民收入、孩子年龄和家庭就业情况。一旦完成这一步骤，一些城镇就会被确定下来，创业者随后可以对那些可能符合目标市场形象的城镇进行市场调研。这些研究将会帮助创业者了解潜在目标市场的需求和购买意图。此项研究还可以帮助创业者最终选定推行此项服务的社区。

　　项目实施的可行性与社区成员的购买力有关。每一个特定的家庭都可以成为目标市场，营销战略应首先建立在项目实施的可行性及获得社区成员信任的基础上，这一步骤可以通过两个方法来完成。首先，要努力获得该计划所涉及的主要部门成员的支持，比如学校管理者、家长—教师联谊会成员或者其他地方机构。其次，市场营销活动应当集中在吸引目标市场的注意力上，并为目标市场创造一个本项服务能够提供利益的感觉。例如，项目将会赞助学校的某项竞赛或活动，安排当地很受尊重的社区成员进入董事会，在当地报纸上做广告或者用寄信的方式宣传公司的信息。

　　主要的问题是除了使用前面提到的方法进行谨慎的市场定位之外，还要了解目标市场的需求。对顾客群有一个清楚的了解，并结合销售成果和营销计划，更好地保障创业者的销售增长和收入增加。在与社区成员交流中始终如一的表现可以帮助创业者将这项汽车服务计划扩展到市场的其他部分，比如年长的市民。一旦企业的可信度在某一社区建立起来，那么将服务扩展到其他社区也会变得更加容易。

8.8.3　考虑优势与劣势

　　对创业者来说，分析其在目标市场的优势与劣势很重要。借用上述学生班车服务项目的例子，其目标市场的主要优势是：不存在竞争，企业得到校方的支持。并且，企业所选择的社区与其方案中的目标市场相匹配。另外，企业在为一个社区服务时所获得的经验将成为在其他社区开设新服务的主要参考因素。

　　劣势在于：项目可能无法取得所在城镇的完全信任，因为能否给孩子提供安全有待观察。可信度很容易受到不利宣传的影响。同时，项目的成功与否还取决于所选用的司机是否可靠，这种可靠性是不受消费者需求影响的。因此，慎重的选择和培训司机也是非常重要的。

　　如果创业者以国际性的眼光为自己的企业寻求市场，那么他对企业优势和劣势的评估也会有所不同。对文化差异的理解程度和消费者购买习惯差异的认识程度是决定一家企业能否进入一个新市场的关键。例如，徐梅在国内开办了"马里兰蜡烛"太平洋贸易公司的国际销售路线，获得了 8 500 万美元的销售额。她明白，在中国，蜡烛的市场非常分散，而且中国女性喜欢花香，而美国人更喜欢不同气味的蜡烛。她认为，美国的许多小企业没有在像中国这样的市场取得成功的原因是因为他们不理解国际市场，尝试使用那些成功应用于美国的战略去占领别的市场。

8.8.4　建立营销目标

　　在制定营销战略以前，创业者必须确立现实的、特定的目标。**营销目标**（marketing goals and objectives）用于陈述新企业对绩效的期望水平。这些营销目标是对"我们想去哪里"这一问题的回答，应该特别指明诸如市场份额、利润、销售额、市场渗透、分销商的数量、意识水平、新产品的上市、定价策略、促销活动以及广告载体等一系列问题。

例如，一个生产冷冻食品的企业的创业者可以制定下一年度的目标：10% 的市场份额，60% 的市场抽样调查，分布在 75% 的市场中。这些目标必须被合理地考虑并且创业者要尽早地对经营形势做出描述。

上述目标都是可量化、可度量和可控制的，然而，并不是所有的目标都应该量化。一家企业也可能建立这样的目标，如研究顾客对产品的态度、建立一个销售培训项目、改进包装、产品更名或寻找新的分销商。把目标的数目限制在 6 ～ 7 个比较好，因为太多的目标将会使控制和监管过于困难。这些目标应该保证能够代表市场营销成功的关键方面。

8.8.5　确定营销策略和行动计划

一旦营销目标确立，创业者就可以开始制订实现这些目标的营销策略和行动计划了。**营销策略和行动计划**（marketing strategy and action plan）是基于新企业经营计划目标的特殊的行动大纲。这些营销策略和行动计划是对"我们如何到达那里"这一问题的回答。像前面所叙述的那样，这些决策反映在营销组合要素上。以下对每个营销组合要素的相关决策展开讨论。

1. 产品或服务

这个营销组合要素用来描述新企业即将上市的产品或服务。对于产品或服务的定义不仅要考虑它的有形特征，还要考虑它的无形特征。例如，从外形上看，戴尔公司的计算机产品，与其竞争对手所提供的产品没有什么差别。区别就在于戴尔的计算机是由一般的部件集成，并通过直销手段进行营销，利用网络快速交付而且成本低。戴尔还通过电子邮件和电话为客户提供广泛的售后服务，以方便顾客询问技术或非技术方面的问题。因此，所谓的产品并不仅仅是电子元件的物理组合，还要包括外包装、商标、价格、保证、形象、服务、交付时间、特性、款式甚至是能被更多顾客浏览的网站。在考虑营销策略的时候，创业者就应该考虑到这些问题，并牢记"满足消费者需求"这个营销目标。

2. 定价

在定价之前，创业者多数时候应该考虑三个重要的因素：成本、利润和竞争。当然也存在一些例外，这些例外我们会在定价部分的最后进行讨论。下面我们将解释在定价过程中这些因素之间的相互作用。每个因素的使用以及相互搭配的例子也将在下面几段提到。

（1）成本。在定价之前需要考虑的一个非常重要的因素是查明相关产品或服务的成本，对于制造商来说还应确定生产产品的原材料及劳动力的固有成本。对于非制造商，如服装零售商，只需要确定从供货商处取得货物的成本。对于一些类似于学生班车服务的服务型产业，不存在制造商的成本，也不存在服装零售商那样的货物成本。服务业的成本只包括劳动力成本和一些常用开支。

不管是制造业、零售业或者服务业，创业者都需要查明一些类似的常用开支（比如公用事业、租金、促销品、保险和薪水）。让我们假定制造一种特殊的含氧式地毯清洁剂所花费的原材料和人力成本是 15.30 美元 / 套（700 毫升）。预计销售量为 50 万套，按照这样的消费水平来看，常用开支约为 700 万美元或 14 美元 / 套，总成本将增加到 29.30 美元，每套的利润约为成本的 30%，即 8.79 美元，则最终价格为 38.09 美元。

以零售业定价为例，我们考察了一家 T 恤服装店。我们假设企业从供货商处购买 T 恤花费了 35 美元（货物成本），常用开支估计为 7 万美元。如果创业者希望平均每件消费 14 美元常用开支，则至少需要销售 5 000 件。如果再加上 14 美元的利润，则最终的定价应为 63 美元 / 件。

以我们的班车服务项目为例，企业家估计每公里的花费大概为 28 美元。其中包括车辆贬值、保险、司机薪水、公用事业、广告和其他一切经营成本。每辆汽车预期每天行驶 60 公里并且为 30 个学生提供服务。这样每天的总成本约为 1 680 美元，平均每个学生的服务成本为 56 美元。加上 21 美元的利润，这样每个乘坐的学生接受此项服务的最终定价为 77 美元。

在这些例子当中，创业者都会发现在最终定价之前考虑竞争、利润（稍后讨论）以及企业的定位策略是非常必要的。

（2）利润。许多行业，像珠宝、化妆品、家具、服装、产品零售等会使用一定标准的利润率来给货物定价。例如，化妆品的标准利润率是成本的 100%。因此，如果零售商花 10 美元购买了一瓶指甲油，收取的利润也应为 10 美元，则最终的定价应为 20 美元。假如零售商保持和生产标准同样的成本，则利润中应该包括一些常用开支和获利。标准利润率可以通过贸易出版物或询问供货商来确定。如果一个零售商看到了 20 美元的定价，由于竞争对手给出了 19 美元的价格，则此零售商就会定价为 18 美元。在这里采用降低利润的策略已经被创业者所接受，但这样的策略只能在短期内增加需求量（市场渗透），而且这种做法往往会使竞争对手也降低价格，因此最终降低了所有人的利润。

（3）竞争。当产品没有差异性时（如服装零售商出售的 T 恤），创业者考虑竞争因素不得不选择和对手相同的价格。又例如含氧式地毯清洁剂，创业者可以轻易地提高价格（定价 38.09 元）使之高于竞争对手 37 元的定价，因为这种产品具有独一无二的好处（含有氧和其他成分）。如果 T 恤足够特别，那么服装零售商可以使定价高于 63 美元；如果竞争者的定价是 63 美元，而我们的零售商所提供的 T 恤的质量更好，我们同样可以使定价高于 63 美元。但是，如果考虑到消费者无法辨别产品的不同，则创业者应该给出和竞争对手相同的定价。在学生班车的例子中，与竞争者比较价格是非常困难的，因为企业之间的竞争并不直接。这里我们可以比较乘坐出租车的价格和乘坐公共汽车的价格。无论如何，这项服务更容易被看作给目标市场提供方便的项目，因此，价格不会被过分关心。目标市场是高收入群体，所以服务能否提供方便会比花多少钱看起来更重要。

市场调查数据也可以支持一个更高的价格。技术产品革新（LCD 和等离子电视）或者新药产品可以采取较高的价格或尽早获利策略，这样可以补偿新企业高额的开发成本。对于无差别产品市场（比如服装或者便携式收音机），市场调研显示，如果企业可以提供更多优质服务，如送货上门、终身保证书或免费长期维修等，则消费者愿意花更多的钱购买该产品。虽然这些服务会增加创业者的投资成本，但是这些服务可以为那些属于无差别种类的产品建立独特的形象，较高的价位也会被顾客认可，从而使该企业的产品在竞争中给消费者留下更好的印象。

一般在无差别产品市场中，竞争对手之间的价格变化空间非常小。在这种情况下，只有降低成本才可能使收益增加。这样的话，市场上哪家产品的服务是独一无二的，哪个创业者就会更适应市场。创业者应牢记最终价格是由总成本和利润所确定的，任何一个细节的改变都可能会以某种方式对另外两个因素造成影响。

3. 分销

分销可以为消费者提供实惠，即消费者可以在需要时方便地购买到产品。这个要素必须与其他市场营销组合要素保持一致。因此，高质量的产品不仅有较高的价格，而且应该由形象较好的批发商进行分销。

分销策略论述的分销渠道如表 8-8 所示。如果市场高度集中，比如在大都市，创业者应当考虑面向顾客直销或者联系零售商甚至是批发销售；如果市场分布比较广，直销的成本会非常高，那就有必要使用长期的零售商或者批发商。

表 8-8　影响销售渠道选择的主要因素

销售渠道的直接程度

- 市场情况——涉及最终使用者的分布是集中（直接）还是分散（间接）
- 产品属性——涉及产品的大（直接）、小（间接）、体积大（直接）、易坏（直接）、危险（直接）、昂贵（直接）
- 成本收益——在选择渠道成员的时候考虑成本收益：收益高（间接）、收益低或无收益（直接）
- 风险属性——考虑财务优势、规模、渠道经验、新企业营销战略

销售渠道成员数量

- 集中的——选择尽可能多的分销商和批发商
- 有选择性的——根据固定的标准和需求来选择尽量少的渠道成员数量
- 唯一的——选择唯一的批发商或零售商

选择销售渠道成员的标准

- 声誉
- 提供的服务

销售渠道数量

- 一个目标市场或多个目标市场一个销售渠道
- 一个目标市场或多个目标市场多个销售渠道

产品的属性也会影响销售方式的选择。例如，若产品非常昂贵、易坏、体积大，那就应该更多地采取直销的方式，因为管理和运输的费用会大大提高成本。

批发商和零售商等中间商在产品的销售过程中拥有巨大的价值。他们所要付出的成本比启动一笔小的单一产品所付出的成本要少很多，因为他们可以同时代理很多产品从而产生规模经济效益。中间商有一些在市场中积累的重要经验，这些经验可以支持和帮助创业者实施他们的营销策略。

环境问题在销售渠道的选择中也是非常重要的。一些法律法规会让创业者对诸如化学品、食物或药品一类的产品更加留意，企业启动初期还要承担知名度不够和成本较高的压力。确定竞争策略也是非常重要的，因为好的选择可以使产品更加独特。例如，戴尔公司采取邮购和网上销售产品的方法，这是它与竞争者的主要区别。

新企业不仅要考虑代理商或厂商代表，还要考虑零售商或最终使用者。厂商代表并不拥有任何产品的头衔或者物质财产，他们只是扮演分担服务成本而与企业不存在竞争关系的角色。在含氧式地毯清洁剂的例子中，创业者和厂商代表签订商品销售合同（如清洁品、家居或地毯），并以地毯清洁剂作为其产品的补充。厂商代表的报酬将在产品售出后支付（通常占产品销售收入的 6% ～ 8%）。厂商代表也会进入消费者市场或家庭市场。通常，创业者会寻找这些代表来经营家庭清洁产品或者其他类似的产品。订单将被直接发送到企业，产品也会直接从企业运输到最终用户手中。这种做法能够节省销售成本和贮藏费用以及避免使用多个货运站点。代理商和厂商代表的作用是相似的，常见于食品或干货的销售过程中。

在销售渠道的选择过程中，创业者应当考虑到前面提到的所有因素。通常，为了更好地为消费者服务并尽可能地增加销售额，创业者有必要采取多种渠道并行的方式销售产品。服装零售商，如里昂·比恩（L.L.Bean）、梅西百货（Macy's）、沃尔玛（Wal-Mart）和塔吉特百货（Target），它们所有的品牌都采用多种销售渠道进行分销，如零售店、网站和报纸。每一种产品都会通过不同的通信渠道进行分销，以便消费者可以买到满意的产品。同时，销售渠道应该经常更换。随着新企业的发展，创业者可以雇用自己的销售团队，这样会使工作更有效率、产品成本更低。

4. 促销

创业者有必要通过广告媒体如印刷资料、广播、杂志、电视和网络等向潜在顾客提供产品信息，激发他们的兴趣来购买你的产品。通常，电视媒体成本较高，除非创业者认为电视广告是一个非常有效的方式。招贴画、小册子、价格表和名片也是给企业和产品做广告的好方法。更大的企业可以通过网络、直接邮寄、商贸杂志或报纸来接近顾客。创业者应该对每个可选媒体进行仔细的评价，不仅要考虑成本，还要考虑这些媒体能否达到满足营销计划中提到的市场目标的效果。

有时，创业者不得不将购买主要媒体空间或时段的预算和成本列入计划中。新企业及其产品和服务的发布经常得到媒体的关注。我们在地方报纸、电视、广播或贸易杂志上经常可以看到一些对有趣的新企业或创业者的报道。这是一个很好的策略，即按照一定的原则在媒体上发布专业的产品信息，在媒体取得少量利益的同时获得免费的广告。

正如前面所述，一个网站和社交网络也可以推销和促销新企业的产品和服务。目前企业可以以很少的费用利用在线网络设计自己的网站，如 www.land.com 或 www.intuit.com。你可以以一个非常低的成本设计一个自己的网站——建立一个域名，进行主机托管，并开设一家在线商店。

由于预算限制，很多想要推销自己商品的企业把目光转向社交媒体。例如，昆廷·米德尔顿（Quintin Middleton）认为美国式的雕刻刀在厨师市场上有需求。因此，他从最初制作高品质刀具的爱好者转型成为了一个以厨师为目标市场的成功的企业家。从 Facebook 上邀请的食品行业的 800 人中有 400 人成了这种刀具的"粉丝"。他们当中的很多人愿意支付 400 美元来买一把定制刀。他现在正在全身心制作这些定制刀具，以尽可能多地销售它们。

汤姆一直以来被公认为是一个富有创意的人。他作为纳特其（Nantucket Nectars）饮料的创始人之一，最近推出了一款新的创业产品 Owater——一种营养强化水。汤姆已选择通过密集采样活动推广其产品。OWater 有多达六七个采样事件的核心销售市场诸如波士顿、芝加哥、丹佛、洛杉矶、纽约、费城等。这种聚焦于特定大市场以保证销售额的方法会比使用传统媒体的费用高出很多。

《商业新闻》　　基于网络的市场调研：给创业者的忠告

　　市场调研对企业发展来说是非常重要的，它是企业制订商业计划、成长战略和抓住顾客群的根据。但是因为成本太高，很多创业者会选择放弃做市场调研。然而，随着技术的发展，创业者拥有更多的低成本选择——利用网络技术做调研。这样一来，不仅成本会大大降低，其效率和速度也会大大提高。

其中的一个例子就是 Vapur Inc,一家生产单一产品的新企业(可重复使用和可折叠水杯)。它能够在短短的六个星期内,以一个很低的成本,利用网站资源,比如 Eyeka、Hypios 和 Jovoto 等,成功地在其目标市场上推出新的产品设计。再比如,Bonobos——一家男士服装网络专卖店,通过 Twitter(一个社交网站)发现了自己的一款 T 恤做得太过紧身了;这家企业同时也使用 Facebook 去做一些市场调研帮助自己设计和推广新产品。

为了更规范地进行市场调研,你还可以使用基于网络的其他工具,比如 SurveyMonkey 和 Zoomerang 等。SurveyMonkey 和 Zoomerang 等网站要求调研问题在 12 个以内,可以免费发放 100 份问卷。如果问卷规模大,同时需要更多人填写的话,就会相应地收取一定的费用。SurveyGizmo、FluidSurvey、QuestionPro 和 eSurveysPro 也是一些实用网站。它们同样也有一些免费服务和针对服务收取的不同费用。同时,它们在自定义模板、多种语言和交叉制表等方面具有很多优势。

同时,创业者要看到基于网络的市场调查也像邮寄调查、面对面调查一样,有自己的优缺点。其优点在于:网络调查可以让你提出各种你想要问的问题,允许你使用分解的方式得到想要的信息,也可以包含开放性问题和多项选择或排名问题等。其缺点在于:网络问卷调查不能直接和填表者进行面对面的交流。

显然,网络调研的价值和优点远远超过了它的不足。鉴于创业者在时间和资源上受限,网络市场调研将是一个高效的选择。

8.8.6　营销策略:企业对用户和企业对企业的市场

企业对用户的营销策略与企业对企业的营销策略有很大的不同。在企业对企业的市场中,创业者向另一家企业出售产品和服务,这些产品和服务会成为该企业经营的一部分。戴尔公司的产品销售就是同时面向用户和企业的,在面向用户的营销过程中,公司通过网络订单和直接邮寄完成销售,而面向企业时,则使用公司自己的销售团队向商业公司进行推销,旨在一次出售大量个人电脑或计算机配件及附件。不管怎样,戴尔面向用户和面向企业的营销都很出色,因为在这两个市场上都可以看到关于其产品的广告和促销。用户市场包括对家庭和个人消费品的销售,如食品、饮料、日常用品、家居和计算机等。

由于每个订单的数量较大而且采购商需要了解产品的相关知识,所以企业对企业的营销策略通常会采用直销的方式。在企业对企业的市场中,广告促销包括很多贸易杂志的广告、直接销售和贸易展销会等形式。对于创建初期的新企业来说,出席贸易展销会有助于同时获得大量的潜在购买者。在贸易展销会上,分发有关新企业的产品或服务的材料,并对所有对展位感兴趣的参观者进行登记是非常必要的。如果参观者进行登记或者留下名片,可以根据这些登记或名片编制一份名单,展销会结束后,根据这个名单迅速地给其写信来感谢他们对本企业产品的关心,同时注明联系方式,便于产品推销员更有针对性地寻找顾客。

对于面向用户或企业的市场来说,营销组合要素是相同的,然而,这些要素组合内部的技巧和策略却存在着显著差异。

所有营销组合的变化会在营销计划中的营销策略和行动计划部分进行详细的阐述。如上所述,对于企业来说,制订足够准确和详细的营销策略和行动计划以引导创业者顺利完成下一年的营销目标是很重要的。

1. 营销策略预算

有效的计划决策必须考虑计划实施的成本。如果创业者遵循营销策略或行动计划具体化的过程，成本应该是合理而清楚的。如果有必要的假设，应该对这些假设做清楚的陈述，以便其他评价该营销计划的有关机构和个人（如风险投资公司）能够理解这些实施计划。

营销行动和决策的预算对于财务计划的准备也很有价值。

2. 营销计划的实施

在一定意义上，营销计划是创业者对某一特定战略的承诺。这并不是一种拘泥于形式、应付外界财务支持者或投资者的表面文件。它是以一种正式的方式回答本章前面提出的三个问题，并针对市场状况做出调整。新企业中应该有特定的人被赋予协调和实施计划的责任。

3. 营销行动过程的监督

通常，计划的监督是指对某些营销行动的特定结果进行跟踪。消费者、销售区域、销售代表、批发商等都是一些需要监督的特定对象。需要监督的结果有赖于先前营销计划中所列出的特定的目标。监督过程中发现的任何不良信号都将为创业者提供机会，调整和改进现有的营销活动来实现公司既定的目标。

另外，在监督现行计划实施进展的同时，创业者还要做好应急预案。例如，在一个地区只依赖单一供货商会使企业非常容易受到意外事故的影响。一旦供货商在受到冲击后失败，对于企业来说后果将不堪设想。如果计划能够有效地发展和实施，那么营销行动的调整通常是次要的。如果创业者经常对营销策略进行重大的改革，就说明之前营销计划的准备并不完善。市场计划的劣势通常源于企业在计划之前对市场和营销战略的分析不足，制定的目标不切实际，或者是计划落实不到位，以及不可抗力（如天气和战争）。这些问题通常是无法预测的，但是应该在应急预案中给予考虑。

● 本章小结

在制订市场营销计划之前，创业者应该提供一个立足于国家、地方产业和市场发展趋势的综合回顾与评价。另外，还要对竞争对手的营销战略及其优劣势进行综合评价。基于这些分析，创业者才能开始拟定市场营销计划。市场营销计划的制订是对三个问题的回答：我们曾经去过哪里？我们将要去哪里？我们如何到达那里？

为了有效地回答这些问题，创业者有必要进行一些市场调研。这些调研包括二手资料及一手资料的收集过程，通过调研获得的信息对确定营销组合要素和营销战略非常重要。

营销计划的制订有一些关键步骤。首先，有必要进行市场形势分析，即回答我们曾经到过哪里。对市场进行细分，确定市场机会将帮助创业者确定顾客的特征，并有利于建立创业的目标。目标必须是现实的和具体的，应尽可能定量化。其次，制订营销策略和行动计划。营销策略和行动计划也应该是具体的，以便创业者能够清楚地了解新企业如何到达它想要去的地方。

营销策略和行动计划描述了如何实现已确立的目标。选择能够实现预定计划的营销策略，使用诸如网络营销等创造性优势可以使创业者更有效地进入市场。

行动计划应该落实到具体的人以保证它的实施。如果计划已经被具体化，创业者就可以为实施这些计划分配成本、确定预算。在计划实施当年，创业者应该监督营销计划的进度以保证计划的成功。任何不良信号都将为创业者提供机会来修正计划或制订应急计划。

对营销计划进行仔细的研究可以提高其成功率。因为，很多创业的失败不是因为缺乏管理或者缺乏产品，而是由于计划制订得不够具体，缺乏充分的形势分析，制定了不切实际的目标，或没有准确预料竞争行为，产品自身的缺陷，以及一些不可抗力的出现。

⬤ 调研练习

1. 参与一次网络小组讨论。分别探讨网络小组与"面对面"小组讨论的优势和劣势。

2. 选择一个行业，利用图书馆和网络寻找关于这个行业的二手资料的信息，这些将在营销计划开发的过程中发挥很大的作用。

3. 寻找五个产品广告的例子。例如，在杂志上的广告或录像记录。把它们带到课堂上，并说明如何使它们适合其营销组合以及决定将哪组客户作为营销目标。

4. 寻找一种现在尚被使用而你认为效果不佳的营销战略，并证明你的观点。

⬤ 课堂讨论

1. 分别列举三则最成功和最失败的电视广告，并分别分析它们成败的原因。你认为那些无效的广告是否可以取消？

2. 确定一个消费群，虚构一个产品，确定价格、促销和分销策略。尝试体验创造性地利用这些营销组合所带来的乐趣。

3. 把全班同学分成若干个小组，为每组设定一个情景，要求你向其他同学介绍你所处的市场，并观察其他人对你的介绍所做的反馈。

4. 市场细分是一个利用"刻板印象"销售产品的好方法吗？创业者真的能够很容易地对分享同样需求、欲望和要求的人们进行市场分类吗？

⬤ 选读资料

Boyles, Trish. (2011). Small Business and Web 2.0 Hope or Hype? *Entrepreneurial Executive*, vol. 16, pp. 81–96.

Web 2.0 is defined by its increased interactivity in web applications in an open and collaborative platform. Web 2.0 advocates that the platform eliminates size advantages for businesses, allowing small companies to effectively compete with larger ones. This author argues that small businesses will need to weigh the risks of not participating in Web 2.0 applications since she feels that it will become an important basis of competition. The author provides reasons for participating and useful research avenues are identified.

Brooks, Neil; and Lyndon Simkin. (Spring 2011). Measuring Marketing Effectiveness: An Agenda for SMEs. *Marketing Review,* vol. 11, issue 1, pp. 3–24.

This article reviews many marketing effectiveness measures and concludes that none are the single best solution. Many of these measures are not applicable for small companies. As a result SMEs often manage their marketing without adequate planning and control. The authors argue that some measurement is better than none and recommends that SMEs focus on segmentation and positioning as a starting point.

Chawla, Sudhir; Dan Khanna; and Chen Jin. (April 2010). Are Small Business Critical Success Factors Same in Different Countries? *SIES Journal of Management,* vol. 7, issue 1, pp. 1–12.

This paper considers critical success factors exhibited by small businesses in China. Comparisons are made to similar earlier studies performed in the U.S. and Mexico. Critical success factors found in common with Mexican small businesses are marketing effort and competitive forces. Unique to China however are critical factors such as financial needs, location, and the fact there are few support services in China.

Colapinto, Robert. (October 2010). Way to Grow. *CA Magazine,* vol. 143, issue 8, pp. 28–33.

Detailed planning for products and services is the focus of this article. Expansion requires detailed planning for sales and marketing, which includes knowledge of customers and suppliers as well as the impact of promotions and advertising.

Deeter-Schmelz, Dawn R.; Rosemary P. Ramsey; and Jule B. Gassenheimer. (Summer 2011). Bleu Ribbon Chocolates: How Can Small Businesses Adapt to a Changing Environment? *Marketing Education Review,* vol. 21, issue 2, pp. 177–82.

In this article the authors highlight a small regional manufacturer of high quality chocolate that sells its products through trade accounts, corporate-owned stores, and online/mail. The company had not ever done any strategic planning but with the trend toward healthier foods and the weak economy as well as poor sales the question was raised here as to what the company should do. What should be its strategic direction? Alternative solutions such as changing the product line, increasing sales to retail outlets, laying off employees, or just waiting out the weak economy are discussed.

Duff, Amy. (June 2011). Candour Culture. *Director,* vol. 64, issue 10, pp. 50–53.

One of the important issues addressed here is how a business can enhance its brand through the use of social media. The use of Twitter and Facebook offers companies an opportunity to be more human and to be more interactive with consumers. Observers note that smaller companies have an advantage in social media because of less concern for control and more emphasis on flexibility and marketing their expertise.

Jin, Liiyin. (2011). Improving Response Rates in Web Surveys with Default Settings. *International Journal of Market Research,* vol. 53, issue 1, pp. 75–94.

Researchers are using Internet instruments more often such as e-mail and online surveys to collect data. However, web survey response rates are fairly low, which threatens their effectiveness. This article discusses ways to increase the response rate. From the study reported here it was found that default settings affect participation and survey length influences a respondent's willingness to participate. It was also found that default settings changed both consumer participation and e-mail invitation permission rates due to the "trade-off aversion" principle.

Kiedrowski, Claire. (September 2011). Growing Through Adversity. *Point of Beginning,* vol. 36, issue 12, pp. 32–33.

This is a good article that discusses different marketing strategies that an entrepreneur utilized in a poor economy. She identifies some important strategies such as cross training employees, upgrading hardware, utilizing social networks for promotion, and maximizing marketing opportunities and sales leads by participating in professional associations and societies.

Kobylanski, Andrzej; and Radoslaw Szulc. (2011). Development of Marketing Orientation in Small and Medium Sized Enterprises: Evidence from Eastern Europe. *International Journal of Management and Marketing Research,* vol. 4, issue 1, pp. 49–59.

One of the most important aspects that determine an organization's market position is the entrepreneur's approach to market orientation and marketing actions. The aim of this study was to investigate the process of marketing orientation development in SMEs in Eastern Europe where the economy has changed from central planning to a free market. The results from the study suggest that customer orientation is critical for SMEs yet most of these firms still may be characterized as sales oriented rather than marketing oriented.

Nazur, Muhammad Suhail; and Faiz M. Shaikh. (June 2011). Determinants of Export Performance of Small and Medium Enterprises. *Journal of Business Strategies,* vol. 5, issue 1, pp. 21–31.

These authors have developed a model that may provide a broader understanding of the export behavior of SMEs in order to enhance their export performance. This need exists because such a large number of these firms are unable to perform effectively in international markets. Determinants from this study are classified into firm characteristics, management characteristics, and export marketing capabilities.

附录 8A 市场营销计划大纲

表 8A-1 一家消费品公司的营销计划

1. 分析并确定企业经营形式——过去、现在和将来

   分析我们在哪里，我们如何到那里。有关数据及趋势发展的分析应该以过去 3 ～ 5 年的事实为基础

   建议分析项目应包括：

   A. 市场的范围（交易种类）

   B. 销售历史，按产品、交易种类、区域进行考察

   C. 市场潜力，主要预测趋势

   D. 分销渠道：

   （1）主要渠道的识别（分销商或交易种类），每种分销渠道的销售历史

   （2）购买习惯和对这些渠道的态度

   （3）我们的销售政策和销售实践

   E. 顾客或最终用户：

   （1）识别做出购买决策的顾客，按年龄、收入水平、职业、地理位置等分类

   （2）顾客对产品或服务、质量、价格等的态度，购买或使用习惯对态度的影响

   （3）广告历史，包括对费用、媒体、复制策略、效果的度量

   （4）宣传和其他教育的影响

   F. 产品或服务：

   （1）生产线、质量开发、交货和服务的情况

   （2）与服务于顾客需求的其他方法比较

   （3）产品研发、产品改进

2. 发现问题和机会

   A. 根据上述 1. 中所陈述的事实，考虑限制或阻碍我们发展的主要问题是什么

   B. 我们可以有怎样的机会，为了

   - 克服上述问题

   - 修正或改进生产线，或增加新产品

   - 满足更多的顾客需求，或开发新市场

   - 改进我们的运营效率

3. 确立特定的、现实的经营目标

   A. 关于将来条件的假设

   - 经济发展水平

   - 行业发展水平

   - 顾客需求的改变

   - 分销渠道的改变

   - 在我们所控制之外的变化，增加的成本等

   B. 主要的营销目标（目标的建立）。考虑你将去哪里以及你如何到达那里。目标是任何计划所必需的基础，因为计划必须有确切的方向

   C. 为实现主要目标而设计的总体战略。总体战略由各部分策略组成，如销售重点、产品或交易类型的改变，销售覆盖面的改变等

（续）

D. 职能目标。在这一部分，把主要目标分解为子目标或每个职能部门的目标，揭示这些目标之间的关系。根据下面的目标进行时间进度安排：

（1）广告和促销目标

（2）顾客服务目标

（3）产品改进目标

（4）新产品目标

（5）费用控制目标

（6）劳动力目标

（7）人力培训目标

（8）市场研究目标

4. 定义营销策略和行动计划——去实现目标

细化与上述每个职能目标有关的行动步骤、优先级别和进度安排。例如，如果你的目标之一是"增加产品的销售从 10 000 单位到 20 000 单位"，首先应该指明特定的顾客；接着为了说明谁必须在什么时候做什么，你可以分析上述所列职能部门之间的相互作用，以及各自的目标如何服务于满足这一增加需求的目标

（1）如果你的目标之一是在某个日期之前引进一个新产品，现在就要针对这一目标加以细化，订出最后的期限、生产进度安排、市场引入计划、广告及货物支持、销售和服务培训的需要等，为每一步确立责任和期限

（2）选择——在某个项目或计划被延误的情况下，有什么备选计划

5. 控制和评价过程

（1）计划的实施如何被监督

（2）需要何种反馈信息

（3）何时和如何来评价（按部门、区域等）

（4）对计划或进度进行全面评价的日期

资料来源：David S. Hopkins, *The Marketing Plan*（New York: The Conference Board, 1981）. Reprinted with permission of The Conference Board.

表 8A-2　一家"企业对企业"公司的营销计划

营销计划大纲

针对每种主要产品或产品分类：时间期限——1 年、3 年、5 年以上

1. 管理概要

简单地说，我们这个产品的市场营销计划是什么

在计划期限内，对产品营销的基本要素以及实施计划所期望的结果加以概括。这是管理工作的一个简要的指导原则

2. 经济展望

在总体经济和行业背景下，哪些因素将影响计划期限内的产品营销，如何影响

这部分将对计划期限内影响产品营销的特定的经济和行业的因素做一个概括

3. 市场——定性的

产品将面对怎样的一个细分市场

这部分将对我们所面临的细分市场的定性特征进行定义。它包括对主要分销商、用户或产品消费者的特征进行确定性的描述

4. 市场——定量的

这个产品的潜在市场是什么

这部分将就该产品做特定的定量分析。他应该包括潜在顾客的数量、业务数量（以元计）、目前的市场份额，即对任何可以概括我们总体目标以及我们目前竞争地位的指标的度量

5. 趋势分析

依据产品的历史数据，分析我们将被领往何处

这部分是有关产品过去历史的回顾。它应该包括最近 5 年的销售统计指标、市场份额和其他有价值的历史数据

（续）

6. 竞争

对于该产品，谁是我们的竞争者？我们如何面对竞争

这部分应该确定我们现在所面临的竞争形势。它应该是一个充分的分析，包括谁是我们的竞争者，他们成功的程度如何，他们为什么成功（或不成功），明年关于该产品他们将采取什么样的行动

7. 问题和机遇

在内部或外部，是否存在问题阻碍该产品的营销，是否存在我们还未利用的机会

这一部分将包括对形成阻碍的问题和未被识别的机会做出坦率的评论。它应该包括对我们所能控制的内外部的问题的讨论，比如政策和运营计划的改变。它也应该指出我们还未涉足的、可能存在的机会

8. 目的和目标

对于这个产品，我们希望"去哪里"

这一部分将对该产品的短期和长期目标进行概括。短期目标应该是特定的、明年就应该实现的。中期和长期目标应该是针对今后 3 ～ 5 年或更长时期的。目标应该以以下两种形式陈述：

（1）定性的——提供该产品的原因，我们期望做出什么样的改进或其他改变

（2）定量的——销售数量、收入金额、市场份额、利润目标等

9. 行动计划

在分析了过去的历史、经济、市场、竞争等情况后，我们必须做什么才能够实现我们为该产品或服务所设定的目标

这部分是对计划期限内所应采取的特定行动的描述，以保证实现在 8. 中为该产品或服务所设定的目标。这将包括营销组合中的所有要素。行动计划包含将要做什么、完成计划的进度安排、评价的方法、分配实施计划和评价结果的责任等内容

资料来源：David S Hopkins, *The marketing Plan*（New York: The Conference Board, 1981）. Reprinted with permission of The Conference Board.

表 8A-3　一家服务公司的营销计划

营销计划大纲：主要针对银行服务

1. 管理概要

简要地说，我们这项服务的市场营销计划是什么

对明年该项服务营销的基本要素以及实施计划所期望的结果加以概括。这是为展开管理工作所做的一个简要指导

2. 经济展望

在总体经济背景下，哪些因素将影响明年该项服务的营销，如何影响

这部分将对明年影响该服务营销的特定的经济要素做一个概括。这可能包括就业、个人收入、业务预测、通货膨胀或通货紧缩的压力等

3. 市场——定性的

什么样的组织有望接受这项服务

这部分对我们所面临的市场的定性特征进行定义。它包括有关这项服务有可能面对的所有顾客的人口统计信息、行业特征、企业特征等的描述

4. 市场——定量的

这项服务的潜在市场是什么

这部分就该项服务做特定的定量分析。它应该包括潜在顾客的数量、业务数量、目前的市场份额，即对任何可以概括我们总体目标以及我们目前竞争地位的指标的度量

5. 趋势分析

根据该项服务的历史数据，分析我们将被领往何处

这部分是有关该项服务过去历史的回顾。它应该包括最近 5 年的季度数据，如开立的账目、关闭的账目、市场份额以及其他可运用的历史数据

（续）

6. 竞争

对于该项服务，谁是我们的竞争者？我们如何面对竞争

这部分应该确定我们现在所面临的竞争形势，包括银行业或非银行业。它应该是一个充分的分析，包括谁是我们的竞争者，他们成功的程度如何，他们为什么成功（或失败），明年关于该项服务他们将采取什么样的行动

7. 问题和机遇

在内部或外部，是否存在问题阻碍该服务的营销，是否存在未被我们利用的机会

这一部分包括对形成阻碍的问题和未被识别的机会做出坦率的评论。它应该包括对我们所能控制的内外部的问题的讨论（如政策和运营程序的改变），也应该指出那些我们尚未识别的机会

8. 目的和目标

对于这服务产品，我们希望"去哪里"

这一部分将对该服务的短期和长期目标进行概括。短期目标应该是特定的、明年就应该实现的。中期和长期目标应该是针对今后 3 ～ 5 年或更长时期的。目标应该以以下两种形式陈述：

（1）定性的——提供该服务的原因，我们期望做出什么样的改进或其他改变

（2）定量的——销售数量、收入金额、市场份额、利润目标等

9. 行动计划

在分析了过去的历史、经济、市场、竞争等情况后，我们必须做什么才能够实现我们为该服务所设定的目标

这部分是对计划期限内所应采取的特定行动的描述，以保证实现在"目的和目标"中为该服务所设定的目标。这将包括营销组合中的所有要素。行动计划包含将要做什么、完成计划的进度安排、评价的方法、分配实施计划和评价结果的责任等内容

资料来源：David S Hopkins, *The marketing Plan*（New York: The Conference Board, 1981）. Reprinted with permission of The Conference Board.

第9章

组织发展计划

▶ 本章概要

- ☐ 了解管理层对于发布新产品的重要性;
- ☐ 了解各种企业法律形式的优缺点;
- ☐ 解释并比较作为注册公司替代形式的小型公司与有限责任公司;
- ☐ 了解正式组织和非正式组织的重要性;
- ☐ 论述董事会和顾问团在新企业管理中的应用;
- ☐ 了解所有者不愿委派或放弃责任时会遇到的困难。

▶ 开篇引例 艾瑞克·雷恩和亚当·劳里

我们已经学过,一个成功的创业者需要有效地分析、制订计划和战略。新企业为了长期实现持续发展与盈利,同样需要创立者与员工承担相应责任。在体现创建与发展企业活力的重要性方面,美国旧金山环保清洁产品制造商 Method Products 股份有限公司的创办人艾瑞克·雷恩(Eric Ryan)和亚当·劳里(Adam Lowry)做得最好。

曾经做过广告人的雷恩和气象学家劳里在发布他们第一款清洁产品之后,认识到企业文化的相关性。据雷恩所说,由于他们生产的是无法带给员工新鲜感的清洁产品,所以保持员工的兴趣很重要。

因为他们对当时的工作不满并想开始创业,所以在 2000 年创立了这家企业。经过数小时的讨论,他们想出了改变清洁用品市场的环保产品,这种产品由无毒成分制造,与现有产品一样有效,并且香味怡人。他们相信绿色清洁用品的前景可观,同时要保证任何创新产品的效果至少与现有产品一致。

劳里开始寻找可替代洗涤剂所含的一般化学制品的替代品。大多数清洁产品需要添加可清除顽固污渍的溶剂,这种溶剂是从石油中提取的,并且对环境有危害。劳里利用他的科学便利条件从玉米秸秆(一种成品玉米的废物)中发现了可提取的天然溶剂。此外,他还发现另一种可降解的硬水软化剂的替代物及从椰油中提取清洁剂的方法。完成这些工作后,他们认为只找到天然原料是不够的,产品外包装也需要符合他们的绿色环保理念。作为一个广告人,雷恩设计的产品包装由 PET 塑料制成,这是一种可回收、可循环利用的塑料。他们最终在太平洋北部发现了可供他们采集并转化为产品包装瓶的塑料，那里的海浪堆积成的塑料区域大小相当于美国得克萨斯州的面积。

2001 年，他们生产出 4 种清洁产品，并说服 20 家不同杂货店的店主试卖他们的产品。同年 9 月，他们获得 1 亿美元风投融资。随后他们与美国零售商签订合约，产品最终上架塔吉特百货，使买家相信如此小型的企业能够维持盈利。他们对生产天然环保产品产生越来越多的兴趣。雷恩和劳里均认为企业处于增长期时，创建融洽、积极的企业文化能够保持员工的上进心与工作效率。

雷恩和劳里意识到保持员工士气是企业持续成长和成功的关键，越拘泥于员工规章制度，积极的文化流逝得越快。从企业初创时期到逐渐成长为大型企业的过程中保持员工士气是个难点。Method 还是小型企业时，如果任何一位员工需要任何东西时，他只需要找到相关的人，请他们来处理这件事。但是随着企业逐渐壮大，这样的做法很难实现，需要引入更多的程序以不至于扼杀生机勃勃的企业文化。

考虑到他们对此的担忧，企业"文化部"由此创立，用以保持企业文化的积极性与活力。他们最初预想文化部能够帮助构建一个员工期望的、不会对规章制度感到压迫感的、理想的工作环境。

他们咨询了一些模范企业以寻求规范的模式，如苹果、谷歌、皮克斯、耐克、星巴克和 Innocent，最后他们想出三个方案。首先雇用更多员工，而不是仅仅招聘专业人员，确定应聘者的工作态度与企业文化相吻合是最重要的。其次，在新员工入职的最开始就向他们传达企业文化，并让他们知道自己被聘用的原因是他们适合企业文化。最后，根据企业文化与价值标准，对员工的工作表现给予意见反馈。员工应明确他们的工作目的，工作是成果共享而非按章办事。

他们最后指派几个公司员工组建公司价值团队，与企业领导层共同将企业文化渗透进核心价值观中。价值观的传递是自下而上的，而且被整个企业信奉。最终决定的价值观内容如下：

- 保持 Method 异乎寻常。
- MacGyver⊖会做什么？
- 只创新，不模仿。
- 坚定不移地合作。
- 关爱。

这些价值观事项逐渐被灌输到组织中，成为企业文化的核心。为了整合进每日的工作中，他们将其印制成卡片，解释价值观如何转化成决策与执行力。

随着企业文化和核心价值的建立，该企业已成为最大的绿色清洁产品企业之一，2011 年的销售额预计超过 1.1 亿美元。洗衣用品、一般清洁用品和洗手液已销往 8 个国家。因为专注于绿色产品，雷恩和劳里对分销渠道精挑细选。尽管他们的产品比非环保产品的价格高 5%～10%，他们相信随着消费者对环境保护意识的提高，人们会使用更多环保产品，从而使企业的销售额保持持续增长。

⊖ 电影《百战天龙》里的主人公。——译者注

9.1　发展管理团队

从 Method 有限责任公司的案例中我们可以看出，员工与他们对组织的忠诚度和责任感的重要性。在新创企业中，管理团队及其责任与义务对于潜在投资者也同样重要。

投资者通常不允许管理团队将新企业的运营当作副业或兼职，要把新事业当成正业。一般认为，好的管理团队会全职从事新企业的经营管理，并且要求的报酬也不会太高。当创业者企图从新企业中获得大额薪水时，投资者会认为这样的创业者对自己的企业缺乏责任感。本章讨论了在新企业演变成成熟的企业后，不同团队成员的角色分工。创业者需要了解企业各种不同的法律形式，因为它们在税收、责任、延续性和新企业融资上都有重要的特征。

9.2　企业的法律形式

根据创业者的不同需要，企业的组成有三种基本的法律形式：个人独资企业、合伙制企业、公司制企业。合伙制企业与公司制企业的法律形式还可以细分。最新型的企业形式是有限责任公司（LLC），可以在美国的 50 个州及哥伦比亚特区成立。典型的企业形式是 **C 类股份有限公司**（C corporation）。

表 9-1 描述了每一种基本法律形式与有限责任公司和 S 类股份有限公司（S corporation）需注意的法律要素区别。表 9-1 从以下方面来比较三种基本的企业法律形式：所有权、所有者责任、开业成本、企业的连续性、权益的可转让性、资金要求、管理控制、利润及亏损的分摊和对筹集资金的吸引力等。本章后面还将比较讨论 S 类股份有限公司与有限责任公司作为新创企业的可替代企业法律形式。

表 9-1　不同法律形式的企业要素

因素	个人独资经营	合伙制	公司制
所有权	个人	合伙人数不限	股东人数不限
所有者责任	个人承担企业的所有责任	在普通合伙企业中，每个合伙人都对企业负责。有限合伙人只承担与其投资额相当的责任	股东的责任以所持股份为限
开业成本	只有注册费	法律成本、合伙协议和较少的注册费	法律成本、公司章程、注册费和税等
企业的连续性	业主一旦死亡，企业就结束	一个合伙人的死亡或退出将结束合伙企业，除非协议另有规定。而一个有限合伙人的死亡或退出对企业连续性没有影响	最具连续性。一个或多个所有者的死亡或退出不会影响公司的合法存在
权益的可转让性	可完全自由地出售或转让企业的任何部分	普通合伙人只有在其他普通合伙人都同意时才能转让他的权益。有限合伙人无须普通合伙人的同意即可转让权益。在有限责任合伙企业中没有权益的转让	最灵活、股东可随意买卖股票。一些股份的转让可能会受制于协议
资金要求	只能靠贷款或业主追加投资来增加资金	贷款或合伙人追加投资需要改动合伙协议	新资金的筹集可通过出售股票、债券或以公司名义融资

（续）

因素	个人独资经营	合伙制	公司制
管理控制	业主对所有事件具有决策权，且能迅速实施	每个合伙人都有平等的控制权和大部分的治理权。有限合伙人拥有有限的控制权，在有限责任合伙企业中各不相同	从法律角度看，大股东拥有大多数的控制权。日常控制权掌握在管理者手中，他们也可能不是大股东
利润及亏损的分摊	业主承担责任，获取全部利润也承受所有损失	取决于合伙企业的协议和合伙人的投资	股东通过分红共享利润
对筹集资金的吸引力	取决于业主的能力和企业的前景	取决于合伙人的能力和企业的前景	所有者负有限责任

创业者创建新企业时，仔细评估不同法律形式的利弊十分重要，在提交商业计划和风投资金要求前必须做好决定。

评估企业法律形式的过程需要创业者确定表9-1提到的各个因素的优先级及本章后面会讨论的税务因素。新企业的类型不同，这些因素的重要性也不同。

企业的组织结构有多种形式，各有利弊，这令创业者十分迷惑。本章的下一节将对此做整理，以帮助创业者在组织结构的相关问题上做最好的决定。

《商业新闻》　　　给创业者的建议：委派责任需考虑的问题

为了使企业按计划发展，领导力对于新创企业尤为重要。创业者在委派责任时可能会考虑组织管理层的灵魂，但是他们往往不愿将权力下放，而是试着自己做决策，这会打消员工积极性。创业者不愿委派的原因如下：

（1）员工缺乏经验。

（2）员工太忙。

（3）到时我要解释我自己能完成的任务。

（4）我无法相信员工做决策。

（5）任何错误对于企业来讲代价太大。

尽管这些原因确实存在，委派责任仍是完成工作最快捷有效的方式。任何不愿委派的创业者都是在以破坏企业绩效的方式欺骗他的员工。

委派责任时需要考虑的关键因素如下：

（1）选择合适的人执行任务。认识到你做什么工作最好、不能很好完成什么工作很重要。通过列举员工的长处和短处来确定最合适的员工。

（2）最好从委派小任务开始，确定员工的专长，从而逐渐委派更大的任务。

（3）保持灵活性。人们做事的方式可能与你不同。只要达成相同目标，完成工作的过程因人而异。

（4）对最近的任务设立核查点和目标。建立时间表和召开会议以核查任务情况对于创业者和员工一样重要。

（5）对已完成的任务向员工提供反馈。作为组织的领导者，你该建立有效的、融洽的工作环境，这样员工会有积极性并愿意提出建议。

以往的案例表明很多创业者在企业初创时期试着完成过多工作而心力交瘁，因此为工作带来了负面影响。分配和委派工作是成为合格领导者的一部分，能够长期提高员工的信心与积极性。

一个准备创建新企业的创业者通过阅读上面的信息，向你提出以下问题：

（1）我该怎样确定一个员工在我不必解释做法的情况下，以我想要的方式完成手头的工作？如果我需要向他解释，那么我能自己更好地完成这个工作。

（2）我对解决问题的方式很在意。我的员工对于完成任务有不同的看法，我该向他提出我相应的意见吗？

（3）我该如何确定委派责任，使我成为一名更合格的组织领导者？

9.2.1 所有权

在**独资企业**（proprietorship）中，所有者是企业的发起人，对企业的经营负完全责任。在**合伙企业**（partnership）中，可能存在一些普通合伙人和一些有限合伙人。还有一类是有限责任合伙制企业（LLP），在这种形式下的合伙企业被视为法律实体。在**股份有限公司**（corporation）中，所有权通过持股来体现。不同于股东人数最多 100 人的 S 类股份有限公司，法律对这类公司的股东人数没有限制。

9.2.2 所有者责任

责任制度是建立股份有限公司最关键的因素。独资企业的业主和普通合伙人要对企业的所有方面承担责任。由于股份有限公司本身就是一个实体或法人，必须纳税、承担责任，因此它的所有者只承担与其投资额相当的责任。对独资企业和普通合伙企业来说，在追回债务时，债权人可以拿走所有者在企业之外的任何财产。

在合伙企业里，普通合伙人通常平分责任而不管他们出资额的比例如何，除非协议另有规定。合伙人唯一的保护办法就是对责任投保，并且把他的财产记在别人名下。但是，如果政府认为后一种行为损害了债权人的利益，就会加以限制。

在普通合伙企业中，可能也存在有限合伙人。这些有限合伙人只对其在合伙企业中的投资额负责。从法律上讲，这部分投资，必须在当地法院注册过，从而使这种信息公开化。有限责任合伙制企业在相对较大的律师事务所和会计师事务所中十分流行。它实际上是有限责任公司的一种法律形式，是当填写美国国税局 8832 表格进行归档时供企业选择的形式。有限责任合伙制企业的优点和有限责任公司一样，让合伙人能够在风险承担之外保护个人资产。下面我们还会在组织形式的比较中区分有限责任合伙制企业和普通合伙企业。

9.2.3 开业成本

组织越复杂，创办费用也就越高。最便宜的是独资企业，只需注册企业／商品名称的成本。在合伙企业中，除注册外，还要订立合伙协议。该协议需要法律咨询，而且应当详细传达各合伙者的责任和权力。有限责任合伙制企业可能比普通合伙企业更复杂，因为它必须严格遵守法定的权利要求。

股份有限公司的开业成本主要是法律成本。包括在股份有限公司依法成立前，所有者需要履行许多由法律所规定的程序：①注册名称和公司章程；②达到一定的要求。因此，对股份有限公司来说，注册费、开办登记费等会相应产生。此外，为达到所有这些法律要求，法律咨询费也是必不可少的。

9.2.4　企业连续性

新企业最关心的问题之一是，如果创业者之一（或只有一个创业者）死亡或从企业中退出将会出现什么情况。连续性在企业各种形式之间差别相当大。在独资企业里，业主的死亡直接导致企业的结束，因此独资企业不可能永远存在。

与之不同，合伙企业要看它是普通合伙企业还是有限责任合伙制企业。在普通合伙企业中，一个合伙人的死亡或退出将结束企业，除非协议另有规定。因此，合伙协议有时含有这样的规定，允许基于某种机制或预定价值对已故或退出的合伙人部分权益进行收购。有些合伙协议还规定可以让已故合伙人的某个家庭成员接管成为合伙人并相应分享企业利润。对合伙企业所有的人寿保险为合伙企业提供了重要的保障，为其提供了收购已故合伙人部分的基金。

如果普通合伙企业里存在有限责任合伙人，则有限责任合伙人的死亡或退出对企业连续性没有影响。有限责任合伙人依照合伙协议也可能被取代。

在有限责任合伙人中，一个合伙人的死亡或退出对合伙企业没有影响。已故或退出的合伙人可以像公司雇员一样被取代。

股份有限公司在各种企业形式中有很好的连续性。股东的死亡或退出对企业的延续毫无影响。仅仅在非公开上市的股份有限公司中，由于所有股份由少数人持有，因此股东的死亡可能会出现难以找到股份买者的问题。通常，公司章程规定一旦出现这种情况，公司或现有的股东买下该部分股份。当然，在上市的股份有限公司中不会出现这样的问题。

9.2.5　权益的可转让性

所有者对于企业权益的转让会比较慎重。在一些情况下，创业者总要先对新加入者进行评价，才会把一部分企业股份转让给他。从另一个角度来说，能够随时出售权益对所有者来说也是有益的。特别是考虑一个长期的企业规划或战略时，这一点显得尤为重要。对这些内容，我们将在第15章中进行更详细的讨论。企业的各种形式在权益可转让方面优点各异。

在独资企业中，创业者有权出售或转让企业的任何财产。如果普通合伙企业组织中存在有限合伙人，他们就拥有更大的灵活性，任何时候无须普通合伙人的同意就能出售他们的权益。在正常情况下，新的有限合伙人与原有的合伙人保持一样的权利，但是如果在合伙协议中有特殊规定，也有可能会不同。没有其余合伙人的优先购买，普通合伙人通常不能出售权益，即使合伙协议允许转让。

在有限责任合伙制企业中，一个有限合伙人的权益不允许转让。如上所述，有限责任合伙制企业在律师事务所和会计师事务所都很流行。有限合伙人也明显不同（如协作合伙人、初级合伙人），在某种情况下他们可能和一般合伙人分享不同的利润比例。律师事务所和会计师事务所的一般合伙人可能决定售出业务，但是这项决定通常需要得到所有或大多数合伙人的同意。

在股份有限公司里，股东在出售企业的权益方面有着最大的自由。股东可以在任何时间不经其他股东同意就转让自己的股份。股份自由转让的缺点是董事会选举可能会影响原来的管理者对股份公司的控制权。股东协议可以对这种方便的权益转让做出一些限制，通常是给其余股东或公司一项特权，使其能以特别价格或协商价格购买股票。这样，他们有时就具有优先拒绝权。在 S 类股份有限公司中，转让权益只在卖家为个人时发生。

9.2.6　资金需求

新企业在最初几个月对资金的需求可能成为这一企业保持生机的最关键的因素之一。新企业筹集资金的机会和能力依企业形式的不同而有很大的区别。

对独资企业来说，资金需求只能靠贷款或创业者个人追加投资来解决。为了从银行借到钱，这类企业的创业者需要有附属担保物。通常，创业者会把自己的房子二次抵押作为资金来源。向外部投资者的任何一次借款都将导致放弃合伙企业的一部分资产净值。无论借款来自何处，还款的责任都在创业者身上，一旦还不了款，就要倒闭和清算企业。然而，即使伴随着这些风险，独资企业不太可能需要大笔资金，这与合伙企业和股份有限公司的情况不同。

合伙企业可以从银行贷款，但需要对合伙协议做些变动。每个合伙人增加投资资金也需要一项新的合伙协议。和独资企业一样，合伙企业的创业者要对任何一笔银行贷款负有偿还责任。

在股份有限公司中，有许多途径可以筹集资金，这比其他法律形式的企业有更多的选择。股份有限公司可以发行有选举权的股票和无选举权的股票。无选举权的股票当然能够保护现有大股东的权力。股份有限公司还可以发行债券，不过这一选择对新企业来说要更困难些，因为通常只有连续几年盈利的企业才允许发行债券。此外，股份有限公司还可以以公司名义贷款，如前面所说，这可以保护创业者个人所承担的责任。

9.2.7　管理控制

在许多新企业中，创业者希望尽可能多地保留对公司的控制权。不同的企业形式在对企业的控制和决策上各有不同。

在独资企业里，创业者在制定企业决策时拥有最大的控制权和灵活性。由于创业者是新企业中唯一的所有者，他就对企业所有的决策负责，同时拥有至高无上的权威。

如果合伙协议在企业决策权问题上没有明确说明，合伙企业容易在控制公司决策上产生问题。因为在合伙企业里，通常是由多数人共同管理，除非合伙协议另有说明。所以，最为重要的是合伙人之间要友好相待，应事先把那些敏感的决策范围写在合伙协议上。

普通合伙企业里有限合伙人的存在是合伙企业和股份有限公司之间的一个折中。在这种类型的组织中，我们可以看到一些所有权和控制权的分离。新企业的有限合伙人在企业决策上没有任何的控制权。一旦有限合伙人在企业决策上被赋予某种控制权，他将要承担责任而且不再被当作有限合伙人。在有限责任合伙制企业中，所有合伙人的权利明确界定于合伙协议中。根据合伙人责任的不同分为初级合伙人、协助合伙人等，以明确管理责任。

股份有限公司的日常业务控制权掌握在管理层手中，这些管理者不一定是大股东。但对重要的长期决策的控制权则须由大股东们投票决定。这样，控制权就可根据决策的重要性加以区别。在新企业里，作为大股东的创业者也有可能会管理企业的日常业务。随着公司规模的扩大，管理和控制分离的可能性也变得更大了。

股东将代表他们经营观念的人员推选入董事会，这样可以间接影响企业的经营。这些董事会成员，通过管理高层的任命，进而影响企业日常管理。

9.2.8　利润与亏损的分摊

独资企业的业主得到企业所有的利润，同时也对所有损失负无限责任。因此，必须要付给创业者报酬，作为业主维持企业经营的回报。

在合伙企业中，利润与损失的分配取决于合伙协议。理论上说应该按合伙人出资的份额比例来分配利润和承担损失，但依协议可有不同规定。与独资企业中的业主一样，合伙人也承担无限责任。普通合伙企业的有限合伙人或有限责任合伙制企业的形成使有限合伙人仅承担有限责任，但也相应地减少了他们利润分配的份额。

股份有限公司通过股利向股东分配利润。通常所分配的并非全部利润，因为部分利润必须留出作为公司未来的投资或经营所需的资金。若公司亏损了，则不分红。损失将通过留存收益或前面讨论过的其他财务手段来加以弥补。

9.2.9　对筹资的吸引力

无论在独资企业还是合伙企业中，创业者筹资能力的大小都取决于生意上的成功和创业者个人的能力。这两种企业形式对资金的吸引力最小，其主要原因是投资者必须要对企业的债务承担无限责任。在这两种企业中，任何一笔较大数目资金的需求都应该经过反复论证。

股份有限公司因其只负有限责任的特点，所以最具吸引力。持有股票、债券和分担债务都是只负有限责任。公司越有吸引力，越容易筹资。

9.3　不同企业的税收特质

各种不同法律形式的企业在税收上的优缺点相差很大，下面讨论的是一些主要的区别。如果创业者对这些问题有任何疑问，应向外部专业机构咨询。表9-2概括了这些企业形式在税收上的主要特点。

9.3.1　独资企业的税收特质

美国国税局（IRS）把独资企业与其所有者视为一体。所有的收益都作为个人收益体现在业主所得上。因此，美国国税局并不把独资企业当作独立的纳税实体。如表9-2所示，税收上的这种处理影响到应税年度、所有者利润分配、组织成本、资本收益、资本亏损和医疗福利等。所有这些似乎都被当作业主个人的事，而与企业无关。

表 9-2　企业不同法律形式在税收上的特点（以美国为例）

特征	独资企业	合伙企业	股份有限公司
纳税年	通常一个公历年	通常一个公历年，也可使用其他日期	开始时任何年末都可以，因公司需求而变
所有者的利润分配	所有的收益都表现为业主的收入	依据合伙协议对收益做具体分配。即使收益没有立刻被分配，但合伙人都按预定比例以个人所得名义纳税	收益分配给股东
组织设立成本	不可摊提	可摊提 60 个月	可摊提 60 个月

(续)

特征	独资企业	合伙企业	股份有限公司
所得股利	100 美元的股利交个人所得 200 美元的股利交共同所得	企业股利给合伙人	80% 或更多的股利可免缴
资本所得	按个人水平纳税。长期资本所得有减免	企业资本所得按合伙人资本所得纳税	按公司水平纳税
资本亏损	无限结转	资本亏损可冲销其他收入，无限结转	可回转 3 年，结转 5 年，短期资本亏损只能冲销资本所得
对所有者损失的减免优惠的限制	风险损失可减免，房地产业务除外	合伙企业的投资和负连带责任的份额（如果有的话），可运用风险条款，房地产合伙企业除外	除了出售公司股票或清算损失外，其他亏损都没有减免
医疗福利	保险金不可减免	合伙人福利的成本不能作为企业的费用而减免	雇员持股人的福利成本如果是为雇员福利而设置的话，可以减免
退休福利	对此的限制基本上与一般股份有限公司相同	同股份有限公司	对福利计划中福利的限制；对捐赠计划的限制

独资企业与股份有限公司相比有税收上的优点。首先，当利润分配给所有者时，不用征双重税。双重税是对股利分配征两次税，一次是作为公司收益，另一次是作为股东收益。其次，没有存货税或对企业留存收益的罚款。需要说明的是，这些优点之所以存在是因为独资企业并不被当作一个独立的纳税实体，所有利润和亏损都是业主个人应税所得的一部分。

9.3.2　合伙企业的税收特质

合伙企业在税收上的优缺点与独资企业类似，尤其是在收入分配、红利和资本收益与亏损方面。传统普通合伙企业里的有限合伙人负有限责任（只对其相应投资额负责），但是他们可以按合伙协议里规定的比例分配利润。有限责任合伙制企业和有限责任公司在税收上视为相同，所有利润被当作个人收入在合伙人当中分配。

合伙企业与独资企业在收入与扣减项目（deductions）上无须缴税。这两种商业形式的合伙人或所有者的法律特性有明显差别，但是这个特性只针对财务报告。

对合伙企业来说，报告收入非常重要。因为这是决定每个合伙人分配所得的基础。收入根据合伙协议进行分配，然后所有者把所得的收入以个人所得的名义申报并按这个金额纳税。

9.3.3　股份有限公司的税收特质

由于股份有限公司被美国国税局认定为一个独立的纳税实体，因此它有独资企业和合伙企业所不具备的优点，其许多费用均可以减免。其缺点是要对股利分红征收双重税。如果把公司收益以工资形式发给创业者，则可避免二次征税。因此，只要能对个人所提供的服务都有回报而且报酬合理，那么红利、奖金、利润提成等都可以是分配公司收益的可行途径。

股份有限公司的所得税率要比个人所得税率低。创业者最好仔细考虑税收上的利弊并照此做决定。采用计划收益法计算每种企业形式的实际税赋，以此确定哪种形式提供的税收效果最好。请记住，要权衡各种企业形式中的税收优点和债务责任。

9.4　有限责任公司与 S 类股份有限公司

尽管创业者普遍认为 C 类股份有限公司是投资者寻求的商业形式，但是风投资本家真正期望的企业类型是有限责任公司，其与 S 类股份有限公司相似。因为规章制度的更改，有限责任公司作为一个更普遍的商业形式涌现。其允许有限责任公司以合资企业的形式自动纳税，除非创业者主动做出其他选择（如以股份有限公司的形式纳税）。有限责任公司具有普遍性的重要原因就是其给予创业者宽松的选择权。

S 类股份有限公司是新创企业与小型企业最普遍的企业形式选择，其中 S 是指美国税收法规的 S 分章。但是过去几年间 S 类股份有限公司的信息增长率逐渐下降，这主要是因为有限责任公司在美国所有州普遍被认可，且几个州的法律修订案使得有限责任公司更具吸引力。

9.4.1　S 类股份有限公司

S 类股份有限公司（S Corporation）融合了合资公司与股份制公司纳税方面的优势。其规定企业营业所得按比例分配给股东，为个人所得，股东实际上从企业收入及扣减项目（deductions）中获益。在 1996 年美国《小型企业工作法案》（Small Business Job Acts）颁布前，管理 S 类股份有限公司的相关法案的条款设定得过于死板。1996 年新法案通过后，其放宽了对股东、另一公司股票所有权、股东的信托作用、股票级别与其他变化的限制性条件。相较于有限责任公司，美国国会 2004 年对 S 类股份有限公司的限制条件的批评再一次做出回应。法案的修订包括增加股东上限至 100 人，允许家族成员成为股东，准许个人退休账户（IRA-Individual Retirement Account）享有 S 类股份有限公司的银行份额及夫妻离婚时股权转让条例的修订等。其目的是保证 S 类股份有限公司与有限责任公司优势相当，因为一旦公司形式确定为 S 类股份有限公司，就很难再进行更改。美国国会于 2010 ～ 2011 年做出的决定包括《小型企业工作法案》等，对 S 类股份有限公司产生了一些影响。创业者意识到这些改变很重要，尤其是法案修订对税收方面的影响。

S 类股份有限公司存在的问题之一是企业形式的管理与维持。例如，作为一个纳税中间实体（pass-through entity），即公司缴纳股东个人所得税，S 类股份有限公司的股东仍需选举表决通过。如果永久丧失 S 类股份有限公司形式，五年内不能进行改选。如前文提到，S 类股份有限公司和有限责任公司的区别不大，但是由于现有公司与股东状况应该具体问题具体分析。

1. S 类股份有限公司的优点

相较于典型的股份有限公司或 C 类股份有限公司，S 类股份有限公司对于创业者而言有着明显的优势，但是同样存在劣势。当劣势过于明显时，创业者应选择 C 类股份有限公司形式。S 类股份有限公司的优点主要表现为：

（1）企业资金盈利或亏损视为股东个人所得或损失，其比例按照股东所持股票数分配，企业因此无须纳税。

（2）股东保留的有限责任保护权利与 C 类股份有限公司相同。

（3）S 类股份有限公司的纳税额不设下限，与 C 类股份有限公司相同。

（4）股权可转让给低收入家庭成员（子女须满 14 周岁）。

（5）股份可分为有表决权和无表决权。

（6）S 类股份有限公司可使用收付实现制（the cash method of accounting）。

（7）公司的长期收益或亏损可通过股东个人所得或损失抵消。

创业伦理示例

若合伙人违反自己的责任，律师对其解决步骤的解释

纽约的罗梅（Rome）：我和公司合伙人共同经营了一家科技企业六年，其企业形式为 S 类股份有限公司，我们各占一半股份，董事会各占一席。企业章程是样板文件，且股东协议不严密，只拟定了何时可以或不可以出售业务。最近我发现他从公司客户之一———一所当地大学那里工作且领取报酬，而且他的工作内容使用了我们公司的技术。他的做法会不会损害公司利益？我该怎么做？

律师解读：是的，他的做法损害了公司利益，法律上叫作"公司机会转移"（a diversion of opportunity），意味着你的合伙人利用公司便利条件为自己谋利。这违反企业诚信义务与忠诚职责。位于美国加州纽波特比奇律师事务所的首席执行官兼合伙人斯图尔特·布莱克（Stuart Blake）还提到，这也严重违背了合伙人之间的信任。

样板文件与无效力的股东协议更加剧了这个困境。布莱克说："没有雇用律师起草相关公司文件就创办企业有很多隐患。如果签订一个更详尽的协议，规定了买卖条款、非竞争条款和利益冲突条款，你现在的困境会更容易解决。"

落实纸质证据

美国纽约的商业律师鲁宾·费尔齐格（Rubin Ferziger）说："你该采取的措施主要取决于你想从合伙人和公司中得到什么。你想继续创办公司，弥补亏损及其他损失吗？你考虑过解散公司并独自离开吗？你的公司依赖于合伙人吗？或者你能自己经营公司吗？"

费尔齐格建议："你先把股东协议拿给律师，并解释现在的困境，也可以与家人和独立会计师讨论。"

确保你拥有可以证明合伙人从事违反企业利益工作的书面证据，洛杉矶律师雷·加洛（Ray Gallo）还说道："落实到白纸黑字的证据能够把争论和诉讼的可能性降到最小。向公司的律师顾问提供证据，帮助你做决定。"

加洛认为，如果律师认定你的合伙人违反了他的职责，及时与合伙人坐下来谈一谈。若你们想继续共事，他应该保证不再做这样的事情，更加理想的状况是他把赚得的钱归还公司。他说："希望一切顺利。如若不能，你必须决定争议的钱财是否值得讨回，或者决定是否继续与合伙人共事。如果你直觉认为他欺骗了你，那么答案都是否定的。"

资料来源：Reprinted with permission Karen E. Klein, "Resolving a Conflict of Interest," *Business Week Online*, June 26, 2008, p. 16.

2. S 类股份有限公司的缺点

尽管其优点似乎对创业者有利，但这种商业形式并不适用于每个人。S 类股份有限公司

的缺点表现为：

（1）即使是 1996 年与 2004 年的法规，这种商业形式的限制条款仍旧存在。最近两年通过的《小型企业工作法案》也对 S 类股份有限公司产生了一些影响。创业者在考虑这个组织形式时可以参考这项法案。

（2）在企业净收益的实际金额方面，C 类股份有限公司具有税收优势，这取决于公司股息支付率、公司税率、投资者资本收益税率及个人所得税。

（3）S 类股份有限公司的股东不能获得大部分附加福利（fringe benefit）。

（4）S 类股份有限公司采用一个公历年的课税目的（tax purposes）。

（5）S 类股份有限公司只允许采用一种股票，即普通股。

（6）S 类股份有限公司的净亏损只限于股东股票加公司贷款。

（7）S 类股份有限公司的股东人数上限是 100 人。

9.4.2　有限责任公司

前文提到，有限责任公司的灵活性增加了创业者的选择。其税收裁定归在分章 K 中，且这种商业形式属于合伙制与公司制的混合体，其特点如下：

（1）股份有限公司有股东，合伙企业有合伙人，而有限责任公司有成员。

（2）不存在股票份额的问题。每个成员都拥有由公司章程指定的企业权益，该章程类似于股份有限公司的章程或合伙企业的证书。

（3）成员所承担的责任以出资额为限，因此不承担无限责任，而在个人独资企业与合伙制企业中这属于不利条件。

（4）若成员想要转让股权，只有经过其他成员的一致书面同意方可。

（5）除非选择其他商业形式，美国国税局自动认定有限责任公司的课税目的与合伙制企业相同。因此，如本章前文提到的，成员可以选择公司的组织形式为合伙制企业或股份有限公司。

（6）有限责任公司的标准接受期限是 30 年。当有成员去世、公司破产或所有成员选择解散公司时，公司也可解散。在美国一些州中允许大多数或一致同意的连续性。有限责任公司的重要特性之一是美国各州对于组建方式的法规不同。因此，企业在不同州的分布受制于不同的法律规定。在选择这种组织形式前，创业者应考虑并分析这些差异性。

有限责任公司相较于 S 类股份有限公司占优势的地方体现在：

（1）对于高负债的企业，有限责任公司具备的优势体现在合伙人可以通过增加他在有限责任公司责任份额比例来增加合伙利益。

（2）美国各州的税务规定各不相同，但是有限责任公司在大多数州中具有税收优势。

（3）成立或构成一家有限责任公司的个人、企业、合伙人、委托方或其他实体的数量可以多于一个，且不设限制。这在 S 类股份有限公司里是不可能的。

（4）有限责任公司可以分配收入、利润、费用、扣除额、亏损和负债及公司的股票值，这是唯一拥有这项权利的组织形式。

有限责任公司的主要问题是国际业务，因为其无限责任的划分不明确。另外，有限责任公司具有 C 类股份有限公司的一切优点，唯独没有成员的直通税收（pass-through tax）。有限责任公司的所有人不能作为员工领工资或获得员工福利，而是以保证金的形式获得收入，且不涉及美国联邦政府或州政府的扣缴税款。因此，成员有责任定期提交预估税（estimated tax）。有限责任公司似乎是风险投资家的首选，除了以上提及的优点之外，它具有较大的灵活性。创业者最好比较各种企业形式并向律师咨询后再做选择，因为一旦决定了组织形式，很难不交罚金对其更改。

9.5　组织设计

　　一般认为，新企业初始的组织设计是件容易的事。实际上，最常见的是，创业者一个人扮演组织中所有的角色。这是一个十分普遍的问题，也是许多新企业失败的重要原因。创业者有时认为自己能干所有的事，而不愿把责任和权力交给其他人甚至是管理团队的成员。这样创业者很难把新创企业转变为连续增长、管理完善的企业，也就很难保证企业的长期发展。事实上，不管新企业中有一个人还是多个人，一旦工作负荷增大，组织机构就必然要扩大，新加入的员工必须有明确的职责。对于新员工，一般都要执行有效的面试和聘用程序，以确保新员工与新企业能一同成长，走向成熟。有关人事及其职责的所有设计决策都必须在组织结构中体现。此外，非正式结构或者组织文化也随着时间不断发展，需要引起创业者的重视。虽然我们提到的组织文化不是组织设计，但是创业者对它的逐渐形成也要有一定的控制力。有关组织文化的争论同正式的组织设计一样，对于保证企业的成功和盈利非常重要，因此本章下一节中将对这些内容进行详细的讨论。

　　许多新企业要聘用兼职人员，由此会产生责任心和忠诚度方面的问题。对于这些问题，创业者必须通过建立组织中有效的激励机制来加以解决。然而，不管多少人参与开办新企业，组织必须通过一系列活动确保企业有效地运行。

　　组织设计是创业者对组织成员的工作目标正式、明确的指示。组织设计主要包括以下五个方面：

　　（1）组织结构。一个组织所具有的结构，表现为组织中所设置的各个层次与岗位，以及各个岗位之间、组织成员之间的信息沟通和相互关系，一般可以用一张组织图来描述。

　　（2）计划、评估和评价的制度。组织的所有活动都应反映出企业的目标。创业者必须清楚地说明这些目标如何达到（计划），如何评估和如何评价。

　　（3）奖励。组织成员对组织的忠诚和责任心及其工作的积极性，都与其获得的奖励有关。一般来说，有效的奖励手段包括晋升、股权奖励、表扬等。创业者或其他核心的管理人员应该按照组织成员的工作实绩进行奖励。

　　（4）选拔员工。创业者需要针对组织的各个岗位制定不同的选拔标准。

　　（5）培训。脱产或不脱产的培训都必须详细说明。培训的形式既有正式教育，也有技能培训。

　　组织的设计也许会很简单，即创业者包揽一切工作的那种组织（通常指新企业），但也许会很复杂，即需要聘来其他员工做具体的工作。一般来说，当组织规模扩大，组织的结构就会变得更加复杂，上述几个方面的事项就变得更加重要。

　　随着组织的发展，经理阶层的决策对企业的有效运作变得越来越关键。作为创业者，他主要关心的是如何适应环境的变化和寻找新的机会。找到新机会后，创业者必须推动企业的发展，或者亲自监控（第一阶段），或者授权给组织中的其他人（第二阶段）。经理除了起到

"推动器"的作用之外，还需要对压力做出反应，比如顾客不满、供应商违约或核心员工的问责等。创业者在初创期的很多时间都被用来"救火"。

　　创业者的另一个主要工作是分配资源。经理必须决定谁能得到什么，这涉及预算的分配与责任的明确。对创业者来说，资源分配将是个十分复杂和困难的过程，因为一项决策会显著地影响到另一项决策。经理的最后一项决策任务是负责谈判。关于销售合同、薪金、原材料价格等各项谈判是经理工作不可分割的组成部分，因为他是唯一拥有适当权力的人，对于决策的制定很必要。

9.6　构建管理团队和成功的组织文化

　　结合组织设计，创业者需要选拔合适的人员来承担组织结构中的重要责任。这里将会重温一些组织设计中的问题，因为它们不仅对团队的建设十分重要，而且对于建立一种积极而成功的组织文化也同样重要。在企业初创及发展阶段，应保持这种战略。在组建管理团队之前，有几个重要的问题需要提及。从本质上讲，管理团队必须能够完成以下三个职能：①执行商业计划；②识别市场发生的变化；③基于环境和市场的变化调整计划，保持盈利。

　　虽然这些职能看起来简单，但是参与的人员和由创业者推动的文化对于这些职能的完成至关重要。正如我们前一节在组织设计中讨论过的那样，为达到商业计划中的目标，创业者首先需要选拔有能力能够胜任的成员。除此之外，创业者需要考虑每个成员的个性特征，创造一种有利于企业成长的组织文化。这种组织文化是态度、行为、企业标识和沟通方式的融合，使本企业独一无二。正因为每个组织的独特性，在完成这些职能上并没有通用的方式加以参考。但是，接下来我们介绍一些关于招聘和组建高效团队，进而创造有效的、积极的组织文化的一些重要因素和战略。

　　第一，创业者想要建立的文化必须与商业战略匹配。例如，西雅图一家巧克力公司的创始人弗兰·比奇洛（Fran Bigelow），将其团队定位成工匠，专注于细节，追求完美。比奇洛认为这一战略对她的新企业很有效，因为她有一流的生产线。而对于那些出售高产量、低成本产品的企业来说，这一战略可能将会导致灾难。她的战略的成功使她在巴比·福雷等主厨中具有名气，并刊登在美国《好管家》和《人物》杂志上。

　　第二，组织的领导者必须创造一个有利于自下而上沟通的工作环境。旅游搜索引擎Kayak的合伙人保罗·英格利希（Paul English）对他的组织团队精神很有信心。作为服务企业的领导，他做的最多的工作就是招聘员工和开除员工。企业工作环境很开放，基本没有私人办公室。英格利希的办公室也是开放式的，他每天一半的时间都在公司走来走去，与从事产品和战略设计的员工交流意见。因为每个人的工作间都是开放的，所以他鼓励员工互相帮助以解决严重复杂的客户纠纷。他会回复所有邮件，并且亲自接来自客户的投诉热线电话。他参与员工的社交活动，像吃午饭、打篮球、慢跑、打排球、打棒球。招聘员工时，他会在确定薪酬和职位前试着说服员工接受这个职位。他向人们保证他们的工作是富有成效的，在Kayak的工作会是他们从事过的最有趣的工作。因为他大多数时间用于招聘员工，所以他最先考虑的是团队，然后是客户，最后才是利润。他的领导力创建了独特的组织文化，这正是他所期望的。

　　第三，创业者应该让企业有足够的灵活性去尝试各种不同的事情。当然这在小组织中也并非总是可行，但在 Google 的成长中却通过此项战略获得了成功。Google 的员工中有很多天才，管理者认为应该给予这种天才足够的灵活性去做决定，只要他们的决定和公司的发展战略一致即可。创始人拉里·佩吉（Larry Page）和塞尔吉·布林（Sergey Brin）鼓励员工利用 20% 的时间从事任何他们感兴趣的项目，而非本职工作。他们同样鼓励员工把他们的想法写在用于内部交流的留言板上。除了免费食物、台球桌、豆袋椅及其他额外待遇，公司每周五召开全职工会议，任何人都可以对组织的决策提出异议。

第四，在招聘程序上花费较多的时间十分必要。现在存在一种趋势，就是急于加快寻找合适人才的进程。像我们前面说到的，雇员所拥有的不仅仅是他的技术，性格同样是建立一个有效组织文化的重要因素。一件切实可行的事情是制订招聘计划，为所有的应聘人员建立一系列诸如宣讲、面试、评估等过程。在这个过程中，创业者也要进行岗位描述，对应聘人员进行分类，选择出最适合企业文化的人。

接下来，创业者需要了解领导层在组织中的重要性。领导层需要建立核心价值，提供适合的环境，让员工可以有效地完成他们的工作。此外，需要一个薪酬体制为员工提供持续的、积极的行为模式创造条件。

构建最有效的团队，创造积极的组织文化对创业者来说是一种挑战。但是，这和拥有一种具有创新性的产品同样重要。这些都是组织成功的重要因素。

《商业新闻》 **独特的旅游公司的电梯演讲**

你的朋友喜欢旅游，但不喜欢经典旅游线路，他看到当地专家对一段新成立的、与众不同又有趣的旅游公司的详细描述。这个朋友咨询后发现，这家公司正在寻求投资以扩展旅游城市，他找到你询问你是否对这项投资感兴趣。你愿意投资这家公司吗？这家新建公司该如何解决新开发城市可能需要景点推销员的这个问题？他们会面临什么样的竞争性问题？

Vayable 的任务是宣传文化认知并向消费者提供新型、独特的发现世界的方式。旅游爱好者杰米·翁（Jamie Wong）与谢利·罗奇（Shelly Roche）发起了这项活动，他们认为在价值 270 亿美元的旅游业中，没有人向旅行者提供独特的活动。旅行者该放弃传统的巴士旅行，欣赏旧金山街头涂鸦艺术，在纽约城郊尽情享用少数民族食物或参加巴黎红酒品鉴旅行，这些都是由本地艺术家和专家引导的旅行。现在首选的目的地就是旧金山（公司本部设立在此）、纽约、洛杉矶、巴黎、伦敦和柏林。2012 年，预计盈利 150 万美元。公司获得了种子基金（seed money），但是仍需要 50 万美元投资开发其他城市旅游及其营销活动。盈利额来自卖家（占 15% 的旅行成本）与买家（占 3% 的旅行成本）。

公司合伙人已与提供独特旅游创意的当地人进行过面谈或网络访谈。所有的旅游线路都由当地人提供，并且其允许在见诸网站或任何营销材料前获得评价。

9.7 董事会的作用

创业者会发现有必要在组织计划中设立董事会或顾问团。关于顾问团，我们将在下一节讨论。董事会的职能一般包括：

（1）对经营和资金预算做出评价。

（2）制定长期战略规划。

（3）支持企业的日常经营活动。

（4）解决所有者或股东内部的矛盾。

（5）确保资产得到合理使用。

（6）为创业者建立信息资源的网络。

董事会的职能也是组织的一个正式组成部分，可以根据新企业的需要把责任委派给董事们。

建立职能中最重要的一项是对 2002 年通过的《萨班斯－奥克斯利法案》产生的影响的考虑。这项法案的通过是由于会计违规行为、诈骗、破产、内部交易、过高的管理层报酬和其他违法或违反道德的行为，这些在 2002 年前都是有新闻价值的（《萨班斯－奥克斯利法案》的具体内容见第 6 章）。尽管人们对新法案的有效性仍有质疑，但法案的目的是有助于建立更独立、起作用的董事会。这对上市公司尤其重要，其董事会代表所有股东并对任何可疑的、不符事实的披露负有责任。由于经济犯罪导致大批金融服务企业倒闭，这项法案富有争议。但是大多数人认为这不是法案的问题，而是董事会的管理职责问题。有人预计，由于经济犯罪的涌现，董事会将更加精通《萨班斯－奥克斯利法案》的更改，并更加留意董事会成员的专业意见。

许多创业企业并未计划建立正式的董事会。但是，股权收益人往往要求采用董事会的形式，且至少占有一席。茱莉亚·斯坦伯格（Julia Stamberger）和帕姆·杰拉卡（Pan Jelaca）共同创立了 GoPicnic 公司，向航空公司、企业、酒店及典礼策划人销售快餐盒及套餐。他们没有设立董事会，但是在发行股票筹资后他们发现需要建立董事会。董事会的经历对他们来说是有用的，因为能够促使他们编制财务报表，这在以前是他们极力规避的事情。财务报表能够帮助他们优先考虑这个增长迅速的公司急需的事项。机载航空即食套餐的成功为公司开拓新市场指明了方向。除了航空公司，GoPicnic 还向酒店、旅行社、公司活动、大学及野营提供餐盒。2011 年 1 月，GoPicnic 推出了 8 种新即食套餐销往零售市场，业务涵盖全美杂货店、专门店、综合超市及网上销售。

优质无面粉面筋公司 Better Batter Gluten Free Flour 的创始人娜奥米·波（Naomi Poe）面临相似的局面。因为需要资金注入，她询问了多位业务上的熟人是否愿意投资她的公司成为董事会成员。他们接受了她的邀请，成为董事会成员并投资了 3 万美元用于发展这家新创企业。

从前面提到的案例我们可以看出，董事会的目的是为新创企业提供重要的领导力与管理机制，而且成员的选择需要符合《萨班斯－奥克斯利法案》的要求。条件如下：

（1）候选人应该具有公司需要的专业技能，具有相关行业经验，并能承担企业使命。

（2）候选人应愿意花费足够的时间了解相关内容，参与企业重要决策的制定。

（3）候选人应愿意交流意见，利用他们的经验帮助董事会做决策。

董事会的候选人或经由企业合伙人提名或来自其他任何外部的顾问，如银行、投资者、律师、会计师等。董事会的人数理论上应为奇数，以避免投票僵局。

创业者要定期考核董事会的绩效。评估每个董事会成员的事务则由董事长负责。为了能有效地评估，董事长（或创始人）要有一份关于每个成员的责任及公司对他的期望的概要说明书。

给董事会成员的薪金可以是股份、股票期权或者货币现金。通常，新企业将薪金与企业绩效相联。薪酬是重要的，因为它能够强化董事会成员的责任和义务。如果董事会成员没有报酬，他们就会把责任看得很轻而不会给企业提供更多有价值的服务。

9.8 顾问团

相对于董事会而言，顾问团与组织的联系更松散，一般只为新企业就前面所提到的职能和活动提供咨询。顾问团不同于董事会，它不承担法律责任，因此涉及许多董事的法律责任对它不会有任何压力。顾问团开会次数更少，一般只在必须讨论企业重大决策时开会。顾问团对家族企业十分有用，因为家族企业中的董事会很可能完全由家族成员组成。

顾问的甄选过程与董事会相似，包括确定企业需要的技能和对可能的候选人进行面试。给顾问人员的薪酬以参加顾问会的次数来计算，有时给予股票或者股票期权作为报酬。和董事会的情况类似，公司需要定期对顾问团的成员进行评估，以确保他们在新企业中的贡献与使命相一致。

顾问团可以为任何非股份有限公司的创业者或所有人提供准确的企业调查报告。硅谷的企业创业者 Cynthia Kocialski 创办了三家公司，并认为每家创业型企业都能从顾问团中受益。她认为顾问人员需要熟悉业务的不同方面并能很好地了解整个行业。因为太多的顾问人员会把事情变得混乱复杂，所以她建议顾问团成员数为六名。此外，她还认为企业初期的顾问团不必与企业成熟期的人员一致。

Haroon Mokhtarzada 为了创业，在哈佛法学院上学期间放弃了在著名律师事务所工作的机会。他与他的两位兄弟正在创立网页设计公司，这家公司能够帮助用户建立网页，上学期间，他们就创办了这家公司，并在短短的几年间拥有 5000 万名注册用户。一位顾问给了他创建企业的动力，并建议他筹集资金并将企业发展成实体，所以他创建了强有力的顾问团。Mokhtarzada 创建顾问团基于以下三点：

（1）候选人能以你的视角寻求你的最大利益。

（2）向顾问团成员提供 1/4 至 1/2 的股份，这样他们不但给予专家意见且与企业成长息息相关。

（3）增加顾问人员的时间点很重要。他们的建议被应用在企业决策的关键点上，如筹集资金、进入新市场或招聘高管人员。

经济技术合作学院（Ecotech Institute）是首个也是唯一专注于培训从事可再生资源工作人员的学院。最近，该学院召集不同行业的管理人员开展了一个"谁是谁"的活动，担任本地的顾问团。美国国家顾问委员会帮助其设置课程以迎合雇主的需要。

从这些不同的案例中我们可以看出，顾问团对于创业者是可有可无的，但能在关键问题上向整个企业提供专业的意见与指导。甚至大型企业经常需要顾问团，帮助解决企业的特殊问题。顾问团的规模、背景要求、会议人数及报酬的灵活性使得其值得正规董事会考虑。

顾问在组织中的作用

创业者通常需要外部顾问，如会计师、银行家、律师、广告代理商和市场研究员。这些顾问和上面提到的更正式的顾问会不同，也将成为组织的重要组成部分，因此需要对他们进行管理，就像管理新企业中的其他成员一样。

　　找到最好的顾问，让他们在创业早期就全面地参与进来，这样就能改善创业者和外部顾问之间的关系。要对顾问进行评价和面试，就好像雇用他们从事一个永久性职位一样。要检验他们的资格，提出相关问题以确认他们提供的服务质量和他们对管理团队的适应性。

　　如果把顾问当作建议的"供应商"，那么就能有效地雇用和管理他们。就像管理者不会在不知道原材料的成本和质量的情况下进行采购，创业者需要在聘用顾问人员之前，询问他们的报酬、查证他们的文凭及证书等。

　　甚至聘用顾问之后，创业者应该研究、思考他们的建议。为什么给出这样的建议？是为了确保你理解这个决议及它潜在的含义。好顾问的来源很多，如小型商务管理公司、其他小型企业、美国商会、大学、朋友和亲戚。顾问对创业者需求的仔细评估与其胜任能力是新创企业的宝贵财富。

◘ 本章小结

　　在做商业计划时，企业所要做的最重要的决策之一是确定企业的法律形式。目前企业采用的三种主要的组织形式分别为：个人独资企业、合伙制企业和公司制企业。每种形式都有着很大的区别，创业者在做决策的时候应该仔细权衡。本章针对组织形式进行了大量的分析和比较，以帮助企业进行决策。

　　S 类股份有限公司和有限责任公司是较受欢迎的企业形式，既可以享受到股份有限公司对创业者个人责任的保护，又可以得到合伙企业提供的税费的好处。这两种企业形式各有利弊，创业者在做决定前需加以权衡。

　　对于创业者来说，能够影响组织长期效益的重要决策也是组织计划所必需的。一个与企业目标相一致的强大管理团队是初创企业必备的要素。管理团队必须能够朝着这些目标进行有效协作。

　　以往的案例表明，很多企业家在企业初创时期试着完成过多工作而心力交瘁，也因此为工作带来了负面影响。分配和委派工作是成为合格领导者的一部分，能够长期提高员工的信心与积极性，有助于提高管理团队绩效。

　　组织设计需要企业对其所需的人才技能和部门职能进行细分。这些都是正式组织设计的一部分。除了正式组织外，非正式组织或文化与商业计划中规定战略的匹配也是创业者必须重视的。这种组织文化代表了态度、行为、企业标识和沟通方式，是企业间相互区别的重要因素。这些对于创造企业工作效率与盈利能力很重要。

　　董事会或顾问团为创业者开办和管理一家新企业提供了重要的管理支持。顾问团的管理条例现已包含在《萨班斯－奥克斯利法案》中。该法案的通过是由于非法行为与不道德行为的涌现。新法案的主旨在于加强董事会的独立性及其成员对股东的责任，主要规定了上市公司的职责，对于私有企业的管制不多。而在私有制企业和家族企业中，顾问团则是董事会之外的最好选择。

　　除了制定新规则，董事会和顾问团同样可以为组织提供很好的建议。两者都可以成立于企业的初创阶段，或者是企业成立之后的快速成长阶段。无论如何，其成员的选择应该非常谨慎，必须确定挑选的成员能够准确地明白他们的责任，使各成员在他们的岗位上能够为组织做出最大的贡献。

顾问团对新企业来讲也是必要的，外部顾问应被当作组织的永久性成员那样来评价。思考他们的费用和有关管理及经历将有助于做出最好的选择。

调研练习

1. 在美国，个人独资企业、合伙制企业、私有制企业和上市公司四种企业形式的比重如何？举一个个人独资企业形式占主导的行业例子。其原因是什么？举一个合伙制企业形式占主导的行业例子。其原因是什么？举一个私有制企业形式占主导的行业的例子。其原因是什么？举一个上市公司企业形式占主导的行业的例子。其原因是什么？

2. 查阅现在的商业杂志并找出拥有顾问团的大型上市公司和创业型企业。它们的顾问团的工作方式有何异同？你认为顾问团与董事会是如何交流的？

3. 在当地报纸上各挑选出三个你觉得最好和最差的人才招聘广告，并解释你认为好或者差的原因。

4. 采访两位企业家，了解他们是如何委派组织责任的。当制定可能影响企业财务稳定性的关键决策时，他们是如何看待责任委派或员工参与的？

课堂讨论

1. 为什么有些创业者宁愿承担经济风险选择创建个人独资企业，而不是建立公司制企业？

2. 为什么供应商有时会要求小企业的创业者为公司信用提供个人担保？当创业者被要求提供个人担保时，一家合法的公司制企业能为个人提供什么样的保护？

3. 俗话说的"一分钱一分货"，适用于董事会还是顾问团？

4. 找出三家不同组织法律形式的公司（如 S 类股份有限公司、有限责任公司和 C 类股份有限公司）。它们有何不同？有何相似？每家公司因为其各自不同的组织法律形式具有什么优势或劣势？

选读资料

Blackman, Irv. (August 2011). To Be or Not to Be an S Corp Is the Question. *Contractor Magazine,* vol. 58, issue 8, pp. 34, 38.

This article provides a good overview on the differences between a C corporation and an S corporation. It focuses on the advantages and disadvantages of these two types of organizations when taxes are an issue. Tax deductions under the two types of organizations are also discussed.

Castellano, Joseph; Susan S. Lightle; and Bud Baker. (September 2011). The Role of Boards of Directors in the Financial Crisis. *CPA Journal,* vol. 81, issue 9, pp. 54–57.

Boards of Directors should engage in risk management and should be selected for membership based on their industry-specific experience and on their ability to make critical decisions during a financial crisis. All board members should understand the operation and financial compliance issues of the organization. In addition these authors suggest that board members should avoid a group think mindset and be able to make independent decisions.

Duden, Antje. (December 2011). Trust and Leadership: Learning Culture in Organizations. *International Journal of Management Cases,* vol. 13, issue 4, pp. 218–23.

The author refers to organization theorists such as Schein and Burns and Stalker that classify organizations regarding learning culture. These classifications are discussed and the author argues that creating organizational culture means creating the basis for learning organizations which in turn will affect success.

Hargis, Michael; and Don B. Bradley III. (June 2011). Strategic Human Resource Management in Small and Growing Firms: Aligning Valuable Resources. *Academy of Strategic Management Journal,* vol. 10, issue 2, pp.105–25.

Human capital is one of the primary factors a business can rely on to differentiate their products and services to build a competitive advantage. These authors argue however that few studies directly guide management of these types of firms through the people management decisions that will be faced during the various life cycles of the business. Two studies are discussed that examine selection, training, and compensation practices of small business managers. They also provide a framework to guide these managers through the important decisions points in the business life cycle.

Kwiatek, Harlan J.; Karen Nakamura; and Margarete Chalker. (June 2010). State Tax Considerations of Passthrough Entities: Potential Concerns and Pitfalls. *Tax Advisor,* vol. 41, issue 6, pp. 418–22.

This article discusses taxes and regulation issues that vary from state to state in passthrough organizations such as partnerships, LLCs, and S corporations. Tax consequences can vary widely in each state and need to be evaluated carefully before deciding on a legal form or organization.

McKenzie, Meredyth. (January 2011). Efficient Guidance: How to Maintain an Effective Board of Directors. *Smart Business Columbus,* vol. 19, issue 4, p. 42.

An interview with an experienced director is discussed. The focus of the interview is to identify the qualities looked for when selecting a board member. It is felt that the board member must be assertive and prepared to be effective. The interview also focuses on the difference between a board of directors and a board of advisors.

Prescott, Gregory L.; Ellen K. Madden; and Mark R. Foster. (November 2010). Forms of Business Ownership: A Primer for Commercial Lenders. *Commercial Lending Review,* vol. 25, issue 6, pp. 27–31, 54.

This is an excellent article that reviews the common forms of business ownership. In particular the article discusses the risk factors involved in these different types of structures. The authors discuss issues related to ownership, legal status, and taxation.

Stamper, Connie. (June/July 2010). Hiring Tips for Small Business Leaders. *CMA Management,* vol. 84, issue 4, pp. 11–13.

The article stresses the importance of making great hiring decisions even though there is no in-house human resource department because of the size of the firm. It suggests that every hiring process should involve a well-written job description and a determination of the desired technical abilities and experience needed. Leaders of any business should follow up with all new hires.

Ward, John L.; and Corey Hansen. (July 2008). How to Assemble a Board of Advisors. *INC,* vol. 30, issue 7, pp. 61–64.

This is an excellent article that provides some important guidelines to consider when assembling a board of advisors. It begins with a determination of the venture's key success factors. The board members should be considered only if they fulfill the need to build the business. Thus, the experience should be consistent with the long-term goals of the company.

Westerlund, Elnar J. (March 2011). Four Simple Steps to Organizational Excellence. *Profit,* vol. 30, issue 1, p. 27.

The best practices needed to achieve organizational excellence are the focus of this article. It discusses a survey of the best small and medium employers in Canada that found that organizations with high employment engagement had the highest quality scores. The four best practices identified are teamwork, using one's influence as a leader, evaluating employees based on company goals, and being creative with staff development.

第10章

财 务 计 划

◐ **本章概要**

- ☐ 了解预算在编制预测报表中的作用；
- ☐ 理解为什么正的利润仍会带来负的现金流；
- ☐ 学习如何在企业运营的第一年编制每月的现金流预算、收入预算、预计资产负债表和资金来源及运用预算；
- ☐ 解释新企业盈亏平衡点的运用与计算；
- ☐ 了解可以选择用于编制财务报表的软件包。

◐ **开篇引例　谢家华**

许多创业者都有在销售中达到10亿美元的目标。谢家华（Tony Hsieh）在35岁的时候达到他成为CEO的目标。自23岁从哈佛大学毕业开始，他和他的同学Sanjay Madan为那些想要巩固大量广告而一揽子买进的广告人找到了机会，并且在随后的20世纪90年代初建立了LinkExchange公司。这种业务在2∶1的基础上提供小网站免费广告，意思就是一个会员在他们的网站上每显示两则广告，他们将保证在另一个成员的网站上获得一则免费广告。那些多余的、没有抵免的广告被Link Exchange公司出售给非会员，这样产生了可观的现金流。从1997年获得投资资本以来，这家公司被看作互联网广告市场的重要成员。随后1998年，该公司被微软公司以2.65亿美元购买。这一成功后，谢家华开始创办创业池，投资于互联网创业公司，如Ask Jeeves公司、Tellme网络和Zappos.com。1999年，作为一个投资者，谢家华开始猛烈地在Zappos.com中寻找长期潜力。最初他是Zappos.com的顾问，但是在2000年他作为公司的首席执行官全职加入这家公司，后来他完全接管了该公司。因为较低的房地产价格与丰富的呼叫中心人力资源，所以他将公司移到拉斯维加斯，在他的领导下，公司的销售额从2000年的160万美元增长到2008年的10亿美元。事实上，公司的销售额从1999～2008年每年都翻一番。

谢家华意识到当他加入Zappos.com的时候，互联网并不是消费者购物的主要选择，他发现制鞋行业每年可收入400亿美元。这一销售额主要是零售店销售的结果，只有

5%的销售来自邮购。他认为这是公司的一个机会，特别是他相信网购将超过邮购业务占销售额一定的百分比，这样他把400亿美元的销售额的5%作为企业经营的一个合理目标。

对一些零售商来说，谢家华的经营模式比较独特，但是这种模式已经表现得非常成功。谢家华的方法在于集中精力在顾客服务上，而Zappos则提供了自由购物、快速邮寄、一年365天的退货政策。他甚至将仓库迁往UPS枢纽附近的肯塔基州，以确保提供产品的快速交货，并且产品已经扩大到衣服、手袋和配件。那些以顾客服务为主的企业的主要目的是给顾客从开始购买到结束购买一个高质量的体验。所有员工一经录用，必须完成四个星期的客户忠诚度培训计划，以确保他们理解使公司如此成功的文化，确保聘用的严肃性。第二周，谢家华做了一个访问，提出如果他们想放弃或者退出程序，将给每个人提供2 000美元，只有1%的聘用者接受了他的提议。这家企业文化独特的地方包括提供午睡室、足额缴存的健康保险和谢家华自己掏腰包提供的与员工生活相关的支持，他认为这些策略的哲学思想是：只有快乐的员工才能提供更好的服务。

一旦谢家华赢得了一个客户（75%的客户陆续加入），公司就会试图通过让他参与各种网络社交媒体活动维持他的兴趣和利益。顾客被邀请提交他的观点，与别人分享他的经验，这样不仅提高了每个客户的忠诚度，而且也吸引了新的客户。

2005年，Amazon.com的创始者访问了Zappos的总部，想要购买该公司，那时候谢家华拒绝了他们，认为公司将有可能达到10亿美元的销售额。但是到2009年由于较差的经济环境，公司开始感觉到现金流的紧缩，加之公司从银行贷款的信贷额度是资产存货价值的50%，这使公司的现金流量仅有较小的灵活性。随着信贷紧缩以及董事会希望看到更多的利润，谢家华觉得除非他做出大幅度提高盈利能力的决定，否则他可能被迫离开首席执行官的职位。这个时候Amazon.com又打电话来，提出购买该公司，但是让它成为一个独立的实体，谢家华仍然是掌舵人。12亿美元的收购，公司拥有了资源去扩大营销力度，提高销售额和利润。一个新的董事会成立了，公司拥有了现金资源继续运行。2010年，公司增加了50%的净销售额，Zappos作为一家独立公司继续大步前行，在公司历史上的一个新时代，谢家华继续贡献他的创业策略。

财务预算为创业者提供了公司总体的资金情况、什么时候资金进入公司、资金的去向、公司留存多少现金比较合适和预计公司的财务状况。它提供了以短期为基础的预算控制，并且有助于防止创业企业常出现的现金短缺问题。如果没有详细的财务预算，在Zappos.com成立的早期，特别是其提供昂贵的客户服务时，Zappos.com将出现严重的现金短缺问题。最终Zappos的成长资金流量将成为问题，但是作为Amazon.com独立的部分，Zappos可以继续满足其财务目标。

财务计划必须被用来向任何潜在的投资者解释，创业计划如何满足所有财务上的义务要求，维持企业的资金流动，以便偿还债务或者在投资上有个好的回报。从总体上看，财务计划需要三年预计财务数据，以满足任何外部投资者的要求。

本章讨论了财务计划中应该包括的主要财务项目：预计利润表、现金流量预算、预计资产负债表、盈亏平衡分析预算。像我们在Zappos.com例子中看到的互联网初创公司的一些独特的财务特点，这些都将在下面进行讨论。

10.1 营业预算与资本预算

在编制预计利润表前，创业者需要准备营业预算与资本预算。如果创业者是独资经营者，那么他理应对预算进行决策。在有合伙人的情况下，或者有雇员的情况下，最初的预算过程可以开始于他们中的任何人，这取决于他在企业中的角色。例如，销售预算由销售经理准备，生产预算由生产经理完成等。而这些预算最终的决策将由企业的所有者或者创业者来完成。

在准备预计利润表前，创业者必须首先做一个销售预算，即估计每月的销售数量。销售预算是预算的关键。存在许多不同的方法可以用于预测销售，从特定的定性方法到更多的定量的方法，一些方法如回归分析、时间序列、平滑指数法不是本书研究的范畴。在许多实例里，创业者依靠更多的定性法去估计销售额。从销售预测开始，创业者就要决定这些销售的成本。在制造业企业中，创业者能够对这些生产成本进行内部比较，或者将其转包给其他制造商，同时也包括对期末存货需求进行估计，作为估计直接人工、原材料可能波动需求与成本的基础。

表 10-1 展示了一家企业运营前三个月的生产制造预算的样本表格。这将成为对这些产品（其中包括库存中的部分）生产成本的现金流进行预测的重要依据，这个预算的重要信息就是每月所需的实际产量和必要的以便满足需求突变的库存量。从表 10-1 中看出，1 月所需产量要大于预计销售量，这是因为要保留 100 件作为库存，2 月实际产量要考虑到 1 月的库存，同时要考虑当月的库存需求，如此每月库存的需求量将会随着销售量的增加而增加。这样预算决定了真正需要多少资金和资金的使用用途。在随后这节讨论的预计利润表中，其费用不包括存货的成本，除非它被真正地销售出去（作为商品成本体现在报表中）。因此，在那些需要高库存或者季节性需求变化明显的企业中，这种预算是估计现金需求的一种非常有效的手段。

表 10-1 企业前三个月生产预算的示例 （单位：件）

	1 月	2 月	3 月
预计销售量	5 000	8 000	12 000
预期期末库存	100	200	300
可用销售量	5 100	8 200	12 300
减：期初库存	0	100	200
所需总产量	5 100	8 100	12 100

完成销售预算后，创业者开始关注营运成本了。首先应该完成一份固定费用清单（与销售量无关），如租金、水电费、工资、广告费、折旧和保险费。对这些项目的成本估计可以通过个人经验或者行业标准来确定，或者还可以通过与房地产经纪人、保险代理以及顾问的直接接触来确定。关于财务预算报表中的行业标准，我们已在第 7 章中进行了探讨。对预计扩大空间、新雇员工和增加广告投入的预测可以适当地加入到这个预算中。每个月的费用不同主要是由销售活动和市场战略的改变造成的，包括劳动力、原材料、运输和招待费用等。这些多样的费用必须与商业计划中的战略相关。表 10-2 给出了一个营业预算的例子。在这个实例中，我们可以看到：由于增加了一个发货人，第三个月的工资增加了；由于这个产品的主要销售季节的临近，广告投入增加了；由于增加了雇员，工薪税也增加了。这个营业预

算加上表 10-1 的生产预算，为本章所讨论的预算报表提供了基础。

表 10-2 企业前三个月的营业预算示例 （单位：1 000 美元）

费用	1 月	2 月	3 月
工资	23.2	23.2	26.2
租金	2	2	2
水电费	0.9	0.9	0.9
广告费	13.5	13.5	17
销售费用	1	1	1
保险费	2	2	2
工薪税	2.1	2.1	2.5
折旧	1.2	1.2	1.2
办公费	1.5	1.5	1.5
费用合计	47.4	47.4	54.3

资本预算将提供影响企业一年以上的费用估算依据，例如，资本预算将预计新设备、车辆、计算机甚至是新工厂的耗费。资本预算还要权衡在生产过程中，制造成本与购买成本的大小，以及租赁设备、购买旧设备或者购买新设备的费用比较。由于这些决策的复杂性，包括资本成本的计算和用现值法估算的投资回报，建议创业者寻求会计人员的协助。

企业伦理示例 宽恕还是许可？雇主应该允许雇员从事副业吗

因为这个问题涉及伦理问题，我们就想到了一个棘手的问题，为什么我们管格雷戈里（Gregory）叫仙童。他是弗吉尼亚大学达顿商学院的工商管理系副教授，主要讲授战略、创业学和伦理学。他说他在外面工作的问题往往可以提炼出简单的方程式，"这应该有一个相对隐含的具体协议，关于从事副业工作应该有一个什么程度"。

然而仙童承认，即便是明确的协议也可以包含"合理数量的灰色"，因而被各种各样的律师解释。仙童说："他允许达顿员工追求额外的工作，但这只能受高校人力资源或人员法律的管理。"

当然，当谈到一个创业者寻求知识产权保护，或者某些行业容易受到思想侵犯，如生物技术、IT 行业的时候，从事额外副业工作的问题变得尤其重要。仙童说可以从事外部副业的政策，可以给任何规模的任何公司带来困境。

重点问题是雇主与雇员之间的相互透明度问题。因为对于这个问题不同国家的法律是不同的，创业者在制定外部工作政策时应该先寻求法律顾问的咨询，然后再清楚地向员工解释什么是允许的，什么是不允许的。使员工们惊讶的是，雇主不仅同意员工外部工作的要求，而且雇主还要进行风险投资。同时仙童发现"有些人认为请求原谅比允许更容易"。

对于创业公司来说，伦理问题变得更加微妙，因为创业本身就是一个带有危险性的命题。仙童说，员工可能会觉得他们有权利通过追求额外的工作以补偿对现有工作所下的赌注。和《财富》500 强公司比，员工违反创业企业的外部工作政策，雇主的反应会更加强烈。

"引导阶段的初创企业的需要是非常关键的"，他说，知道资源是多方面的，也就是说与成熟企业的员工相比初创企业的员工会感到更加容易被侵犯。

仙童指出创业者和员工都适合他所说的镜子测试，当你看着镜子中的自己，不知道自己所做的是否正确的时候，你是否有畏惧的一刻，如果有的话，那有必要继续讨论下去。

资料来源：Reprinted with permission of Wright's Media, "Forgiveness or Permission ?" Christopher Hann, January 2012, *Entrepreneur*, p21.

10.2　销售预算

正如早期时候有许多不同的预测销售的方法一样，也存在一些定量的方法和定性的方法，大多数初创企业不采用任何定量方法，而更多的是依靠定性的方法估计销售。这里我们主要是使大家明白如何用简单可行的定性方法预计销售，首先，创业者要收集同行业中其他初创企业的任何信息，通过分析他们的经历往往可以得出早期销售的合理期望。当地商会或任何其他商业组织，可以提供在第一年内销售的信息。不管创业者用哪种方法，他们必须知道销售预测也许不正确，因为这是创业者就不同层次的活动提供的销售预测，销售预测可以显示在一个水平，或者几个如低于 5% 或低于 10% 的水平上。任何销售预测都反映了不同市场的假设，显示了成本与利润以及每个销售预测的损失。

预计利润表需要每月的预算，重要的是它不只是做一个销售预测的和除以 12，每个月的销售可能会有所不同，这取决于产品的季节性，这种季节性需要体现在月度预测中。除此之外，战略的改变也将影响销售，在估计销售预算时也应对此进行考虑。用尽可能多的信息去估计销售预算可以提供一个更为有意义的预计利润表。

10.3　预计利润表

第 8 章中提及的销售计划提供了未来 12 个月的销售量预测，由于销售是收入的主要来源，并且其他的营业活动和费用都与销售量有关，所以销售量通常应该首先被确定。

表 10-3 总结了 MPP 塑料公司第一年运营的所有利润数据。该公司主要为客户提供塑料模具，其客户包括一些硬质产品制造商、玩具制造商和家电制造商。从表 10-3 的**预计利润表**（the pro forma income statement）中可以看出，该公司从第 11 个月开始盈利，已售货物的成本一直保持在销售收入的 50% 左右。

表 10-3　MPP 塑料公司第一年月度预计利润表　（单位：1 000 美元）

	1 月	2 月	3 月	4 月	5 月	6 月	7 月	8 月	9 月	10 月	11 月	12 月	合计
销售量	20.0	32.0	48.0	70.0	90.0	100.0	100.0	100.0	80.0	80.0	120.0	130.0	970.0
减：已售产品成本	10.0	16.0	24.0	35.0	45.0	50.0	50.0	50.0	40.0	40.0	60.0	65.0	485.0
毛利	10.0	16.0	24.0	35.0	45.0	50.0	50.0	50.0	40.0	40.0	60.0	65.0	485.0
营业费用													
工资[1]	23.2	23.2	26.2	26.2	26.2	26.2	26.2	26.2	26.2	26.2	26.2	26.2	308.4
租金	2.0	2.0	2.0	2.0	2.0	2.0	2.0	2.0	2.0	2.0	2.0	2.0	24.0
水电费	0.9	0.9	0.9	0.8	0.9	0.8	0.9	0.9	0.9	0.8	0.9	0.9	10.3
广告费	13.5	13.5	17.0	17.0	17.0	17.0	14.0	14.0	14.0	21.0[2]	17.0	17.0	192.0
销售费用	1.0	1.0	1.0	1.0	1.0	1.0	1.0	1.0	1.0	1.0	1.0	1.0	12.0

（续）

	1月	2月	3月	4月	5月	6月	7月	8月	9月	10月	11月	12月	合计
保险费	2.0	2.0	2.0	2.0	2.0	2.0	2.0	2.0	2.0	2.0	2.0	2.0	24.0
工薪税	2.1	2.1	2.5	2.5	2.5	2.5	2.5	2.5	2.5	2.5	2.5	2.5	28.2
折旧[2]	1.2	1.2	1.2	1.2	1.2	1.2	1.2	1.2	1.2	1.2	1.2	1.2	14.4
办公费	1.5	1.5	1.5	1.7	1.8	2.0	2.0	2.0	1.8	1.8	2.2	2.2	22.0
营业费用合计	47.4	47.4	54.3	54.4	54.5	54.7	51.8	51.8	51.6	58.5	54.9	55.0	636.3
总利润	（37.4）	（31.4）	（30.3）	（19.4）	（9.5）	（4.7）	（1.8）	（1.8）	（11.6）	（18.5）	5.1	10.0	（151.3）

① 第三个月增加了一个发货人；
② 72 000美元的厂房和设备采用直线法五年计提折旧。

在准备编制利润预算时，应该首先计算出月度销售量。如上所述，销售可以采用不同的方法进行预测，但再次对营销战略或季节性等因素变化导致的销售量变化进行估计是必要的。我们可以预见到，任何新建企业是需要花费一些时间来获得一定的销售量的，在特定情况和时期，某些月份实现这些销售所增加的成本会不成比例地提高。

网络创业企业的销售收入通常更加难以预算，因为它们需要投入更多的广告费用来吸引客户到它们的网站上去。例如，一家网络礼品公司在建立的前几个月很难获得销售量，直到它的网站有了一定的知名度。为了获得知名度，通常需要大量的广告费用（随后章节中将对此进行探讨）。现在，通过网站的"点击率"可以获得一些相关数据，这样，网络礼品创业公司就可以预测每天或者每个月的平均点击率。通过点击率的数据，就可以预测出真正想从网站上购买产品的顾客数量，同时也可以预测出每笔交易的平均交易额。用点击率的合理百分比乘以平均交易额，就能够估算出，网络创业企业的销售收入。

预计利润表提供企业建立第一年每个月的营业费用预算。正如前面表10-2所示，这些费用支出的每一项都应该被列出来，并且进行仔细的估算，这样就能保证任何增加的费用都能够被加入到相应的月份中。例如，当超出了销售范围或者雇用了新的销售人员、销售代表时，诸如差旅费、佣金、招待费等销售费用就会增加。与销售相关的花费在公司初创期也会比较高，因为为了促成每一笔交易，公司需要进行电话销售，特别是当公司不为人所知的时候。产品销售成本，既可以直接通过生产单位产品的成本乘以销售产品的数量来确定，也可以使用行业标准，由销售额的固定比例来确定。例如，以酒店为例，全国酒店协会或者食品营销协会颁布了产品成本占销售额的比例，这些比例是通过对协会成员和酒店行业的研究来确定的。其他行业也公布了行业的成本率水平，这些数据资源可以在表7-2中找到，贸易协会、贸易杂志也经常在行业时事通讯或贸易的文章中引用这些比率。

企业的薪资能够反映企业的雇员数量，同时也能反映他们在组织中的作用（如第9章的组织计划所述）。随着业务扩大而增加的新雇员，其成本费用应该包括在预计利润表中，比如3月份，增加了一名发货人员。薪资方面的其他增长也可以反映薪资水平的提高。

创业者应该考虑随销售额的增长而增加的销售费用，随着新雇员的加入或者薪资水平的提高而调整税金，随着销售额的增加而增加的办公费用，还要随着销售季节的变化或者单纯由于企业创业初期的前几个月为了提高知名度广告预算会更高，而调整广告预算。这些调整都发生在我们MPP塑料公司的案例中（见表10-3），并且在第一年的月度利润预算中得以体现。任何一些值得注意的变化都在利润预算中标记出来，并在表格下方加以解释。

除了创业第一年制定月度利润预算外，第二年和第三年也应该做预算，通常投资者希望看到三年的利润预算。第一年的预算合计已经在表 10-3 中列明了，表 10-4 展示了创业前三年的年度利润预算。第一年各项支出占销售额的百分比可以为创业者预算第二年的费用和销售额提供参考；然后这些比例可以在制定第三年的预算中加以考虑。此外，每年销售额百分比的计算是一种有效财务控制的方式，创业者可以以此确定对于销售收入而言各项费用是否过高。与第一年和第二年相比，在公司创建的第三年，它会希望能够大幅度提高其利润。在某些情况下，创业者会发现新创企业直到第二年或者第三年才开始盈利，这往往取决于企业的性质和创业成本。例如，与高技术企业或者需要大量资本货物和设备投入的需要较长时间恢复的企业相比，服务导向型的企业可以花更短的时间进入获利阶段。

在 MPP 塑料公司的预算表中（见表 10-3、表 10-4），我们可以看出，企业在建立第一年的第 11 个月开始盈利。自第二年起，企业不需要在广告方面投入更多的钱，随着销售额的增长，盈利达到 16 300 美元。然而，第三年企业增加了雇员，但是销售增加了 26%，最终实现净利润 127 900 美元。

表 10-4　MPP 塑料公司创业前三年利润预算概要　　（单位：1 000 美元）

	百分比	第一年	百分比	第二年	百分比	第三年
销售额	100.0	970.0	100.0	1 264.0	100.0	1 596.0
减：已售产品成本	50.0	485.0	50.0	632.0	50.0	798.0
毛利	50.0	485.0	50.0	632.0	50.0	798.0
营业费用						
工资	31.8	308.4	24.4	308.4	21.8	348.4
租金	2.5	24.0	1.9	24.0	1.5	24.0
水电费	1.1	10.3	0.8	10.3	0.7	10.3
广告费	19.8	192.0	13.5	170.0	11.3	180.0
销售费用	1.2	12.0	10.	12.5	0.8	13.5
保险费	2.4	24.0	1.9	24.0	1.5	24.0
工薪税	3.0	29.2	2.3	29.2	2.0	32.0
折旧	1.5	14.4	1.1	14.4	0.9	14.4
办公费用	2.3	22.0	1.8	22.5	1.5	23.5
营业费用合计	65.6	636.3	48.7	615.3	42.0	670.1
利润总额	(15.6)	(151.3)	1.3	16.3[①]	8.0	127.9[②]
税金	0.0	0.0	0.0	0.0	0.0	0.0
净利润	(15.6)	(151.3)	1.3	16.3	8.0	127.9

①② 由于第一年的亏损弥补，第二年和第三年没有发生税金。

在预算第二年和第三年的营业费用时，可以首先关注那些随着时间的推移保持稳定的支出，诸如折旧、水电费、租金、保险费和利息等项目，这些项目通常保持不变，除非企业购买新设备或扩大厂房。一些公用费用支出，如热能和电能费用，可以利用每平方英尺的行业标准费用来计算，一些新建企业通常采用这种方法。

销售费用、广告费用、工资和税金可以按预测的销售净额的一定比例来计算。在计算营业费用的预测值时，出于编制计划的初衷，最重要的是要保守一些。保守估计赚取合理的利润，使人们有理由相信新创企业的成功潜力。

对于网络创业企业而言，资本预算和营业费用将发生在设备的购买或租赁、存货和广告费用等方面。例如，在前文中提到的网络礼品公司，就需要购买或者租赁大量的计算机设备来满足互联网潜在客户的需要。与其他零售商店相同，库存费用也是基于对销售收入的预测而产生的。然而，广告费用将会是巨大的，这样才能提高网站的知名度。这些费用通常还发生在诸如 Yahoo、Lycos、Google 等搜索引擎链接上；一些知名杂志的网站中的链接，如杂志《女人的一天》《家庭圈》《美好家园和花园》以及在杂志、电视、广播和印刷品中存在的大量媒体广告，之所以在这些方面投入广告，是因为它们能将其与目标市场相联结。

10.4　现金流预算

现金流与利润不同。利润是从销售额中减去费用后的结果，而现金流则是实际现金收入与现金支出的差额。现金流量只有当实际支付或收入时才会发生。如果有人给你100美元让你为其工作，你完成工作时可以将其作为收入，如果你想把这100美元花费在超市，你必须让它们同意你赊账（你将欠它们商品）或者同意用信用卡消费，这实际上是，你有100美元的收入，但是没有现金流入，你花费了100美元的支出，但是没有用现金支付。销售额不能被视为现金，因为买家至少要30天才支付，这非常常见。此外，并不是所有的账单都能立即支付。就像购买者至少要30天才会付款，你在消费的时候同样也会这样做。这些用信用支付的费用，仍然作为费用计入利润表中。另外，用现金归还贷款本金，并不构成企业的费用支出，但却造成现金的减少，只有利息费用被认为是费用支出。同样，固定资产的折旧属于费用支出，会减少利润，但是却没有现金流出。

对于网络创业企业来说，比如前面所提到的礼品公司，交易中包括使用信用卡的情况，这样销售额中的一部分将作为费用支付给信用卡公司，通常是销售额的1%～3%，不同的信用卡公司收取的费用率不同。因此，由于这种费用的发生，每笔交易中只有97%～99%的收入成为了净利润。

正如这章前面所提到的，新建企业所面临的一个主要问题之一就是现金流量。在很多情况下，由于缺乏现金获利性的公司最终都失败了。因此，如果有明显的负现金流存在，用利润作为衡量新建企业是否成功具有一定的欺骗性。

从严格的会计目的看有两种标准方法可以用来预算现金流：直接法和间接法。最流行的方法是间接法，在表10-5中对此进行了描述。这种方法的目的不是为了重复利润表中包括什么，而是要明确对净利润进行的一些调整，因为实际上真实的现金也许没有被实际收到或者支付。例如，在净利润中包括一笔1 000美元的交易，但是如果这笔钱没有被支付，那么就没有实际收到现金。因此，对于现金流而言，没有从这笔交易中获得的现金。为了对现金流进行简化和内部控制，许多创业者喜欢现金流入，而不喜欢现金支出。这种方法能够快速定位新企业的现金，同时也是比较易于理解的。

表 10-5　现金流预算：间接法

经营活动现金流（＋或－表示净利润的增减）	
净利润	×××
净利润的调整：	
非现金非经营项目：	

（续）

经营活动现金流（＋或－表示净利润的增减）	
＋折旧和摊销	×××
由当前资产或债务的变化带来的现金：	
应收款的增（＋）或减（－）	×××
存货的增（＋）或减（－）	×××
预付账款的增（＋）或减（－）	×××
应付账款的增（＋）或减（－）	<u>×××</u>
经营活动所带来的净现金流量	×××××
其他活动现金流量	
资本支出（－）	（×××）
偿还债务（－）	（×××）
分红（－）	（×××）
股票出售（＋）	<u>×××</u>
由其他活动带来的净现金流量	（×××）
现金的增加（减少）	×××

对于创业者来说，做每个月的现金预算是很重要的，就像做月度利润预算一样。现金预算中的数据来自前面的预计利润表，只是为了说明现金的时序变化进行了修正。如果在任意时间段内流出量大于流入量，创业者需要借入资金或者往银行账户中存入现金，来支付高出的支出部分。大量的正现金流出现时，需要将其投入短期原料中，或者存入银行以支付将来可能出现支出大于收入的部分。通常，刚刚建立的前几个月，企业都需要外部现金（债务）来支付现金支出。随着创业的成功，资金收入的积累，创业者就能够承担得起负的现金流了。

表 10-6 阐述了 MPP 塑料公司建立后 12 个月的现金预算。从表中可以看出，在前 11 个月的运营过程中收入减去支出后现金流是负的。对于新建企业而言，出现负现金流的可能性非常高，在出现正的现金流前，负现金流数额和持续的时间却是不同的，这完全有赖于企业的业务特点。在第 13 章中，我们将探讨创业者如何在企业创建的前几年对现金流进行管理。这一章我们主要关注在风险出现之前如何预测现金流。

表 10-6　MPP 塑料公司创建第一年月度现金预算　　　（单位：1 000 美元）

	1 月	2 月	3 月	4 月	5 月	6 月	7 月	8 月	9 月	10 月	11 月	12 月
流入												
销售额	12.0	27.2	41.6	61.2	82.0	96.0	100.0	100.0	88.0	80.0	104.0	126.0
流出												
购买设备	72.0	—	—	—	—	—	—	—	—	—	—	—
产品成本	8.0	14.8	22.4	37.6	43.0	49.0	50.0	50.0	42.0	40.0	56.0	60.0
工资	23.2	23.2	26.2	26.2	26.2	26.2	26.2	26.2	26.2	26.2	26.2	26.2
租金	2.0	2.0	2.0	2.0	2.0	2.0	2.0	2.0	2.0	2.0	2.0	2.0
水电费	0.9	0.9	0.9	0.8	0.8	0.8	0.9	0.9	0.9	0.8	0.8	0.9
广告费	13.5	13.5	17.0	17.0	17.0	17.0	14.0	14.0	14.0	21.0	17.0	17.0

（续）

	1月	2月	3月	4月	5月	6月	7月	8月	9月	10月	11月	12月
销售费用	1.0	1.0	1.0	1.0	1.0	1.0	1.0	1.0	1.0	1.0	1.0	1.0
保险费	2.0	2.0	2.0	2.0	2.0	2.0	2.0	2.0	2.0	2.0	2.0	2.0
税金	2.1	2.1	2.5	2.5	2.5	2.5	2.5	2.5	2.5	2.5	2.5	2.5
办公费用	1.5	1.5	1.5	1.7	1.8	2.0	2.0	2.0	1.8	1.8	2.2	2.2
存货①	0.2	0.4	0.6	0.6	0.8	0.8	1.0	1.0	1.0	1.0	1.2	1.2
总流出	126.4	61.4	76.1	91.4	97.1	1 036.3	101.6	101.6	93.4	98.3	110.9	115.0
现金净流量	（114.4）	（34.2）	（34.5）	（30.2）	（15.1）	（7.3）	（1.6）	（1.6）	（5.4）	（18.3）	（6.9）	11.0
期初结余②	300.0	185.6	151.4	116.9	86.7	71.6	64.3	62.7	61.1	55.7	37.4	30.5
期末结余	185.6	151.4	116.9	86.7	71.6	64.3	62.7	61.1	55.7	37.4	30.5	41.5

① 存货按成本或平均 2.00 美元 / 单位计算。

② 企业建立的前三年，三位创始人分别投入 100 000 美元作为营运资本。三年以后企业就需要利用负债或者股权融资来进行扩张。

　　要预测现金流，一个最困难的问题就是如何准确地确定月度收入和支出。有必要进行合理的假设和保守的估计，这样才能有足够的资金来支付现金流是负的月份。在 MPP 公司中，我们假设每个月销售额的 60% 可以以现金的方式收取，而剩下的 40% 则将在下一个月支付。这样在 2 月，来自销售的现金流入总计为 27 200 美元，这一结果是这样得出的：2 月份销售额 32 000 美元的 60%，即 19 200 美元，加上 1 月销售额的 40%（0.40×20 000 美元 = 8 000 美元），也就是直到 2 月才支付的部分，这样就得出 2 月流入的全部现金为 27 200 美元。依此类推，就可以算出企业创建后的第一年其他月份的现金收入。

　　对于产品成本支出也应该进行类似的假设。在我们的案例中，假设每个月实际发生的产品成本的 80% 在当月支付，剩下的部分则将在下一个月支付。在表 10-3 中，我们可以找到，2 月的实际产品成本是 16 000 美元。然而，我们只实际支付这一数额的 80%，同时还要支付 1 月没有支付的那 20% 的已售产品成本。因此，2 月实际以现金形式支付的产品成本为：0.8×16 000+0.2×10 000，即总额为 14 800 美元。

　　通过保守的估计，每月的现金流就可以被确定下来。这种现金流量预算将会帮助创业者来确定他需要多少资金来满足企业的现金需求。在我们的案例中，该企业的初始资本为 300 000 美元，三位创始人每人出资 100 000 美元。我们可以看到，在企业运营的第 12 个月出现了正现金流，这时尽管低于预测，企业仍留有可用的 41 500 美元的现金。如果该案例中的创业者使用贷款创建企业，那么他们就应该在利润预算中将所支付的利息作为营业费用列出来，同时将归还银行的贷款作为现金流出，而不是营业费用。如果创业者没有意识到债务属于现金流流出，而利息则属于营业费用，这种情况通常会引发一些现金流问题。

　　创业者应该记住与利润预算一样，现金流量预算也是基于良好的估计而产生的。对于在经济环境较差情况下成立的公司来说，不断地调整现金流量预算是十分必要的，也可以保护企业免于遭受危及企业生存的灾难。无论是估计还是预算都应该尽可能考虑得全面一些，这样那些潜在的投资者才能理解这些数据的产生。

　　无论是进行利润预算还是进行现金流预算，提出基于公司业务成功程度的相关设想有时是非常有用的。这些设想和预测不仅能够有助于利润预算和现金流量预算的进行，更重要的是能够使创业者熟悉影响企业运营的因素。

《商业新闻》

为创业企业的现金流问题提供建议

Hot & Cold 公司是一家位于弗吉尼亚州的雪兰多山谷核心地带的管道与供暖公司。随着房地产业的繁荣，其销售额由每年 700 万美元增长到连续四年的 1 400 万美元。但是随着公司规模的扩大，它的问题成倍地增加，没有销售金额可以覆盖这些问题，由于经济衰退和管理不善的持续，每年的销售额开始下降到 200 多万美元。

过去五年的数据显示，公司失去的机会与糟糕的财务管理导致公司利润减少了 500 万美元，每年加班费用就有 25 万美元。今天的 Hot & Cold 公司销售额为 600 万美元，损失为每年超过 100 万美元。银行为此很担心，准备撤销对该公司的信用额度。新的稳定的业务已经枯竭了，三个所有者的生活危在旦夕，旧的摇钱树已经变成了泡影。

为了使公司生存下去，他们抵押了自己的家园，在较高的高利贷利息下，刷爆信用卡，兑现了他们的养老金。员工均士气较低，并常打电话，因为他们确信他们明天将失去工作。结果，剩下的少数客户非常不满，并威胁要把生意转移给其他公司。

解决方案：控制，控制，再控制

Hot & Cold 公司的三位所有者有三个选择：摆脱个人的巨大破产危机；希望有一个大客户去营救他们，帮助他们偿还巨额债务；自身控制业务。他们挣扎在破产的边缘，但还不算太晚。

三个合伙人接管了公司，创立了 Hot & Cold 公司，但并没有参加管理者的训练。他们有勤劳的、有才华的承包商和工程师，这些人拥有如何将管道安装工程完成的知识，但是他们职业生涯的大部分是在为别人工作。

首先，他们需要与每个部门的主管坐下来，共同开发一个可行的现金管理计划。他们需要对他们的指示明确，并且强有力地执行，如果不遵守的话后果将不堪设想。在星期一的早上8 点举行部门会议，讨论公司的指令，然后在周五下午 6 点再次开会，看看完成了什么，没有完成什么。任何的工作都需要从头到尾的细致监控。

这也许会受到伤害，Hot & Cold 公司需要大刀阔斧的内部改革，包括营运成本的大幅度削减，这种改革不能是温和的。至少有 20% 的员工即 50 人将被解雇，他们需要大量收回客户所欠的货款，为了获得资金，他们只能进行现金折扣销售和接受一部分的付款。

我还建议他们与银行面对面谈判。如果他们采取了我的建议，他们将能够恰当地采取成本控制措施和防止丧失抵押品赎回权的贷款。

给创业者的建议

一个创业者朋友看到了上面的文章，向你询问一些建议：

1. 我应收账款的平均收现期为 75 天，我是否应该担心这会影响到我的现金流？

2. 我应该如何做去更快地支付我的账单？

3. 我的业务是盈利的，但我似乎总是在每个月月底时出现现金短缺？这是为什么？

资料来源：Reprinted with permission from George Cloutier with Samantha Marshall, " Solve Your Cash-Flow Problem to Stay in Business," *Bussinessweek*, July 24, 2009.

10.5　资产负债表预算

在第一年年末，创业者还应该准备一份预计的资产负债表来描述财务状况。这将需要使用利润预算和现金预算表来帮助说明一些数据。

资产负债表（the pro forma balance sheet）反映第一年年末的财务状况。它总结了资产、负债和所有者权益的净值。换句话说，它提供了创业者衡量其偿付能力的方法。例如，对于那些一年内变现的流动资产和一年内偿还的流动负债的比率分析，可以揭示企业能否支付各项账单。这个比率小于1:1将表示企业需要现金流入以满足目前的还债义务。

每一笔交易都会影响到资产负债表，但由于时间和费用上的约束，通常是按周期性的间隔（即每季或每年）编制资产负债表。因此，资产负债表是某一时点财务状况的描述，而不是一段时期的描述。

表10-7列出了MPP塑料公司的资产负债表。从表中可以看出，资产总和等于负债与所有者权益总和。其中每一项解释如下：

1. 资产

它代表了企业所拥有的所有价值。价值并不一定意味着变现成本或其市场价值，而是指实际成本或费用。资产分为流动资产和固定资产。流动资产包括现金以及其他任何在一年或更短时期内预期可转换成现金或用于消费的资产项目。固定资产是指那些使用寿命将是相当长的一段时间的有形资产。流动资产主要来源于新企业的客户应收账款或者现金。管理好这些应收账款对于公司的现金流非常重要，因为客户偿还账单时间越长，新创企业的现金压力越大。关于应收账款的管理将在第13章中进行具体的探讨。

2. 负债

其账户代表欠债权人的一切。其中一些是在一年内兑现的流动负债，其他的是长期负债。在我们的MPP塑料公司的例子中没有长期负债，因为投资的资金来自创始人的初始投入。不过，为了将来购置设备或额外的资本增长，企业家需要从银行借钱，那么在资产负债表中长期负债将以应付票据的形式显示，相当于借款的本金。如前所述，这些票据的利息在利润预算中列为费用，任何的本金偿还都将在现金流量表中体现，随后年末的资产负债表上将只显示应付票据余额。虽然迅速支付应付账款可以建立良好的信用评级以及与供应商良好的关系，但为了更有效地管理现金流，往往需要延期付款。理论上，任何企业的所有者都希望厂商能准时支付货款，以便自己可以准时支付任何到期的账款。不幸的是，在经济衰退期，为了更好地管理现金流，许多公司拖欠账款。而这种策略的问题是，创业者可能觉得减缓支付账单将产生更好的现金流，但他们可能发现客户也在想同样的事情，其结果是没有任何人获得现金优势。这些问题将在第13章做更详细的探讨。

3. 所有者权益

其数额等于资产超过负债的数额，它代表经营的净值。MPP塑料公司的三位所有者投入的300 000美元，是包括在所有者权益或资产负债表中的净值部分。经营产生的任何利润也将纳入净值作为留存收益。在MPP塑料公司的例子中，由于第一年遭受的净亏损，其留存收益是负的。因此，收入增加了资产和所有者权益，而费用减少了所有者权益，同时也增加了负债或减少了资产。

表 10-7　MPP 塑料公司第一年年末资产负债表

资产		
流动资产		
货币资金	41.5 美元	
应收账款	52.0	
存货	<u>1.2</u>	
流动资产合计		94.7
非流动资产		
固定资产	72.0	
减：累计折旧	<u>14.4</u>	
非流动资产合计		<u>57.6</u>
资产总计		152.3 美元
负债和所有者权益		
流动负债		
应付账款	<u>13.0 美元</u>	
负债合计		13.0
所有者权益		
K.Peters	100.0	
股本　C.Peters	100.0	
J.Welch	100.0	
未分配利润	（160.7）	
所有者权益合计		139.3
负债和所有者权益总计		152.3 美元

10.6　盈亏平衡分析预算

在企业建立的初始阶段，盈亏平衡分析有利于创业者知道何时可以实现利润，还将帮助其进一步洞察新创企业的财务潜力。盈亏平衡分析是一个有用的方法，用来确定为了达到收支平衡，有多少单位商品必须被售出。

从表 10-3 的预测中我们已经知道，MPP 塑料公司将在第 11 个月开始盈利。不过这并不是盈亏平衡点，因为无论售出多少产品，在该年剩余的时间里该公司还有任务必须完成。这些任务或固定费用，必须由销售额抵消，从而让公司能够收支平衡。因此，盈亏平衡是指既不盈利也不亏损的销售量。

盈亏平衡点显示了能抵消总可变费用和固定费用的销售额。只要销售量超过盈亏平衡点即售价高于单位成本（可变成本），企业将实现盈利。盈亏平衡公式推导如表 10-8 所示。公式如下：

$$盈亏平衡点\ [B/E(Q)] = \frac{总固定成本\ (TFC)}{销售价格\ (SP) - 单位可变成本\ (VC/Unit)}$$

只要售价大于单位可变成本，则有些收入可被用来支付固定成本。最后，这些收入将足以支付全部固定成本，而此时公司已经达到了盈亏平衡。

计算盈亏平衡的主要难点在于确定某项成本是固定的还是可变的，对于新创企业这需要一定的判断。然而，将诸如折旧、工资与薪金、租金、保险费等确定为固定成本是合理的。

而原材料、销售费用如销售佣金以及直接人工等最可能作为可变成本。单位可变成本通常都是通过直接人工、直接材料和其他费用等单位发生额分配得到的。

在 MPP 塑料公司的例子中，生产的塑料零件制品是提供给玩具业、硬件和电器制造商的。由于该公司很可能会以不同的价格出售大量的这些零件，我们有必要做一个假设，即在产量和销售收入的基础上制定平均销售价格。公司确定的这些零件的平均单位销售价格为 4 美元。从前面的预计利润表（表 10-4）中我们看到，第一年的固定成本为 636 300 美元。同样，从该例中我们可以知道，产品销售成本占销售收入的 50%，所以我们可以假设单位可变成本为 2 美元。通过这些计算，我们可以确定企业的盈亏平衡点的销量如下：

$$B/E = \frac{TFC}{SP-VC/\text{Unit}} = \frac{636\ 300\ \text{美元}}{4.00\ \text{美元} - 2.00\ \text{美元}} = \frac{636\ 300\ \text{美元}}{2.00\ \text{美元}} = 318\ 150\ \text{件}$$

如果销量超出 318 150 件，每单位销量将盈利 2 美元，低于这个数字将会对公司造成损失。在这种情况下，如果公司生产多种产品，将固定成本分配到每一种产品上是可行的，则有可能对每一种产品计算盈亏平衡点。固定成本取决于作为每一种产品的销售预测的加权成本。例如，如果假设产品 X 占 40% 的销售额，则有 40% 的固定成本应分配给该产品。

在 MPP 塑料公司的例子中，因大规模的不同产品数量和大量的客户购买，不适合对任何个别产品进行盈亏平衡计算。在这种情况下，我们可以估计所有产品的平均销售价格以此进行计算。

表 10-8　盈亏平衡公式推导

根据定义，盈亏平衡点是总收入（TR）	= 总成本（TC）
同样地，根据定义：	
总收入（TR）	= 销售价格（SP）× 产品数量（Q）
同时，总成本（TC）	= 总固定成本（TFC）[1] × 总可变成本（TVC）[2]
因此，$S \times PQ = TFC + TVC$	
而总可变成本（TVC）	= 单位可变成本（VC/Unit）[3] × 产品数量（Q）
因此，$SP \times Q = TFC + (VC/\text{Unit} \times Q)$	
$(SP \times Q) - (VC/\text{Unit} \times Q)$	= TFC
$Q(SP - VC/\text{Unit})$	= TFC
最后，盈亏平衡点 [Breakeven（Q）]	$= \dfrac{TFC}{SP-VC/\text{Unit}}$

[1] 固定成本是指那些在不改变目前的生产能力的情况下，不随产量变化而变化的成本。
[2] 可变成本是指那些受产量变化影响的成本。
[3] 单位可变成本是生产单位产品的成本。这个成本在确定的生产范围内是不变的。

盈亏平衡的一个独特方面是它可以很形象地展示出来，如图 10-1 所示。此外，创业者可以尝试在不同的情况下（比如不同的销售价格、不同的固定成本和 / 或可变成本），确定其对盈亏平衡及利润的影响。

10.7　资金来源与运用预算

资金来源与运用预算表，展示了如何处置生产运营所得和融资所得。其目的是显示净利润和融资如何用于增加资产或清偿债务。

（单位：1 000 美元）

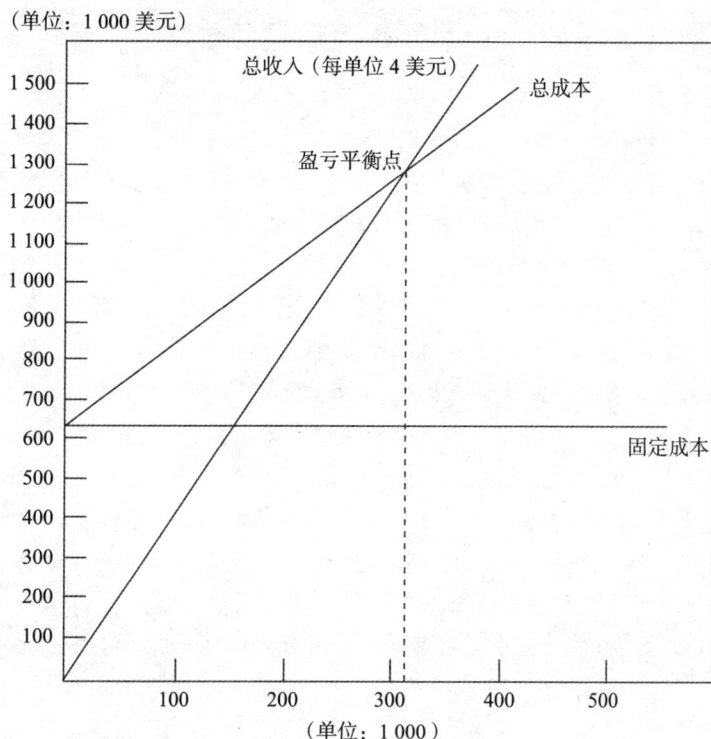

图 10-1　盈亏平衡分析图解

　　然而，对于创业者来说知晓净利润是如何被处置的、经营活动现金流动的影响是比较困难的。现金从哪里来的？如何使用？在此期间，资产项目发生了什么变化？

　　表 10-9 显示 MPP 塑料公司运行第一年后的资金来源及使用情况。多数资金来自个人投入及贷款。在第一年年底实现盈利，这将增加资金的来源。折旧被加回，因为它并不是一项付现成本。因此，典型的资金来源来自生产经营、新投资、长期借款及资产出售收入。资金的主要用途是增加资产，偿还长期负债，减少所有者或股东权益，并支付股利。资金来源及运用表强调了这些资本运营项目的相互关系，有助于创业者及投资者更好地了解公司的财务状况以及公司财务管理政策的有效性。

表 10-9　MPP 塑料公司第一年年末的资金来源及运用预算

资金来源		
投资者自有资金	300 000 美元	
经营净收入（或损失）	（151 300）	
加折旧	14 400	
资金供给总计		163 100 美元
资金运用		
设备购置	72 000 美元	
存货	1 200	
资金消耗总计		73 200
营运资本净增加		89 900
		163 100 美元

《商业新闻》　　　　**Broadcastr.com 公司的故事**

作为一个潜在的投资者，你一直都在寻找可能是一家很好的风险投资的初创公司，你注意到一些有关你的 iPhone 和 Android 的新计算机程序新应用的有趣文章。读完下面的描述，你咨询一个好朋友，他也是一个私人投资者，来谈论这项新的业务。在这次会面中，你主要想谈论什么问题？如果一切都在对方掌控中，你该如何做决定？

Broadcastr.com 是一家新的应用程序开发企业，位于纽约市，它允许你创建和共享音频和视频经历以及一些有重要意义的故事。它有四个全职员工和六个自由职业者和实习生。合伙创始人安迪·亨特（Andy Hunter）和斯科特·林登鲍姆（Scott Lindenbaum）于 2011 年 3 月启动了测试网站，其目标是关于位置移动技术的有趣故事。它的工作方式是，如果一个人想把重大的事件，如参观历史古迹，在一家独特的餐厅用餐，甚至是一个有趣的事件，可以用 iPhone 或者 Android 把这些事件编成故事存储起来。网站在不久的将来也会有这样的选择。到目前为止，故事提交以每月 25% 的增长速度增长。最近公司与 Simon & Schuster 公司合作，从普利策奖得主大卫·麦卡洛（David McCullough）的音频书中得到八个专用音频摘录。用户可以在提供这些摘录的时候免费访问应用程序。

一个主要的问题是公司如何产生收入？公司正在考虑几个创收的手段，如赞助商赞助和与合作伙伴合作。例如，公司已与 Fodor 合作，任何人都可以找到有关旅行、食品和可以参观地方的指南，这样用户旅行时可以购买这些信息。公司还计划为其业务介绍投入更多的广告，都限制在 30 秒内。收入也将来源于希望把优质内容在网站上生成的组织。截至 2012 年年初有 12 000 个故事被上传到网站，约 20% 是被合作伙伴放上的。

资料来源：See Ericka Chickowski, "A Spoken-Word GPS," *Entrepreneur*（January 2012）, p. 42; Katherine Boehret, "Find a Story to Hear Wherever It May Be," *The Wall Street Journal Online*, March 2, 2011; and www.broadcastr.com.

10.8　软件支持

目前，有很多财务软件可以追踪财务数据，并生成任何重要的财务报表。为了完成预算报表，至少在经营规划阶段，当管理者做预算报表时，由于数字往往可能会改变，使用电子表格程序可能是最简单的。Excel 是使用最广泛的报表软件，并且这种方法相对简单、好用。

在初始阶段做财务预测时，利用电子表格能够呈现不同的情况，并评估其对预算报表的影响。它有助于解决这些问题，比如价格下跌 10% 对利润表会产生什么影响？运营成本增加 10% 会产生什么影响？租赁与购买设备对现金流量分别产生什么影响？这些分析利用计算机电子表格，将为不同情景下的财务预测提供一个快捷评价。

推荐在初始阶段应用这种软件，因为这时候企业规模是非常小的，而且时间和资源也有限，软件的选定比较简单，也很容易使用。创业者将需要应用软件来做账务处理和生成财务报表。大多数这种软件支持支票签写、工资计算、发票办理、库存管理、票据支付、信用管理及税费缴付等功能。

这些软件在价格和复杂性上各具不同。有些是基于网络的，根据用户的具体需求的不同可以是免费的或者有少许费用。其中一个最简单可行的、较为流行的小公司会计软件是

Intuit 公司的 Quickbooks 软件，其最初版本的成本为第一年 349 美元，以后每年 299 美元，或者也可按月支付，第一个月支付 79 美元，以后每月支付 39 美元。Peachtree（sage）软件和 AccountEdge（Acclivity）软件是 Quickbooks 软件的固定竞争对手，根据用户的需求其成本在 249 ～ 299 美元。

本章小结

本章介绍了几种财务预算的技巧。通过使用一个假设的新创企业的例子（MPP 塑料公司），说明如何设计各种预算表。每一种预算工具的设计都是为了提供给创业者一个清晰的图景：资金从何而来？它们如何被使用？能够得到的现金数额以及新建企业的良好的财务状况。

收入预算提供了第一年的销售估计（按月）和每个月的营业费用。这些估计是基于合理的预算而确定的，而这些预算则是基于对营销计划的预测而定的。

现金流不同于利润。它体现了现金实际流入和流出的区别（比如偿还贷款本金）；同样地，有些运营支出，并不是以现金形式支付的（比如折旧费用）。许多新企业的失败都是因为缺乏现金，即使项目是有盈利价值的。

资产负债表预算反映业务在一段时期期末的状况。它概括了资产、负债和公司的净资产。

盈亏平衡点可以通过预计的利润而确定。它衡量了总收入等于总成本时的状态。

资金的来源和运用预算，可以帮助创业者了解一年的净利润是如何得到的，以及现金流动对经营的影响。它强调了资产、负债和所有者权益与资金之间的相互关系。

软件能够帮助创业者进行会计核算、工资计算、存货管理、票据支付等，是快速而有效的。这里有许多创业者可以选择的软件，包括基于网络的会计服务，根据公司的会计需求这些服务可以从没有成本到每月固定的成本，更为复杂的软件也根据提供服务的不同而费用不同，所以创业者应该仔细评估它们，根据需要选择适合的帮助。

调研练习

1. 去网上找一些新的网络财务软件，分析它们的不同。QuickBooks、Peach-tree 和 Account Edge 比这些网络服务好的地方是什么？

2. 公司计划进行首次公开发行必须提交财务计划作为其招股说明书的一部分。从网上搜集两家不同的公司，分析它们的财务计划说明书，回答：建立这些财务计划的假设是什么？把这些财务计划和我们所期望的作为商业计划一部分的财务计划做比较有什么不同？

3. 创业企业成立的前三个月销售 20 000 美元，支付账户却没有足够的现金支付工资，你如何解释这个问题？所有者该如何估计这种情况，改进它们以便履行财务义务。

课堂讨论

1. 对于创业者来说现金和利润哪个是更重要的？它是不是依赖于企业的类型？如果创业者只追求利润而无视现金会有什么后果？只追求现金而无视利润又会有什么后果？

2. 在下列业务中，销量为多少时达到盈亏平衡：产品的单位可变成本为 5 美元，厂房和人工的固定成本为 500 000 美元，产品单价为 50 美元。固定成本和变动成本的区分往往不容易。如果上述的一些固定成本重划为变动成本，盈亏平衡计算会发生什么变化？如果是相反的情况，一些变动成本重新归类为固定成本又会发生什么变化？

3. 基于未来假设的财务计划是多么有用，而我们往往不能保证这些假设是百分之百的正确，创业者按月计算或者调整财务计划是不是明智的，或者还是等待季度报表的结果，为什么这样做或者不这样做？

选读资料

Christie, Nancy L.; John Brozovsky; and Sam Hicks. (September 2010). International Financial Reporting Standards for Small and Medium Sized Entities: An Update for the Commercial Loan Officer. *Commercial Lending Review*, vol. 25, issue 5, pp. 28–34.

> *This article provides some explanation and research on the major differences between generally accepted accounting principles (GAAP) and international financial reporting standards (IFRS). In particular the study focuses on the differences of each with regard to income statements, balance sheets, and cash flow. One conclusion is that the IFRS for small and medium-sized firms are simpler accounting principles for private U.S. firms.*

Cloutier, George. (May 3, 2010). Negotiate Payments to Stay in Business. *BusinessWeek.com.*

> *This author describes a client that found himself near bankruptcy when sales plummeted as a result of the recession. However, the owner was not aware of the discrepancy on the books between accounts receivables and accounts payables. The company was taking too long to collect payments but was quick to pay vendors and landlords. Instituting faster collection and increasing their days before paying bills even slightly enhanced cash flow and allowed the company to continue in business.*

Estes, Jim; and Richard S. Savich. (March 2011). A Comparison of Financial Analysis Software for Use in Financial Planning for Small Businesses. *Journal of Financial Service Professionals*, vol. 65, issue 2, pp. 48–55.

> *According to these authors there are no specific methods or tools that help small businesses with their financial planning. A number of software packages that are designed to assist the small business owner with financial ratios and overall efficiency of the business operations are discussed. These also help with determining the valuation of the business for sale and succession planning.*

Ittelson, Thomas R. (2009). *Financial Statements: A Step by Step Guide to Understanding and Creating Financial Reports.* Franklin Lakes, NJ: The Career Press.

> *This paperback book provides an excellent overview of all financial statements. It is clear and concise with lots of examples. It provides a very good overview of how to analyze financial statements with discussion on how to utilize information from the analysis. Ratio analysis is discussed as well as the time and value of money with explanations of the Internal Rate of Return (IRR) and Net Present Value (NPV).*

Kearns, Suzanne. (November/December 2011). Nine Ways to Collect Bad Debt. *Home Business,* pp. 44–47.

In our weak economy business owners are struggling with stagnant accounts receivables. This author provides nine ways in which a business owner can improve collection of invoices to improve cash flow and reduce the threat of bad debt.

Lister, Kate. (May 2011). Go with the Flow. *Entrepreneur,* vol. 39, issue 5, p. 44.

Cash management is considered an important issue in the success opportunities for an entrepreneur. Basic principles of cash flow accounting are discussed. Techniques on how to project cash flow as well as a discussion of the importance of using marketing research to forecast sales and income are included in the article.

Philips, Michael; Steven Anderson; and John Volker. (July 2010). Understanding Small Private Retail Firm Growth Using the Sustainable Growth Model. *Journal of Finance and Accountancy,* vol. 3, pp. 1–11.

This paper is a research study of financial ratios among privately held retailers in different stages of their growth cycle. The study focuses on four financial categories: profitability, activity, leverage, and liquidity. Results indicated that small or early growth cycle stage firms performed differently than larger or later growth cycle firms in all categories and across all time periods.

Rogers, Steven. (2009). *Entrepreneurial Finance: Finance and Business Strategies for the Serious Entrepreneur,* 2nd ed. New York: McGraw-Hill/Irwin.

This book is written by a successful entrepreneur and targets prospective and existing entrepreneurs that are not financial managers. It is user friendly, providing the fundamentals needed for financial management as well as an integration of this analysis with marketing, sales, human resources, and strategic planning. The book has major sections dedicated to cash flow management, valuation, financial statement analysis, and raising capital.

Taylor, Audrey; and Tristan Saario. (Autumn 2011). Winning the Fight: Using Target Mapping to Leverage Fixed Costs and Meet Customer Needs. *Management Accounting Quarterly,* vol. 13, issue 1, pp. 31–39.

Many small businesses are struggling during the current economic downturn and need more effective ways to leverage their fixed costs. Using a martial arts business as an example these authors show how target mapping can be utilized to allow for more effective planning to reach the right target market. Target mapping starts with a goal, then a list of obstacles preventing the goal from being achieved, and finally strategies that can overcome any of the obstacles. These are then put into a plan. They show how this technique was incorporated in a new plan at little expense using the original facilities to provide a positive cash flow.

Taylor, Mandie. (June 2008). How to Identify Short- and Long-Term Liquidity Needs Accurately. *Journal of Corporate Treasury Management,* pp. 291–96.

This is a good article that describes the need to manage cash effectively to ensure that funding is secured at an early date. These strategies involve producing a reliable cash projection with appropriate cash budget. This forecast or projection of cash needs is a work in progress and should be monitored regularly to ensure reliability.

Tozzi, John. (March 28, 2011). A Cash Flow is the Recession's Legacy. *Bloomberg Businessweek,* issue 4222, pp. 59–60.

One of the dilemmas for small businesses that results from the weak economy is that vendors are demanding payments more quickly and customers are making payments more slowly. This creates cash flow problems and in turn makes it more difficult to obtain bank financing to cover the discrepancy. One solution is to try to find vendors that are more reasonable with payment plans and avoid those that demand upfront payments for supplies.

Youngwirth, Joni. (September/October 2011). Connecting Personal Passages with the Business Life Cycle. *Practice Management Solutions,* pp. 24–25.

As with personal aging so do small businesses mature. The small business owner should try to identify the stage of the business cycle that the business falls in. Each stage offers unique challenges to the firm and understanding these stages can help the firm anticipate changes and subsequently plan appropriately to maintain financial success.

第四篇

从商业计划到新企业创建

第11章

创业融资

▶ **开篇引例　斯科特·沃克**

一些创业者是天生的，还有一些创业者是专注、活力与决心造就的。斯科特·沃克（Scott Walker）就是后者，他始终在机会的创造与风险的承担中学习。

沃克出生于空军基地，在整个童年时期，跟随家庭在美国各州之间迁移。因此，他曾就读于3个不同州的6所不同的初中及3所不同的高中，这种特别的经历让他能与不同种类的人融洽相处，并且他自立而适应能力强。

1977年，沃克在犹他州立大学取得学士学位，随后选择了一所能帮助他成为创业者的学校继续深造。雷鸟商学院为创业者提供了相应的环境与机会，1981年沃克在雷鸟商学院取得工商管理硕士学位。

沃克的职业生涯起步于银行业，并主要负责兼并业务。由于总部位于达拉斯，沃克的工作主要涉及石化行业，他曾在梅萨石油以及 T. Boone Pickens 公司工作。

在数年与劳埃德银行、通用金融等机构工作后，沃克注意到在本行业中，很多他所敬重的人都开始从事非传统、更高风险、更刺激的融资活动。这一趋势启发沃克去寻找能带给他这样机会的创业者。他的朋友威廉·康利（William Conley）恰好合适。作为一名成功的创业者，威廉·康利开办了一家互联网基础设施公司，1995年沃克成为这家初创企业的第二位雇员和 CFO。在一年几乎没有回报的辛勤经营后，他们将这家公司卖给 GTE。目前，公司仍在从事互联网基础设施服务。

在第一次尝试创业以后，沃克作为 Precept Business Services 公司的 CFO 重返商场，此时公司市值已经是 2 亿美元。1998 年，当康利再次同沃克合作时，他已经准备好迎接新挑战，希望建立一个非营利教育辅助机构。这个机构以"1 对 1"教育为基础模式，为没参加传统教育或其他私人教育机构的儿童提供帮助。

1999 年年初，沃克担任小额快付（Telepay）公司的 CEO，这家公司主要为大型收款人服务，为付款人提供快捷的电子付款方式。这种付款主要通过交互式语音应答系统，用信用卡、ATM 借记卡、ACH 或者电子支票实现付款。小额快付公司仅有 4 名员工，尽管在技术上存在一些问题，仍然拥有许多忠实客户。沃克进行了一些变革，首先基于单一软件平台重建系统，扩大交易规模，从以往 1 000 笔交易容量扩大到 1 000 万笔交易容量。第二步，任用一名高级销售经理，可以将顾客的忠诚程度作为新产品或理念的评价标准。

在更名为 BillMatrix 以后，公司列出了现有的主要客户。沃克组织了销售团队、COO、CFO、构建了客户服务渠道。自沃克上任第一个月公司现金流转正，从此以后每年利润增长率都超过 100%。有良好的现金流做基础，公司不需要另外融资以保持发展，因此现阶段管理者仍然保有主要控制权与决策权。目前该企业仍然保持学习与增长，截至 2005 年，公司雇员超过 300 人。

2005 年电子支付产业开始快速发展，并购时机业已成熟。沃克促进了小额快付与一些大公司谈论并购事宜，最后 2005 年 8 月布鲁克菲尔德（Brookfield）的菲色佛公司（Fiserv）以 3.5 亿美元的价格收购了 BillMatrix，这一收购是菲色佛公司（Fiserv）历史上的第二大收购。收购后，Fiserv 拥有 34 亿美元的资产，在全球范围内拥有 16 000 位客户、22 000 名雇员。

2006 年年初，在与老友吉姆·捷汉（Jim Tehan）的一次会谈中，吉姆一直抱怨与原料供应商合作中出现的问题。吉姆拥有一家防晒品公司——Aloe Gator，正打算收购北田纳西最大的一家公司——自然密码（Nature's Formula），该公司市值超过 1 600 万美元，现在最大的客户是 Victoria's Secret 公司（合同价值 1 200 万美元）。这场并购失败后，沃克与其他 3 人筹备建立一家工厂，11 月，他们租用了 90 000 平方米的场地，并建立了办公室、生产线、仓库等。2007 年 3 月，企业正式成立，名为"专业核心实验室"（ProCore Laboratories）；4 月，顺利完成第一笔订单；当年 10 月现金流转正，且不同于行业内其他企业，"专业核心实验室"使用内部运营系统管理企业。

"专业核心实验室"关注合作与质量，有严格的质量标准，同时公司也证明只要每项产品都坚持高标准、高品质，销量自然会上涨。2007 年公司即实现盈利 126 万美元。

在 2008 年的经济衰退中，"专业核心实验室"遭受重创，一部分重要客户停止付款甚至已经破产，一部分客户遭到起诉强制付款。一位客户甚至企图欺诈"专业核心实验室"50 万美元。除此以外，客户购买习惯也已发生改变。相应地"专业核心实验室"改变了商业模式，从最初面向国内原材料供应到面向大企业客户；不再做初级原材料供应后，"专业核心实验室"就商业模式进行了一系列试验与尝试，生产了一系列商品，但都没有取得足够的收益。最后，"专业核心实验室"开始制作民族品牌等效产品（National Brand Equivalent，NBE）。这种产品由独立第三方检验机构对各方面进行测试，以保证产品符合品牌产品标准。在通常情况下，NBE 同品牌产品相似，但有价格优势。"专业核心实验室"现在为旗下一些产品获得认证。现在获得认证的产品有 Pedialyte、

Pepto Bismol。生产线上有生产咳嗽和感冒的液体和抗酸药副产品。在持续投资保证公司运营一段时间后，"专业核心实验室"恢复正常运作，并预计 2012 实现盈利，Jim Tehan 预计"专业核心实验室"在未来 3 年内将每年实现 4 000 万美元的收益。

与此同时，沃克进入了一个全新的行业。2008 年 5 月，他从 BillMatrix 离职后，陪同家人度过了几个月。2008 年 10 月，他与比尔·康利（Bill Conley）开始进入航空燃料行业。2008 年年中，他们购买了位于俄勒冈州的 EPIC 公司 25% 的股份，英国石油公司（BP）拥有这家公司 50% 的股份，现有公司管理人员拥有余下 25% 的股份。该公司以家族企业形式经营了 40 年，在 2008 年年末，康利和沃克希望能收购 BP 手中 50% 的股份，但鉴于经济环境与银行危机，交易并未成功。随后，2009 年 EPIC 公司换了一家有足够流通资金来支持交易的银行。在最初的收购中，康利和沃克同企业所有者达成了共识，EPIC 公司的管理者希望在 2010 年他到 65 岁之时退休，到 2010 年年底正式退出公司经营活动，沃克接管了这一公司，至此康利和沃克拥有公司 50% 的股权。2010 年 4 月，BP 出现分歧。到当年夏天，从 BP 处收购 EPIC 公司 50% 的股份重新成为可能。8 月初，沃克签订了从 BP 处以合理价格收购 EPIC 公司剩余 50% 股份的意向书。2010 年 10 月，沃克成为公司的 CEO。2011 年 2 月，完成与 BP 的股份收购计划。

作为新 CEO，沃克关注一些非最佳产品服务及变化，其中包括关注公司的资产负债表。在现有流动资金的情况下，EPIC 公司已经无法继续借款，沃克分出了一些非核心资产，其中有一些资产比如固定基地经营者出租的飞机、存货等都能变为流动资金。

依照还款计划，公司到 2011 年 10 月完全还清欠款。2011 年成为公司在 10 年间盈利最多的一年。

沃克将日复一日的 EPIC 公司运营转变成新首席运营官制度，在这种制度下沃克同比尔·康利合作。同时比尔·康利同中石化合作，建立合资公司，旨在发展中国民用航空事业。CNAF 负责中国地区航空燃料销售。2011 年 11 月末，官方将机会授予 EPIC 公司。中国民航市场发展迅速，然而缺乏相应基础设施和管理机构。EPIC 公司现在负责在中国建立 FBO 网络基础设施，计划建立 250 个 FBO，包含现在正在计划建设的新民用机场。

现在，沃克致力于成为"创业慈善家"。对他的母校——雷鸟商学院，除了在资金上慷慨捐赠，对一些同他创业早期一样寻求帮助的学生，他提供了更宝贵的东西——时间。他希望可以同下一代创业者分享如何围绕一个好的商业理念开办企业，从而可以在创业早期更加顺利。斯科特·沃克除了有一些过人的商业天赋以外，他十分了解如何为新企业融资。这一章将主要探讨创业融资。

11.1　概要

新企业创建过程中最困难的问题之一就是获取资金。对于创业者而言，需要从债务与股票、内部资金与外部资金的角度来考虑可利用的资金。

11.1.1　债务或股权融资

有两种融资方式需要创业者考虑：债务融资和股权融资。**债务融资**（debt financing）是一种涉及有息手段的融资方式，通常贷款支付与企业的销售和利润仅有非直接的联系。一般，债务融资（也称作以资产为基础的融资）需要一些资产（如汽车、房屋、工厂、机器或土地）作为抵押品。

债务融资需要创业者返还所借数量的资金和以利息为表现形式的费用。有时也可能产生额外费用，它将作为能够使用或举借资金的重点而被考虑。如果融资是短期的（不到一年），款项通常被用来提供流动资金以便为存货、应收账款和企业运营提供资金。这种资金通常是从一年中最终的销售和利润中收回。长期借款（持续一年以上）经常被用来购买一些资产，如机器、土地或建筑物等，资产的部分价值（通常是总价值的 50% ～ 80%）被作为长期贷款的抵押品。特别是当利息率较低时，债务融资（相对于股权融资）允许创业者在投资中保持更大的所有权，并且会获得更多的股票上的回报。创业者需要当心债务太大以至于正常的利息支付变得困难，这不是不可能的一种情况，这种情况会抑制企业的成长和发展，并最终可能导致破产。

股权融资（equity financing）不需要抵押，它在投资中提供给投资者一种形式上的所有权地位。投资者根据拥有资产的份额来分享投资利润和其他权益。决定使用一种类型的融资而不是另外一种融资方式的关键因素是资金的可获得性、投资的资产和现行的利息率。通常，创业者通过使用债务和股票融资相结合的方式满足资金需求。

所有企业都会有一些股本，因为所有企业都是被一些人或机构拥有的。尽管所有者有时可能不会直接参与投资的日常管理，但是总会有所有者提供的股本资金参与进来。股本参与的数量当然会根据企业的性质和大小而变化。在一些情况下，股本可能完全由某个所有者提供，比如运动会中的冰激凌摊、商场中心的食品车等。大一些的企业可能需要多个所有者，包括私人投资者和风险投资者。这种股权融资为债务融资提供了基础，它们合在一起构成了企业的资本结构。

11.1.2 内部与外部融资

融资可以从内部和外部来源中获得。最常使用的资金是内部资金。内部资金在公司内能够从几个来源获得：利润、变卖资产、减少流动资本、延长支付时间、应收账款等。在每一家新企业中，创业者将开始几年所有的利润投入到企业中，甚至外部投资者在早期几年里也不期望得到任何回报。所需资金有时也能够通过变卖很少使用的资产来获得。在可能的情况下，只要没有高的通货膨胀率且租用条件有利，资产应该以租用为主。这将会帮助创业者保留现金，这种策略对公司运营的初始阶段十分关键。

短期的内源资金可以通过减少短期资产、库存、现金和其他流动资金项目的方式来获得。有时，一个创业者可以通过延长应付款项的支付时间来满足 30 ～ 60 天的现金需求。尽管必须注意保持与供应商良好的关系和持续的供应源，但是在应付款上争取额外的一些时间能够满足所需的短期资金需求。主要的债权持有者不会因这一策略的执行而被激怒，因为特定的顾客可以形成稳定的公司业务。例如，不考虑供应公司的应收账款策略、公司的大小或促销支付提供的折扣，多数购买者支付供应商的账款可满足公司 60 ～ 90 天的资金需求。如果一家公司想让多数购买者买走它的商品，它将不得不接受这种支付计划。

美国国内产品促销商杰夫·施赖勃（Jeff Schreiber）非常成功地利用了卖方折扣。施赖勃总是尽量利用任何促销支付的折扣，仅仅在 2002 年他便获得了超过 15 000 美元的超前支付的节余。

　　另外一个常见的资金来源是外源资金。外部融资的可选择来源可以通过三个基本标准来衡量：可获得资金的时间长短、所涉及的成本、公司所有权保有程度。为了寻找最好的资金来源，表 11-1 中展现的每一个资金来源都需要按照这三个标准来衡量。下文将讨论自己、家人和朋友、商业银行、研发有限合作、政府贷款项目和补助、风险投资等资金来源，如表 11-1 所示。

　　需要注意的是不论何时创业者同外部资金提供者合作，尤其是当个人或者组织有可能成为企业股东的时候，会出现道德困境。

表 11-1　融资渠道

资金来源	时间长度		成本			控制		
	短期	长期	固定汇率债务	浮动汇率债务	利润率	股权	契约	投票权
自己								
家人和朋友								
供应者和交易信用								
商业银行								
政府贷款项目								
研发有限合作								
私人投资者（天使投资人）								
风险投资								
私人股权配售								
公开发行股票								
其他政府项目								

11.2　私人资金

　　没有任何新建企业开始时不存在创业者的私人投资。从成本和控制方面来讲，它们并不是微不足道的资金，而且它们在吸引外部资金方面是绝对重要的，特别是从银行、私人投资者和风险投资家那里吸引资金。典型的私人资金来源包括：储蓄、人寿保险、房屋或汽车抵押。外部资金提供者会认为如果创业者没有投入资金，他就不会充分地致力于该新建企业。正如一个风险资本家说的："我希望创业者在财务上十分忠诚，以至于即使企业经营状况变得困难，他们也会解决问题，而不是将公司的棘手问题丢给我。"

　　创业者所投入的资产占总资产的比率反映了创业者对新企业的贡献水平，但并不一定是投入资金的数量。一个外部投资者希望创业者投入所有可获得的资产，这是他真正相信这一项目的一种暗示，并且他将为确保成功而投入全部时间。无论投资 1 000 美元、100 000 美元，还是 250 000 美元，这完全依赖于可获得的资产。创业者应该牢记：不是钱的数量，而是是否所有可用的资金都贡献出来这样的事实，使外部投资者对他们的忠诚度感到满意，因而愿意投资。

《商业新闻》　　　　　　　　智利创业项目

提供股权自由资金，可以最有效地吸引睿智且有创意的创业者来到本国，智利现在正是这么做的。智利现在有一个 4 000 万美元的项目，给新创业者 4 000 万美元以下的资助，帮助他们在智利创业。2010 年，在项目进行第一年时，智利为来自 14 个不同国家的 22 个创业团队提供了资助。随后在 2011 年，已经有 300 个创业团队参与了这个资助项目，预计到 2014 年，参与这个资助项目的团队将多达 1 000 个。

智利进行这个项目主要有三个目的：让智利成为拉美地区创新与创业的摇篮；提高智利人的创业能力；培养有国际意识的智利创业者。这一项目获得成功的关键在于，项目创造了合作的氛围，强调了智利人与国际创业者的沟通交流，为了培养这种关系，该项目允许创业者使用智利国内的金融、政治、社会网络。相应地，创业者需要通过参与当地大学主办的讲座、工作室等方式同当地智利创业者分享知识与经验。通过这种知识与网络的共享，智利政府有信心使这种关系在项目参与者离开智利后还能继续保持，随着时间的推移，这一关系将发展到全世界，并形成更有创造性的网络。

想要参与这一项目，创业团队需要参与每年的选拔（选拔每年进行 3 次）。申请者的创业范围很广，包括旅游网络、高科技装置、软件以及太阳能电池等。智利创业协会与一组硅谷专家对每轮参选方案进行评价并选出最好的创业方案，随后项目组将邀请入选的创业团队来智利参与项目。项目参与者将获得 1 年期的工作签证，并报销 90%（4 万美元以下）的商业花销，资金资助没有股权要求，并且在智利境内工作 24 周及以上的创业者可以返回祖国。为了让创业者在智利充分利用时间，项目组为每个创业团队提供办公场地、网络设施以及超过 160 名高素质的职业顾问团队，为创业者解决创业初期尤其是在国外创业初期遇到的各种问题。在这种精心设计、考虑周全的系统下，创业者能够在相对短的周期内有更好的发展，并为离开智利后进一步发展打下基础。

资料来源：To learn more about Start-Up Chile and apply for the program, visit their Web site at www.startupchile.org. Also see R. Sheila, " Government-Backed Start-Up Chile Effort Eyes Silicon Valley," *Investors Business Daily* (serial online), March 7, 2011, p. A06.

11.3　家人和朋友

排在创业者之后，家人和朋友是新建企业获得资金的通常来源。他们很可能投资，是因为他们与创业者的特殊关系。这就部分地克服了非私人投资者遇到的不确定性问题。考虑到大多数新建企业所需资金的数量较少，家人和朋友为新建企业提供的股本资金也就较少。像其他资金来源一样，尽管从家人和朋友那里获得资金相对容易，但同样有积极的和消极的两个方面的影响。尽管提供资金的数量可能很少，但如果它是以股本融资方式进行的话，家庭成员或朋友就会拥有企业中的所有权地位和这一地位的所有权利与特权。这可能会使他们感到自己对公司的运营有直接的投入，而这些会对雇员、设备、销售和利润产生消极影响（这种情况在中国的家族企业中普遍存在）。尽管这种可能性必须尽可能地被防止，但通常家人和朋友并不是所谓的问题投资者。事实上在返还投资收益的需求上，他们比其他投资者更有耐心。

　　为了避免将来出现问题，创业者必须列出投资机会的积极和消极方面乃至风险性质，以便在问题发生后，将对亲人和朋友关系的消极影响降到最低。能够帮助减少出现可能的困境的一种方法是保证经营安排严格商业化。任何从家人或朋友那里获得的贷款和投资，都应当像对待非私人投资者的融资对待。任何贷款都应该明确利息率、合理的利息和资金的偿还计划。任何未来股息分配的时间都应根据股本投资被公开。如果家人和朋友同其他投资者一样被对待，潜在的未来冲突就可能会避免。用书面方式预先解决每件事对创业者也是有利的。令人惊奇的是，当有资金投入其中的时候，记忆往往会变得很短暂。所有的融资细节必须在资金流入之前被考虑到并且创业者应就此与相关主体达成协议。诸如涉及资金的数量、资金的期限、投资者的权力和责任、如果生意失败将会发生什么等事情，创业者与投资者必须达成共识并将其记录下来。包括这些内容的一份正式协议有助于避免将来可能会出现的问题。

　　最后，在接受家人和朋友投资之前，创业者应该仔细考虑它将带来的影响。特别要关注那些可能导致生意失败的困境。每一位家庭成员或朋友愿意对这一企业进行投资是因为他认为这是一项好的投资，而并不是因为他们感到有义务。创业者需要定期（每季度或每半年）公布利润表。

11.4　商业银行

　　当有可用抵押品时，商业银行是目前创业者最常使用的短期资金来源。资金提供是以债务融资的方式进行的，比如需要一些有形资产保证或抵押品——一些有价值的资产。抵押品可能是商业资产（土地、设备、企业或建筑）、私人资产（创业者的房屋、汽车、土地、股票或证券）或担保人的资产等形式。

11.4.1　银行贷款的类型

　　目前存在几种可用的银行贷款类型。为了确保还款，银行贷款通常是以资产或企业流动资产作为抵押的。**作为抵押的资产**（the asset base for loans）通常是应收账款、存货、设备或房产。

1. 应收账款贷款

　　应收账款为贷款提供了一个很好的保证，特别是如果对客户的背景较熟悉且值得信任时。对那些值得信任的客户，银行或许能提供达到他们应收账款价值80%的资金。当有像政府这样的客户介入时，创业者就可以采用保理业务。代理人（银行）以比交易面值低的价钱买入应收账款，并直接收回账户上的款项。在这种情况下，如果任何应收账款不能收回，代理方（而不是企业）将遭受损失。应收账款保理业务的成本当然要高于没有保理介入的依靠应收账款的担保贷款，因为在保理业务中银行有更多风险。保理的成本包括：应收账款收回之前预先索取的利息、实际收款的佣金、可能不能收回账款的保险。

2. 存货贷款

　　存货是另一种公司资产，常常是贷款的基础，特别是当存货容易卖掉时。通常，存货可以获得相当于其价值的50%的贷款。信托收据是一种独特的存货贷款，被用来为零售商的贷款经营提供资金，如汽车和配件经销商。在信托收据中，银行预付货物发票价格中有很大比例的货款，当存货售出后，以相应比例为基础得到偿付。

3. 设备贷款

设备可用于确保长期融资，通常以 3 ～ 10 年为基础。设备融资通常包括以下几种类型：新设备购买融资、公司拥有的已使用的设备融资、售后回租融资或租借融资。当以购买的新设备或现有设备作为抵押品时，可获得相当于设备价值的 50% ～ 80% 的贷款。考虑到创业者倾向于租借设备而不是拥有设备，设备售后回租和租借融资被广泛使用。在售后回租中，创业者将设备卖给出租者，然后在设备寿命期内将其租回来，以确保继续使用。在租借融资中，公司通过支付一小笔租金，并保证在一段时间内支付一定数量的租金而获得设备的使用权。总的支付数额等于售价加上融资费用。

4. 房产贷款

房产在以资产为基础的融资中也被经常使用。这种抵押融资相对容易获得，以公司的土地、工厂或其他建筑为抵押，通常可以获得相当于其价值的 75% 的贷款。

11.4.2 流动资金融资

由商业银行和其他金融机构经常提供的另一种债务融资是流动资金融资。这种**传统银行贷款**（conventional bank loan）包括：信用额度贷款、分期付款贷款、直接商业贷款、长期贷款和个人贷款。信用额度融资是创业者最常使用的流动资金融资方式。对于一项等待使用的信用额度，公司向银行支付佣金费用来确保当有需要时商业银行会为其提供贷款，然后支付一切从银行借取的资金的利息。通常，按照周期原则贷款应该保持低于协商好的数额，一旦超出，就应该偿还超出的部分。在没有第三方联署担保时，银行一般不会提供信用贷款。

1. 分期付款贷款

企业可以凭借其可靠的销售额和利润来获得分期付款贷款。这种短期融资通常用于满足特定时期运营资本的需求，如季节性融资需求等。这种贷款的期限通常是 30 ～ 40 天。

2. 直接商业贷款

直接商业贷款是分期付款贷款的复合形式。通过直接商业贷款，企业可以提前 30 ～ 90 天获得资金。这些自行结算（self-liquidating）贷款经常是用来做季节性融资和建立存货的。

3. 长期贷款

当需要长期使用资金时，就会需要使用长期贷款。这些贷款（通常只有实力较强的、成熟的公司才能获得）能提供的可用资金可达 10 年。其债务通常按固定利息和资金计划得以偿付。然而，有时还可以在贷款的第二或第三年开始偿还，第一年仅仅支付利息。

4. 个人贷款

当企业本身没有资产来支持贷款时，创业者可能需要个人贷款。这些贷款通常必须有创业者的资产、其他人的抵押品或由另一个人担保的贷款。通常被抵押的资产包括：汽车、房屋、土地或有价证券。例如，一个创业者的父亲为了儿子 40 000 美元的贷款抵押了价值50 000 美元的储蓄凭证作为抵押品。在极少数情况下，当创业者已经建立了高信誉地位时，甚至可以无担保地获得资金。

11.4.3　银行贷款决策

对于创业者来说，决定如何成功地从银行贷到款项是一个很重要的问题。银行在借款时通常是谨慎的，特别是对新建企业，因为它们不想招致不良贷款。不考虑地理位置，商业贷款决策仅仅由贷款负责人和贷款委员会在对借款人和公司财务记录仔细审查之后做出。这些决策是以大量的信息和客观的判断为基础的。

银行借款决策是根据借款的 5 个 "C" 原则做出的：对象（character）、能力（capacity）、资本（capital）、抵押品（collateral）和条件（conditions）。对财务状况的审查（平衡表和收入描述）要根据主要利润、信贷比率、存货营业额、应收账款年限、创业者的资本投入和对企业的贡献等方面进行。项目未来的市场规模、销售和利润也要被评估，以决定偿还贷款的能力。提到这一能力通常有几个问题会被提出来。创业者期望承担这一贷款更长一段时间吗？如果问题出现了，创业者会投入和花费足够多的必要的努力使企业成功吗？在不断增长的市场中，企业有与众不同的优势吗？不利的风险是什么？有抵挡灾难的保险（如主要员工的生命保险和工厂、设备的保险）措施吗？

尽管这些问题的答案和对公司具体情况的分析涵盖了贷款负责人贷款决策所需参考内容的多个方面，但直觉因素，特别是前面两个 "C"（人物和能力）也要被考虑进来。这部分贷款决策 "直觉" 是最难评价的。创业者必须以一种能从放款人那里征取积极回应的方式展示它的能力和公司的前景。当缺少或没有可追踪的记录、财务管理经验有限、非专利产品或服务（不被专利或许可证保护）或者没有可用资产时，贷款决策的感观部分甚至变得更为重要。

通过提供一份好的贷款申请能够减少贷款负责人和贷款委员会的担忧。然而每家银行的具体贷款申请形式有一定程度的不同，通常的申请形式是一份简单的商业计划，它包括内容提要、业务描述、所有者/管理者概况、创业项目、财务描述、贷款使用数量和偿还计划，这些信息为贷款负责人和贷款委员会提供了机会来洞悉个人和企业的资信，以及企业是否有足够的销售与利润偿还贷款和利息的能力。创业者应当衡量几家可选择的银行，选择一家在特定区域有积极贷款经验的银行，电话预约，然后向贷款负责人展示贷款案例。展示积极的企业形象以及对已有协议的遵守，对于从商业银行获得贷款是十分必要的。

通常来说，只要贷款的现行利率、时间长度、条件和限制令人满意，创业者应该贷到其能够偿还的最大数量的贷款。企业拥有充足的现金流，并以及时的方式支付利息和本金是十分必要的。创业者应当衡量企业以往记录和几家银行的借款过程，以便确保在最有利的时期获得所需资金。这种 "银行购买程序" 将以最有利的利率提供所需资金。

11.5　SBA 在小企业融资中的作用

通常，创业者缺乏获得商业银行贷款所必需的记录、资产或其他条件。当创业者不能够获得一项正常的商业银行贷款时，另一个选择就是从小企业管理局（SBA）处获得担保。SBA 提供大量的项目来帮助小企业。对于这些项目中的任何一个，SBA 都是私人或其他机构放贷的主要担保人。7（a）贷款担保是 SBA 的主要商业贷款项目。这一项目在一些有资格的小企业不能通过常规借款渠道获得商业贷款时，帮助它们获得融资。来自这些贷款的资金能够被用于各种各样的商业目的，比如流动资金、机构和设备、家具和夹具、土地和建筑、租赁改进，甚至在一些情况下被用作债务的再融资。

为了获得 7（a）贷款，小企业个人或创业者必须是有资质的。同时，企业现金流的偿付能力当然也是重要的，其他标准还包括：良好的资质、管理能力、抵押品和所有者贡献的股本。所有 7（a）贷款的资格性因素包括企业规模、企业类型、资金的使用和其他来源的可用资金。企业 20% 的所有者，甚至更多需要对 SBA 贷款进行私人担保。

SBA 的 7（a）贷款项目最大的贷款数量为 500 万美元。在 500 万美元贷款的情况下，由 SBA 提供给放贷者的最大担保将是 375 万美元或贷款额度的 75%。尽管贷款的利息率由借贷双方协商，但它还是受制于规定的最大限度。这一限度，与主要利率挂钩，并且可能固定或变化。例如，如果成熟度不满 7 年，一个 5 万美元或更多的固定利率贷款必须不能超过主要利率加 2.25%。

大部分贷款有相同的担保特征。SBA 能够为担保 1.5 万美元或更少的贷款提供 85% 的担保，超过 1.5 万美元到 100 万美元的贷款可担保 75%。但 SBA 快速贷款（最大担保 50%）和外部流动资金贷款（最大担保 90%）例外。为了弥补 SBA 贷款项目的成本，将对每一笔成功的贷款收取保证金和服务费用。这些 SBA 被收取的保证金和费用不固定，与贷款数量有关，保证金最终能够被退给借款人。

除了 7（a）贷款项目，SBA 还有几个其他项目。504 贷款项目提供固定利率融资，能够使小企业获得机械、设备甚至是房产，以便扩大生产或实现现代化。最大的项目通常是 100 万美元，贷款有多种途径，比如从社区发展公司（CDC）贷款。其中 SBA 为 CDC 贷款提供 100% 担保。

最近，许多创业者已经使用的另外一种 SBA 贷款项目是 SBA 微贷款，即 7（m）贷款项目。这一项目对小企业提供最多 5 万美元的短期贷款，用来做流动资金或购买存货、供应品、家具、夹具、机械和设备。这一贷款不能用来偿还已存在的债务。小企业从银行或其他组织得到贷款，由 SBA 对贷款进行担保。SBA 也提供这样的贷款，如国际贸易和出口流动资金贷款（最高 500 万美元）、出口运输贷款（最高 50 万美元）家庭和个人财产灾难贷款、军事预备役经济伤害灾难贷款等。如果没有 SBA 的担保就不能获得贷款，创业者应该核对 SBA 的贷款项目，看是否可加入一个贷款项目。

11.6　研发有限合作

研发有限合作（research and development limited partnerships），即资助公司开发可以减免税收的技术或项目。

研发有限合作是高科技领域创业者另外一个可能的资金来源。在这种融资方式中，资金来自于寻求避税的投资者。典型的研发有限合作由一个发起公司利用个人投资者，通过有限合作方式提供的资金来发展技术。当项目在研发阶段面临高度的风险和较多花费时研发有限合作十分有效，因为在这种合作方式中风险分摊和报酬均分。

11.6.1　主要要素

任何研发有限合作都有三个主要组成部分：合同、发起公司和有限合作伙伴。合同明确了发起公司与有限合作伙伴之间的协议，这里发起公司同意使用合作伙伴提供的资金，对有望市场化的技术进行合理的研究和开发。发起公司不保证研发结果，但会尽力工作，并由合作伙伴以固定费用或者附加成本进行补偿。这种典型的合作有几个关键特征：第一，就是发生任何损失的法律责任由有限合作双方负担；第二，这种方式会为有限合作伙伴和发起公司双方带来税收方面的好处。

合同中涉及的第二个组成部分是**有限合伙人**（limited partner）。与一家公司的股东相似，有限合作者拥有有限责任，但不是一个完整的应税实体。结果，在研发有限合作企业早期阶段损失的税收利益被直接传递给了有限合作者，抵消其他收入并减少合作者的整体应税收入。在以后几年里技术被成功地开发出来，合作者则可以分享利润。在一些情况下，与普通的收入税率相反，这些以税收为目的的利润有更低的资本利得税率。

最后一个组成部分——发起公司将作为**普通合伙人**（general partner）来开发技术。发起公司通常拥有基础技术，但是为了确保成功，需要资金来进行进一步的开发和完善。发起公司用基础技术同合作者交换资金，并保留使用这一基础技术开发其他产品的权力和未来使用发展后的技术获得许可费的权力。有时，还会建立交叉许可协议，合作者允许公司使用该技术开发其他产品。

11.6.2 发展过程

一家研发有限合作企业的发展过程大致分为三个阶段：筹资阶段、发展阶段和退出阶段。在筹资阶段，发起公司和有限合作者确立合同，将资金投入到研发工作中，并详细记录所有权的期限和条件以及研究的范围。

在发展阶段，发起公司使用来自有限合作者的资金开展研究。如果技术随后被成功地开发出来，退出阶段就开始了，在这一阶段，发起公司和有限合作者都将获得商业利益。具体有三种基本的类型：股份合作公司、特许合作企业和合资企业。

在典型的股份合作公司中，发起公司和有限合作者形成一家新的联合公司。以在最初协议中建立的方法为基础，有限合作者的利息能够按免税原则被转移到新企业的股本中。一个选择是合并研发有限合作企业本身，或者并入发起公司或者作为一个新实体而继续运营。

股份合作公司一个可能的发展方向是特许合作企业。在这种情况下，授权以技术开发的产品的销售为基础，而这一技术是由发起公司支付给研发有限合作企业的。技术特许费率通常按销售毛利的 6%～10% 波动并经常减少到已建立的销售水平。通常，人们会对渐增的技术特许费设置一个上限。

股份合作公司的另一个发展方向是合资企业。发起公司和合作者形成一家联合企业来生产和销售利用其技术开发的产品。通常，协议允许发起公司在特定时间，或当已实现特定销量和利润时回购合作者的股份。

11.6.3 优点与不足

正如任何其他融资安排一样，创业者必须根据涉及的利润和成本仔细衡量建立研发有限合作企业的适宜性。研发有限合作者在提供所需资金的同时，极小程度地稀释股本，同时减小了风险。另外，通过吸引外部资金，发起公司的财务状况也得以改善。

在这种财务安排中涉及一些成本。通常建立这种关系要比传统的融资要昂贵些。首先，要付出时间和金钱，一家研发有限合作公司的建立通常至少要花 6 个月时间和 5 万美元的专业费用。为了一项主要成果，这种支出可能增加到 1 年时间和 40 万美元。由于大部分研发有限合作企业都不是很成功，因此，企业记录显示并不是很好。其次，技术上的限制也是存在的。放弃作为主要成果的副产品的技术的开发，对于偿付资金来说可能是太高的代价。最后，从合作企业退出非常复杂并且涉及太多的信用责任。在研发有限合作企业被作为融资方式而选定之前，如果还有其他融资选择，则应该衡量和比较它们的成本和利润。

11.6.4 实例

尽管会有许多花费，仍然有许多研发有限合作公司成功的例子。Syntex 公司在研发有限合作公司中筹措了 2 350 万美元的资金来开发五项医疗诊断产品。Genertech 公司将从研发有限合作公司里获得的第一笔 5 500 万美元用在开发人类增长荷尔蒙和 γ 干扰素产品中，取得了成功，以至于在半年后它通过第二家合作公司筹措了 3 200 万美元来开发组织型纤溶酶放射源。Trilogy 有限公司筹措了 5 500 万美元开发高效电脑等，类似的例子还很多。实际上，研发有限合作公司为企业技术发展资金提供了一种融资选择。

11.7 政府拨款

创业者有时能获得政府的拨款来发展和发起创新的想法。专门为小企业设计的小企业创新研究项目（SBIR）作为小企业创新发展措施的一部分而被建立起来。这一措施要求所有拥有超过 1 亿美元的研发预算的政府机构将其部分研发资金通过 SBIR 拨款项目给予小企业。这一条款不仅为小企业提供了获得研发资金的机会，而且提供了一种统一的方法。通过这种方法，每一个参与机构都可以为资金来征集、评价和选择研究方案。

11 个机构参与这一项目（见表 11-2）。每一个机构都将公布其将资助的研发主题。小企业按照规定的格式直接向每一机构提交方案，无论面向哪一机构，格式在一定程度上是标准化的。每一机构使用它已有的评价标准，以竞争为原则评价每一方案，并通过合同、拨款或合作协议方式给予资金。

SBIR 拨款项目有三个阶段。第一个阶段可以提供 10 万美元的资金，用于为期 6 个月的相关可行性研究。这一阶段的目标是确定研究工作的技术可行性，并且通过相对少的资金

表 11-2　参与小企业改革研究项目的政府机构

- 国防部（DOD）
- 国家航空航天局（NASA）
- 能源部（DOE）
- 健康与人类服务部（DHHS）
- 国家科学基金会（NSF）
- 农业部（USDA）
- 交通部（DOT）
- 核管理委员会（NRC）
- 环境保护局（EPA）
- 教育部（DOED）
- 商务部（DOC）

投入来了解企业绩效与能力。成功的项目可以进入第二阶段，得到进一步的政府投资。

对于那些在第一阶段显现出前景的项目，第二阶段主要是研发工作，为未来两年的进一步研发提供达 75 万美元的资金。资金将被用来开发产品和服务的模板。收到第二阶段资金的小企业在第一阶段展示了良好的研究结果，提供了科学合理的技术方案，并为接下来的第三阶段的私人部门融资获得资金投入。

第三阶段不包括任何来自 SBIR 项目的直接投资。此时需要用来自私人部门或常规政府采购合同的资金将技术商品化。

白天是工作者，晚上是创业者

为了维持生计以及为初创企业积累资金，很多创业者在创业早期仍然从事原有工作。成功的创业者在下班时间进行创业时应该考虑到以下几点。

首先，面临的问题就是竞业禁止条例、雇员政策、与雇主签订的合约中限制创业的条例。在开办企业之前，创业者应该仔细阅读与雇主签订的合约，了解对工作以外时间进行创业的行为是否有限制。考虑到会有损工作期间建立的关系与网络，雇主一般会设立竞业禁止条例阻止创业者将产品或服务卖给顾客。另外在技术型行业，也通常会有限制创业的条款存在。在技术型行业中，雇员在工作时间内外的所有产品、技术产权等由雇主所有，在这种情况下，雇员的产品或技术产权即便与所在企业无关，雇主仍然拥有该项产品或技术产权。为了避免出现这种情况，在创业前创业者应该仔细阅读这些条例与法规。

其次，对夜间创业者而言，为了兼顾日常工作与创业活动，时间管理最为困难。日常工作、创业、社交时间冲突时，如何有效安排与分配时间十分困难；另一个可能的冲突在于如果日常工作需要占用额外的时间与精力，在短期内，时间的缺乏并不会对开创新企业造成影响；但从长期看，时间与精力的匮乏会影响创业。要有效平衡创业与日常工作，需要创业者有足够的恒心、毅力与专注力。

创业者要严格区分创业活动与日常工作。首要原则是不要在工作场合谈及创业，尽管在公司中可能有人支持创业，然而创业的消息仍旧会在公司内部传播，会引起雇主的担忧与不满，甚至，雇主可能会因此解雇创业者。此外，创业者应当在休息时间创业，由于雇主会定期检查办公设施的使用情况，不要使用工作场所的办公设施（比如电话、电脑、打印机）进行创业。

最后，每个夜间创业者在最后都会辞去现有工作，全身心投入创业。何时辞职、如何辞职取决于很多因素，也取决于创业者个人经济现状与风险承担能力。在经济上，创业者需要在递交辞呈前准备6～9个月工资的资金作为必要的开支储备，直至公司开始盈利。设定一个辞去工作的标准，例如销售额达到×××；客户达到×××；时间到×××；在创业企业达到目标后创业者就可以辞去工作，这种设计标准的方法有利于保持创业者的创业激情与效率。在创业者提交辞呈时，要同雇主以及同事保持良好关系，任何一个人都可能成为你今后的大客户。

资料来源：For more information, see M. Goodman, "Boot-Strap Your Business," *Entrepreneur* (serial online) 39, no. 12 (December 2011), pp. 90-95.

程序

申请SBIR拨款程序如下。政府机构（见表11-2）公布它们将投资的研究领域并发出邀约。每一个年度的邀约中都包含机构的研发目标、方案格式、交货期、最后期限、选择和评价标准。第二个步骤是由公司或个人提交方案。这种方案最多25页，遵循标准的方案格式。每一个机构筛选它所获得的方案。然后由资深的科学家和工程师来评估并筛选那些以技术为基础的方案。最终，资金被拨给那些最有商品化潜力的项目。研究中产生的任何专利权、研究数据、技术数据和软件都归企业和个人所有，而不是政府。

对于一个以技术为基础，并被独立拥有和运营、雇用500名或更少的员工、有一种组织结构（公司、合作企业、独资）的创业企业而言，SBIR拨款项目是获得资金的一种可行的方法。

创业者可获得的另外一个拨款项目是小企业技术转化项目（STTR），这个项目依据
1992 年的小企业技术转移条例建立。政府机构预算超过 100 万美元的机构需要留出预算的
0.3%。5 个机构参加了 STTR 项目——国防部（DOD）、能源部（DOE）、健康与人类服务部
（DHHS）、国家航天航空局（NASA）和国家科学基金会（NSF）。所有这些机构，也都参加了
SBIR 项目。表 11-3 将 SBIR 与 STTR 项目进行了对比。这两个项目的主要区别在于：第一，
在 SBIR 项目中，主要审查者必须投入主要的精力，关注该企业的资金获得情况。相反，在
项目期限内，STTR 项目没有类似的规定。第二，STTR 项目要求有来自大学或其他非营利
机构的研究合作者，至少有 40% 的研究工作要由相关小企业进行且至少有 30% 由合作的非
营利机构进行。SBIR 项目最大的咨询成本为 33%（第一阶段）和 50%（第二阶段）。获得
STTR 资助的程序与 SBIR 相似。

表 11-3 SBIR 项目与 STTR 项目的比较

要求	SBIR	STTR
申请组织	小企业组织（SBC）	小企业组织（SBC）
获得时段	通常第一阶段 6 个月 通常第二阶段 2 年	通常第一阶段 1 年 通常第二阶段 2 年
获得资金	通常第一阶段 100 000 美元 通常第二阶段 750 000 美元	通常第一阶段 100 000 美元 通常第二阶段 750 000 美元
主要投资者	50% 以上的时间被公司雇用 对项目介入的最小水平没有规定	没有规定雇用时间 必须保证最少使用 10% 的努力在项目上，对 SBC 有正式约定或贡献
分包 / 顾问成本	第一阶段总的合同和顾问成本通常不超过要求总量的 33% 第二阶段总的合同和顾问成本通常不超过要求总量的 50%	第一和第二阶段 SBC 必须至少履行 40% 的工作，单独的美国非营利研究机构必须履行 30% 的工作
执行地点	必须完全在美国 部分研究必须发生在公司控制的研究地点	必须完全在美国 部分研究必须发生在公司控制的研究地点，部分在合作的美国研究机构中

11.8 私人投资

创业者获得资金的另外一个途径是私人投资者，也叫作天使投资人。他们可能是家人、
朋友或者有钱的个人。这些拥有可观资金的个人在做投资决策过程中通常会咨询顾问，如会
计师、技术专家、财务策划或律师，具体情况将在第 12 章进行详细介绍。

11.8.1 投资者类型

投资者通常在公司中拥有股份，能够在一定程度上影响公司的性质和方向，甚至可能在
一定程度上介入公司运营。创业者在选择投资者时，投资者参与公司日常运作的程度是重要
的评价因素。一些投资者希望积极地参与到公司中，其他一些至少需要在公司方向和运作中
有咨询作用，其余的则很消极，根本不需要积极参与公司活动。每个投资者主要对收回他的
投资并获得高的回报率感兴趣。

11.8.2　私募

从私人投资者那里获得资金的一种正式的方式是**私募**（private offering）。私募与公开招募或上市有几个方面的不同。公开招募需要大量的时间和花费，其大部分是由附带许多规定和要求造成的。向证券交易委员会注册的过程是一项庞大的工程，一旦公司上市，则需要大量的报告程序。由于这一过程的建立主要是要保护不成熟的投资者，当有限数量的拥有商业触觉和吸收风险能力的老练投资者加入时，私人招募就显得更迅速且花费较低。这些老练的投资者仍然需要获得公司及其管理的信息资料。什么构成这些信息资料？谁是老练的投资者？有限的数量是多少？下面提供的 D 条例将回答这些问题。

11.8.3　D 条例

D 条例（regulation D）包括：①为简化私人招募而设计的规定；②私人招募的大致定义构成；③特定的操作条例——504、505 和 506 条例。D 条例要求私人招募的发行人在第一笔交易的 15 天后，自此的每 6 个月和最后一笔交易的 30 天之后，向证券委员会提交 5 份 D 表格。

发行私人招募的创业者承担着证明已经具有免税资质的责任。这包括要周到而细致地完成与潜在的投资者之间的文件。每一次招募提交给投资者的备忘录应该进行编号，并且必须包含不应被任何其他个人复制和披露的说明文件。投资者（或指定代表）查看公司信息（其账簿或相关记录）的日期和公司与投资商讨论的日期都需要记录下来。在招募结束时，招募公司需要核实并记录除了这些记录投资者以外没有其他人接触到这些内容。记录了所有细节的文件应该放置于公司永久档案中。D 条例的大致程序由三个条例——504、505 和 506 进一步扩展。504 条例为从许多投资者那里寻求少量资金的公司提供第一笔免税的优惠。在504 条例下，公司可以在 12 个月的时间内将达到 50 万美元的证券卖给任何数量的投资者，而不用考虑其熟练程度。不需特别对外披露，发行公司也不能介入任何邀约或广告。有些地方不允许投资者转售他们的股份，除非证券被注册了。

505 条例改变了投资者和提供资金的数量。这一条例允许私人招募在 12 个月时间内售出 500 万美元的未注册证券。这些证券可以被出售给 35 位投资者和不限数量的经认可的投资者。这里免去了 504 条例所要求的细致测试和披露的要求。哪些投资者属于"经认可的投资者"？经认可的投资者包括：①机构投资者，像银行、保险公司、投资公司、员工福利计划超过 500 万美元的企业、捐助资产超过 2 500 万美元的免税组织和私人商业发展公司；②购买超过 150 000 美元的发行者证券的投资者；③销售净值为 100 万美元或更多的投资者；④在过去的两年里每年收入超过 200 000 美元的投资者；⑤董事、首席执行官和发行公司的普通合作者。

像 504 条例一样，505 条例不允许通过公共媒体做普通的广告和邀约。当仅有合格投资者参与时，在 505 条例下不需要公开（与 504 条例下的发行类似）。然而，如果发行过程中包括未经认可的投资者，额外信息必须被公开。无论招募的数量是多少，必须获得这些投资者最近两年的财务状况描述，除非这样的信息需要"过度的努力和花费"才能获得。当这种情况出现在发行公司而不是有限合作企业时，可以使用招募前的 120 天的平衡表代替。所有将私人配售证券出售给经认可或未经认可的投资者的公司，必须向它们提供适当的公司信息，并允许在交易之前提出任何问题。506 条例比 505 条例更进一步，它允许发行公司将不限数量的证券出售给 35 个投资者和不限数量的经认可的投资者或发行者的亲属。但是，依然不能通过公共媒体发布广告或邀约。

为获得外部资金，创业者必须尽可能地注意准确地披露所有信息。只要公司的运作持续成功并反应在价值上，投资者就不会对公司产生疑问。但是，如果公司运行出现问题，投资者和中间人就会仔细审查公司披露的记录细节来确定是否有任何技术上的或证券法令上的违规现象出现。一旦发现有违反证券法令的情况，经营者和主要股东就要作为公司或个人承担责任。当这种情况发生时，个人不再受公司庇护并且暴露于明显的责任和潜在诉讼当中。这种由被损害的投资者提出的基于证券法的诉讼几乎没有时间限制，因为直到受害人发现或应该合理地被期望发现不适宜的信息披露时诉讼才会开始。该诉讼可能会发生在被告所在地、居住地或交易发生地的辖区法院。个人可以作为单一原告提出诉讼，或者以所有受相似影响的人的集体身份提出诉讼。如果确有违反证券法的行为，法院会判给原告大量的律师费和补偿费用。考虑到诉讼的数量和当今社会容易产生诉讼纠纷的现实，创业者需要极其小心地确保所有披露信息的准确性。如果这还不能引起注意，那就要牢记，即使没有任何个人诉讼案例发生，证券交易委员会也可以采取行政、民事或刑事措施。这种行动可以带来罚款、监禁或者归还资金等处罚。

11.9　自助融资

获得外部资金还可以考虑自助融资。对于初创公司而言，当从债务融资（高利息率）或从股本融资（所有权丧失）获得资金的代价更大时，这种方式十分有效。

除了货币成本，获得外部资金还有其他成本。第一，通常要花 3 ~ 6 个月时间筹措外部资金或发现没有外部资金可以使用。在这一时期内，创业者可能不会充分关注营销、销售、产品开发和运营成本这些重要领域。通常，当一家企业至少花得起时间筹资时才需要融资。一家公司的 CEO 将太多的时间花费在筹资上以至于销售和营销被忽视，导致销售和利润预算不能满足资本注入后前三年的需要。这往往引起投资者的关注和愤怒，相应，则需要 CEO 投入更多的时间去应对，进而形成恶性循环。

第二，外部资金通常会减少公司销售和利润的动力。一个成功的经理绝对不会雇用一个看起来很富裕的人作为自己的代理推销员。他觉得如果一个人不饥饿，他就不会卖力销售。相同的理念适用于希望利用外部资金来代替收入的外部融资公司。

第三，资金的可获得性增加了支付的冲动。它能引起公司在需要之前雇用更多的员工并且买入昂贵的设备。一家公司能很容易地忘记企业创立的基本原则：保持简朴的作风。

第四，外部资金会减少公司的灵活性。这将阻碍企业运动的方向、动力和创业者的创造力。不成熟的投资者是个问题，因为他们经常反对公司偏离吸引他们投资的商业计划所列出的重点和方向。这一态度能够将一家公司困扰到一定的程度以至于必要的改变不能被落实，或者在花费大量时间和努力建立共识之后慢慢地进行落实。这可能大幅度挫伤那些喜欢不为他人工作的自由创业者。

第五，外部资本可能会引起公司产生相关问题。没有回报期望的资金是不会被提供的，有时在企业建立之前就可以获得一些资金。特别是如果存在股本投资者，创业者就有压力使公司持续发展以便使最初的公共招募尽快到来。强调短期绩效可能就会以牺牲公司的长期成功为代价。

自助融资包括使用任何可能的方式保留现金。同时一些创业者能够利用任何可获得的供应者折扣，拥有有限的流动资金的创业者需要尽可能延长没有利息的付费。创业者应该总是询问大量购买的折扣、经常客户的折扣、专卖卖主产品的折扣，甚至是"旧币兑换"，"它允许在没有额外花费情况下升级为改进的产品"。

通过要求散包装而不是花费更多的分体包装可以节省一些费用，同时还可以与频道会员使用共用广告分担广告费用。

寄售融资也可以用来帮助留住现金。一些卖主允许创业者为整个数量的商品设置常备订单供一段时间使用，但只有需要时才装运和支付，因此确保了在不必承担存货成本情况下获得大量订单的较低的价格。这些仅仅是一些例子。自助融资唯一可能的局限性是创业者的想象力。

尽管有这些潜在的问题，创业者有时还是需要一些资金来保证企业的发展，如果内部资金来源被使用了，这种增长可能会很慢或不存在。只有在所有可能的内部来源的资金被开发之后，才应开始寻求外部资金。当需要并获得了外部资金时，创业者不应该忘记与企业的基本方面保持紧密联系。

◘ 本章小结

所有的商业企业都需要资金。在企业生命周期之中贯穿着资金需求，尤其是在创业初期，创业者在融资上面临较大困难。在寻求外部融资之前，创业者应首先开发所有的内部融资途径，比如使用利润、卖掉未用资产、减少流动资本、获得供应者信任和迅速收回应收账款。在所有内部资源用尽后，创业者可能会发现通过外部融资寻求额外资金十分必要。外部融资可能以债务或股本形式出现。当考虑外部融资时，创业者需要思考每一种可选择的融资的时间、成本和每一种财务方案的可控程度。

商业银行贷款是短期外部债务融资最常用的来源。这一资金来源需要抵押品，抵押品以资产为基础或采取流动现金融资形式。在任何情况下，银行对于贷款都趋于谨慎并仔细衡量五个"C"——对象、能力、资本、抵押品和条件。在银行的仔细审查下，不是每一个创业者都有资格。

当创业者不能从银行获得贷款时，创业者还可以向小企业管理局申请担保贷款。小企业管理局为贷款提供一定额度的担保，否则商业银行可能会拒绝贷款。

高科技公司筹资的一个特定方法是研发有限合作公司。由发起公司和资金赞助者（合作企业）签订合同。合作企业承担研究风险，获得一些税收优势并分享未来的利润，包括使用此研究来开发未来产品的费用。创业者拥有在获得资金付出获得最小股本稀释的代价，同时可以减少企业的风险。

政府拨款是小企业通过 SBIR 项目获得资金的另一种选择。企业能从 11 家机构申请拨款，也能从联邦、州、市申请拨款。

最后，创业者能够寻求私人资本。个人投资者通常要求有公司的股东地位和一定程度的控制权。公开发行股票花费高昂而且程序复杂，相比之下私人招募更为简易。通过遵循 D 条例的程序和三个特定条例——504、505、506，创业者能够出售私人证券。当发起私人招募时，创业者必须注意准确地披露企业信息同时严格坚持证券交易委员会的要求。证券违规可能导致对个人和公司的诉讼。

创业者需要考虑所有可能的资金来源并选择能够提供成本最小、对控制权要求最少的一种资金。通常，企业不同的增长和发展阶段使用不同融资来源的资金，正如斯科特·沃克案例中所描述的情形。

◘ 调研练习

1. 采访一家银行的商业贷款负责人来了解银行对小企业和新企业的贷款标准，它是否用了五个"C"原则？在五个"C"中，哪一个看起来最重要？

2. 从当地银行获得一个贷款申请表并根据五个"C"将每一个问题归类。

3. 选择你想要经营的一家企业。然后上网搜寻你或你的企业能够申请的政府拨款。

4. 采访三个小企业拥有者，了解关于他们对自己企业的自助融资所做的事情，这些方法是否有效？

◘ 课堂讨论

1. 最便宜的资金来源是什么？当其他所有来源都拒绝你的资金要求，什么来源最可能说"可以"？为什么存在这种情况？创业者用这种潜在资金来源开发私人关系了吗？如果企业破产了，使用这种资金来源的结果是什么？

2. 政府应该为新企业的创业者提供拨款吗？当小企业缺失必要的记录、资产不能获得商业银行贷款时，政府应该为这些企业提供担保贷款吗？作为有纳税人的国家，我们接受这样的拨款的贷款担保有什么好处？

3. 为什么不是所有的公司都使用自助融资？这种方法有什么风险吗？有一些财务闲置（如一些额外现金储备）有什么好处？财务闲置的成本是什么？

◘ 选读资料

Anonymous. (April 2010). The New Face of Venture Capital: Family Offices. *Institutional Investor*, n/a.

> *This article discusses the absence of venture capital in the economy and the increase in investments in start-up organizations by family offices. The author highlights industries that are especially attractive to family offices; these include technology that contributes to society, investing in mature start-ups, and investing in established products (instead of concepts).*

DeBaise, Colleen. (June 2, 2011). Seeking Venture Capital. *Wall Street Journal*.

> *The author discusses the pros and cons of funding a business with venture capital. She emphasizes the active participation of venture capital investors in the companies they invest in, which can include operations and active board participation. She also discusses the increasing challenge of obtaining venture capital–backed financing in the current economy.*

Farrell, Christopher. (April 28, 2008). How Angel Investors Get Their Wings. *BusinessWeek*, no. 112.

Angel investors invest in promising start-ups too young and raw to attract the attention and money of professional venture capitalists. The credit crunch and economic downturn have some angels feeling skittish. But others see opportunity. Studies show that the best time to start a business is when the economy is down. That's because entrepreneurs with good ideas will find cheaper land, labor, supplier contracts, and other ingredients that go into starting a business. Angels who back such ventures can earn impressive long-term returns—one study cites a rate of return of about 27 percent, on average, or 2.6 times the investment in 3.5 years. The risks, of course, are steep. Still, 258,200 angels pumped $26 billion into 57,120 ventures last year, according to the University of New Hampshire's Center for Venture Research. While many angels are current or former entrepreneurs, and that background can prove invaluable, they also need to develop investing skills.

Gimmon, Eli. (2008). Entrepreneurial Team-starts and Teamwork: Taking the Investors' Perspective. *Team Performance Management*, vol. 14, no. 7/8, pp. 327–39.

This article includes the results of a research project, which evaluates the importance of entrepreneurial teamwork in venture capitalists' decisions to fund a venture. The entrepreneurial teams examined in this research are exclusively involved in high-technology pursuits, such as information technology and electronics. The author of this research is an Israeli business professor who bases his hypothesis on previous evidence that teamwork has a favorable effect on the success of entrepreneurial undertakings. The author's conclusions examine the habits of venture capitalists and angel investors from different geographical regions: U.S. investors, for example, do not value entrepreneurial teamwork as much as do British and Israeli investors.

Mehrotra, Devi. (Winter 2011). Financing New Businesses. *Yale Economic Review*, vol. 7, pp. 14–17.

The author discusses the Kauffman Firm Survey (KFS) which tracks start-up firm financing over several years beginning with year one. The survey authors, Alicia M. Robb and David T. Robinson, describe a financing pyramid that summarizes their results. Firm owners first secure outside debt, then owner equity, and lastly debt from outsiders. Their findings differ from earlier published research.

Westerman, James W.; Scott W. Geiger; and Linda A. Cyr. (December 2008). Employee Equity Incentives and Venture Capitalist Involvement: Examining the Effects on IPO Performance. *Journal of Developmental Entrepreneurship*, vol. 13, no. 4, pp. 409–23.

Many times entrepreneurs are hesitant to operate within the confines of other people's money. While the additional influx of cash is often welcome, seasoned entrepreneurs realize these handouts come at a price: independence. This article, for such naysayers, offers proof that accepting venture capital funding can ensure the success of a business, should it choose to go public. Also, the employees of these potential initial public offering firms are in better stead if their company has received venture capital funding.

Yallapragada, RamMohan R.; and Mohammad Bhuiyan. (November/December 2011). Small Business Entrepreneurships in the U.S. *Journal of Applied Business Research*, vol. 27, pp. 117–22.

The authors examine the importance of small business entrepreneurs to the U.S. economy and the factors that contribute to the success of these businesses. The article concludes with a discussion of financing options for small businesses, including SBA loans and micro-financing.

非正式风险投资、风险投资和公开上市

▶ 开篇引例 理查德·布兰森

　　理查德·布兰森（Richard Branson）不仅仅是CEO，更像是一个统治者，作为当今世界最成功、开明、不同寻常的企业家之一，带领他的维珍集团风暴般地席卷世界。维珍集团在世界范围内与一大批同行业企业巨头展开40年针锋相对的竞争。在理查德·布兰森爵士（1999年12月31日，由于在"创业方面的贡献"被授予"爵士"）的领导下，由最初一家濒临倒闭的出版社，发展为在30多个国家拥有200多家分公司的集团。根据2011年福布斯富豪榜，布兰森以身价25.8亿英镑（约42亿美元）跻身英国富豪第5名、世界富豪第254名。他成功的秘诀是什么？一些人认为是他敏锐的商业头脑，一些人认为是他对生活的热情，也有一些人觉得是他与众不同的销售策略。可以确定的是，理查德·布兰森的创业精神和热情乐观极具感染力，影响着每个与他接触的人。驾驶热气球环游世界、作为一家新创企业与世界三大航空公司竞争——布兰森的生活情趣和冒险行为使他成为商界最受喜爱的企业家。

　　所有拥有抱负但曾经失败的企业家都想从那些成功者处获取经验。布兰森的成功故事表明他是一个不墨守成规、勇于挑战传统的人。上学时他是一个差学生，后来他才知道学习上的困难是缘于他的阅读障碍。16岁时，他离开了预科学校，创办了一本名为《学生》的杂志。据说，校长得知布兰森打算离开学校，给他写信说："祝贺你，布兰森。我预言，你以后不是坐牢房，就是成为百万富翁。"他怎么知道其实说亿万富翁会更准确？

　　尽管《学生》杂志获得了一定声誉，但它不是一个赚钱的投资。受20世纪60年代末年轻人中流行的反独裁主义思想的影响，布兰森说服那些名人如诺曼·梅勒、让-保罗·萨特和詹姆斯·鲍德温等人向他的杂志投稿，探讨一些主流杂志不敢触及的话题。在他财务状况出现危机的时候，布兰森想到以略低的折扣价格用邮递的方式来销售音乐唱片，并在他发行的杂志上宣传这项服务。这样，维珍唱片公司成立了。第一家零售店于 1971 年在伦敦牛津街开张。

维珍唱片公司早期将目标顾客直接定位于 18 ～ 25 岁的人群，获得了成功。然而，维珍公司真正走向兴盛是公司向唱片出版业的扩张。布兰森签下麦克·欧德菲尔德，他们一起出版了《管钟》，这个器乐作品迅速成为当时的经典，使维珍唱片名扬天下。依靠自己的直觉而不是大众的想法，布兰森继续签约了一些艺术家，这些艺术家是许多传统的公司不会予以考虑的，因为他们的举止常常傲慢无礼。签下了已经被两家公司作为公关噩梦而开除的朋克乐队，使得维珍唱片迅速发展为最大的独立唱片公司，拥有许多巨星，包括 UB40 乐队、滚石乐队、宝拉·阿巴杜等。

当维珍唱片在 1983 年收入 5 000 万英镑时，布兰森开始迎接职业生涯中最大的挑战：维珍航空。尽管有利可图，但是航空业是风险极大的资本密集型行业，尚且不提它被三个强大的全球联盟巨头所垄断。布兰森没有被那些唱反调的人吓倒，努力追求这样的目标：创立一家航空公司，关注顾客而不是企业盈亏，以更低的价格提供更多的便利设施。20 世纪 90 年代，伴随着经济动荡、石油价格飙升、恐怖主义对旅游业的打击，布兰森的航空公司在初步成功后就开始遭遇冲击。为了保持航空公司的正常运营，1992年布兰森被迫将维珍唱片以高价（将近 10 亿英镑）卖给 Thorn-EMI 公司。卖掉了他的音乐公司——他所珍爱的事业奠基石，布兰森受到了打击。

从维珍发展初期开始，连续的创业已经使公司进入许多不同的行业，包括手机、网络、航空与铁路运输、金融、零售、酒店与旅游休闲以及广播等行业。这些业务时好时坏。维珍集团到底是什么？联合化大企业？人才孵化器？授权给加盟商的一个品牌？这些都正确。布兰森把他的帝国描述为"拥有品牌的风险投资组织"。他这样描述他的商业模式："我们与一系列不同的机构和贸易伙伴合作，投资广泛的商业领域，共享品牌价值。"卖掉了他宝贵的音乐业务之后，布兰森在正规借贷渠道中受挫，因此他决定利用自己的品牌来融资。为了从富有的投资者那里获取流动资金，布兰森在保证对公司控股的前提下特许他们使用维珍的品牌。就这样，布兰森买进了全球 200 多家公司的股权，目标是促使维珍跻身世界品牌前 20。

维珍是如何获得如此高的品牌价值的呢？布兰森举了两个特别的例子：音乐业务和购物广场的概念，这在 20 世纪 70 年代末期创造了企业关注青年人的形象。维珍航空关注消费者，缔造了品质、价值、创新和乐趣的声誉。如果没有布兰森，或许维珍就会与现在完全不同。布兰森不是一个普通的、像木偶操纵者一样躲在桌子后面俯瞰自己帝国的 CEO。从《学生》杂志开始，布兰森就集营销总监、公关经理、销售总监于一身。他自称是"冒险资本家"，他过去几十年的怪诞行为引人注目，使他和他的事业都备受关注。

自从维珍唱片超越极限登上顶峰，布兰森开始热衷于打破舟渡大西洋的记录。1985年他第一次尝试，不过失败了；第二年他再一次尝试，终于成功了。首相玛格丽特·撒切尔以个人名义祝贺了他的壮举。之后他又尝试横渡大海，只不过这次是乘坐热气球。三次驾驶同一个热气球尝试环游地球都失败了，但是毫无疑问这使他成了新闻头条。除了他的航空壮举，他还写博客、主持电视真人秀、参演电视剧《护滩使者》，同时还是《企业家》杂志的长期专栏作家。他近期最冒险的挑战是开展月球商业飞行。维珍银河公司将在接下来的几年时间里把它的第一位乘客送到外太空，票价仅为每人 20 万美元。

理查德·布兰森的摇滚明星形象使他近几年迅速成为名人。许多奢侈品公司聘请他作为自己的产品代言人。和其他名人一样，仅通过出场做演讲他就能获得很好的报酬（根据福布斯杂志的一篇报道，他每次出场费用大约为 30 万美元）。然而，不像有些名人名声和财富而使他们变得奢侈狭隘，布兰森的财富似乎使他更加脚踏实地。2005 年，维珍集团创建了一家非营利性基金——维珍联合，宗旨在于促进革新，使政府、企业、社会机构很好地结合在一起，促使商业成为善的动力。布兰森已经表明，通过言行，创业精神可以作为一种工具，用来改善世界，尤其是在发展中国家。他还创立了布兰森创业中心，目前主要关注南非和加勒比海这两个地区。建立在"商业为善"这个想法之上，中心已经帮助当地的企业家启动、经营、构筑自己的商业，目的是刺激当地的经济。作为商业偶像，布兰森强调："成为全球性人物，你就肩负着责任。这意味着我可以运用我的企业家身份和财务资源成立一些类似 Ocean Elders、碳作战室、非洲 CDC 等机构。如果你很好地利用自己的名人地位，就可以成就非凡。"

尽管他没有获得教育机构的正式证书，但布兰森看似无穷尽的成功使那些初出茅庐的创业者对他的模式非常感兴趣。2010 年，他在《企业家》杂志上撰文描述了他成功的五个秘诀，即：乐在其中、创造新颖的东西、创造每个员工都为之骄傲的东西、做一个好的领导者、大显身手。任何处于困境的人都会发现自己没有遵循这些秘诀。近期的每次投资，布兰森都坚决地依据以人为本的原则来进行。让每个人都幸福，包括员工、顾客、公益活动的受益者，这是他商业策略的本质。

12.1 商业融资

在评估各种融资方式的适用性，尤其是天使投资和风险投资时，创业者必须确定所需资金的数额和时间，以及公司的销售和增长率。传统的小公司和私营的中型企业很难获得外部股权融资，尤其是来自风险投资行业的投资。大多数风险投资家热衷于投资软件、生物技术等潜力巨大的企业，如理查德·布兰森的大型公司、马克·扎克伯格的 Facebook。表 12-1 列出了公司发展过程中的三种融资类型。每种类型的融资困难和资本费用也各不相同。**初期融资**（early-stage financing）最困难，费用最大。在这个阶段有两种融资类型可以利用：原始资本和启动资本。原始投资最难通过外部基金融资获得，它是所需资本的很小一部分。由于风险投资家通常最低的投资标准都在 50 万美元之上，因此他们很少涉足这个阶段的融资，除非是那些高技术企业，并且创业者已经有好的经营业绩，同时需要大量资本。第二种资金类型是启动资金融资。顾名思义，启动资金涉及研发和销售一些初始产品，通过销售来验证是否可行。这些资金也很难获得。天使投资人积极参与这两种融资。

表 12-1　公司各发展阶段的融资

初期融资	
● 原始资本	用少量的资本来验证经营和财务可行性
● 启动资本	产品开发和初始制造，缺乏销售经验，融资常常是为了使公司开始运营

（续）

扩张和发展融资	
● 第二阶段	初始发展阶段的营运资本，但是没有清晰的盈利能力和现金流
● 第三阶段	销售额快速增长，公司扩张，公司处于盈亏平衡点或处于正的利润水平，但是公司仍为私有
● 第四阶段	公司准备公开上市
收购融资和杠杆收购融资	
● 传统收购	获取其他公司的所有权和控制权
● 杠杆收购（LBO）	公司管理层通过买断现有所有者的股权来获取公司的控制权
● 私有化	公司的一些所有者或管理人员购买所有已经发行的股票，使公司重新私有

　　扩张和**发展融资**（development financing）（第二种基本融资类型）比初期融资容易实现。在这个阶段风险投资家积极提供资金。随着公司在各个阶段的发展，扩张所需的资金也会逐渐减少。通常，公司第二阶段的资金被用作运营资本来维持公司的初期成长。在第三阶段，公司处于盈亏平衡或具有良好的利润水平，资金用于增加销售额。第四阶段的资金被用于公司筹备上市之前过渡期的融资。

　　收购融资（acquisition financing）和杠杆收购融资（第三种模型）在本质上更具体化，专门用于某些特定活动，如传统收购、杠杆收购（管理层收购所有者的股份）、公司私有化（一家公众持股公司回购现有股东股权，从而变为私有公司）。

　　公司成长过程中的融资会涉及以下三种**风险资本市场**（risk-capital markets）：**非正式风险资本市场**（the informal risk-capital market）、**风险资本市场**（the venture-capital market）和**公众股权市场**（the public-equity market）。尽管三种融资市场都可以为第一阶段的融资提供资金资源，但是公众股权市场仅仅适用于有很大发展潜力的公司，尤其是高科技企业。近年来，一些生物科技公司也会通过公众股权市场来募集第一阶段的资金。投资者对有广阔前景和高回报率的领域非常感兴趣，这在具有高利润率的海洋业和燃料替代品领域已经得到证实。尽管风险投资公司也提供第一阶段的资金，但是投资必须有最低资金额度限制，从50万美元到300万美元不等。一家风险投资公司规定最低投资额度，是因为在评估和监督一项交易过程中会产生高额成本。截至目前，适合第一阶段融资的最好资金来源是非正式风险投资市场——风险资本市场的第三种类型。

12.2　非正式风险资本市场

　　非正式风险资本市场是最容易被误解的风险资本形式。它通常由一些被称作"**天使投资人**"（business angels）的隐身富豪投资团体组成，他们在许多新创企业中寻求股权投资机会，通常投资规模从1万美元到50万美元不等。天使投资人提供的资金可用于企业各个发展阶段的融资，但主要是启动阶段（第一阶段）的融资。而第二、三轮融资常常从专业的风险投资公司或公众股权市场获得。

　　在美国，尽管对于许多创业者来说非正式风险资本市场是无形的，但是其中确实存在大量风险资本。尽管无法核实这些天使投资人所提供的融资总量，但是相关的统计数据能够说明一些情况。在美国证券交易所第146项的约束下，1980年美国证券交易所进行了一项关于私募发行者的调查表明，购买公司发行股票的人中87%是个人投资者和私人信托，平均投资额为74 000美元。根据美国证交所第145项规定，私募发行平均每年约10亿美元。查阅D条例相关文件也很清楚地说明这一点（D条例在第11章讨论过，是《1933年证券法》关于豁免登记的规则）。依据D条例，第一年有超过7 200笔股票发行，价值约155亿美元。公司投资占总发行价值的43%（67亿美元），占发行总量的32%（2 304笔）。公司发行有限股票（低于50万美元）募集了2.2亿美元，平均每家公司20万美元。典型的证券发行公司规模趋于缩小，股东少于10人，收益和资产少于50万美元，股东的股权平均为5万美元或者更少，有4～5个员工。

在一份关于小型科技公司IPO之前的资金筹集调查也得出了相似的结论。调查表明，独立的个人投资者（非正式投资市场）约占所筹集资本的15%，而风险投资公司仅占12%～15%。在创业初期，独立的个人投资者提供了17%的外部资金。

新英格兰的一项关于天使投资人的研究也得出了相似的结论。通过对133个独立投资人的研究表明，在1976～1980年，他们共向320家公司投入风险资本总额超过1.6亿美元。这些投资者平均每两年投资一个项目，平均投资规模50 000美元。尽管其中36%的投资平均低于10 000美元，但是24%的投资平均超过50 000美元。同时40%的投资是投向了初创企业，其中80%的公司成立不到5年。

投资者的数量及投资规模也有显著的提高，部分原因是收入迅速积累。一项有关消费金融的研究表明，在美国净资产超过130万美元的家庭超过100万户。这些家庭占总人口的2%，他们的财富积累主要来自收入，而不是继承遗产。他们向非公开上市企业的投资超过1 510亿美元，但不参与企业管理。每年有超过10万名个人投资者为大约30 000～50 000家公司提供资金，资本总额大约70亿～100亿美元。谈到他们的投资能力，首先要了解那些天使投资人的特征。

有研究认为，每年用于投资的天使基金大约为200亿美元。另一项研究也证实了这个数据——大约有25万名天使投资人每年向大约3万家公司投资约100亿～200亿美元。近期研究表明，在所调查的天使投资人中仅有约20%倾向于向特定的行业投资，第一轮的投资通常大约在2.9万～10万美元。

表12-2列出了非正式投资者和天使投资人的各项特性。他们一般都受过很好的教育，许多人有研究生学位。尽管他们可以为美国任何地方的公司提供资金（一些人向美国以外的其他地方投资），但是他们通常与被投资企业距离不远。天使投资人每年会投资一到两个项目，对单个公司的投资从10万～50万美元不等，平均为34万美元。如果投资机会很好，天使投资人会投资50万～100万美元。在某些情况下，天使投资人会从朋友圈中联合其他投资人来共同给大项目融资。

表 12-2　非正式投资者的特征

人口特征和关系
• 良好的教育，有很多人有硕士学位
• 可以在任何地方给公司融资，尤其是在美国
• 大部分投资者距离被投资公司不远
• 大部分投资者希望在公司融资中扮演积极的角色
• 许多都属于天使投资俱乐部

（续）

投资记录

- 投资规模在 10 万～ 50 万美元
- 平均投资为 34 万美元
- 每年进行一两次投资

风险偏好

- 大多数投资者为新创企业或创建不到 5 年的公司融资
- 大多数投资者的投资兴趣
  - 制造业——工业 / 商用产品
  - 制造业——消费品
  - 能源 / 自然资源
  - 服务业
  - 软件业

预期的风险 / 回报

- 对于新创企业来说，平均 5 年的资本收益是投资的 10 倍
- 对于成立不足 1 年的公司来说，平均 5 年的资本收益是投资的 6 倍
- 对于 1 ～ 5 年的公司来说，平均 5 年的资本收益是投资的 5 倍
- 对于创立超过 5 年的公司来说，平均 5 年的资本收益是投资的 3 倍

拒绝投资的理由

- 风险 / 回报不合适
- 管理团队能力低
- 对提议的商业领域不感兴趣
- 没有对价格达成一致
- 对商业领域不熟悉

在所投资的企业中，天使投资人是否有偏好的企业类型呢？天使投资人向各种投资机会提供资金，从小的零售商店到大的石油勘测公司，其中一些人偏好投资工业和消费品制造业、能源、服务、零售 / 批发贸易。预期回报会随着公司营业年限的增加而减少。成立不到 5 年的新创企业会有 10 倍资本盈利，成立超过 5 年的公司有 3 倍盈利。那些天使投资人对他们的投资期限非常谨慎，不会等 7 ～ 10 年才收回资本。这和正式风险投资行业至少 5 年的投资期限形成了鲜明的对比。当出现以下情况时，投资者将会放弃投资机会：不合适的风险 / 回报率，低水平的管理团队，缺乏商业兴趣，对资本风险不够重视。

天使投资人市场平均每年资本约为 200 亿美元，和风险投资行业每年的投资水平大体相当。天使投资人的数量大约是投资公司数量的 8 倍。在正常经济条件下，美国活跃的投资者大约为 25 万人，一桩投资通常涉及五六个投资人。

天使投资人通常在哪里找到项目？一般是通过商业伙伴、朋友、个人积极调查、投资银行家和商业经纪人等多种途径发现投资机会。尽管这些途径能促成一些投资，但是大部分的天使投资人并不满意中间人所介绍投资数量和类型。研究发现，51% 的投资者对中介机构不太满意，期望中介机构能得到进一步的完善。

有组织的天使投资团体在美国和世界范围内已经很普遍，尤其是在澳大利亚、德国、爱尔兰和英国。每个投资团体或俱乐部每年通常召开 6 ～ 10 次会议，每次会议 2 ～ 3 个小时。一些投资团体也会相互合作。这些团体作为一个整体不仅有大量的资金，还负责召集会议并审查所提交的项目。在进行投资时，团体中的单个成员既可以单独进行投资，也可以和感兴趣的其他成员共同投资。

典型的天使投资流程是：首先将所要求的表格资料交给特定的俱乐部成员。经过初期的甄选，如果创业者被选中，接下来就和几个俱乐部成员会面，给创业者提供商业计划的细化和必要的指导。通常有 30 分钟的展示和提问时间，之后任何感兴趣的俱乐部成员都可以和创业者单独会面，进一步讨论投资决策过程。考夫曼基金会认为有大约 300 个有组织的天使投资团体。大部分的团体，如雷鸟天使网络（TAN），都可以通过网络（GUST）程序进入。

有组织的俱乐部正在大规模发展一种天使基金，面对特定地区和若干行业投资。这种基金的规模在 500 万～ 1 000 万美元。目前这种少有的天使基金的运作非常像有高校支持的风险投资基金，这些内容稍后将在本章讨论。

《商业新闻》 　　　　**AngelList——引领未来的投资？**

AngelList 网站提供一种免费服务，初创企业和投资者可以用它来快速而高效地募集资金。截至 2011 年 6 月，这个在线工具已经把超过 800 家初创企业和超过 1 200 个天使投资人直接联系在一起，提供了 7 600 次中介服务。以往对于创业者来说，获得天使投资基金是一个长期而复杂的过程，他们在发现对新创企业感兴趣的天使投资人之前，经常需要向投资者进行详尽的介绍，但这也不能确保获得投资基金。从天使投资人的角度来说，连接新创企业和投资者的非正式网络是令人沮丧和耗费时间的。许多投资者表示对这种见面的过程失望，在短短的几分钟内他们不会对新创企业感兴趣，浪费了投资者与创业者的时间和精力。AngelList 摒除了中间人，使投资者和创业者直接互动来帮助创业者和投资人解决这些问题。

AngelList 的功能（与 Craig's List 很像）就像一个市场，连接了两个团体。开始时，创业者把他们的商业计划和公司信息提交给 AngelList。AngelList 的工作人员把融资申请整理分类，依据以下一些信息选出前 5%：成长潜力、公司现有的知名天使投资人或创始人、知名的顾问或大学的支持。之后把这些申请转交给那些对新创企业所在行业感兴趣和有经验的投资人。投资者查看这些 AngelList 送来的公司概况，如果对公司感兴趣可以直接联系创业者。与创业者一样，投资者也需要通过一个筛选的过程才能注册到网站中。投资者在过去一年至少进行了一桩投资，来证明他们是投资者，同时要公开列出过去的投资项目。初期加入的投资者，如后期决定不再投资，或者随后 12 个月没有进行过一项投资，将会被从网站中去除。这种程序将会使投资者变得积极，防止他们变成沉默的观察者，仅仅利用网站来了解市场趋势和行业发展态势。

AngelList 显著的优势就是明显减少了新创企业寻找投资者和争取资金的时间。在有些案例中，以往需要数月的时间来寻找投资，利用 AngelList 可以减少到几周甚至几天。时间明显地缩短了，可以使公司迅速开展经营，比往常更快地把产品推向市场。在新创企业的成长过程中，他们也可以通过 AngelList 募集额外的天使资金，进入风险投资领域继续扩张。随着 AngelList 越来越受欢迎，资本投资过程伴随天使资金一起发生改变，会取代传统的风险资本融资。不断扩张的全球创业者和投资人网络，也使那些传统上很难接触到天使投资人的地区产生新的激动人心的融资机会。依靠 AngelList 创造的精益、高效、全球化的融资渠道，天使投资的未来将会不断发展变化。

资料来源：For more information, see T. Geron, "AngelList Takes Angel Investing to Warp Speed," *Forbes.com* (serial online), June 20, 2011, p.3.

12.3　风险投资

本节将会讨论非常重要但人们却知之甚少的风险投资领域，主要包括以下三个方面的内容：风险投资的本质、美国的风险投资行业介绍和风险投资的流程。

12.3.1　风险投资的本质

风险投资是在创业过程中一个常常被误解的领域，一些人简单地认为是风险投资家给那些相对较小、发展迅速的科技公司提供了初始融资。更为准确地说，是将风险投资视为拥有专业管理的股权资本池。在通常情况下，**资金池**（the equity pool）由那些有限合伙企业中富有的个人或机构的资金组成。风险投资有限合伙企业中其他主要投资者有：退休基金、储蓄保险基金和其他机构（包括外国投资者的资金）。普通合伙人，也就是风险投资公司，管理这个资金池，通过投入资金和付出成本来获得一定的收入。投资会出现在公司发展的初期、第二、第三阶段和杠杆收购阶段。实际上，风险投资更准确的定义是：长期投资决策，通常超过 5 年，可能出现在公司早期创业阶段、现有业务扩张或复苏阶段，也可能出现在杠杆收购大型企业现有部门或私营企业的融资阶段。在每笔投资中，风险投资者会通过股票、认股凭证、可转换债券收购股权，积极参与公司监管，为企业带来资金、融资和商业技能。风险投资者也会按融资时的股权比例来一起承担债务。

12.3.2　风险投资行业概况

尽管风险投资对美国的工业化进程产生了很大作用，但是直到第二次世界大战之后风险投资才趋于体系化、制度化。第二次世界大战之前，风险投资活动通常由一些富人、投资银行财团和一些由职业经理人管理的家族机构所垄断。1946 年，美国研究发展公司（ARD）在波士顿成立，风险投资行业制度化才迈出第一步。ARD 是一个小型的资金池，由乔治·多瑞特教授把那些来自于个人和机构的资金聚集起来，选择新兴商业领域进行积极的投资活动。

1958 年，小企业投资方案的确立对于风险投资的发展起到了重要作用。把私人资本和政府资金结合起来，由专业的小企业投资公司（SBIC）将这些资金注入到初创企业和成长中的小企业中。通过利用税收优势、政府资金的杠杆作用和作为私营投资公司的地位，SBIC 成为当今正式风险资本行业的开端。20 世纪 60 年代，SBIC 迅速发展，约有 585 家 SBIC 得到经营许可，涉及私人资本超过 2.05 亿美元。由于投资经理人缺乏经验、投资预期不合理、过于关注短期盈利能力以及大量的政府规章制度，许多早期的 SBIC 都失败了。那些早期的失败案例使 SBIC 得以调整，又反过来促进一些不必要的政府规章制度的废除，同时增加了资金额度。大约有 360 家 SBIC 经营到今天，其中有 130 家是专门为少数民族企业融资的少数民族小型企业投资公司（MESBIC）。

20 世纪 60 年代末期，出现了**小型私人风险投资公司**（private venture-capital firms）。它通常和风险投资公司一起组成有限合伙公司，风险投资公司充当普通合伙人，收取管理费用和一定比例的项目利润。提供资金的有限合伙人通常是机构投资者，如保险公司、留本基金、银行信托部门、养老基金以及富有的个人和家庭。目前美国有超过 900 家这种类型的风险投资公司。

另一种类型的风险投资公司也在这一时期得到发展：附属于大型公司的风险投资机构。

这类公司中约有 100 多家，通常与银行、保险公司联合起来。3M、孟山都、施乐、英特尔、联合利华这些公司都有这样的风险投资机构。与私有风险资本公司、SBIC 比起来，大型公司所属的风险投资公司更倾向于投资高技术行业和新兴市场的收购活动，但其中有些目前还没有取得很好的业绩。

为了适应经济发展的需要，出现了第四种风险投资公司类型：国有资金支持的风险投资基金（the state-sponsored veture-capital fund）。这些国有基金有许多不同的模式。尽管基金规模、投资偏好和产业定位各不相同，但是通常要求每个基金都向特定州投入一定比例的资金。通常由一些私营机构专业管理这些基金，避免了官僚主义，能够经营得更好。

图 12-1 概括了各种类型的风险投资公司。除了之前讨论过的四种类型，还有一种新兴的大学支持的风险投资基金。这类基金通常作为一个独立的实体进行管理，投资特定大学的一些科学技术研究。在一些学校如斯坦福大学、哥伦比亚大学、麻省理工大学等，一些学生做教授助理，另外一些学生制订一些商业融资计划，同时帮助基金经理人尽职做调查，从而学习了解风险投资的流程。

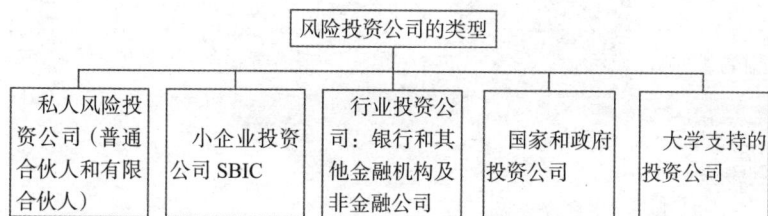

图 12-1　风险投资公司的类型

风险投资行业未能恢复到 1999 年、2000 年、2001 年三年的高投资水准。风险投资资金总额从 1995 年的 79 亿美元快速增长到 2000 年的 1 047 亿美元（见表 12-3），但是在 2001 年降至 407 亿美元，2002 年降至 217 亿美元，2003 年降至 196 亿美元。在 2004 年略微增长全 216 亿美元，2005 年增长至 232 亿美元。投资总额在 2006 年（267 亿美元）和 2007 年（309 亿美元）再次增长，之后随着经济的低迷，2008 年降至 283 亿美元，2009 年降至 197 亿美元。在 2010 年又增长到 234 亿美元，2011 年增长至 291 亿美元。[⊖]

表 12-3　投资总额和交易数量

年份	投资总额（美元）	交易数量	年份	投资总额（美元）	交易数量
1995 年	7 879 331 900	1 773	2004 年	21 635 323 900	2 966
1996 年	11 014 332 900	2 471	2005 年	23 173 465 300	3 155
1997 年	14 014 332 900	3 084	2006 年	26 740 603 400	3 675
1998 年	20 810 583 100	3 553	2007 年	30 885 861 100	3 952
1999 年	53 475 711 500	5 396	2008 年	28 298 040 600	3 808
2000 年	104 700 717 500	7 809	2009 年	19 667 943 200	3 056
2001 年	40 700 717 300	4 456	2010 年	23 363 535 600	3 496
2002 年	21 697 809 100	3 057	2011 年	29 119 041 600	3 752
2003 年	19 585 475 700	2 865			

资料来源：PricewaterhouseCoopers LLP/National Venture Capital Association MoneyTree™ Peport, Data: Thomson Reuters.

⊖　此段中的数据与表 12-3 有出入，疑有误，已据表 12-3 更正。——译者注风险投资所涉及的交易数量如表 12-3 中的第三列所示，从 1995 年的 1 773 件到 2000 年最高的 7 809 件。2003 年、2004 年、2005 年三年的交易数量基本保持稳定，分别是 2 865、2 966 和 3 155 件。交易数量在 2006 年增长到 3 675 件，2007 年 3 952 件，之后 2008 年降至 3 808 件，2009 年降至 3 056 件。交易数量在 2010 年又增至 3 496 件，2011 年增至 3 752 件。[⊖]

2011 年，投资主要集中在以下三个领域：软件（26.86%）、生物技术（19.42%）和产业/能源（13.46%）。这些投资明显地促进了这三个工业部门的发展。从图 12-2 中可以看出，风险投资的其他工业领域包括：IT 服务业（6.83%）、医疗器械与设备（7.58%）、媒体娱乐（5.74%）、消费产品与服务（4.48%）。

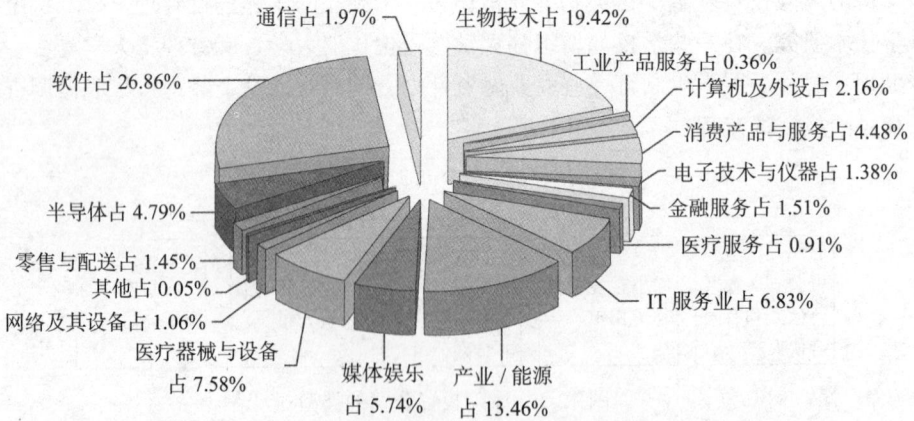

图 12-2　2011 年工业部门风险投资比例

注：各部分占比之和约等于 1。
资料来源：PricewaterhouseCoopers LLP/National Venture Capital Association MoneyTree™ Report, Data: Thomson Reuters.

风险投资公司通常在商业发展的哪个阶段进行资本投入？图 12-3 表明了 2011 年企业各个发展阶段吸收风险资本的比例。资本筹集最多的阶段是发展阶段（34%），其次是后期阶段（33%），接着是早期阶段（29%），最后是初创/种子期（4%）。传统上融资最多的阶段是发展阶段。例如，2002 年，有 57% 的资金用于公司发展阶段，紧接着是早期（23%）、后期（18%）以及初创/种子期（2%）。

表 12-4 逐年列出了 1995～2011 年各个阶段的资本投资情况。初创期风险投资资金（种子基金）从 1995 年的 17.04 亿美元发展到 1999 年最高的 66.05 亿美元，之后跌落到 2002 年的 3.35 亿美元。在这个阶段，投资总额在 2009 年增长到 17.49 亿美元，2010 年又增长到 17.25 亿美元。尽管复苏缓慢，2010 年风险资本家仍然对初创期的资本融资交易感兴趣。

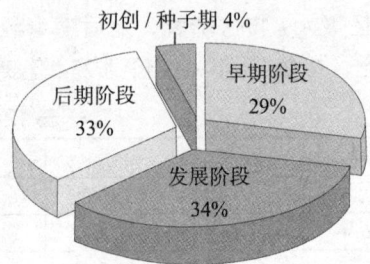

图 12-3　2011 年企业各阶段风险资金融资比例

资料来源：PricewaterhouseCoopers LLP/Nation Venture Capital Association MoneyTree™ Report, Data:Thomson Reuters.

⊖ 此处部分数据与表 12-3 有出入，疑有误，已据表 12-3 更正。——译者注

表 12-4　风险投资阶段

年份	阶段（美元）				
	初创 / 种子期	早期	扩张期	后期	总额
1995 年	$1 704 471 700 21.32%	$2 541 970 600 31.79%	$1 712 698 300 21.42%	$2 036 641 700 25.47%	$7 995 782 300 100.00%
1996 年	$2 412 661 100 21.42%	$3 106 571 800 27.85%	$2 555 789 700 22.69%	$3 190 091 200 28.32%	$11 265 113 800 100.00%
1997 年	$3 047 368 500 20.49%	$3 674 240 600 24.71%	$3 669 504 700 24.68%	$4 479 777 100 30.12%	$14 870 890 900 100.00%
1998 年	$4 113 597 500 19.51%	$5 652 693 500 26.82%	$5 321 257 600 25.24%	$5 991 717 200 28.24%	$21 079 265 800 100.00%
1999 年	$6 605 334 400 12.22%	$10 993 285 200 20.34%	$13 130 681 200 24.29%	$23 318 742 800 43.14%	$54 048 043 600 100.00%
2000 年	$3 223 304 800 3.08%	$25 406 580 700 24.25%	$59 710 51 000 56.99%	$16 427 731 000 15.68%	$104 767 767 500 100.00%
2001 年	$778 015 300 1.92%	$8 602 168 900 21.20%	$23 008 875 900 56.70%	$8 188 266 600 20/18%	$40 577 326 700 100.00%
2002 年	$335 810 200 1.53%	$3 85 175 200 17.42%	$12 434 571 800 56.50%	$5 404 111 000 24.55%	$22 009 668 200 100.00%
2003 年	$347 769 000 1.76%	$3 559 772 100 18.00%	$10 100 836 400 51.07%	$5 768 505 400 29.17%	$19 776 882 900 100.00%
2004 年	$470 124 000 2.09%	$4 011 236 300 17.85%	$9 165 044 300 40.79%	$8 821 753 200 39.26%	$22 468 158 000 100.00%
2005 年	$897 707 0 3.87%	$3 819 745 600 16.48%	$8 663 870 300 37.39%	$9 792 142 100 42.26%	$23 173 465 30 100.00%
2006 年	$1 17 319 200 4.40%	$4 172 001 400 15.60%	$11 521 031 400 43.08%	$9 870 251 400 36.91%	$26 740 603 400 100.00%
2007 年	$1 267 968 200 4.11%	$5 486 760 800 17.76%	$11 677 215 200 37.81%	$12 453 916 900 40.32%	$30 885 861 100 100.00%
2008 年	$1 509 963 800 5.34%	$5 339 272 800 18.87%	$10 604 468 700 34.47%	$10 844 335 300 38.32%	$28 298 040 600 100.00%
2009 年	$1 749 330 000 8.89%	$4 776 877 600 24.28%	$6 647 988 500 33.80%	$6 493 747 100 33.03%	$19 667 943 200 100.00%
2010 年	$1 725 405 900 7.39%	$5 554 537 100 23.77%	$9 139 382 400 39.12%	$6 944 210 200 29.72%	$23 363 535 600 100.00%
2011 年	$919 111 100 3.24%	$8 300 156 500 29.20%	$9 711 345 000 34 16%	$9 494 462 800 33.40%	$28 425 075 400 100.00%

资料来源：PricewaterhouseCoopers LLP/National Venture Capital Association MoneyTree™ Report, Data: Thomson Reuters.

　　投资都出现在哪些地区？表 12-5 列出了 2011 年（284 亿美元）各个地区的投资金额。毫无疑问，硅谷是得到最多风险资金的地区——1 158 家公司获得 116 亿美元（31%）；新英格兰——441 家公司获得 32 亿美元（12%）。其他获得资金的主要地区包括：纽约——379 家公司获得 27 亿美元（10%）；洛杉矶 / 橘县——208 家公司获得 19 亿美元（5%）；得克萨斯州——153 家公司获得 14 亿美元（4%）。

表 12-5　各地区风险资本投资（2011 年）

地区	交易数量	所占比例（%）	投资数量（美元）	所占比例（%）
硅谷	1 158	31.53	11 629 888 100	40.91
新英格兰	441	12.01	3 204 345 800	11.27
纽约城市群	379	10.32	2 726 886 700	11.27
洛杉矶 / 橘县	208	5.66	1 976 047 400	9.59
得克萨斯州	153	4.16	1 460 761 900	6.95
美国中西部	269	7.32	1 431 536 600	5.04
美国东南部	185	5.04	1 090 975 100	3.84
大都会区	163	4.44	941 395 100	3.31
圣迭戈	104	2.83	829 029 500	2.92
美国西北部	156	4.25	787 638 900	2.77
科罗拉多州	98	2.67	618 715 500	2.18
美国西南部	80	2.18	546 688 800	1.92
费城城市群	122	3.32	492 235 200	1.73
美国中北部	64	174	382 081 100	1.34
纽约州北部	21	0.57	119 334 700	0.42
美国中南部	62	1.69	115 715 900	0.41
萨克拉门托	7	0.19	71 199 900	0.25
AK/HI/PR	3	0.08	600 000	0.02
总数	3 673	100.00	28 425 075 400	100.00

资料来源：PricewaterhouseCoopers LLP/National Venture Capital Association MoneyTree™ Report, Data:Thomson Reuters.

《商业新闻》　在风险投资中的创业者偏好

风险投资公司和新创企业之间沟通的质量与频率对公司的成长和长期的成功非常重要。投资公司不仅给新创企业提供财务资金，而且提供运营建议、财务经验、监管和关系网络。和初始投资的贡献相比，这些非融资性的贡献对公司的成长和长期的成功同样重要。然而，创业者必须认识到不同投资公司的非财务贡献各不相同。对合作伙伴最有影响、最有益的风险投资公司会积极参与、帮助公司成长和发展业务。创业者必须有选择性地挑选投资公司作为合作伙伴，确保所选择的投资公司会给公司带来最大价值。

为了从投资合作伙伴处获得最大价值，大部分创业者会选择独立的私营投资公司进行合作，因为他们的管理团队将依据所投资的公司的盈利能力来获得报酬（通常为利润的 20%）。这种报酬结构使投资团队的兴趣与投资者以及创业者的兴趣结合在一起来发展和扩大公司，激励他们参与到公司的运营中。相反，公司或政府所有的风险投资公司的团队依靠年薪和绩效分红来获得报酬。这种报酬结构也会使投资团队参与它们所投资的公司，但在参与程度上远远不及那些收入完全与投资利润挂钩的风险投资公司管理团队。

拥有成功投资记录的风险投资公司常常在行业内有良好的声誉，能够做出明智的投资决策，能够显著提高被收购公司的价值。表面上看起来，这类投资公司更有吸引力，创业者更加喜欢与这类公司合作。然而，相反，许多创业者不认为成功的投资记录会对他们有益。这是因为风险投资公司和创业者对公司财务收益的持续不断的争夺。调查研究和创业反馈显示，成功的风险投资公司了解它们给公司带来的价值定位，常常能够成功地以非常低的估值进行谈判，获得创业企业高比例的收益，然后榨取它们和创业企业合作所产生的所有附加值，而留给创业者的收益却很少，因此使创业者和它们合作时犹豫不决。许多创业者意识到了这个问题，因此依靠自己的经验通过积极参与风险资本管理团队，通常能更好地减少风险，为公司带来最大利益。

除了以上描述的两个主要考虑因素之外，选择一家投资公司时创业者还需要考虑筛选和尽职调查的速度、企业与风险投资公司所投资的其他公司所在的行业的契合性、风险投资公司对创业过程的理解、交易特点和谈判方式、风险投资公司提供的建议的可预测性和持续性、风险投资公司要求从所投资公司中获得控制权的程度等。在从投资公司获取资金之前，要与其他获得投资的公司的管理团队进行交流，它们或许是解决有关风险投资疑问的最好的信息来源。请记住，在投资之前，风险投资公司会花大量的时间来完成对每个创业企业的调查。在决定和哪家投资公司合作时，新创企业和创业者最好做一个同样详细、全面的调查。

12.3.3　风险投资过程

为了能够安全地获得所需资金，创业者必须了解风险投资公司的理念和目的，以及**风险投资的流程**（the venture-capital process）。风险投资公司的目的是为了通过债务和股权融资产生长期的资本升值。为了达到这个目的，风险资本家愿意在商业投资中做出任何必需的改变。由于创业者的目标是为了企业的生存，与风险资本家的目标常常相矛盾，尤其是出现问题时，比如所投资本金额不一致时。

图 12-4 显示了风险投资公司关于资本回报原则的考虑以及典型的风险投资目标。由于企业发展早期的商业融资涉及更多的风险，因此早期阶段的融资期望回报率（50% ROI）比发展后期的收购和杠杆收购的期望回报率（30% ROI）要高。由于涉及显而易见的风险，以及风险投资公司迫于投资人（有限合伙人）期望进行高回报率的安全投资，使这些公司在后期阶段的融资中投入了更多的资金。在后期阶段投资中，风险小，资本回收快，所需的辅助管理少，也不需要对很多交易进行评估。

风险资本家并不寻求公司的控制权，但是也不会让公司和创业者处于危险之中。

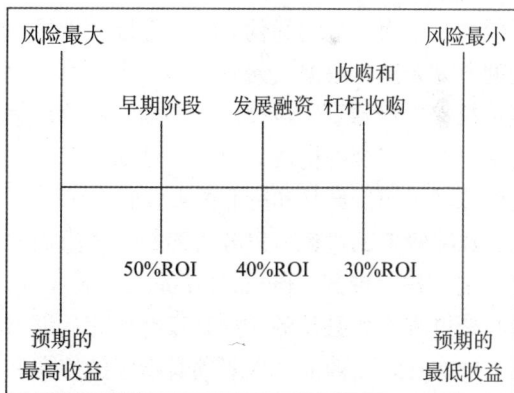

图 12-4　风险资本融资：风险率和回报率

风险投资家希望至少担任公司董事。一旦做出投资决策，风险投资者可以力所能及地帮助管理团队，使经营和投资更加成功。风险投资者作为董事会成员，可以提供管理指导，而管理团队直接负责公司的日常经营。风险投资者向管理团队提供资金、财务技能等。

由于风险资本家通常提供长期投资（典型的是 5 ~ 7 年或更多），因此创业者和风险资本家之间相互信任和理解非常重要。在公司经营过程中不能有太多意外的事情。好坏消息都应该共享，目的是为了采取必要的行动使公司能长期地成长和发展。风险投资家应该经常和创业者一起讨论出现的问题和发展战略计划。

风险资本家在进行投资之前，会期望公司满足三个普遍标准。首先，公司应该有一个能力很强的管理团队，成员个人应该有丰富的经验与背景，对公司有很强的责任心，拥有特定领域的专业知识、应对挑战的能力和灵活性。风险投资者更愿意投资一流的管理团队和二流的产品，而不是相反。管理团队的责任与能力体现在投入公司的资金上面。尽管投入资本的数额很重要，但是投资规模要和管理团队的能力相适应。管理团队应该得到家庭尤其是配偶的支持，以及团队每个核心成员的支持。一个积极的家庭环境和配偶的支持可以让创业者和团队成员每周用 60 ~ 70 个小时来经营和发展公司。一个成功的投资者需要特别注意，在做出投资决策之前，应该和创业者夫妇一起用餐，甚至去拜访创业者的家庭。一位风险投资家说："我发现很难相信当家庭失控时，一名创业者还能够投入足够的时间来成功地进行经营管理。"

其次，产品和市场机会必须是独特的，在成长的市场中拥有差异化的优势。由于在投资期间商品或服务要有足够的竞争和成长能力，因此确保一个独特的市场定位很重要。这种独特性要在商业计划的市场营销部分详细地进行说明，如果有专利或商业机密保护就更好了。

最后，商业机会必须有**明显的增值空间**（significant capital appreciation）。资本升值取决于以下因素：交易的规模、公司的发展阶段、上升的空间、负面风险和可退出性。在大多数投资情况下，风险投资家期望 40% ~ 60% 的投资回报率。

满足这些标准的风险投资过程既是一门艺术又是一门科学。艺术的要素在于风险资本家敏锐的洞察力、直觉和创造性的思维，指导整个投资过程。过程的科学性在于评估过程中系统的研究方法和数据收集方法。

投资过程始于风险投资公司确立经营理念并制定投资目标。公司必须根据以下几点进行决策：投资组合的构成，包括初创期、发展期以及管理层收购的资金数额；行业的类型；投资的地理区域；产品和行业的专业化。

风险投资的过程可以分为四个主要阶段：前期筛选、主要条款达成一致、尽职调查、最终核准。**初期筛选**（the preliminary screening）始于收到商业计划。一个好的商业计划是风险投资过程中所必需的。如果没有商业计划书，大多数风险资本家甚至不会和创业者展开谈话。作为开端，商业计划必须有清晰的使命和明确的目标，这是由深入的行业和市场调查以及利润表支撑的。实施纲要是商业计划的一个重要部分，被用于前期评估中的初期筛选。当进行商业评估时，风险投资者首先判断之前是否有类似的交易。然后，投资者判断这个计划在保持资产组合平衡中的长期投资策略与短期需要。在初期筛选时期，风险投资者需要调查行业的经济性，评估自己是否拥有合适的知识和能力来投资这个行业。投资者通过审查所提交的数据，判断这项业务能否提供所需的合理的投资回报率。另外，需要评估管理团队的资历和能力，判断它们是否能够执行这个计划。

第二个阶段是创业者和风险资本家在原则问题上达成一致。在这个阶段，风险投资者需要了解基本的交易原则，之后做出重要的时间承诺并努力进行正常的评估程序。

第三个阶段是详细审查与**尽职调查**（due diligence），这是最耗时的阶段，大约需要 1 ~ 3

个月。此阶段需要详细审查公司的历史、商业计划、投资人的简历、融资历史以及目标市场客户。评估潜在的上市空间和负面风险、市场、行业、资产、供应商、客户和管理。

第四个阶段是**最终核准**（final approval），需要准备一份综合的内部备忘录。这份文件列出了风险投资者关于投资条款和投资交易情况的看法和细节。利用这些信息来准备正式的法律文件，创业者和投资者将签署完成这笔交易。

12.3.4　选择风险资本家

创业者所要做出的一个最重要的决定就是选择接触哪一家投资公司。由于风险投资家倾向于专注投资某些行业（工业产品或消费产品制造、高技术、服务等），或者依据投资的规模和类型来进行投资，因此创业者只能接触那些可能对这个投资机会感兴趣的风险资本家。那么在哪里找风险投资家呢？

尽管风险资本家在美国各地都有，但是传统上比较集中的地域是洛杉矶、纽约、芝加哥、波士顿和旧金山。大部分风险投资公司隶属于美国风险投资协会，都在其网站上进行了注册（www.nvca.com）。创业者应该仔细研究那些可能会对这个特定投资机会感兴趣的风险投资公司的名称和地址。还有一些区域和国家的风险投资协会，只象征性地收费或者免费通过邮件把它们的会员目录、会员投资的商业类型以及一些投资限制发给创业者，尽可能把创业者介绍给风险资本家。银行家、财务人员、律师和专家都是很好的媒介资源。

12.3.5　接触风险资本家

创业者需要以专业的商务礼仪来接触风险资本家。由于风险资本家经常收到成百上千的投资申请，常常外出和申请融资的公司在一块儿工作，或者投资有潜力的商业机会，因此创业者与风险投资家形成积极的关系很重要。创业者应该接触任何可能的潜在风险投资家，确保自己的商业项目是风险投资者感兴趣的投资领域，然后递交商业计划，并附上一封简短的专业信件。

由于风险投资家总是收到太多超过他们投资能力的商业计划，因此他们会非常迅速地筛选商业计划。风险投资者倾向于向那些他们所偏好的商业计划投入大量的时间和努力。一家风险投资机构在过去 5 年中将它们 80% 的投资投向其所感兴趣的企业。因此，创业者需要花费时间寻找合适的媒介去向风险投资者做推介，通常可以选投资公司的高管、会计、律师、银行家或者商学院的教授来进行推介。

创业者在实际接触风险投资者之前需要了解一些基本的经验、原则，应该遵循表 12-6 中列出的详细指南。首先，创业者要认真选择合适的风险投资家来进行接触。风险投资家都倾向于特定的行业，很少投资这些领域之外的商业，除非商业计划有许多优点。其次，创业者应该意识到这些风险投资家都相互认识，尤其是在特定的地区。如果涉及大笔金额时，会由一家风险投资公司牵头，它们将相互合作共同投资这个项目。由于彼此十分熟悉，风险投资公司可能会知道其他公司是否已经看过你的商业计划。不要在许多风险投资者之间兜售你的商业计划，即使很好的商业计划也会很快过时。最后，当创业者和风险投资家见面时，尤其是第一次见面，仅仅带一两个管理团队的核心成员就行。风险资本家是寄希望于你和你的管理团队以及过去的成就，而不是外部的顾问和专家。顾问或专家可以在需要的时候再找来。

表 12-6　与风险投资家打交道的准则

- 认真选择所要接近的风险投资家，选择和确定接触的方法。风险投资家不太喜欢已经被"兜售"过的项目
- 一旦和一位风险投资家开始商讨，就不要再和其他风险投资家商讨该项目。同时接触几个风险投资家会产生问题，除非风险投资家合作共事。时间和资源的有限性也要求在同时接触几个投资家时要小心谨慎
- 最好通过中间人来接触风险投资家，中间人应是令人尊敬的，同时和风险投资家之前就建立了良好的关系。认真界定中间人的任务及薪酬
- 企业家或管理人员，而不是中间人，应该和风险投资家进行商讨。在第一次见面时，不要带律师、会计师和其他咨询人员。因为在第一次会面时不会涉及谈判。对于风险投资家来说这也是一次机会，可以在不受其他人干扰的情况下了解创业者
- 注意哪些是需要预期或承诺的。创业者可能要预测价格、交易结构和薪酬
- 在首次会面中，公开一切主要的困难和负面情况。诚信是和风险投资家建立长期关系的基础部分。风险投资家日后发现那些没有被披露的问题，将会丧失信心，进而可能阻碍项目进行
- 需要灵活地理解风险投资家提供融资的步骤和回应的时间。创业者需要有耐心，因为过程非常复杂而且耗时。过多的施压来要求快速答复，风险投资家可能会出现一些问题
- 注意那些肤浅的声明，比如"这个产品不存在市场竞争"或者"目前只有这个技术可用。"这些声明会暴露出你没有做足功课，或者表明这个完美的产品是为不存在的市场设计的
- 不要表现得过于关注工资、利益和其他形式的现金报酬。资金对于一家新企业来说非常重要。风险投资家希望创业者像他们一样致力于股票的增值
- 尽可能不使用新投入的资金去处理过去遗留的问题，比如支付以往的债务或者支付管理人员延误的工资。风险投资家投入的资本是为了推动企业的进步、发展

最后，确保做出简洁的、深思熟虑的口头报告。报告应该包括公司的经营、产品或服务的独特性、公司的发展前景、获得预期销量和利润的主要影响因素、核心管理者的背景、所需资金的数量和预期回报。第一次会面很关键，正如一位风险投资家所说："在我们首次的半小时会面中，我需要看到他们的资格、能力、精神。创业者需要看着我的眼睛，清晰而有逻辑地呈现他的故事。如果不能产生共鸣，那么我会找理由终止这个交易。"

在有过一个良好的初次会面之后，风险投资家会针对这个计划展开一些初步的调查。如果顺利，管理团队和风险投资家就会安排另外的会议，这样双方都可以评估对方，决定是否可以建立良好的工作关系，决定是否建立进一步的信任。在相互的评估过程中，创业者不应过分谨慎地固执于投资者将会享有的公司股权比例。如果创业者过分固执，风险投资家可能会终止谈判。在这次会议中，将初步达成一些协议条款。如果创业者被一个风险投资家拒绝了，请不要气馁。相反，创业者应该选择其他一些不相关的风险投资候选人，重复这个过程。相当数量的公司被一个风险投资家拒绝投资后，都能够从其他外部资源获得投资，包括其他一些风险投资家。

12.4　公司估值

无论从非正式投资者市场（天使投资人）还是从正式的风险投资公司，创业者在获取这些外部投资时都面临一个难题，即如何确定公司的价值。估值的核心在于，如何确定投资者给公司注入一定数额的资金后应该享有的股权比例。这取决于公司估值时所考虑的因素。这和获取资金的其他方面一样，有潜在的伦理冲突，必须认真处理。

12.4.1　评估因素

在进行公司评估时，根据情况的不同有 8 个因素需要创业者予以考虑。第一个因素，也

是评估过程中首要的一点，就是公司的本质和历史。所投资企业及其所在行业的特点是每个评估过程最基本的方面。公司的历史能够反映企业经营的优势、多元化及应对不利状况的能力。

评估过程必须整体考虑总体经济及所在的特定行业的前景。第二个因素是与所在行业的其他公司相比较，考察所投资公司的财务数据；评估现在与未来的管理能力以及公司产品的未来市场；确定市场是增长、下降还是保持稳定，以及确定未来的经济形势如何。

第三个因素是公司股票的账面价值（净值）和企业的整体财务状况。账面价值（通常也称为所有者权益）是收购成本（减去累计折旧）减去负债。通常，账面价值并不是反映公平市价的合适指标，因为资产负债表的各项总是按照成本来计算，而不是市场价值。例如，工厂和设备的价值按照成本减折旧来计算可能会偏低，这是由于使用加速折旧的方法或者是其他市场因素，使得资产价值高于账面价值。尤其是土地价值，经常比公平市价低。进行评估时，必须调整资产负债表来体现更高的资产估值，尤其是土地，这样才能确定更加真实的资产价值。合理的资产评估应该单独评估经营性资产和非经营性资产的价值，然后把两者与公平市价结合在一起进行综合评估。如果可能的话，全面的资产评估应该涉及过去 3 年的资产负债表和利润表。

第四个因素是账面价值引出的一项基准——公司未来的盈利能力，是评估中最重要的因素。把先前年份的收入加权平均，越是近期的收入权重越大。分析产品线的收入来判断未来的利润率和价值。必须特别注意折旧、一次性的费用、人员工资、租金支出和历史趋势。

第五个评估因素是公司的分红能力。即使有股息，新企业的创业者通常也会分得很少。未来的分红能力要比当时实际的分红更重要。分红能力应该资本化。

第六个评估因素是公司的信誉和其他无形价值的评估。无形资产的评估应对照公司的有形资产来进行评估。

影响企业价值的第七个因素涉及过去股权的出售。过去的股权交易及估价能准确反映未来，特别是近期的股权出让。新的股权出让的动机（如果不是获得更加公平的价格）、交易间歇期经济和财务状况的变化，这些都是要考虑的。

第八个评估因素是在相同或相似的经营领域内公司股权的市场价值。这个因素被用于特定的评估方法中，稍后将进行讨论。问题的关键在于公开上市的公司和所要评估的公司之间的相似度。

12.4.2　比率分析

财务比率（financial rations）计算是有效的企业财务状况分析和控制机制。这些比率可以作为衡量公司财务优势和劣势的尺度，但是必须谨慎地使用，因为它们仅仅是说明公司财务状况良好的一种控制手段。不能仅仅使用单一系列的比率，况且所有的比率都没有标准的定义。创业者可以利用一些行业的经验规则来解释财务数据。比率分析不仅可以应用到实际的财务结果中，还可以帮助创业者了解预测报表上存在的问题。这一节我们根据从 MPP 塑料公司财务报表中得到的信息进行分析。

1. 流动比率

流动比率（current ratio）通常用于衡量企业的短期偿债能力或者处理短期债务的能力。

流动负债必须依靠资金或等价物来偿还，否则创业者需要借贷资金来偿还债务。当流动资产是 94 700 美元，流动负债是 13 600 美元时，流动比率计的算公式为：

$$\frac{流动资产}{流动负债} = \frac{94\ 700}{13\ 600} = 6.96$$

我们通常认为流动比率为 2 : 1 是较好的，但创业者也应该将其和其他行业标准相对比。对于这个结果的解释就是，对于 1 美元的流动负债，公司有 6.96 美元的流动资产来偿还。这个流动比率暗示 MPP 塑料公司的流动性很强，即使遇到紧急情况把资金耗尽，也能够偿还自己的债务。

速动比率（acid test ratio）更加严格地考察公司短期的流动性，因为它去除了流动性最差的存货资产。给定相同的流动资产和流动负债以及 1 200 美元的存货，公式如下：

$$\frac{流动资产 - 存货}{流动负债} = \frac{94\ 700 - 1\ 200}{13\ 600} = 6.9$$

这个利率结果表明公司的流动性很好，因为对于 1 美元的短期债务，公司有 6.90 美元的资产可以转换为现金。通常在大部分的行业中认定 1 : 1 的速动比率是比较合适的。

2. 经营比率

应收账款周转天数（average collection period）表示公司把应收账款转换为现金所需的平均天数。这个比率帮助创业者衡量应收账款的流动性以及公司从顾客手中回收账款的能力。应收账款为 52 000 美元，销售收入为 1 264 000 美元，运用公式计算结果为：

$$\frac{应收账款}{平均每天销售额} = \frac{52\ 000}{1\ 264\ 000/360} = 14.8（天）$$

这个具体的结果需要和行业标准相比较，因为不同行业的回收期是不同的。如果发票要求 20 天付款，那么根据结果可以断定大多数顾客还是能按时付款的。

存货周转率（inventory turnover）用于衡量公司管理和销售产品的效率。高的周转率表明企业能够快速销售产品。过高的周转率也存在危险，表明公司存货不足，可能丧失订单。存货管理对于新创企业的现金流和利润率非常重要。销售成本为 632 000 美元，存货为 4 200 美元，此时存货周转率的计算公式为：

$$\frac{销售成本}{存货} = \frac{632\ 000}{4\ 200} = 150.5$$

只要创业者觉得没有因为存货不足而失去一些销量，那么这就是一个很好的周转率。

3. 杠杆比率

许多新创企业会通过借债来进行融资。债务比率可以帮助创业者评估公司偿还所有债务（短期和长期）的能力。它也是一个风险衡量尺度，因为债务也是还本付息形式上的一种承诺。总负债为 13 600 美元，总资产为 152 300 美元，此时计算负债比率如下：

$$\frac{负债总额}{资产总额} = \frac{13\ 600}{152\ 300} = 8.9\%$$

这个结果显示公司融资中有 8.9% 的资产是债务融资。表面上看这个很好，但是也需要和行业数据相比较。

债务股本比（debt to equity）可以评估公司的资本结构。通过考察债权人（债权）和投资者（股权）投入资金的多少，给债权人提供一种衡量风险的尺度。对于任何一个债权人来说，债务比例越高，风险程度就越大。相同的负债，股东股本为 148 700 美元，计算这个比率：

$$\frac{负债总额}{股东权益} = \frac{13\ 600}{139.3} = 97.6\ 倍^{\ominus}$$

这个数据是没有意义的，因为所有者的负资产反映的是公司负的留存收益。创业者的实际投资或股本基数大约是所有权的 1/4，可以给债务人一些缓冲。MPP 塑料公司有很强的短期现金头寸。

4. 盈利能力比率

纯利润率（net profit margin）反映了公司把销售额转换为利润的能力。你也可以用毛利润替代纯利润作为另一个盈利能力衡量指标。在任何一个案例中，了解所在行业什么样的比率是合理的，并随着时间的推移度量这些比率十分重要。当纯利润是 16 300 美元，净销售额是 1 264 000 美元，利率和计算公式如下：

$$\frac{净利润}{净销售额} = \frac{16\ 300}{1\ 264\ 000} = 1.2\%$$

尽管对于一家已建公司来说，MPP 塑料公司的纯利润率有点低，但是对于新创企业则十分可观。许多新创企业直到第二年、第三年才产生利润。在这个案例中，我们已经有一个非常可观的利润。

投资报酬率（return on investment）衡量新创企业在资产中管理总投资的能力。你也可以计算股本回报率，在下面的公式里把总资产替换为股东股本，表明公司回报股东的能力。总资产为 152 300 美元，净利润为 16 300 美元，此时投资报酬率的计算公式为：

$$\frac{净利润}{资本总额} = \frac{16\ 300}{152\ 300} = 10.7\%$$

这个计算结果需要和行业数据进行比较。然而，公司在第二年就已经获得利润，资产投资回报为 10.7%，这已经很难得了。

还有许多可以计算的比率。然而，对于一家新创企业来说，以上这些比率已经足够创业者评估公司的财务优势和劣势。随着公司的成长，运用这些比率连同一些财务报表，理解公司财务如何运转，十分重要。

12.4.3 一般评估方法

目前有几种常用的评估公司价值的方法。其中一个广泛应用的方法是评估相似的上市公司以及这些公司的股票价值。对相似公司的调查既是一门艺术又是一门科学。首先，把公司归类到具体的行业中，因为相同行业的公司具有相似的市场、问题、经济性和潜在的销售与盈利。考察这个行业分类中所有公开上市的公司，评估规模、多元化情况、分红、融资情况和增长潜力，直到确定最为相似的公司。如果没能找到大致相当的公司，则这个方法就不那么准确了。

第二个普遍应用的评估方法是计算**未来现金流的现值**（the present value of future cash

⊖ 根据正文提供数据，疑原书此处的股东权益数据有误。——译者注

flow）。这种方法根据货币的时间价值以及商业、经济风险，修正了企业现金流量的价值，因为只有现金（或现金等价物）可以被用于再投资，这种评估方法通常比利润能提供更准确的结果。运用这种方法，销售额和收入可以回溯到公司出让股份这个评估决策时点。在确定价值评估和交易之间的这段时期，能够计算出在交易结束时潜在的股息分红、期望的市盈率以及清算价值。最后，建立投资者期望的回报率，而较低的折现率不能满足那些预期。

另一个评估方法是**重置成本法**（replacement value），仅仅用于保险目的或者特殊情况。例如，当买方只想购买一个特定的资产时，就可以用这种方法。价值的评估依据企业愿意拿出多少钱来替代或重新生产这些资产。

账面价值法（the book value）是运用调整后的账面价值或者净有形资产来确定公司的价值。调整账面价值需要考虑工厂、设备、房地产的折旧（或升值），同时运用会计方法进行必要的存货调整。表 12-7 是账面价值法的基本流程：

表 12-7　账面价值法的基本流程

账面价值	$＿＿＿＿＿
做一些增减调整，比如升值或贬值，以符合下一行的数据——公平市价	$＿＿＿＿＿
公平市价（公司资产的销售价值）	$＿＿＿＿＿
减去所有不能出售的无形资产，比如商誉	$＿＿＿＿＿
调整后的账面价值	$＿＿＿＿＿

由于账面价值评估涉及简单的计算，因此相对比较适合新创企业、唯一所有人死亡或没有行为能力的企业以及收入很不稳定的企业。

收入法（the earnings approach）是评估公司价值时最常用的方法，因为它可以帮助潜在投资者准确估计可能获得的投资回报。调整一些公开上市公司在运营过程中不经常产生的额外花费，之后通过评估公司近几年的运营收入来计算公司潜在的收入。然后依据行业规范和投资风险选择一个合适的市盈率倍数。高倍数适用于高风险企业，低倍数适用于低风险企业。例如，在一个行业中，一家低风险公司有 7 倍的市盈率倍数，如果过去三年加权平均收入为 60 万美元，那么公司估值将为 420 万美元（7×60 万美元）。

这种方法的扩展就是**因子分析法**（the factor approach），运用以下三种主要因素来判断价值：收入、分红和账面价值。首先为被估值的公司选择合适的权重，再乘以资本化价值，得出一个整体的加权估值。例子如表 12-8：

表 12-8　因子分析法举例

方法（10 000 美元）	资本化价值（美元）	权重	加权估值（美元）
收入：4×10	40	0.4	16
分红：1.5×20	30	0.4	12
账面价值：60×0.4	24	0.2	4.8
平均价值：32.8			
10%的折价：3.3			
每股价值：29.5			

最后一种评估方法是通过清算价值（liquidation value）得出企业的最低价值。清算价值常常很难得到，尤其是在销售库存、解雇员工、回收应收账款、销售资产和进行其他一些破产活动时，需要对成本与损失进行估计。然而，这种方法对于一个投资者评估企业的下跌风

险值是很有效的。

创业者用来评估风险投资家打算收购的企业的价值的公式如下：

$$风险投资者所有权（\%）=\frac{VC\,投资数额\times VC\,投资回报倍数}{公司\,5\,年内的预期利润\times 可比公司的市盈率倍数}$$

思考表 12-9 中的例子：

表　12-9

公司需要风险投资 50 万美元	风险投资家期望 5 倍的投资回报倍数
公司预期利润 65 万美元	相似公司的市盈率倍数为 12

通过下面的计算可知，公司需要放弃 32% 的所有权来获得所需的资金：

$$\frac{500\,000\,美元\times5}{650\,000\,美元\times12}=32\%$$

表 12-10 给出了确定这个比率的更加精确的方法。通过考虑资金的时间价值来决定投资者适合的股份时，可以采用渐进的方法。下面这个假设的例子就采用了这种方法。H&B 联合公司是一家新创的制造业企业，预测公司销售额达到 1 000 万美元时税后利润为 100 万美元。公司现在需要资金 80 万美元，用 5 年的时间来实现这个目标。在同行业中相似的公司已经以 15 倍的收益率进行销售。戴维斯风险投资公司对这个项目有投资兴趣，要求复利率为 50% 的投资回报率。必须放弃多少公司所有权才能获得那些所需的资金呢？

$$现值=\frac{1\,000\,000\times15\,倍的市盈率倍数}{(1+0.50)^5}=1\,975\,000$$

$$\frac{800\,000}{1\,975\,000}=41\%\quad 需要放弃$$

表 12-10　评估公司价值以及决定投资者所占股份的步骤

1. 依据 5 年内的销售额来评估税后收入
2. 依据相似公司销售产品所获得的销售收入来判定一个合适的市盈利倍数
3. 决定他们所要求的回报率
4. 确定所需的资金
5. 运用下列公式进行计算：

$$现值=\frac{未来估值}{(1+i)^n}$$

注意：

未来估值——5 年内公司总的评估价值
i——要求的投资回报率
n——年数

$$投资者所占股份=\frac{初始资金}{现值}$$

12.4.4　互联网公司的估值

处于发展初期的互联网公司的估值程序和传统的估值程序大不相同。传统来说，私募公司会通过一些数据，比如现金流量贴现（DCF）、比较数据或 EBITDA 倍数（未计利息、税收、折旧及摊销前的收益），来评估以往财务状况和经营情况，作为定量分析的一部分。之后可以用更多定性的方法评估公司文化和管理。当机构投资者关注那些处于发展初期的公司，尤其是那些发展历史很短、没有以往财务数据、没有可比较数据的互联网公司，需要用不同的方法来进行估值。

对于这些公司，充分调查后的定性分析比其他估值方法更重要。关注的焦点更多的是市场本身。市场有多大？它的细分市场如何？参与者都有哪些？它是如何发展的？一旦解决了这些问题，有潜力的创业企业的财务预测就可以与未来市场在契合性、现实性和机会等方面进行比较。市场规模与公司潜在收益很好契合之后，投资者将考察管理团队。这个管理团队可以带领公司一直走下去吗？它们需要哪些人加入？应该如何驳回公司职工持股计划（ESOP）？管理团队越完美，估值越高。如果管理团队比较弱，那么需要拿出部分公司重要资产来吸引投资并留住好的员工。不同的行业需要进行不同的估值。例如，一家基础建设公司的估值和一家 B2B 公司的估值会大不相同。

在评估出创业企业价值之后，投资者应该在投资市场寻求所有可能的投资机会。通常，处于发展初期的高技术公司的价值由市场结构、管理团队成熟度决定，同时受到高度竞争市场中的供求关系的影响。

创业者在寻求融资时应该牢记市场在变化，传统的模式也会改变。能够预见传统及新兴市场的变化，并预测新技术影响力的投资者和创业者将获得更高回报。

12.4.5　交易结构

除了评估公司的价值，还需要决定应该拿出多少比例的所有权来获取资金。创业者需要重点关注**投资结构**（the deal structure），或者创业者和资金提供者的交易条款。为了使企业对那些潜在的资金提供者看起来更有吸引力，创业者必须了解投资者的投资需求以及他的个人需求。资金提供者的需求通常包括期望的投资回报率、投资回报的时间和形式、期望的公司持股比例、觉察到的这个投资机会中所存在的风险。尽管一些投资者愿意承担高风险来获取可观的投资回报率，但另一些投资人却期望较低风险下的低回报，还有一些投资者更关心的是，一旦进行投资他们对创业企业的影响力和控制力有多大。

创业者也有类似的考虑，比如对公司的控制程度和控制机制、所需资金的数额及公司的目标。和风险投资者谈判交易条款与结构之前，创业者需要评估这些关注点的相对重要性，从而进行战略性的谈判。风险投资者和创业者都应该对最终的交易结构满意，因为建立良好的工作关系有利于解决未来可能产生的问题。

12.5　公开上市

公开上市（going public）是指创业者和公司股权所有者通过在证券交易委员会备案注册声明，向公众出售公司的一部分股权。在美国，证券交易委员会依据《1933 年证券法》进行管理。通过增加股东数量并发行股票为公司注入资金，提供具有相对流动性的投资工具。因此，公司未来可以更好地接近资本市场，更加客观地了解公众对公司价值的感知度。然而，考虑到上市程序、股东数量的增加及所需的成本等因素，在上市之前，创业者必须认真评估公开上市的优势和劣势。表 12-11 中给出了一系列的优势和劣势。

表 12-11　公开上市的优势和劣势

优势	劣势
<ul><li>获取新的股权资本</li><li>增强借债的能力</li><li>增强公司未来获取融资的能力</li><li>流动性和估值</li><li>信誉</li><li>个人财富</li></ul>	<ul><li>增加债务的风险</li><li>费用</li><li>监督公司管理的政策和程序</li><li>信息披露</li><li>保持增长模式的压力</li><li>控制权的丧失</li></ul>

12.5.1　优势

公开上市有三个主要的优势：获取新的股权资本；由于股权投资更具流动性，从而增加公司价值；增强公司未来获取融资的能力。不论是企业发展的第一、第二阶段还是第三阶段，企业一直需要资金。新的资本可以为公司的成长和生存提供所需的运营资本、厂房、设备、库存和物资供给。公开上市通常是以尽可能有利的条件获取资本的最好的方式。

公开上市通常使企业进入公开交易市场，同时能够提供一种评估公司价值并使得价值能够在各方之间轻易转让的机制。家族企业或者其他私营企业需要公开上市，这样公司价值可以在第二代和第三代人之间转移。风险投资者把公开上市视为获得所需流动资金最为有益的方式，同时能够以最好的投资回报退出公司。其他投资者也可以获益，因为当公司股票具有价值并可流转时，投资者可以轻而易举地清算他们的投资。由于这种流动性，公开交易的股票价值有时比那些非公开交易的股票价值高。另外，公开交易的公司在交易中使用它们的股票可以很容易地收购其他公司。

正如前面所提到的，第三个优势就是公开上市公司经常很容易获得额外融资，尤其是债务融资。通常能够以更优惠的条件，更加容易地借到资金。新的股权资本可以完善公司的资产负债表，公司在未来的股权融资中也会有更好的前景。

12.5.2　劣势

尽管公开上市的优势对一家新创企业来说很明显，但是面对劣势时也应该认真地权衡。有些创业者希望保持公司的私有性，即使处于牛市时期。为什么有些创业者避免首次公开募股（IPO）呢？

这里有两个主要原因：申请公开上市的条件不断增加，以及可能丧失企业的控制权。但是，为了处于技术最前沿，许多公司经常需要牺牲短期利益来获取长期创新。这常常需要对技术进行再投资，它本身可能无法产生任何基本的收益，尤其是在短期运营中。管理者的能力决定了企业的销售额和利润，并反映在股票价值上，因此公开上市公司进行长期决策是很困难的。

公开上市最为麻烦的方面是自治权的丧失，同时增加了对公众股东的责任以及管理负担。公司在做出决策时需要考虑对公众股东的诚信责任，同时需要向公众披露关于公司的所有运营、管理等信息。公开上市的公司计划进行收购时，需要聘用一家收费高昂的投资银行，而如果公司是私人拥有，兼并时就只要求坚持适度公平的宗旨即可。投资银行会给企业增加 15 万美元的并购成本，并使并购流程延误三个月。公开上市公司需要花费大量额外的时间和金钱去解决来自股东、媒体、金融分析师的质疑，同时要确保遵循复杂的申报规定与证券交易法规。大部分上市公司的 CEO 每周需要抽出一天时间来解决这些问题。

最后，当把大量的股票销售给公众，公司会失去决策权，最终可能导致公司被恶意收购。

由于 2002 年的《萨班斯 – 奥克斯利法案》，上市公司的公司治理和信息披露、上市公司会计和律师的行为，都会受到来自证券交易委员会更多的监管。因此，公司上市的成本和管理责任，以及经理人和董事的责任风险都会比之前更大。新法案还有其他一些影响，对大多数上市公司来说，聘用合格的独立董事也变得越来越难。

如果所有这些劣势还不足以让创业者寻求其他融资途径来代替 IPO，那么公开上市所涉及的花销可能会让创业者望而却步。公开上市主要的支出包括会计师费用、律师费用、承销费用、注册费用和《蓝天法案》相关费用以及印刷费。准备上市公司的会计师费用非常巨大，主要取决于公司的规模、之前审计过的财务报表的可用性以及公司运营的复杂程度。通常，公开上市的平均花费为 70 万美元，如果复杂程度高则花费会更加巨大。依据公司在会计和股东沟通方面以往的惯例，每年额外的申报、会计、法律和印刷费用从 5 万～ 25 万美元不等。除了要给证券交易委员会提供报告之外，还需要把股东签署的委托书和其他一些材料在披露给股东之前先递交给证券交易委员会审阅。这些材料包括有关管理信息的披露、薪酬、公司的交易，以及准备在会议上投票决定的事项。公开上市公司还必须给股东提供一份年度报告，包含上一个财务年度经过审计的财务信息和对公司发展的分析。准备和发放那些委托材料以及年度报告是公司上市之后一项主要的额外费用。

首次公开募股的会计师费用波动范围很大，但是通常平均为 20 万美元。如果会计师事务所在过去几年定期地审计过公司，那么费用就会处于这个范围内的最低点。如果公司之前没有进行过审计，或者如果公司换了一家新的会计师事务所，那么花费会为这个范围内的最高点。会计师费用包括准备财务报表、答复证券交易委员会的质询、给承销商准备一封没有什么实质作用的信件，稍后将会在本章进行讨论。上市前三年所聘用的会计师事务所的能力和名声也会影响这些费用。如果过去没有聘用合适的会计师事务所，那么可能需要花费额外的费用来重新进行过去三年的审计。

律师费用从 15 万～ 35 万美元不等。这些花费一般包括准备公司文件、准备清算登记声明、最终承销协议的谈判等。此过程也可能需要额外的法律费用，有时数额会很大。公开上市公司还需要为美国金融业监管局（FINRA）和州《蓝天法案》申报的相关工作支付法律费用。支付给美国金融业监管局和州《蓝天法案》的法律费用从 8 000 ～ 30 000 美元不等，取决于承销规模和准备在哪些州发行股票。

在大部分重要的公开发行中，公司总是严格按照法律将股票卖给承销商，然后承销商再把股票转卖给公众投资者。承销商从公司购买股票的每股价格与承销商卖给公众的价格的差额就是承销商的代理费用，大约是新股公开发行价格的 7% ～ 10%。在一些 IPO 中，承销商也会要求额外的补偿，比如购买股票认股凭证、报销费用、未来股票发行第一优先购买权。金融业监管局规定了承销商的最大补偿金额，为公平起见在股票发行之前还要审核实际金额。

公司还需支付其他费用，如证券交易委员会、美国金融业监管局和州《蓝天法案》注册费用等。在这些费用中，证券交易委员会的注册费用非常少：是股票发行总额 1% 的 1/50。例如，在一个 2 000 万美元的股票发行中，证券交易委员会的费用是 4 000 美元，最少费用是 100 美元。支付证券交易委员会费用必须用认证或银行本票。与股票发行的规模相比，美国金融业监管局的申请费用也非常少：100 美元加上发行总额 1% 的 1/100。在之前的例子中发行价值为 2 000 万美元，则申请费为 2 100 美元，美国金融业监管局费用为 5 100 美元。

最后一个主要花费——印刷费用，通常在 5 万～ 20 万美元不等。股票注册上市申请书和招股说明书占这笔花费的最大部分，稍后将在本章讨论。费用的确切数字各不相同，主要依据招股说明书内容的多少、所用的照片是彩色的还是黑白的、证明资料和修改的数量以及复印的数量。使用一台好的打印机对一家公司来说很重要，因为打印招股说明书和其他股票发行材料要求准确、快速。

同时可以更多地运用网络来披露和分发招股说明书。依据股东委托书和年度报告来与其他股东沟通，这将有助于减少那些快速增长的费用。然而，目前对于这种媒体的运用仍处于萌芽期。证券交易委员会最初强调公开披露原则是在 20 世纪 30 年代，现在仍然继续努力改进这方面的规则，允许公司对网络加以利用。

公开上市不仅是一件花费巨大的事情，而且上市的过程也很令人烦恼。可以咨询叶炳辉，从他在 1995 年 7 月决定公开上市，直到他的硅存储技术公司（SST）12 月 22 号首次公开募股，这个过程是令人难以忍受的。尽管每家公司具体的过程并不相同，但是目标和硅存储技术公司应该是一致的——确保公司被华尔街所接受。对于一些公司来说，准备公开上市就会涉及公司管理团队和董事会的裁员、缩减一些边际产品、取消一些额外待遇，如乘坐公务机、雇用新的会计师事务所、包装高管人员或给管理团队雇用新的成员。对于叶炳辉和硅存储技术公司来说，改革集中在以下四个主要方面：聘用一个首席财务官，重组财务，撰写公司简介，准备路演（即管理层把公司呈现给潜在的投资者）。

无论读过多少书，和叶炳辉一样，几乎每个创业者都不能说做好了充分准备，可能会在准备上市过程中的某一时刻萌生放弃的念头。但是，对于一个成功的 IPO，每个创业者必须遵循叶炳辉的例子，听取建议，并根据建议做出调整。

12.5.3　公开上市的时机和承销商选择

在成功的公开发行中两个最为关键的问题是发行时机和承销团队。创业者需要从一些财务顾问处寻求建议，同时也需要从其他创业者处获得建议，这些创业者熟悉在这两个方面做出决策的过程。

1. 时机

每个创业者必须回答的关键问题就是："做好公开上市的准备了吗？"在下面的章节中将会有几个标准来帮助回答这个问题。

第一，公司足够大吗？尽管没有必要建立严格的最小规模标准来要求每个创业者公开上市之前必须满足，但是纽约投资银行倾向于至少发行 10 万股，每股至少 20 美元。这意味着在公司发行完成之后卖出不超过总股本 40% 的股份的情况下，公司发行后股票价值至少在 5 000 万美元，才能支持 2 000 万美元的发行。发行的规模只与以往主要销售月份和收入业绩或者未来稳固的成长和盈利前景有关。

第二，公司的收入有多少，公司的财务绩效如何？公司绩效不仅是公司估值的基础，而且它也决定一家公司是否能够成功上市，以及哪种类型的公司愿意承销股票的发行。尽管依据市场情况具体的标准年年都会发生变化，但通常所发行的股票在为市场接受之前，公司至少应该有一年良好的收益和销售额。大型的承销商都有非常严格的标准，比如销售额必须达到 1 500 万～ 2 000 万美元，净收入不能少于 100 万美元，同时每年增长率要达到 30% ～ 50%。

　　第三，市场条件对 IPO 是否有利？销售额和收入以及发行的规模，都是普遍认同的市场条件。市场条件不仅会影响创业者能够接受的股票发行的初始价格和股票发行后的价格，而且会影响首次发行后股票的价格表现。某些市场条件会更适合 IPO。除非十分急迫地需要资金必须上市，否则创业者应当尝试让自己的公司在最有利的市场环境下上市。

　　第四，有多么迫切地需要资金？创业者必须认真评估需要新资金的迫切性和其他外部资金来源的可用性。由于销售普通股会削弱创业者和其他股东的所有权地位，因此考虑到利润和销售额的增长，上市之前经营的时间越久，创业者需要放弃的股权比例就越小。

　　第五，公司现有股东的需求和愿望是什么？有时，现有股东对公司未来的生存能力和增长前景缺乏信心，或者他们需要流动资金。上市常常是现有股东获得所需资金唯一的方法。

2. 承销商选择

　　一旦创业者觉得上市的时机很合适，就要认真选择**主承销商**（managing underwriter），之后主承销商就会带头成立**承销银团**（underwriting syndicate）。承销商在评估公司股票的初始价格、发行后维持股价、培养干练的证券分析团队方面非常重要。

　　尽管大部分的公开上市发行都由一个承销银团主导，但是创业者还是需要选择主承销商，然后主承销商会成立承销银团进行 IPO。至少在公开上市前一年，创业者就应该和一些潜在的主承销商（投资银行家）建立关系。投资银行家会给出建立初始财务结构安排的建议以便公司后期上市，这通常会发生在第一轮或第二轮融资过程中。

　　由于选择投资银行家是股票公开发行成功的一个主要因素，因此创业者应该接触一家过去有相互联系的投资银行。商业银行、律师专注于股票发行工作，主要的会计师事务所进行初始的财务管理，公司董事会的重要成员常常提供所需的建议和中介。同时，因为和投资银行的关系会继续下去，不会随着发行的完成而终止，因此创业者在选择的过程中需要订立一些标准，比如名誉、分销能力、咨询服务、经验和花费。

　　由于 IPO 很少涉及知名的公司，因此主承销商需要有很好的名望来建立一个强大的联合团队，给潜在投资者以信心。声誉有助于股票发行，并在发行后给股票以支持。潜在承销商的道德标准也是必须认真评估的一个方面。

　　发行的成功也依靠承销商的分销能力。创业者期望自己的股票尽可能广泛地分销给不同的群体。由于每个投资银行都有不同的顾客群，因此创业者需要比较各个候选的主承销商的顾客群。顾客群是以机构为主，还是由个人投资者组成的？两者是否平衡？顾客群是国际化的还是面向国内的？那些投资者是做长期投资还是短期投机的？分销的地理区域是哪里——当地、本区域、还是全国？拥有高质量顾客群的强大的主分销商和分销联盟，会促进股票的发售，有助于股票在发行完成后依旧表现良好。

　　有一些承销商能提供更好的财务咨询服务。尽管在选择承销商时这个因素没有之前的两个因素重要，但是在 IPO 前后都需要财务顾问。创业者需要提出如下这些问题：承销商能否提供合理的财务建议？承销商能给以往顾客提供财务咨询？承销商能否在未来获取公开或私有融资时提供帮助？对这些问题的回答能显示出这些候选的承销商的能力大小。

正如在之前问题中所反映的，投资银行的经验是非常重要的，必须在相同或至少类似的行业中有承销股票的经验。经验能够让主承销商有信誉和能力来把企业介绍给投资公众，以及有能力给出准确的 IPO 定价。

选择主承销商时最后一个需要考虑的因素是费用。公开上市是一件花费巨大的事情，不同承销商所需的费用也会明显不同。要综合考虑其他四个因素，仔细权衡各个可能的主承销商的费用。考虑到成功的 IPO 所涉及的风险，问题的关键是尽可能找到最好的承销商，不要尝试走捷径。

12.5.4　申请上市登记表和时间进度

选定了主承销商后，需要召集负责准备股票申请上市登记表的公司高层、公司独立会计师、律师以及主承销商和他们的顾问召开计划会议。在这个通常称为“全体大会”的重要会议中，需要拟定一个时间表，确定申请过程中每一阶段的日期。时间表需要确定上市登记的有效日期，从而决定提交最终财务报表的日期。时间表也必须表明每个人在准备申请上市登记表和招股说明书时的责任。如果时间表没有能够经过仔细研讨并征得各方同意，则在 IPO 时可能会产生许多问题。

初期准备工作完成之后，IPO 通常需要 6～8 周时间来进行准备、打印，并向证券交易委员会提交股票申请上市登记表。提交完成后，证券交易委员会通常会花费 6～12 周来审核申请是否有效。在这个过程中经常发生延误，尤其是：在市场活动的低沉期；在高峰季节如 3 月，此时证券交易委员会需要复审大量的股东委托书；当律师对联邦或州的法规中相关的申请流程不熟悉时；当出现问题要求证券交易委员会重新审查文件时；当主承销商经验不足时。

在审查股票申请上市登记表时，证券交易委员会需要确认文件进行了全面公正的信息披露。只要关于企业和发行的所有信息进行了公开披露，证券交易委员会就没有权利不予批准或要求变动发行条款，否则会被认为不够公正。然而，金融业监管局会审查所有申请上市的股票，主要审核承销商报酬的公平性，以及确定是否符合金融业监管局的相关规定。

股票申请上市登记表主要包含两个部分：招股说明书（股票发行的法律文件，通常制成小册子分发给潜在买家）和申请上市登记表 [对招股说明书的信息补充，公众可以在证券交易委员会和电子数据收集及检索系统（EDGAR）的办公室进行查阅]。股票申请上市登记表的两个部分都受《1933 年证券法》的监管。联邦法令要求股票上市登记需要对公众公开。这个法案也要求，在发出书面要约或者确认销售之前，需要将招股说明书提供给购买者。一些特殊的证券交易委员会表格还要求提供一些注册信息。大部分 IPO 会使用 S-1 表格的股票注册上市申请书。较小的股票发行可能会使用简化版的表格 SB-1 或者表格 SB-2。

1. 招股说明书

股票申请上市的招股说明书部分经常用非常程序化的表述形式，因为它是公司的发行文件。尽管具体格式由公司决定，但是信息表述必须按逻辑顺序，并易于阅读和理解，这样才能获得证券交易委员会的同意。招股说明书中最常见的部分包括：封面，说明书的概要，公司的描述，风险因素，所得款项的用途，分红政策，资本化，财务数据，经营、管理人员和所有者，股票的类型，承销商的信息，实际的财务报表。

封面包含许多信息，比如公司名称、类型和预计发行的股票数量，股权分配表，招股说明书日期，主承销商，相关的承销银团。一份初步的募股书，被证券交易委员会批准后会有一个最终的招股说明书。在进行申请的过程中，承销商用初步的招股书来引起投资者对股票发行的兴趣。最终的招股说明书包含了所有的证券交易委员会要求更改和添加的内容，以及即将发行股票的相关价格信息。最终的招股说明书必须优先分发给那些参与发行且已经有书面购买意向的投资者。

招股说明书的开头为目录和摘要。摘要强调了新股的重要特征，这个功能与之前在第7章中讨论过的商业计划的执行摘要十分相似。

紧接着是公司的简要介绍，描述业务的性质、公司的历史、主要产品和公司的地址。

然后是对相关风险因素的讨论。有些问题如历史经营亏损、某些关键人物的重要性、对某些客户的依赖性、基本竞争水平及市场的不确定性都是典型的风险因素，披露这些风险因素确保购买者知道新股的投资性质以及购买的相关风险程度。

接下来，必须对所得款项的用途进行认真说明，因为股票发行完成后所得款项的真实用途必须报告给证券交易委员会。这部分是潜在投资者最感兴趣的，因为它表明了公司上市的原因以及未来的发展方向。

分红政策部分详细说明公司的分红历史和未来分红的限制。大部分创业企业不仅会支付红利，还会保留一部分收入来为未来的发展提供资金。

资本化这一部分显示了股票发行前后公司的所有资本结构。

无论股票发行价格与提供给管理层、董事以及创始股东的股票价格是否差距很大，在招股说明书中股权分配表部分是必须标明的。此部分描述了发售给公众投资者的股票价格与加权平均价格的不同，包括在IPO之前发售给管理者、董事以及创业股东的股票。

表S-1要求招股说明书包含过去五年公司运营的财务数据，强调公司财务状况的发展趋势。同时管理层需要对公司财务状况和运营结果进行分析。这个分析研究应该至少包括最近三年的运营状况。

下一部分——公司，是招股说明书最大的一部分。这部分提供关于公司、行业和产品的信息，同时还包括以下这些内容：公司的发展历史，主要产品、市场和分销方式，新产品的开发，资源和原材料的可获得性，未交付的订单，出口额，员工数量，专利、商标、许可证、特许经营和所拥有的有形资产，竞争，政府法规的影响。

之后是对管理层和股东的讨论。这一章节包含了背景信息、年龄、商业经验、总薪酬、以及董事、提名董事、经营者的股票持有情况。同时，任何持有公司股票超过5%的股东（不是前面提到的类别）都要注明。

对股本章节的描述，正如名字显示的那样，要说明即将发行的股票的票面价值和设定的价值、分红权、投票权、流动性和可转让性，因为股票有很多种类型。

接下来，有关承销商信息的部分，需要说明分销股票的计划，比如每个相关承销商购买股票的数量。

招股说明书的最后部分是真实的财务报表。表S-1通常需要最近两个财务年度的经过审计的资产负债表，以及最近三个财务年度的经过审计的利润表和留存收益表，还有申请上市登记表生效之前135天的未经审计的期中财务报表。鉴于这些要求，选择合适的公开上市时间以及制定合适的时间表非常重要。这样可以避免为准备额外的期中财务报表浪费时间和金钱。

2. 股票申请上市登记表

表 S-1 部分包含了许多信息，主要关于新股、公司过去未发行的股票和公司其他一些投资。申请上市登记表还应包括公司章程、承销协议、公司细则、股票期权、养老金计划和初始合同。

3. 程序

一旦初步的招股说明书作为股票申请上市登记表的一部分提交上去，就要把它分发给承销团体，这个初步的招股说明书又叫作"红鲱鱼"，因为封面上的声明是用红色墨水印刷的。之后证券交易委员会审查这份申请上市登记表，审核公司的信息披露是否充分。一旦发现问题，就会通过电话或**信函**（comment letter）告知公司。初步的招股说明书包含的所有信息都会出现在最终的招股说明书中，除了那些只有到招股说明书生效时才能知道的信息：股票的价格、承销商的佣金、所筹资金的数量。这些项目会通过**价格修正**（pricing amendment）流程提交上去，并出现在最终的招股说明书中。从首次提交股票注册申请上市登记表到最终生效通常约 2～10 个月，这阶段称为等待期。在这期间，将组建和精简承销联盟。在这个时期，任何公司都不能进行关于发行的股票的宣传。

12.5.5 法律问题和《蓝天法案》资质

1. 法律问题

除了围绕准备招股说明书和提交的一些法律问题，还有其他一些重要的法律问题。对创业者来说其中一件最重要的事情就是上市**静默期**（quiet period），这个时期从决定公开上市到招股说明书获得批准共 90 天。在这期间必须注意有关公司和核心人物的一切最新消息。为了给即将发行股票创造良好氛围所做的任何宣传努力都是非法的。证券交易委员会制定的关于能否发布信息的原则，不仅创业者应该理解，每一个公司员工都应该理解。相关律师和承销商应该取消所有的新闻发布以及停止分发宣传材料。创业者和核心人物必须减少演讲和电视露面，避免回答采访者和观众提问时出现的任何可能的问题。例如，一个创业者的公司正处于公开上市的过程中，她必须推掉和一位教科书作者一起在《今日秀》节目中的电视客串，尽管在节目中她将讨论女性创业者而不是她的公司。

2.《蓝天法案》资质审定

一些小公司的股票公开发行必须经过股票发行所在州的《蓝天法案》的资格审定，除非这个州免除这项资格审查要求。《蓝天法案》可能会导致公司上市的时间延误和额外费用的支出。《1996 年全国性证券市场促进法》要求，发行的股票在知名的证券交易所交易或在纳斯达克全球市场上市，必须首先符合各州的注册要求。尽管已经符合所有的披露要求，且证券交易委员会已经授权，如果有实质性的理由，如过去发行的股票价值损耗太大，或者给承销商的报酬太多，许多州会允许它们的证券管理局禁止这些股票在自己的州内发行。

12.5.6 上市之后

在首次公开发行的股票发行完成之后，创业者仍有一些需要关注的方面，包括股票市场的支持、与金融机构的关系、报告要求等。

1. 股票市场的支持

一旦发行股票，就需要监督股票的价格，尤其在开始发行后的前几周。通常主承销公司将是公司股票主要的市场庄家，随时准备在同业市场买进或卖出股票。为了稳定市场，防止价格低于 IPO 价格，承销商经常会在发行后的早期阶段积极购买股票。这种支持非常重要，可以使股票在价格初次下跌后免受不利影响。

2. 与金融机构的关系

一旦公司公开上市，金融机构就会非常感兴趣。创业者需要投入时间与金融机构建立良好的关系。良好关系的建立对于市场和公司股价有非常明显的积极影响。由于许多投资者依赖分析师和经纪人的投资建议，所以创业者应尽量满足他们的要求。经常与证券分析师协会联络、通过正式的新闻渠道公开披露信息都有助于建立良好的关系。通常，最好任命公司的一名员工为信息发言人，确保能友好、高效地处理与新闻媒体、公众以及证券分析师的关系。最糟糕的情况就是公司不能及时地做出回应。

3. 报告要求

公司必须按照表 10-K 的形式提交年报，按照表 10-Q 的形式提交季报，按照表 8-K 的形式提交特定交易或事件的报告。表 10-K 中有关公司、管理和资产的信息，与申请上市登记表 S-1 十分相似。当然，还需要经过审计的财务报表。

以表 10-Q 的形式提交的季报首先包含刚刚过去的会计季度未经审计的财务信息。表 10-Q 不需要第四个会计季度数据。

如果出现下述事件需要在 2～5 天内提交表 8-K：公司收购或处置重要财产、公司的独立会计师辞职或被解雇、公司的控制权发生改变等。

按照《萨班斯-奥克斯利法案》的规定，提交报告的日期比以前有所提前。另外，由于采取公开披露原则，证券交易委员会对公司选择性地披露重大发展等信息进行了约束，要求上市公司必须快速、广泛地公开披露重要信息。

公司必须遵循股票代理权征集规定：召开会议或取得股东书面同意文件。《1934 证券法》要求，必须依据第 14Λ 条法规详细披露相关材料的时间进度和类型。虽然仅仅需要上市公司提供为数不多的报告，但也需要认真检查，因为即使疏忽产生的错误也会对公司有消极影响。同时必须及时提交报告。

本章小结

在企业融资过程中，创业者决定所需资金的数量和时间。新创企业最难获得融资，最可能获得的资金来源是非正式风险资本市场（天使投资人）。那些富有的个人投资者，平均每年进行一两个交易，投入资金 10 万～50 万美元，通常通过中介发现商机。

尽管风险投资可能用于公司发展第一阶段，但主要还是用于第二、第三阶段，为公司的发展和扩张提供运营资本。风险资本被广泛地定义为专业管理的股权资本。从 1958 年开始，小企业投资公司（SBIC）已经把私人资本和政府基金结合在一起，为发展中的新创小企业融资。从

20 世纪 60 年代开始，私人风险投资公司开始发展，资金来源于有限合伙人。与此同时，大型公司内部的风险投资部门开始出现。各州也开始建立风险投资基金以促进经济发展。

风险投资者通过投资企业来达到长期资本升值的目的。为了满足这个目标，要达到三个标准：公司管理得力；产品和市场机会独一无二；资本增值显著，能提供 40%～60% 的投资回报率。获得风险资本的过程包括初步筛选、基本条款达成一致、尽职调查和最终批准。创业者在接触潜风险投资者时要有专业的商业计划和良好的口头表述能力。

公司估值对创业者来说非常重要。进行评估时有八个基本要素：公司的性质和历史、经济前景、账面价值、未来收入、分红能力、无形资产、已售股票、相似公司的股票市场价格。本书对多种评估方法进行了讨论。

最终，创业者和投资者必须对交易条款达成一致，才能成交。创业者和投资者需要保持良好的关系，这样才能通过企业的成长和获利达到他们各自的目标。

把一家私人持股公司转变成为大众持股的公司，即公开上市，是很困难的事情。创业者应该认真评估公司是否已经准备好上市，以及上市后优势是否大于劣势。

一旦做出决定，就需要选择一家投资银行，同时准备股票申请上市登记表。在选择投资银行时，创业者需要考虑他们的声誉、分销能力、咨询服务、经验和费用。为了确定发行时间，创业者需要组织全体会议，包括公司管理人员、公司独立会计师和律师、承销商和他们的顾问，还需要制定时间表，确定申请登记的有效日期，以及准备必要的财务文件，这些文件包括初步和最终的招股说明书。在 IPO 之后，创业者要努力和金融机构保持良好的关系，严格遵守上市公司的报告要求。

▣ 调研练习

1. 找到一份风险投资家名单，了解典型的风险资本公司在企业萌芽期、初创期、扩张或发展期以及并购或杠杆收购期所投资金的比例。风险资本家在初次审核商业计划时采用什么标准？

2. 获取三家公司的 IPO 招股说明书。至少运用两种不同的方法评估每家公司。

3. 寻找能够有助于接触天使投资人或非正式投资人的网站。那些网站是如何工作的？如果你是一名正在寻求资金的创业者，需要为这项服务花费多少钱？有多少创业者在这些数据库上注册？你认为这些服务有效吗？（运用可能的数据来得出结论。）

4. 在过去的 10 年中，每年有多少家公司上市？你如何理解公开上市形势的变化？

5. 分析 2005 年公开上市的 10 家公司的招股说明书。在你看来，哪些公司在公开发行中做得很好，哪些做得不好？按下面的公式进行计算：（一周之后的股票价格－发行价格）÷发行价格。用这个价格和原始的 IPO 价格比较。

6. 分析 5 家准备上市的公司的招股说明书。它们声明中的上市理由是什么？它们打算如何运用所筹集的资金？提到了哪些主要风险？

课堂讨论

1. 投资者为新创企业提供所需资金来促进其发展。除了提供资金,投资者还可以用哪些方法帮助公司增加价值?风险投资家作为一个公司的投资者可能有哪些不利的方面?

2. 假定你很幸运,并且有相当可观的财富,你想成为一个天使投资人(毕业之后)。你应该如何创立和经营自己的"天使投资人"事业?设想具体的投资流程、选择标准、对投资企业的控制程度和参与程度。

3. 是什么促使 IPO 市场发展?为什么它具有高度不确定性?

4. 如果你是处于牛市中的一名创业者,你愿意投入大量的时间、精力和其他所需的资源在泡沫破灭之前尝试上市吗?还是宁愿利用这些资源建立自己的企业,为顾客创造价值?

选读资料

Gupta, Udayan. (September 1, 2011). Using Venture Capital to Build Companies and Save the World. *Institutional Investor Magazine*, n/a.

> This article discusses the current venture capital market and the role of venture capital firms in supporting innovation. The importance of a partnership between investors and entrepreneurs is examined.

Miller, Toyah L.; and Curtis L. Wesley II. (July 2010). Assessing Mission and Resources for Social Change: An Organizational Identity Perspective on Social Venture Capitalists' Decision Criteria. *Entrepreneurship Theory and Practice*, vol. 34, pp. 705–33.

> This paper investigates the evaluation criteria used by social venture capital investors in identifying new investments. The authors determine that not all potential investors evaluate investments equally, but that generally entrepreneurial criteria is valued more than social criteria. Furthermore, the value of the social project to an investor is dependent on the investor's preference for social projects.

Zhang, Junfu. (February 2011). The Advantage of Experienced Start-up Founders in Venture Capital Acquisition: Evidence from Serial Entrepreneurs. *Small Business Economics*, vol. 36, pp. 187–208.

> This article discusses the advantages of experienced entrepreneurs with venture-backed experience in the capital-raising process. The author suggests that entrepreneurs with funding experience that included venture capital were able to raise capital more quickly and easily in the first round of funding than either experienced entrepreneurs without capital-raising experience or inexperienced entrepreneurs. In the second round of financing, experienced entrepreneurs raised more funds than inexperienced entrepreneurs. The author emphasizes the importance of relationships with venture capital investors in the financing process.

Zheng, Yanfeng. (Spring 2011). In Their Eyes: How Entrepreneurs Evaluate Venture Capital Firms. *The Journal of Private Equity*, vol. 14, pp. 72–85.

> The author investigates the criteria most valued by entrepreneurs in seeking venture capital investors. These criteria include late responses, ethics, geographic density, and the firm's success record.

新企业创建、成长与终结

第13章

成长战略及其影响管控

▶ **本章概要**

☐ 了解如何寻找 / 创造那些可能的成长机会；

☐ 了解人力资源管理的挑战以及如何有效管理这些挑战；

☐ 了解时间的压力以及提高时间管理能力；

☐ 了解人的差异以及理解此差异是如何影响他们发展业务的意图和能力的。

▶ **开篇引例　布莱恩·麦克斯韦和珍妮弗·麦克斯韦**

　　布莱恩·麦克斯韦（Brian Maxwell）是一名国际级马拉松运动员以及加州伯克利大学的马拉松教练。布莱恩在英国的一次比赛中，开始处于领先位置，但到达21英里标识时，开始感到头晕目眩，最终他放弃了比赛。他比赛当天饮用的能量饮料未产生作用，这促使他开始寻找一种能够带来更好的能量来源的解决方案。他与研究营养食物学的学生（现为化学博士）珍妮弗·比达尔夫（Jennifer Biddulph）合作，开始研究一种既美味又富有营养并能提供适当成分提高身体机能的能量棒。带着共计50 000美元的存款，他们决定开始寻找一种解决方案。

　　经过他们为期三年的研究，专家对他们指出是不可能生产出这种产品的，因为在这种产品的制造过程中需要巨额的饱和脂肪来润滑机械设备。然而，经过各种试验和失败，他们最终找到了解决方案。他们知道他们需要努力建立一种食物棒生产工艺，使他们既能生产出满足需求的产品又不需要添加脂肪去润滑机械。这种产品需要平衡简单碳水化合物、复合碳水化合物以及低脂的要求，以提供快速能量、持久能量并且易于消化。数以百计的食谱在运动员身上进行了试验，直到找到了一种最有效且最好吃的产品。参与试验的运动员持续需求更多的"能量棒"——这一称呼最终成为品牌名称。他们于1986年正式注册公司——能量棒公司（PowerBar Inc.）。

　　最初，公司在布莱恩和珍妮弗的地下室里经营。第一款产品于1987年上市，是麦芽坚果和巧克力口味。他们于1988年结婚，在此之后，他们搬去了新的厂址并开始雇用工人以应对逐渐增长的需求。

　　他们为运动员寻找能量方案的视角并不是建立新企业的唯一因素。布莱恩和珍妮弗都决定要创造一种工作环境，在这种工作环境中，雇员能够感到自身的重要性并且在公司中有着强烈的自豪感。他们希望公司不全是他们过去做过的讨厌的工作，因而，他们创造出了一种工作环境，在这里称雇员为团队成员，可以穿着随意，并专注于运动。对于布莱恩和珍妮弗来说，他们的雇员能够享受工作，对企业忠诚以及对公司使命的承诺是非常重要的。

20 世纪 90 年代早期，新公司的销售额增长了 50% ～ 60%。1997 年，销售额开始缓慢增长，只增长了 23%。1995 年，布莱恩和珍妮弗推掉了一个收购"均衡棒"的机会，那是一个针对更多休闲的运动员和寻找营养零食人群的制造商。他们相信他们公司不需要增加新产品并且可以依靠这一种产品持续成长。回想起来，他们意识到那是个战略错误，而且企业不可能依靠一种产品生存，尤其当 1995 年他们看到销售额开始停滞不前的时候。那时，已经有很多竞争者意识到在大型超市介绍能量棒给非职业锻炼者或者作为零食是个机会了。所以，在 1997 年，布莱恩和珍妮弗开始致力于寻找新产品。1998 年，他们推出了一款口感很脆而且有很多口味的能量棒，这种能量棒的目标是吸引运动员平时食用以及寻找营养零食的消费者。1999 年，他们又推出了一种新的奶油棒称为"Essentials"和一款新的运动饮料。

如今能量棒仍旧是职业运动员市场上的领军者，能量棒在其类别中刚刚超越克利夫棒（Clif bar）成为第三号品牌。销售额在 1999 年达到了 1.35 亿美元。公司还在爱达荷州设立了国家先进制造设施并在爱达荷州和北加利福尼亚开了两个配送中心。他们还分别在加拿大和德国设立了两个分公司作为增加国际销售额的机会。

布莱恩每星期仍旧要跑 40 ～ 50 英里。珍妮弗最近在首个年度工作女性创业成就奖的竞争中，赢得最佳创新类奖项。2000 年，能量棒公司被雀巢（美国）收购，打算走向全球。布莱恩·麦克斯韦仍旧在公司中扮演着重要角色。

本章将就重要的管理决定领域进行学习与讨论，详细讨论建立一支扎实的管理队伍和忠诚的雇员基础，这些已经被像布莱恩和珍妮弗一类的创业者认识到其在企业成立早期是十分重要的。

13.1　快速成长战略成长机会在哪里

我们在第 3 章中讨论了创新是创业的一种重要活动。一项成功的创新为创业者提供了拓展业务的机会。例如，在现有市场推行新产品提供了与竞争者争夺市场份额的机会；进入新市场提供了为新客户群服务的机会；新组织则促成、实现首次交易的机会。虽然很难直接指导创业者一步步地创造有价值的机会，但是本章提出的模型，为那些已具有持久竞争优势基础的企业在"到哪里寻找成长机会"这一问题提供了建议，并涉及了成长对经济、企业和创业者的作用，以及从外部获取资源以保持企业成长做了研究。

如第 3 章所述，创业机会源于创业者个体知识和组织知识，并以此为基础确定业务最佳增长的机会。当然，首先假定创业者和新企业具有关于目前生产、销售现有产品的知识以及已有市场的客户知识。

由于大部分成长战略利用了创业者知识与组织知识的某些方面，因此可以形成竞争优势。图 13-1 表明了市场与产品的不同组合及相应的成长战略模型，包括渗透战略、市场成长战略、产品开发战略以及多元化经营战略。

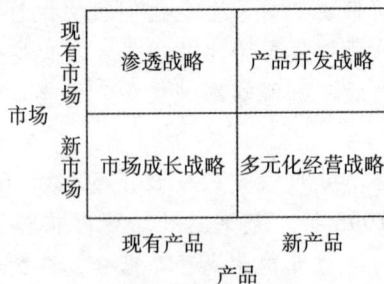

图 13-1　基于产品、市场知识的成长战略

资料来源：H. I. Ansoff, *Corporate Strategy: An Analytical Approach to Business Policy for Growth and Expansion* (New York: McGraw-Hill, 1965). With permission of the Ansoff Family Trust.

1. 渗透战略

渗透战略（penetration strategy）是指企业鼓励现有客户购买更多的企业现有产品。这一战略仅仅关注自己在当前市场上的现有产品。为实施渗透战略，创业者试图通过鼓励现有客户购买更多的现有产品、更频繁地重复购买来增强营销效果。例如，一家比萨公司在市场竞争中，比起每周吃两次，更鼓励其现有的基于大学生的顾客每星期吃三次它的比萨。在拓展市场活动中，渗透战略对企业来说没有任何新东西，仅仅是从竞争对手那里夺取份额或者拓展市场空间。因此，这种成长战略有利于创业机会的开发。

2. 市场成长战略

企业成长也可以通过市场成长战略。**市场成长战略**（market development）强调的是向新客户群销售现有产品，实现企业成长，包括产品新的使用用途，而新客户群可以从地理学与人口统计学的角度进行分类。

新市场——地理学角度：在新的地理区域销售企业的现有产品。一家本来在新加坡销售产品的企业可以开始在马来西亚、泰国和印度尼西亚等地开展销售。这样，向那些之前没有机会购买企业产品的客户开展销售，可带来潜在的销售增长空间。但是创业者必须清楚，由于用户偏好、语言以及法规等产生的区域性差异可能需要企业在产品包装上做细微的改变。

新市场——人口统计学角度：人口统计学经常在收入、住址、教育和性别等方面来识别潜在客户。对于目前向特定人群销售现有产品的创业者而言，向不同客户群提供相同产品可以实现业务增长。例如，一个工作室生产、贩卖电脑游戏（尤其是篮球和足球游戏）给 13 ~ 17 岁的男性。那么，这家公司就有机会通过把 24 ~ 32 岁男性作为销售目标来拓展销路，这些男性大学毕业、有着较高的收入并且很有可能喜欢它的游戏产品。

新市场——产品的新用途：新企业可能发现，有时人们并没有按照指定的、预期的方式使用某款产品，所以察觉到产品的新用途可能会带来新的购买群。例如，当我从澳大利亚搬到芝加哥的时候，我买了一个排球网。我不是用它来玩排球，而是把它放在我床边保护我以防有人进入我的公寓。事实上它从没发挥过作用，但我知道它在那就睡得很好。认识到这款新的产品用途可以为排球网企业打开一个全新的市场。另一个例子是关于四轮驱动汽车。这款产品的传统制造商认为人们会普遍利用它来越野休闲驾驶，但却发现开着此类汽车的更多是家庭主妇因为它有足够的空间送孩子上学、带上她们所有的包和运动设备。制造商认识到产品的某种新用途有利于促使他对产品稍做修改，以使其更能满足此种新用途。使用市场成长战略的一个优势就在于新企业可以利用特殊的技术和生产工艺来拓展现有产品的使用知识与技能。

3. 产品开发战略

产品开发战略（product development strategy）是指通过开发、销售新产品来实现企业发展。实施产品开发战略包含为现有产品的客户开发、销售新产品。与特定客户群打交道的经验有助于新企业利用现有技术和方法来解决客户问题以更好地提供服务、促进新产品开发。迪士尼公司就是在其电影观众（现有客户）的基础上成长起来的，并最终锁定这些观众为目标客户群来开发产品。产品开发战略的远期优势在于这是一个机会使企业在这些客户中建立起现有的分配制度和企业声誉。

4. 多元化经营战略

多元化经营战略（diversification strategy）是指向新市场销售新产品以实现企业发展。尽管知识基础看起来像是新的，但多元化战略归根结底还是与创业者和企业的知识息息相关。事实上借助于价值增值链的讨论，可以更好地理解下面三种多元化战略。

如图 13-2 所示，价值增值链分解了从采购原材料、形成产成品以及送达客户这一系列步骤。价值在每一步骤中都得到增值，企业从增值中获利。对于制造商来说，前向整合、后向整合与横向整合都为他们创造成长机会。**后向整合**（backward integration）指制造商在价值增值链中将业务扩展至原材料采购，即成为原材料的批发商，做自己的供应商。**前向整合**（forward integration）指制造商在价值增值链中将业务扩展至客户，即成为产成品批发商，做自己的购买者。

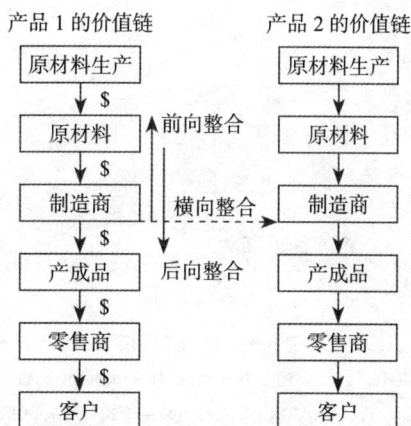

图 13-2　增值链及其相关多元化经营类型

前向或后向整合为创业者提供了新企业成长机会。第一，这些成长机会是与企业现有知识基础有关的，相对于那些没有知识或经验的创业者来说，这些创业者更具优势。第二，相比于让其他企业来完成这些工作，自己作为供应商 / 购买者，企业能够提供协作机会因而能有效地进行交易。第三，由于进行了整合，企业可以像自己以往的供应商 / 购买者那样经营，这样就可能有机会创造新的流程或者促进新产品开发。

《商业新闻》　　为创业者利用互联网开发新市场提供建议

".com" 狂躁症也许已经终结，但在线销售商品和服务才刚刚起步。实际上，2002 年，各种资源在网上的零售额增长了近 30%。经过几年同样快速的增长，其数额已经不容小觑。美国商务部的一个项目的保守数据显示在线销售商品和服务在 2002 年突破 420 亿美元，而且商务部的这项数据不包括占据在线收入 40% 的旅游销售。

持续增长的上网人数促使在线销售额的增长。木星传媒的市场追踪预测上网人数将在未来 5 年翻倍达到 1.32 亿。由于近一半上网人员会在线购物，促使了电子商务的稳健成长。

网上商城不仅在发展，也在改变。购物者本身也在改变。以前多数是男人，现在更多的是女人。虽然网络看起来是年轻的媒介，但年长者是数量增长最快的人群。而且虽然少数民族在线购物起步较晚，但是其追赶的速度很快。"主流市场已经呈现出疲软态势，但少数族裔市场仍然在快速发展"，一家旧金山多文化市场咨询公司——圣迭戈公司的 Derene Allen 如是说。

这些群体都有他们独特上网的理由、方式和兴趣。因此，他们购买产品和服务的范围更广。商品被划分成适合在网上销售的和不适合在网上销售的。从理论上讲，诸如家具一类的商品不适合在线销售，但事实是几乎所有产品都开始了网络销售。家具的销售量在 PoshTots（弗吉尼亚州 16 人的高端儿童用品销售商）占据重要地位。"我们的顾客通常购买婴儿床和成人床"，33 岁的联合创始人卡伦·布思·亚当斯（Karen Booth Adams）说，"而且我们卖出了很多儿童游戏室。"

网络营销的不断发展需要商业战略的支撑。相对于网络，零售的先发优势已经逐渐消失了。如今，网络销售已经不止关注先进的技术，更多的是对客户的重视。"它回归到了'尝试和真实'的营销原则，"佐治亚州肯尼索大学营销系教授基思·图德（Keith Tudor）说，"要多关注顾客的需求和意愿。"

给创业者的建议

一个经营"砖和砂浆"的创业者来找你咨询

1. 在之前网络销售失败的情况下，你认为我现在可以开始网络投放广告和销售商品吗？

2. 如果我无法进入这个市场，仅依靠先发优势和技术优势，我该如何形成我的竞争优势？如果仅仅为了维持我的市场份额，我是否需要进入这个市场？

3. 如果恢复到基本的营销原则，那么在大家都在网购的时候，你如何将你的产品目标定位在特殊客户群体上？

资料来源：Reprinted with permission of Entrepreneur Media, Inc.,"Net Meeting. Let Us Introduce You to the Most Important People on the Internet. If You Think You Know E-Commerce Consumers, This Might Surprise You," by Mark Henricks, February 2003, *Entrepreneur* magazine: www.entrepreneur.com.

横向整合（horizontal integration）是指在增值链上的同一层级上，仅涉及不同但完整的增值链。一家洗衣机企业可能也生产清洁剂，这些互补产品息息相关。同时，新产品与现有产品之间的相关性意味着企业将可能在新产品上取得成功并创造学习机会。进一步地说，横向整合为增加现有产品价值提供机会，现有产品可以与新产品一起打包出售，从而实现产品增值及销量增加，比如计算机硬件和软件、电视与录像机以及电话与应答机。

那么，将新产品放入与现有业务无关的新市场（非前向、后向及横向整合）又将如何呢？答案是千万不要这样做。因为既然与现有业务无关，那么企业与其他竞争对手相比哪有什么优势可言？如果坚信企业利益随风险变化而变化的话，在这种自负、错误的观念指导下，创业者进行无关业务多元化经营是非常危险的。

5. 成长战略实例

下面举例来说明应用上述模型如何寻求企业成长。Head Ski 公司在早期只生产并只在美国超市贩卖高端滑雪板。该公司通过提高市场预算用于鼓励现有顾客更为频繁地"升级"他们的滑雪板来实现渗透策略。这可能涉及一些重要的性能，以使顾客想要以最新的技术来升级他们的滑雪板。

该公司的市场成长战略则是将其滑雪板销往欧洲、阿根廷和新西兰。在阿根廷和新西兰的优点是这些地区处于南半球，季节与美国市场（和其他北半球市场）相反。Head Ski 公司还开始在大众市场销售滑雪板给那些不太富裕但需要价格"合理"且有良好性能滑雪板的滑雪者。

为了推行产品开发战略，Head Ski 公司开发并销售新产品给买其滑雪板的人，比如帽子、手套、靴子和其他的滑雪装备。该公司还开发网球拍和山地车等装备让其现有客户在不滑雪时使用。这些产品的推出正是利用了公司已有高科技、高质量产品在现有客户中建立起的声誉和现有的分销系统。例如，滑雪板商店可以在夏季销售 Head Ski 牌网球拍和山地车，这使销售随着季节变迁而变化。

产品多样化战略能够为成长提供机遇。例如，后向整合涉及生产滑雪板的机械设备的设计和制造；前向整合涉及滑雪板连锁零售店的控制；横向整合涉及滑雪场地的所有权。

正如实例所示，该模型为创业者提供决策思路，使其在已经具有的持久竞争优势基础上换位思考、寻找企业的成长机会，而这种追求和成长对经济、企业和创业者都会产生影响。

13.2　企业成长的意义

成长使企业壮大，从而获得规模效益。例如，生产能力提高了生产效益，从而使企业更能吸引供应商，当然也就提高了自身的议价能力。同时，规模也加强了企业的社会地位。因为较大的企业随着其稳步成长将更具声望去吸引消费者、金融家和其他股票投资者的关注。可以说，成长增强了创业者对企业绩效的影响力。成长意味着变化，变化将带来许多管理上的挑战，而挑战主要来自下述压力。

1. 人力资源的压力

员工的工作推进了企业成长。如果因为追求成长而雇用太多员工的话，企业将会面临员工士气不振、疲惫不堪及流动率增加等问题，直接对企业文化产生不良影响。实际上，大批新员工的涌入（大量增多的工作以及替代离职员工所需要的）可能会稀释企业文化，这是不容忽视的，尤其对于那些依靠企业文化作为竞争优势来源的企业。

2. 管理雇员的压力

许多创业者发现，随着企业的成长，他们需要改变管理方式，也就是说改变他们对待员工的方式。如果创业者是管理决策的唯一制定者，那么他已经在危及企业的成功了。有时，他们因为置身其中而难以意识到这点。但是，为了企业的成长，他们需要考虑管理方式的转变。

3. 创业者的时间压力

创业者的时间压力是正在成长的企业面临的最大问题之一，恰如俗语所说："假如能多给我点时间就好了"。而这也是所有管理者，尤其是处于成长中的企业创业者所共同面临的一个普遍问题。时间是创业者最宝贵却又最有限的资源，具有如下特性：是创业者无法储存的、无法租借的、无法雇用的、无法购买的，同时它也是不耐用的、不可替代的。无论创业者做什么，今天就是既定的 24 小时，而昨天已经成为历史。企业的成长需要创业者付出时间，但是当创业者把时间从其他事务转而用到企业成长上时也必然引起一些问题。

4. 财务资源压力

成长吞噬现金。为成长而投资意味着企业资源因此变得短缺。因为，随着投入更多的财务资源，不可预料的费用开支使企业面临破产风险，必然要求储备更多的资源来应对环境动荡及培育企业的进一步创新。

创业者可以采取一些行动来管理这些问题并更为有效地扩展业务。我们现在来讨论一些可以采取的措施。

13.3　克服当前的人力资源压力

一般来说，新企业并不是由人力资源部门来面试、雇用和评估员工，而是由创业者或者一两名骨干员工来承担。人力资源管理的程序应该与我们先前在第 9 章讨论的相同。在第 9 章中，我们列举了为新职员准备工作介绍和规范的重要程序。

创业伦理示例

安然的教训

即使是最小的公司也能从这家大企业中学到不要做什么

问题：企业主可以从安然的错误中学到什么？

答案：当然，你一定是想拥有数十亿美元的公司，坐着最新的里尔喷气式飞机满世界去飞。然而安然，这个美国排名第七，多数人可能从没听说过的公司会毁灭你的美梦，也许也会毁了你的退休计划。安然的倒闭，值得立法者及有关人员反思。他们只管完成工作，而不顾这是否会导致企业更为艰难。不要失望于"错误已经形成了"，我们可以从中吸取很多教训。

也不要认为安然问题只是大公司才会面临的。当然安然倒闭造成的影响不能和街边的复印店、比萨店相比，但即使再小的生意倒闭都会影响一些人。你生意的失败会严重影响到你、你的合作伙伴、你的员工、你的客户和你的供应商以及这些人的家人（包括你的家人）。作为企业主，我们有责任将企业运营得谨慎、合法合规。

那么，我们可以做什么呢？每家好的企业都应该有一个硬性的商业计划和实际的实施办法。正如从安然中学到的，我们首先要审视我们的计划是否谨慎、合法，然后再将其付诸实践。因为"业务需要"，我们就能跨越法律的红线吗？如果这小小的差错反过来影响我们怎么办？回想你刚起步的那天（不关乎扭曲法则、奢侈生活，也不是欺骗别人），那是我们带领大家一起放飞梦想的日子，是时候重新点起梦想之火了。

正如我们所说，当地企业的倒闭也会像安然一样影响一些人。如果我们将我们的生意经营得不合法，我们不愿意在电视上看到自己，但邻居都会知道我们见不得人的一面。你的家人和朋友也会这样。

让我们思考一下我们现在做的事，这些从未出现在我们的计划或梦想中的事。我们必须将它们从我们的实际经营中清除出去。企业主犯的一些小的法律道德错误，必须在今天终结。这些错误包括：

- 挪用公款做私人的事；
- 不报告所有现金单据；
- 在价格、质量、交货和质保上欺骗顾客；
- 虚假广告；
- 不及时付款；
- 跟员工、顾客、供应商撒谎。

有些人会认为这些错误与安然的错误比起来很微弱。事实并非如此。如果你的生意不合法合理，那么当你的生意做大时，你也会像安然一样失败。好好看看上面的清单，问问自己"如果我们那么做了会得到什么惩罚？"然后问自己一个更为重要的问题"这是真正的我吗？"最后，改正它。

也许我们已经坐上了里尔喷气式飞机，但只有当我们是诚实、努力的企业主时，我们才真正配得上这些。

资料来源：Reprinted with permission of Entrepreneur Media, Inc., "Even the Smallest Business Can Learn What *Not* to Do from This Giant Company," by Rod Walsh and Dan Carrison, February 2002, *Entrepreneur* magazine: www.entrepreneur.com.

目前，某些创业者也开始利用专业雇主组织（Professional Employer Organizations，PEO），寻求包括员工招募、红利计划制订、薪酬体系建立甚至是解聘决策等多方面的人力资源管理服务。TriNet 便是这样一家企业，该人力资源管理咨询有限公司致力于人力资源管理、开发及组织能力发展，主要开展专业化人力资源管理咨询服务、综合性的管理培训服务以及与人力资源相关的各类公开课、研讨会等业务。这一手段使创业者可以将更多的时间投入正在成长中的新企业的其他业务方面。硅谷的著名企业 Quinta 雇用 TriNet 为其提供人力资源管理服务，获益良多。

面对不断增加的劳动力，创业者必须确定全职与兼职员工的比例，平衡各方面。一方面，大量兼职员工降低固定成本，有利于企业在外部环境变化时更具灵活性。另一方面，兼职员工可能带来员工不稳定性，而人员调整成本可能反而更高。同时，由于兼职员工绩效相对较低，薪酬回报也不高。因此，当兼职员工比例高于全职员工时，强有力的企业文化很难形成。

无论员工组成如何，企业在甄选、招聘员工时的失误在所难免。不可避免地，创业者有时会找不到得力员工。因此，使用员工评价体系来公正地考核、评估员工显得非常必要。因为，在这样规范的基础上反馈问题将能更客观地反映问题的本来面目，从而有效地解决问题。依此，可以为解聘员工提供证据。

为使企业实现不断有效地成长，新企业人力资源战略的重要任务就是考虑在有大量新员工涌入的情形下怎样维持企业文化。创业者可以通过初期培训向员工讲述企业文化典故来实现。创业者应该成为传播和讲述企业文化的使者，但在新员工快速成长的情形下，这项工作可由文化大使加以补充。例如，随着世界家具巨头瑞典宜家公司（IKEA）向国际化成长，其缔造者英格瓦·卡普拉德（Ingvar Kamprad）采取了一系列步骤，包括拟出"IKEA 法"（IKEA way）、借用文化大使和培训的方式向海外新员工灌输企业文化，以确保企业文化在海外部门也能产生影响。

13.4 克服员工管理压力

随着新企业的成长，管理本身也在发生变化。管理变革听来复杂，参与式管理似乎更容易理解。**参与式管理**（participative style of management）就是创业者让其他员工参与决策的制定过程。当新企业快速成长时，参与式管理有很多好处：首先，企业成长及管理变革的复杂性增加了创业者对决策信息的需求。让其他员工参与决策过程就是减少这些需求的方法之一；其次，高素质的管理者和员工是提出新方法、处理当前问题的最好资源。再次，如果让员工参与决策制定，他们就有弥补决策行为的动力；最后，在企业文化中，员工希望被赋予决策制定与创新的责任。在这种情况下，参与式管理将会提升他们的工作满意度。以下建议有利于企业形成参与式管理氛围，迅速成长。

1. 构筑团队精神

团队精神，即在组织中的每个成员心里渗透着一种信念，这些成员紧密相连、合作完成很多艰巨的工作。创业者自己的细微的重要行为就能够营造团队精神，如创业者应对员工、股东等灌输一种团队精神而不是个人主义。

2. 注重与员工交流

开放且频繁地与员工交流能够建立起彼此间的信任、消除疑虑。有时，员工对企业成长可能带来变化的担心胜过变化本身，而交流能减轻这种担忧。在双向交流中，创业者应该倾听员工的心声，主动听取员工关于企业或部门如何更有效成长的意见，以提高绩效。

《商业新闻》   **eVest 的简短推销**

一个有钱的朋友请你帮她留心是否有商机可以让她投资。你这个朋友非常忙，而你只想介绍给她真正有吸引力的项目。在你听了下面的议案后，你能否介绍斯科特给你的朋友？

创业者： 斯科特·乔丹（Scott Jordan），38 岁，Scott eVest LLC 的创办人和 CEO。

公司： 生产有 16～22 个口袋可以放一些工具的背心/夹克的服装公司。

本年度销售预测： 500 万美元。

想法： 我正在学习法律并来回通勤，带着很多东西，很多商务人士也都每天带着这些——掌上电脑、手机、扩展键盘。在商务场合工作，我会穿运动夹克仅仅为了有多余的口袋放我的这些东西。我开始问我周围的人，发现大家都需要更多的口袋。

发展历程： 现在通过 www.scottevest.com 销售，乔丹在 2001 年刚创办公司时很反感电子商务。www.scottevest.com 网站开始运行的时候，我得到了 50 000 次点击和 100 个订单。我还没有建立起生产线，只有 6 个样板。我开始忙碌于发货给零售商、注册公司和给产品定价。每个环节对我来说都非常重要。

服装阐述： 在迪士尼明日之地展会上，公司出现在了 *ER* 和 HBO's *The Wire* 上。"隔天，我收到了军队、中情局、特工处的分支机构的电话。他们告诉我总统先生拿到了一件并盖上了总统印章。"

资料来源：Reprinted with permission of Entrepreneur Media, Inc.,"This Entrepreneur Will Never Find His Pockets Empty— No Matter How Many of Them He Has," by April Y. Pennington, February 2003, *Entrepreneur* magazine: www.entrepreneur.com.

3. 提供反馈信息

创业者应该经常向雇员提供建设性的反馈信息，这样才能使雇员可以去优化特定工作的质量。反馈不要带有攻击性或给员工带来担忧。创业者也要从其他人那里寻找自身的反馈信息。只有准确地反馈信息才有价值，而信息反馈又需要一种开放、坦诚交流的文化。一位本着高效创业，对自己很有信心的创业者必须要鼓励这种文化。

4. 善于授权

面临与日俱增的工作量，事必躬亲对创业者来说不太可能。对骨干员工，应授予主动权、决策权以使其工作更具弹性。这就要求创业者要创造这样一种文化，对员工的主动行为给予奖励，即使失败也当成是积极的尝试。

5. 员工培训

在一些工作上，通过对员工的培训可以提高他们的工作效绩，大大提高实现企业成长的机会。另外，培训应反映一种新的管理风格，包括员工参与决策。

13.5　克服创业者的时间压力

时间管理（time management）是指通过更有效地利用时间来提高个人做事效率的过程。创业者可以更好地利用时间，这样做更能丰富他们的事业和私人生活。那么，如何才能更有效地管理时间呢？有效管理时间可以为创业者带来如下好处：

（1）提高效率。时间管理可以帮助创业者认清最重要的工作并且使他们专注于成功完成该工作，即保证有足够的时间去完成最重要的事情。

（2）增加工作满足感。提高效率意味着创业者可以成功地完成更多重要的事情，相应地增加了创业者对工作的满足感。创业者不愿意感受到不断增加的企业成长引发的问题束缚，而做好更重要的事情、成功地发展和壮大一家新企业，这些都能赋予创业者更强的工作满足感。

（3）加强人际关系。虽然在实际工作中，创业者会因为完善企业管理而减少与人交流的时间，但是通过更好地管理时间，提高了效率，也就改善了创业者与企业内外人士的关系。另外，随着其他人在企业中的压力减少，效率提高，更大的满足感将促进企业的和谐，完善企业文化。

（4）减少烦忧。担心、内疚和其他心理情绪会降低创业者对信息的处理能力，导致评估、决策的效率低下。有效地管理时间会减少创业者的烦忧、优化创业者的信息处理并提高创业者的决策质量。

（5）保持良好的健康状态。通过消除焦虑、紧张，提高生产率、工作满意度以及改善与他人的关系从而减少身心压力，保持健康。时间管理也包括饮食与锻炼的时间安排。良好的健康状况使人精神焕发，对创业者的事业发展至关重要。

通过时间管理，创业者成为时间的主人而不是奴隶。有效利用时间提高了个人与企业的效率，企业得以更好地成长，创业者的私人空间也会因此变大。良好的时间管理应遵循以下六个基本原则：

（1）期望原则。**期望原则**（principle of desire）是指创业者能够认识到自己是个浪费时间的人，而时间是十分重要的资源，因此，期望原则是指创业者意识到有必要改变对时间分配的态度和习惯。也就是说，有效的时间管理取决于创业者的意志力、自律能力与其优化时间的动机。

（2）效用原则。**效用原则**（principle of effectiveness）是指只抓住关键问题，要求创业者即使处于压力之下也要抓住重要问题。不论何时，创业者应该试图在某个确定的时间内完成待办事项。这需要足够的时间，质量固然重要，而追求完美往往以延误时间为代价。创业者不应该在一个小的改进上花费太多时间，因为这些时间用在别处效用更大。

（3）分析原则。**分析原则**（principle of analysis）是指了解当前时间分配情况并分析哪些时间分配是无效的。为创业者提供当前时间分配情况，有利于找出那些无效率、不适合的时间安排。创业者最好能使用 15 分钟间隔卡作为其两周以上的时间追踪，以了解时间到底浪费在哪，并思考这些时间误区如何用别的原则来避免。事实上，创业者不该在处理相同问题时重蹈覆辙，而应该使用标准化形式和程序来应对周而复始的事件和活动。

（4）团队合作原则。**团队合作原则**（principle of teamwork）是指能意识到可由创业者自由支配的时间只有一小部分，其他大部分时间都被别人占据。时间分析显示，实际上能由创业者自主支配的时间只有一小部分，其他大部分时间都被别人占据。团队合作原则揭示了授权对成长中的企业日趋重要的事实。也就是说，创业者必须将过去操办的事情交由他人去办理。当然，创业者也应该帮助管理团队成员在与企业他人尤其是与创业者接触时注意时间管理观念。当然，时间管理并不意味着创业者难以接近。相反地，由于时间的有效利用使得员工的接近机会反而多了。

（5）优先计划原则。**优先计划原则**（principle of prioritized planning）要求创业者对任务按重要程度进行分类，再根据这一分类结果分配时间。创业者每天应该先列出待完成事项，用 1～3 级标出这些任务的轻重程度，1 代表最重要，2 为较重要，3 是一般重要。这样就可以关注重点，优先为那些标"1"的任务安排时间。有些创业者最有效率的时间在早晨，有些在中午，也有的在晚上。最有效率的时间应该用来做最重要的事情。

（6）二次分析原则。**二次分析原则**（principle of reanalysis）要求创业者周期性地回顾自身的时间管理过程。分析过程中，创业者可以通过追踪更系统的问题以及重新挖掘授权机会来改进时间管理。例如，创业者应该对其办事员工和助手给予良好的培训并且鼓励他们创新，包括按重要性来分拣信函和进行电话回复，处理对于创业者来说不很重要的问题，以及安排诸如让创业者在标准信函上签字、整理日记簿、提示函、经营板和有效的"待决"文件等日常事务。所有会议都要进行二次分析以保证它们有效运作，或者对会议主持人进行培训。创业者也要对全体委员进行二次分析，以保证他们继续创造价值。

13.6 克服现有财务资源压力

在第 10 章中，我们细数了财务计划在管理创业者财务资源时的作用。在这章中，我们了解了企业成长所带来的财务压力。获取更多的新资源可以使创业者缓解面临的财务资源压力。而通过出售权益或支付债务利息来获得新的资源成本很高，但有效管理现有资源可以减少对新资源的需求。这些管理措施包括采用有效的财务控制、存货管理和保持完整记录等。

财务控制

在第 10 章中，我们提到财务计划是商业计划的一部分。如前所述，为编制前三年的预计损益表和现金流量表做准备，创业者需要一些可以合理控制企业目标的知识。在前三年中，创业者必然需要一些财务技巧来经营企业，需要精心管理与控制企业现金流量表、利润表和资产负债表三大报表。前面已经提及了如何准备这些表格，以下的重点将放在控制和管理这些因素以降低企业成长引起的风险，特别是其中的现金流管理。

（1）现金流管理。企业成长时现金流出可能超过现金流入，创业者应该尝试着对现金流状况做出最新的评估，即编制月度现金流量表。

如表 13-1 所示，将预算与实际进行比较，其中预算数来自某塑料公司的现金流量预算表。创业者可以在预算数旁标明实际数，便于在随后的几个月中调整，也可以发现当前现金流量存在的问题。

表 13-1　某塑料公司第一年 7 月现金流量表　（单位：1 000 美元）

	7 月			7 月	
	预算	实际发生额		预算	实际发生额
收入			租金	2.0	2.0
销售额	24.0	22.0	公用事业费	0.3	0.5
支出			保险金	0.8	0.8
设备	100.0	100.0	税款	0.8	0.8
产品成本	20.8	22.5	主要贷款及利息	2.6	2.6
销售费用	1.5	2.5	总支出	137.1	140.0
工资	6.5	6.5	现金流量	（113.1）	（118.0）
广告	1.5	1.5	期初平衡	275.0	275.0
办公支出	0.3	0.3			

表 13-1 还指出了一些潜在的问题：第一，销售的实际数低于预算。管理者需要了解，这是因为某些客户未付款还是赊销增长？如果少量数额是因为客户未付款，创业者可以尝试发函催促或者电话提醒客户尽快付款。客户出具的空头支票一样会影响到现金流量，因为创业者可能已经将这部分资金计入账户并且以为可以得到这些现金。如果少量的收入起因于高赊销，创业者也可以考虑从银行短期筹资或者尝试延长供应商的支付期限。

如果有些项目的现金支出远远超出预算，可能有必要加强成本控制。例如，产品成本是22 500 美元，超出预算 1 700 美元。一旦发现供应商可能提高了价格，创业者需要考虑寻找一种替代原材料或者提高公司产品、服务的价格。如果高产品成本源于从多家供应商采购，则创业者应从损益表中评估存货成本。若销售额高于预期，则产品成本增长也可能源于多家供应商供货。然而，如果这些额外销售额来自赊销，则创业者可能需要借款来满足短期现金需要。一旦结束赊销和存货成本评估，结论也随之确定。

同样需要评估的还有较高的销售费用。如果是为了保证销售额（即使是赊销）增长而导致销售费用增加，则不必立即给予关注。然而，如果没有产生相应的销售额增长，则创业者需要重新审查所有这些费用开支并严加控制。

敏感性分析有助于预测初期阶段的现金流量。在每月预测现金流量时，创业者可以使用增减 5% 来分别进行乐观与悲观的现金估计。以表 13-1 中的数据为例，可以假设此前一个月的销售收入为 24 000 美元，用 5% 进行一增一减处理，计算出悲观的 22 800 美元和乐观的 25 200 美元，随后计算出所有付款等。以这种方式，创业者将能够确定最高的现金需求，也可以准备可能的现金储备。

新企业可能有必要编制日现金收支明细表，特别是零售商店、餐厅和其他服务企业。表 13-2 显示了当日现金的额外流入与预计的流出，能够有效提供一切日常缺口的征兆，使创业者意识到存在的问题或已经发生的错误。

表 13-2　日现金流量表 （单位：美元）

日初现金平衡	×××	现金支出：	
加：		现金退回	×××
日现金销售	×××	现金回收	×××
应收账款合计	×××	备用金	×××
总计	×××	现金支出合计	×××
减：		预计现金余额	×××
日现金销售费用	×××	实际现金数	×××
总计现金	×××	差异	×××

资料来源：If the final number is negative or positive, then an error has occurred in collections or payments.

进行预算或预期与实际的现金流量的比较，针对潜在的即时现金需求，创业者做出相应的重要评估，也可以说明资产管理或成本控制中可能存在的问题。这些都将在下面进一步讨论。

（2）存货管理。在新企业成长过程中，存货管理举足轻重。过多的存货会消耗现金流，因为企业需要负担生产、运输及存货成本。另外，过少的存货不能满足客户需求，也会使企业流失销售量，或者由于需求不能及时得到满足而引起客户不满，进而选择别的企业。

对成长中的企业而言，存货管理要比其他环节有着更紧密的联系。作为一家资产千万的主要生产贮存和处理有害材料的钢铁容器制造商来说，推行了最新开发的计算机存货管理系统后，完全可以实现24 ~ 48 小时内的送货上门。这是因为该系统使其在连续生产的基础上能够保持每种产品的进出记录，实现精确库存。此外，该系统使企业实现了对边际投资回报、存货周转、订单准时到达的比例、订单反馈的时间长度以及客户对由于订单未到达引起投诉的比例的监控，甚至可以调整程序以满足企业的其他要求。该系统在正常销售期间每2 ~ 4 周会生成一份报告，而在销售旺季则每周一份。该系统不但具有早期预警功能，而且可以节省存货所占用的现金并提高企业整体的获利能力。

制造商、批发商和零售商之间可以通过电子数据交换（Electronic Data Interchange，EDI）联系起来，快速地实现订单登记和回复。同时，EDI 还可以追踪国际航运情况。在计算机系统下的企业间联系已经发展使用了一种有效客户响应（Efficient Customer Response，

ECR）软件。供应链上各成员在该系统下协作管理需求、配送和市场以最低的存货水平满足客户的需求。计算机校验设计作为系统的常规组成部分，可以使相关成员能够在存货用尽之前做好准备。

运输方式的选择同样对存货管理至关重要。空运成本很高，如果客户并不要求次日送达的话，铁路和公路运输是最常用的方式。利用计算机存货管理系统与客户和其他渠道成员协作间的细节管理可以降低运输费用。预期消费者的需要可以避免出现存货用尽和为了满足客户的要求而进行空运所带来的计划外成本，显然这些错误导致较高的成本并降低利润。

（3）固定资产管理。固定资产一般包括新企业的长期投资和大型投资。表 13-3 中某些成本就与设备等固定资产有关，如保险金以及因设备随时间贬值而发生的折旧。

表 13-3　某塑料公司第一年一季度损益表　　（单位：1 000 美元）

	实际（%）	标准（%）			实际（%）	标准（%）
净销售	150.0	100.0	100.0	公用事业费	1.3	0.9	1.0
销货成本	100.0	66.7	60.0	保险金	0.6	0.4	0.5
毛利	（50.0）	32.3	40.0	税款	3.4	2.3	2.0
经营成本				利息	3.6	2.4	2.0
销售费用	11.7	7.8	8.0	折旧	9.9	6.6	5.0
工资	19.8	13.2	12.0	杂项费	0.3	0.2	0.2
广告	5.2	3.5	4.0	总经营成本	63.7	42.6	38.7
办公支出	1.9	1.3	1.0	净利润	（13.3）	（-10.3）	1.3
租金	6.0	4.0	3.0				

因此，若创业者无力购买设备或投资固定资产，租赁将是一个较好的选择。而租赁的选择又取决于租赁条款、设备型号及用途。有时租金和运费居高不下使得租赁变得比购买还要昂贵。但租金作为企业费用可以用来抵税。所以，如果设备很容易过时，租赁就更值得了。其中，短期租赁使创业者避免承担任何资产的长期负债。但和其他自建或者购买决策一样，创业者须考虑与租赁相关的所有成本对现金流的影响。

表 13-4　MPP 塑料公司第一年一季度资产负债表　　（单位：1 000 美元）

资产			负债和所有者权益		
流动资金			短期借款		
现金	13 350		应付账款	8 000	
应收账款	24 000		一年内到期的长期借款	13 600	
库存商品	12 850		流动负债		21 600
原材料	2 100		长期借款		
流动资产		52 300	应付票据		223 200
固定资产	240 000		总负债		244 800
设备			所有者权益		
折旧	9 900		实收资本	50 000	
总固定资产		230 100	留存收益	（13 400）	
总资产		282 400	所有者权益		37 600
			负债及所有者权益		282 400

（4）成本与利润管理。前述的现金流分析不仅有助于创业者评估并控制成本，对计

算年度期间的净收入同样有用。损益表最有效的用途是建立成本标准，然后将实际成本与预算做比较，最后根据实际的净销售额增长率与标准比较的结果，确定须从严控制的成本项。

表 13-3 对比了该塑料公司一季度损益表的实际情况与标准值。分析结果有利于创业者及时管理和控制成本。如表 13-4 所示，公司销售成本高于标准，这可能是由于企业成立初期小额存货未能得到任何折扣。否则的话，创业者就应该考虑寻找其他供应商或者提高售价。

成本接近标准值属于正常情况，但是创业者也应对每一具体项目进行评估，以确定在欲提高企业未来利润时是降低成本还是提高售价。随着新企业进入第二年、第三年的运营，创业者还需要对当前实际成本与过去比较。创业者往往会发现，在第二年回顾第一年的销售费用是有益的。当然，也可以做月份间（如第一年 1 月与第二年 1 月相比较）、季度间和年度间的比较。这一对比跨度取决于特定行业中的成本波动规律。

当实际成本远远高于预算时，创业者应给予重视，谨慎分析该部分成本的构成，以找到超支的确切原因。例如，公共事业费是由供热、供电、供水和燃气等费用构成的。这样，创业者应该保持收支平衡，以确定不寻常的、大额公共费用支出原因。在表 13-1 中该笔费用是 500 美元，超过了预算 200 美元，超支达 67%，为什么呢？是某项特定的公共事业费还是较高的原油成本所致？这些问题应该在创业者了解实际情况后，在下期尽快做必要调整来解决。

但是，有时损益表中实际与预算比较的结果可能误导那些提供多种产品/服务的新企业。向股东、银行家和其他投资者等各方披露的财务报告中，损益表提供了全部产品/服务的支出信息。这些信息尽管有助于了解成功新企业的概况，却不能知道每种商品的销售成本情况，以及是哪位经理控制成本的业绩或者哪些是获利最大的产品。例如，该塑料公司的销售费用（见表 13-3）是 11 700 美元。这一销售费用可能来自多种产品，这样创业者需要控制每种产品的销售费用，否则，就无法获得相关获利产品的真实信息。因此，如果该塑料公司生产了 3 种不同的产品，每种产品销售费用标准为 3 900 美元，而实际的销售费用会或多或少地偏离这个水平。

由于一些产品需要广告、保险、管理、运输、储存等费用，所以，创业者不应把每种产品的开销等同化，而应尽可能建立产品分类下的费用分摊机制，即根据产品、区域、消费者、分销渠道和部门等不同方面来确定开销。如果保证新进入市场的每种产品都能获得利润，创业者就不应该武断地分配费用。

（5）税务筹划。不要忘了税务代理！创业者应该为他们的雇员扣缴联邦政府税。每月或季度（依照工资表的规模），从工资中扣缴的费用需要有个专门的机构进行存款付款。总的来说，联邦税、政府税、社会保险和医疗保险都需要从员工工资中扣除并随后存入银行。创业者需要注意，不要用这个资金，如果上交晚了，就要交很高的利息和罚款。除了扣缴税，新企业也要交税，比如政府和联邦失业保险、联邦保险捐助条例税（FICA）、医疗税和其他营业税。这些税应该计入预算，因为它们会影响现金流和利润。为了确认数额、日期、程序，需要与联邦政府的事业机构、政府的税务部门等接触。

联邦政府要求创业者将公司的年终收益记入档案。当企业合并时，企业需要交税，无论盈利与否。申报期和纳税责任也会与其他形式的组织不同。第 10 章提到了一些独资企业、合资企业和有限公司的税务责任。如前所述，通常企业会考虑利用专门的税务账户来避免错误和提供管理这些费用的建议。会计人员通常要协助创业者做出预算以留出适当资金来应付这些税务。

（6）建立数据库，保存完整记录。为财务控制需要，使用软件包来增强信息的流动性显得十分重要，以有利于会计师或咨询师帮助成长中的企业进行财务控制，亦有利于外部公司利用最新、最适宜的技术来帮企业进行员工培训。

存储和使用客户信息对成长中的企业尤为重要。由于成长企业面向的新客户与日俱增，旧的信息管理方法已不再适用。精确的客户信息存储在营销人员的脑海中，但是随着客户数量的增加，有些重要信息会因为记忆受限而丢失。

数据库不仅可以强化信息的存储和处理，而且可以使原本只存于个体的信息实现共享，可以避免创业者过分依赖于个人，起码不会因为某一顶尖营销人员的离去而丢失重要信息。数据库应该保留包括客户联系方式的信息，如电话号码和住址，当然，还有那些有关交易次数、每笔交易金额等信息。对新交易应该有相应的服务，比如接待客户时向其介绍公司或其产品、服务的重要信息等。

13.7　企业成长对创业者的意义

企业成长让创业者会面临更多的陌生、棘手的管理问题，前面阐述了创业者可以采用多种措施有效地处理和管理企业成长的过程。然而，一部分创业者毫无能力来掌握专业管理技巧，而另一部分创业者虽有能力却不愿意专心完成成功实现企业成长所需的一系列工作。

企业也可以限制成长。当意识到若不对企业成长加以控制，就会出现更严重的问题时，创业者就会主动遏制一段时期的企业成长。当企业员工数量翻了四倍，新项目即将上马，单位员工销售额增长达到一定程度，而额外增加的负债和劳动力成本也许就会使创业者做出决定：停止人员招聘、放弃营销、拒绝新业务和保留现有客户。尽管这个决定确实令人很痛心，但是随之带来的可能是戏剧性的变化，即利润翻番以及出现前所未有的销售增长。正如西南航空公司的创始人及首席执行官赫伯·凯勒赫（Herb Kelleher）在 1993 年所言："西南航空公司面临成长机会远远大于它现有的规模。然而不同的是它已经跨越了成长陷阱……员工看上去并没有认可越大越好这个观点。"企业可以放弃成长，否则，可能牺牲的是企业利益和丧失企业的生存机会。

尽管企业成长会提高绩效，增加个人财富，但是一些创业者仍无动于衷。这是因为他们创业主要不是出于经济利益而是由于厌倦他人控制，他们想通过当老板而独立。因此，企业成长对他们而言不具吸引力。在他们看来，获得成长所需的资源也意味着出售资产，向风险投资家出售权益，或者是向银行贷款增加债务资本，而这两种资源的获得方式都限制了创业者战略决策的制定权，这与他们创业的初衷相悖。因此，有时创业者更热衷于企业虽小但完全自主的无债务状态。

伊万·道格拉斯（Evan Douglas）是创业学的教授以及澳大利亚阳光海岸大学的院长。他的梦想是开创一个出租游艇给游客的生意。办公地点就在大堡礁的某处沙滩上。当他实现这个梦想时，他想做的最后一件事就是拓展业务，这样可以使他变成职业管理者。他就是上述创业者的例子。企业的成长被这类创业者视为威胁。

企业成长分类

基于上面的讨论，图 13-3 从两个维度对创业者进行分类：一个维度代表创业者的专业管理能力，另一个维度代表创业者的成长抱负。依据创业者这两方面的表现可以划分出企业成长的四种类型。

创业者专业管理能力 \ 创业者的成长抱负	没有	有
高	潜力未被发掘的成长	有效的成长
低	毫无潜力的成长	受限的成长

图 13-3 创业者及企业成长的类型

资料来源：Adapted from J.Wiklund and D.A. Shepherd, "Aspiring for and Achieving Growth: The Moderating Role of Resources and Opportunities," *Journal of Management Studies* (2003), vol. 40, no. 8, pp. 1919-42.

（1）有效的成长：右上象限表示创业者既具备专业管理所需的能力，也拥有壮大企业的抱负。这一类创业者最有可能实现企业成长。

（2）潜力未被发掘的成长：左上象限表示创业者虽然具备专业管理所需的能力，但缺乏壮大企业的抱负。这些企业虽具有潜力但未被发掘，现实中大多数企业属于此类。

（3）受限的成长：图中右下象限表示创业者希望企业壮大却能力不足。这些创业者很有可能因企业成长受限而感到沮丧，但有时这些处于失败危险中的企业往往追求成长机会，只是没有相应的能力与之匹配。不过，创业者可以聘用职业经理人担任 CEO 来代替自己的工作，这样能够实现企业向右上象限移动。当然，这种做法并不意味着创业者必须离开企业，他们可以从事那些自己擅长的工作，比如管理研发项目、新产品或者是新市场等，从而推进企业成长。

（4）毫无潜力的成长：如果企业处于左下象限，则表示创业者既不具备专业管理所需能力，也没有壮大企业的抱负，这类企业几乎毫无成长潜力。但是，正是由于创业者能力有限，如果保持较小规模也许会有不错的绩效。

尽管创业者的能力和现有资源限制了企业的成长，但是成长所需的资源可以从外部获得，即外部成长机制，包括合资企业、收购、兼并等。各种资源获取方式各有利弊，在为企业有效成长提供所需资源时，需要创业者与相关组织进行谈判，因此谈判成为创建合资企业的一个关键因素。

第 14 章为创业者介绍一些基本概念和技巧来与他们潜在成长伙伴达成协议——此协议可以最大化创业者的兴趣，然后阐述了外部成长机制、优点和缺点。

本章小结

这一章提出了一个模型告诉创业者如何寻找机会扩展业务，这个机会可以为可持续的竞争优势提供基础。创业者可以采用的成长战略有：①渗透战略——鼓励现有客户购买更多本企业的产品；②市场成长战略——向新客户群出售企业产品；③产品开发战略——向那些已经购买企业现有产品的客户出售新产品；④经营多样化战略——在新市场出售新产品。所有这些成长战略都能使新企业产生竞争优势。

企业的发展会给企业和创业者带来巨大的影响。因为成长使企业壮大，企业将从中获益但也带来一些管理上的挑战。企业将面临现有财务资源、人力资源和时间安排等方面的压力。积极向上的创业者能够较好地处理这些压力，使企业蒸蒸日上。

在克服财务资源压力方面，创业者应该采用有效的财务控制、保持记录完整和存货管理技术。在克服人力资源压力方面，创业者必须提出合理的员工结构，建立并维持一种有效的组织文化；创业者保持与员工之间的融洽关系和建立团队精神；创业者注重沟通与交流来促进信任，获取更多的建设性反馈意见；创业者需要晋升主要员工，起激励作用。

在时间管理方面，创业者可以更加充分地利用他们的时间，这使企业和他们自身生活更加丰富多彩，提高生产率，增加工作满意度，改善企业内外人与人之间的关系，减少焦虑和紧张。同时，有效的时间管理也有利于创业者发展企业，减少业务对私人时间的侵占。有效的管理时间需要坚持六个基本原则：期望原则、效用原则、分析原则、团队合作原则、优先计划原则和二次分析原则。

一些创业者缺乏专业管理能力，然而有些人有此能力却不愿意善加利用促进企业成长。那些同时具备能力且有企业发展抱负的创业者大多数都能够成功。若创业者有能力却毫无抱负，会使企业有潜力但未被发掘。反之，有抱负但却没有足够能力的创业者往往因为企业缺乏成长而感到挫败，除非找人替代否则企业将非常危险。最后，那些既没有能力也没有抱负的创业者可能仅以保持较小的规模但有足够收入的方式经营企业。

◘ 调研练习

1. 就你所知，国内哪三家企业实现了快速成长？为了取得这种成长，这些企业都拥有哪些机遇？这些企业应用的是何种成长模式（内部整合、合资、收购、特许连锁等）？

2. 找出三个例子，当公司发展到一定规模后就引进外部"专业管理"，而不由创业者管理。在每个例子中，创业者与企业保持着怎样的关系？举一个创业者被迫离开 CEO 职位而被职业管理者取代的例子。

3. 记录你两天期间每个 15 分钟都是如何利用时间的。分析记录，找出你在哪里浪费了时间，如何减少时间的浪费。

4. 就你所知，何种软件能够帮助创业者有效地保持记录完整和进行财务控制？软件对这些工作效率具有多大的作用？

◘ 课堂讨论

1. 企业需要保证销售额，什么方式能够激励销售人员实现更大的销售额并改善企业的形象？创业者怎样才能有效地监控他们倡导的激励制度？创业者激励和监控体系有哪些优缺点？

2. 对班级的同学分类，你认为哪些人更适合开始创业并管理最初的成长，但当规模变大时却在专业管理问题上缺乏管理效率？他们怎样做才能提升自己的能力以便使企业实现成功转型？把班级的同学分类，你认为哪些人比较适合在大企业（比较稳定）扮演专业管理者的角色，但在创业并管理早期成长的企业时却缺乏能力？他们怎样才能提高管理早期成长企业的能力？你认为在班级里有没有人（除了你自己）在两方面都很有能力？

3. 思考出一家公司只生产一种产品并销

售给一类人。给创业者一些关于发展企业的机会的建议——渗透战略、市场成长战略、产品开发战略、经营多样化战略方面的。

■ 选读资料

Baum, J. Robert; Edwin A. Locke; and Ken G. Smith. (2001). A Multidimensional Model of Venture Growth. *Academy of Management Journal,* vol. 44, no. 2, pp. 292–304.

The authors formed an integrated model of venture growth. CEOs' specific competencies and motivations and firm competitive strategies were found to be direct predictors of venture growth. CEOs' traits and general competencies and the environment had significant indirect effects.

Chrisman, James; Ed McMullan; and Jeremy Hall. (2005). The Influence of Guided Preparation on the Long-Term Performance of New Ventures. *Journal of Business Venturing,* vol. 20, no. 6, pp. 769–91.

In this article the authors further develop a theory of guided preparation and new venture performance and test its fundamental relationships on a sample of 159 new ventures that had received outsider assistance 5 to 9 years earlier and had been in business for 3 to 8 years. The results suggest that the long-term growth of the ventures since start-up is significantly related to guided preparation. However, a curvilinear model, rather than a linear model, was found to best capture the relationships of interest.

Danneels, Erwin. (2002). The Dynamics of Product Innovation and Firm Competences. *Strategic Management Journal,* vol. 23, no. 12, pp. 1095–1122.

This study examines how product innovation contributes to the renewal of the firm through its dynamic and reciprocal relation with the firm's competencies.

Davidsson, Per; Bruce Kirchhoff; Abdulnasser Hatemi-J.; and Helena Gustavsson. (2002). Empirical Analysis of Business Growth Factors Using Swedish Data. *Journal of Small Business Management,* vol. 40, no. 4, pp. 332–50.

Although business growth differs among industrial sectors, youth, ownership independence, and small size are found to be major factors that underlie growth across all industries.

Delmar, Frédéric; Per Davidsson; and William B. Gartner. (2003). Arriving at the High-Growth Firm. *Journal of Business Venturing,* vol. 18, no. 2, pp. 189–217.

Using 19 different measures of firm growth (such as relative and absolute sales growth, relative and absolute employee growth, organic growth versus acquisition growth, and the regularity and volatility of growth rates over the 10-year period), the authors identified seven different types of firm growth patterns. These patterns were related to firm age and size as well as industry affiliation. Implications for research and practice are offered.

Eckhardt, Jonathan T.; and Scott A. Shane. (2011). Industry Changes in Technology and Complementary Assets and the Creation of High-Growth Firms. *Journal of Business Venturing,* vol. 26, Issue 4, pp. 412–30.

This study uses employment data to examine why some industries host more new high-growth firms than others. It finds that increases in the proportion of employment of scientists and engineers in industries are positively associated with counts of fast-growing new firms. The findings suggest that technological innovation is an important determinant of entrepreneurial opportunity. Further, they suggest that private new firms are an important means of organizing commercial innovation and that new firms may be less constrained by complementary assets than has been previously understood. (from journal's abstract)

Gielnik, Michael M.; Hannes Zacher; and Michael Frese. (In press). Focus on Opportunities as a Mediator of the Relationship Between Business Owners' Age and Venture Growth. *Journal of Business Venturing.*

Combining upper echelons and lifespan theories, this study investigated the mediating effect of focus on opportunities on the negative relationship between business owners' age and venture growth. They expected and found that mental health moderates the negative relationship between business owners' age and focus on opportunities—mental health helps maintain a high level of focus on opportunities with increasing age. (from journal's abstract)

Park, Choelsoon. (2003). Prior Performance Characteristics of Related and Unrelated Acquirers. *Strategic Management Journal,* vol. 24, no. 5, pp. 471–81.

This paper focuses on a single event of a large acquisition, which enables the authors to better identify the sequential relationships between prior firm profitability, prior industry profitability, and subsequent acquisition strategies. By doing so, this paper makes clearer the causal relationships between firm profitability, industry profitability, and acquisition strategies.

Pettus, Michael L. (2001). The Resource-Based View as a Developmental Growth Process: Evidence from the Deregulated Trucking Industry. *Academy of Management Journal,* vol. 44, no. 4, pp. 878–97.

This paper develops a resource-based perspective for predicting the sequencing of a firm's resources that best provides for firm growth. The sequencing that generated the highest firm growth combines a Penrosian (1959) perspective with the more recent resource-based literature.

Qian, Gongming. (2002). Multinationality, Product Diversification, and Profitability of Emerging U.S. Small- and Medium-Sized Enterprises. *Journal of Business Venturing,* vol. 17, no. 6, pp. 611–34.

This paper examines empirically individual and joint effects of multinationality and product diversification on profit performance for a sample of emerging small- and medium-sized enterprises (SMEs). The results suggest a curvilinear relationship between them: that is, they are positively related up to a point, after which a further increase in multinationality and product diversification was associated with declining performance.

Reuber, Rebecca A.; and Eileen Fischer. (2002). Foreign Sales and Small Firm Growth: The Moderating Role of the Management Team. *Entrepreneurship: Theory & Practice,* vol. 27, no. 1, pp. 29–46.

The premise of this article is that the management team of a small firm plays a key role in internationalization outcomes. Findings indicate that the behavioral integration of the management team moderates the relationship between foreign sales growth and overall firm growth.

Schulze, William S.; Michael H. Lubatkin; and Richard N. Dino. (2003). A Social Capital Model of High-Growth Ventures. *Academy of Management Journal,* vol. 46, no. 3, pp. 374–85.

In this article the authors use social capital theory to explain how human and social capital affect a venture's ability to accumulate financial capital during its growth stages and its performance during the two-year period after going public. They found indications that social capital leverages the productivity of a venture's resource base and provides the venture with a durable source of competitive advantage.

Shepherd, Dean A.; and Johan Wiklund. (2009). Are We Comparing Apples with Apples or Apples with Oranges? Appropriateness of Knowledge Accumulation across Growth Studies. *Entrepreneurship: Theory & Practice,* vol. 33, no. 1, pp. 105–23.

In this paper the authors conduct analyses on all Swedish firms incorporated during the 1994 to 1998 period (68,830 firms) and track their growth (or demise) over their first 6 years of existence. Although they typically find low shared variance between different growth measures, there is variability such that some measures demonstrate high and/or moderate concurrent validity. These findings have implications for how we delineate the boundaries of firm growth research and accumulate knowledge—when we are comparing apples with apples and when we are comparing apples with oranges. [Abstract from author.]

Wiklund, Johan; and Dean A. Shepherd. (2003). Aspiring for, and Achieving Growth: The Moderating Role of Resources and Opportunities. *Journal of Management Studies,* vol. 40, no. 8, pp. 1919–42.

In this article, the authors find that small-business managers' aspirations to expand their business activities are positively related to actual growth. However, the re-

lationship between aspirations and growth appears more complex than stated. Education, experience, and environmental dynamism magnify the effect of growth aspirations on the realization of growth.

Wiklund, Johan; Per Davidsson; and Frédéric Delmar. (2003). What Do They Think and Feel about Growth? An Expectancy-Value Approach to Small Business Managers' Attitudes toward Growth. *Entrepreneurship: Theory & Practice,* vol. 27, no. 3, pp. 247–71.

This study focuses on small-business managers' motivation to expand their firms. The results suggest that concern for employee well-being comes out strongly in determining the overall attitude toward growth. The authors interpret this as reflecting a concern that the positive atmosphere of the small organization may be lost in growth, which might cause recurrent conflict for small-business managers when deciding about the future route for their firms.

Wiklund, Johan; Holger Patzelt; and Dean A. Shepherd. (2009). Building an Integrative Model of Small Business Growth. *Small Business Economics,* vol. 32, no. 4, pp. 351–74.

The purpose of this article is to develop an integrative model of small-business growth that is both broad in scope and parsimonious in nature. Based on an analysis of data from 413 small businesses, the authors derive a set of propositions that suggest how entrepreneurial orientation, environmental characteristics, firm resources, and managers' personal attitudes directly and/or indirectly influence the growth of small businesses. [Abstract from authors.]

Zimmerman, Monica A.; and Gerald J. Zeitz. (2002). Beyond Survival: Achieving New Venture Growth by Building Legitimacy. *Academy of Management Review,* vol. 27, no. 3, pp. 414–32.

In this article the authors argue that (1) legitimacy is an important resource for gaining other resources, (2) such resources are crucial for new venture growth, and (3) legitimacy can be enhanced by the strategic actions of new ventures. They review the impact of legitimacy on new ventures as well as sources of legitimacy for new ventures, present strategies for new ventures to acquire legitimacy, explore the process of building legitimacy in the new venture, and examine the concept of the legitimacy threshold.

从企业外部获取促进企业成长的资源

▶ 本章概要

☐ 了解社会网络对新企业资源获取的作用；
☐ 了解环境动态性对新企业资源获取的作用；
☐ 了解信息获取对新企业资源获取的作用；
☐ 了解特许经营对特许证持有人降低创业和规模扩张风险的作用；
☐ 了解合资企业帮助创业者扩展业务及寻找和保持有效的合作需要面临的挑战；
☐ 了解收购对创业者扩展业务的利弊及如何寻找收购对象；
☐ 了解兼并及杠杆收购帮助创业者获得发展的可能性和与之相关的挑战；
☐ 了解谈判工作并培养创业者胜任该工作所需的技能。

▶ 开篇引例 比尔·格罗斯

　　一家初创企业，通过使用个人的创造性天赋并且让所选定的创业者积极负责企业运营，如何充分利用看起来像是连续不断出现的互联网机会？这个问题听起来像是在复述托马斯·爱迪生变发明为商业的历史。但是这里说的不是爱迪生，而是一个新人，他叫比尔·格罗斯（Bill Gross）。他的梦想是，创建他的思想实验室（Idealab），该实验室是培育和监管其他由于他巧妙构思而成立的互联网企业。他勉强将 Idealab 解释为互联网新兴公司。实际上这个概念很简单。比尔是为了互联网的初创企业而提出的这一概念。他定位了适合在 Idealab 工作的人，这些人要么是已卸任的公司管理者，要么是管理专业的学生。选定了某一合适人选，这个人将会被给予控制权去创办并运营新企业，并且将会得到像孵化器一样的运营帮助，比如比尔提供咨询服务和帮助构建组织体系。

　　比尔描述 Idealab 像是一个孵化器、风险投资人、创意智囊团的结合体。说像孵化器，是因为它提供了共享的空间和管理咨询的服务，并为公司权益人提供了种子资金（权益注资最高可达 49%）。同时它调集内部人员集体头脑风暴来选择最适合的技术管理方案。1996 年，这家公司创建于加州的帕萨迪纳市（Pasadena），如今公司已成功创立了 30 家互联网企业，这些企业活跃在互联网的不同领域，并且每一家企业创立的创意想法都来自格罗斯或者 Idealab 管理层中的某一人。这些企业所雇用的 CEO 都在使用比尔提供的网络技术，并且他们都来自比尔的母校——加利福尼亚理工学院。同时 Idealab 所聘用的专业员工能让企业迅速成立并运行。Idealab 的整个运作流程包括：发现新技术，调研新市场，计划新企业，雇用管理层，注入权益金，并最终上市或出售这家企业。关于种子资金，Idealab 提供给初创企业的金额不超过 250 000 美元。比尔认为互联网初创企业不需要太多的资金，而需要的是专业知识、智囊意见和成长速度。专业知识和智囊意见由比尔和 Idealab 的专家智囊团提供，而成长速度取决于让初创企业以零失误率快速成长的能力。在比尔看来，对于一家互联网企业的创建和运行，以上提到的两方面因素比起资金更为重要。

比尔·格罗斯实际上就是一个真正意义上的风险投资家。他大致对风险投资家与其他企业家进行了区分，即风险投资家不仅在于创建企业而且还要将其运营为成功企业。当比尔只有 12 岁时，有进取心的他就注意到了在街角杂货店所卖的糖果是 9 美分，而附近的 Sav-on 店里相同的糖果只卖 7 美分，没有任何人的提示，比尔迅速想到了通过价差能够轻松赚取利益。之后，比尔又通过在美国《大众机械》(Popular Mechanics) 上刊登广告而做成了下一笔成功的生意。在这笔生意中，他成功售出了太阳能设备及其生产工厂。这次努力的所得成为他在加利福尼亚理工学院第一年的学费。这家与太阳能相关的企业很成功而且被 Inc 杂志评选为 1982 ～ 1985 年最具潜力 500 强企业。再后来，比尔和他的哥哥发现了一种方法通过简单的指令操作电子表格软件 LOTUS 1-2-3，这个就是他之后一家企业的创意来源。Lotus 公司的创始人米切尔·卡普尔 (Mitch Kapor) 十分中意他们发明的软件程序并以 1 000 万美元买下了他们成立的企业。

1991 年，比尔成功创办了 Knowledge Adventure 公司。那时风险投资都发展定位于教育软件市场，现在来看，比尔无疑是那时最成功的风险投资家。它在 1997 年以 1 亿美元的高价售出 Knowledge Adventure 公司。也正是在 1996 年比尔淡出 Knowledge Adventure 公司并协商出售时，Idealab 已经建成。

下面举出几家 Idealab 成功创办的公司。CitySearch 是美国本地搜索服务商，囊括了美国大量城市中商务机构的信息，如餐馆、酒吧、购物场所的地址，照片，地图以及网友的评论和打分等。EntertainNet 是一个提供新闻和相关资讯的互联网广播公司。Answer.com 是一个能够回答你任何问题的网站。2012 年，比尔将自己的运营范围扩大到了硅谷。他开始采取行动充分利用互联网机会，并将其转换为成功的企业。

培育初创企业对于比尔来说面临的挑战无数，尽管互联网是一个高风险的行业，但比尔认为 Idealab 将会不辱使命继续运行。

14.1　初创期的社会网络与资源获取

以巴尼 (Barney) 为代表的资源基础理论强调有价值的、稀缺的、难以模仿的、难以替代的异质性资源对新企业绩效具有重要影响，是企业获取竞争优势的基础。由于新生性所导致的成长劣势 (liability) 或弱性 (weakness)，使新企业面临高度的技术和市场的不确定性，而缺少绩效记录及信息不对称等问题阻碍了资源所有者对其的正确评估，使新企业很难获得外部企业和机构的支持。因此，与成熟企业相比，新企业往往很难及时获取所需的资源，面临着更高的失败风险，导致了新企业较高的失败率。

在新企业创建的早期阶段，新企业逐渐建立的社会网络可以帮助企业克服上述问题，创业者可以凭借社会网络来获取资金、关键技术和人力资本等新企业所需的资源。社会网络对新企业资源获取具有重要影响。作为网络型组织，新企业通过与顾客、供应商、竞争者及其他机构等主体的联系进行资源获取和学习对新企业的运营至关重要。而这些网络联系中不仅包含知识和信息的流动，也伴随着物质资源或知识产权的流动。因此，社会网络影响到了不同资源的获取方式。

企业经营受到外部环境的影响，伴随市场的剧烈动荡，新企业生存更加困难，需要付出更多的努力进行组织学习。在高度动荡的转型经济背景中，社会网络是否影响了新企业的资源获取？环境动态性是否影响了社会网络与资源获取之间的关系？与资源所有者之间的信息不对称问题，增加了新企业资源获取的搜索成本和交易成本，信息获取是否影响了社会网络与新企业资源获取之间的关系？

14.1.1 社会网络与资源获取

社会网络是指社会单位之间及人与人之间比较持久的、稳定的多种关系结合而成的网络关系，包括强度和密度两个维度。前者指的是网络内成员间联系的密切程度，后者指的是网络内成员及其连接规模。

企业资源包括其能够控制或使用的、能潜在或实际地影响企业价值创造的所有资金、实物、人力、技术、知识和信息等。以企业作为边界，资源获取方式主要有两种，分别是资源外部获取和资源内部积累。资源外部获取具体包括资源购买和资源吸引。资源购买，指的是利用财务资源杠杆获取外部资源，如购买厂房、装置、设备等物质资源，购买专利和技术，聘请有经验的员工和通过外部融资获取资金等；资源吸引，指的是发挥无形资源的杠杆作用，如利用新企业的商业计划、勾勒的创业前景、创业团队的声誉获得物质资源、技术资源、资金和吸引人力资源。资源内部积累，指的是利用现有资源在企业内部培育所形成的资源，主要包括：自建企业的厂房、装置、设备，在企业内部开发新技术，通过培训来增加员工的技能和知识，通过企业自我积累获取资金等方式。

新企业创业阶段通常面临较大的资源缺口，需要通过外部获取或内部积累的方式得到资源，最终关心的是所取得的资源在数量和质量上是否满足需求。一般情况下，网络强度和网络密度分别影响新企业的资源获取。

1. 社会网络与资源外部获取

网络强度或强或弱，对企业资源外部获取的影响主要表现在以下三个方面：第一，强关系网络有利于资源所有者搜集有关创业者能力、新企业技术和市场潜力的信息，从而可以对新企业进行有效评估，减少新企业的资源搜索成本；第二，社会网络通过控制机会主义行为而减少交易成本，如果创业者有一些不正当行为，负面信息会很快通过资源所有者网络扩散，新企业花费很长时间构筑的信誉可能在一瞬间毁掉，因此网络具有抑制机会主义行为的自组织性；第三，强关系网络有利于增加企业与其他网络主体之间的信任程度，进而使创业者更愿意把新企业的技术和产品信息透露给资源拥有者，促进双方间的资源交换。因此，强关系网络可以有效地解决新企业所面临的环境不确定性和信息不对称问题，使新企业更容易获取所需数量和质量的资源。

　　企业需要从不同类型的组织获取不同类型的资源，网络成员规模的增加影响企业的资源获取。因而，反映网络成员及其连接规模的网络密度揭示了企业获取资源渠道的多寡，对资源外部获取具有重要影响。例如，与大学和科研机构的网络联系有利于企业获取技术资源和人力资源；与银行、个人投资者、企业投资者和风险投资机构的网络联系有利于企业资金的获取；与顾客、供应商及大企业的联系会增加企业的市场资源，如分销渠道的建立；创业者也可以通过各种网络关系，掌握所需要的人才信息，然后努力地征募。邓中翰领导的中星微电子（Vimicro）是 1996 年由多位硅谷博士企业家在北京中关村创办的，在国家信息产业部的提议和支持下，得到了国家财政部、发改委、科技部、商务部、北京市人民政府和中关村管委会等有关部门在财力资源、物力资源上的诸多支持，从而为企业初创期成功获取资源创造了条件，启动了"中国芯工程"。1994 年，童车冠军"好孩子"（Goodbaby）获得中国置业的投资 450 万美元；1996 年，第一上海成为"好孩子"第一大股东；2000 年，美国国际集团（American International Group，AIG）和日本软银对"好孩子"投资 1 800 万美元；2006 年，欧洲 PAG（Pacific Alliance Group）以 1.225 亿美元总价收购了"好孩子"的部分股权。因此，网络密度有利于企业通过多种渠道从多种主体获取所需数量和质量的资源。

　　因此，从网络强度与网络密度两个维度可以看出，社会网络影响新企业的资源外部获取。

2. 社会网络与资源内部积累

　　社会网络对资源积累的影响主要表现在企业可以通过网络进行学习。与大企业相比，创业者的管理能力明显处于劣势，往往无法对创业资源进行有效的整合与利用。但他们可以通过社会网络获取大量的经验和技能等隐性知识。新企业与其网络成员——供应商、用户、大学和其他企业及机构的员工之间频繁交流，使新企业能够获得更多的外部知识，对资源进行有效积累，促进自身产品和工艺的创新活动。而尤其重要的是，其中的隐性知识受限于高度的嵌入性，需要通过网络成员之间广泛的交互作用才可为对方所理解，这意味着隐性知识必须借助强联系才得以传递。网络密度越高，越有利于新企业向更多的资源所有者学习；网络强度越高，越有利于新企业通过有效学习获取隐性经验和技能，进行有效的资源内部积累。牛根生领导的蒙牛自 1999 年创立以来，每年会定期对员工进行培训，为员工提供足够的机会学习新技术、新的管理技巧；同时，企业每年会将大批各阶层员工派往国外和国内同行业企业进行参观、交流。为员工提供更多的学习机会，员工才会与时俱进，从而推动企业发展。通过内部积累不但增加新企业资源的规模，而且由于企业能够更好地控制资源的积累过程，从而使积累资源的质量更加满足企业需求。因此社会网络强烈影响着新企业的资源内部积累。

　　通常新企业拥有一定的初始资源，而不断获取的新资源是保证创业者顺利创建及不断发展一家新企业的基础，而资源获取成本的高低影响其对新企业创造价值的贡献。事实上，获取外部资源需要一定的搜索成本，新企业与各网络成员之间的联系程度在一定程度上影响了搜索成本。同时，社会网络对资源积累的影响主要通过企业的学习能力实现，企业通过学习获取先进的管理经验从而对资源进行有效的内部积累。

　　在当前激烈的市场竞争环境下，对各种网络关系及整体网络的管理能力成为企业成功的关键条件。网络关系的构建、利用和管理对处于竞争劣势的新企业尤其重要，也是新企业需要逐步构筑的一种能力。新企业应该有目的、有意识地塑造自身的网络能力，以在有限资源的基础上开发、维护与利用各种层次的网络关系和识别网络价值及机会，引导或适应网络动态变化并及时获取各类所需资源以赢得长远的竞争优势。

14.1.2　环境动态性与资源获取

一方面，依环境决定论，环境是组织必须适应的一系列外部条件，另一方面，依战略选择论，环境是组织自身能够感知的"客体"。显然，人们对创业和创业行为的正确理解需要一个明确的创业环境的概念。实际上，创业环境是指在创业者创立企业的整个过程中，对其产生影响的一系列外部因素及其组成的有机整体，包括资源的可获得性、周边的大学及科研机构、政府的干预及人们的创业态度等因素。

环境动态性是指产业中变化的不可预测性和变化率，源于竞争者的进入和退出、消费者需求的变化和技术条件的变化，可影响管理者对未来的预测。通常动态性环境影响了创业机会的产生，进而影响企业的生成。环境的动态性越强，创业机会越多，就会有更多的创业者选择创业。创业者过去应对环境动荡的经验无疑会提高新企业应对外部环境的能力，能够分析环境的变化并抓住适宜的机会。同时，创业者倾向于集聚，倾向于流动并逐渐形成产业或组成商业协会，这样更能够引起政府、媒体及公众的关注，让社会认识到他们在经济、社会发展中的地位。显然，长期处于动态环境下的企业或创业者能够不断地积累应对环境变化的能力。从这一角度看，环境动态性可以为创业者提供更多的创业机会，促进更多的创业者实施创业。新企业数量的增加，导致更大规模的资源需求，从而促进其采取购买、吸引和积累等方式获取所需的资源。

环境动态性越强，产生的创业机会越多，企业的资源需求越大，企业之间的资源获取的竞争越激烈，进一步督促新企业建立网络关系以运用不同的方式获得所需的资源。在动态变化的环境中，为了获取所需一定数量和质量的资源，为了更好地把握市场变化的动向，促使新企业与更多的网络成员，如顾客、供应商、中介、政府部门等建立联系，从而减少动荡环境的影响。通过与国外企业、特定的政府机构建立联系，新企业可以获得所需的金融资产，并能够学习到先进的管理和技术知识。与政府机构的密切联系，使新企业能够了解政策的动向，并增加获取新资源的机会。同时，创业者与新企业也倾向于与教育机构建立联系，有利于其获得所需的人力资源，并且能够激发更多的创业者。同时，创业者可以通过与相关研究人员的接触，发现创业机会，扩大创业在转型经济时期的作用。这些联系越密切，网络成员之间的信任度越高，新企业能够获得资源的数量和质量就越容易满足需求。

在动荡的环境下，如果缺少足够的资源就会降低企业对市场机会和竞争者行为的反应能力，例如，如果缺少具有管理技能的员工，当市场需求出现时，企业就无法对市场机会做出反应，进而引入新的产品或服务，这样，企业更加需要通过内部积累的方式获得所需资源，更需要通过学习获取经验和技能对资源进行有效的积累，而社会网络是企业学习的有效途径。因此，环境动态性越强，企业对外部环境的依赖性越大，企业获取资源的风险意识越强，与外部环境的物质和信息交换越多，企业就越倾向于建立更广泛的联系，提高网络密度，从而有利于企业向更多的网络主体学习，提高资源内部积累的效率。同时，经验和技能等隐性信息的转移通过频繁而密切的接触才能实现，即借助于强联系才能实现，为了提高学习的效率，企业会提高网络强度，从而更有效地进行资源内部积累。

　　因此，环境动态性会影响网络密度与新企业资源外部获取的关系，同时也会影响网络强度与新企业资源外部获取的关系。**也就是说，环境动态性越强，社会网络对资源购买的影响越大；环境动态性对社会网络与资源内部积累的关系具有调节影响，即环境动态性越强，社会网络对资源内部积累的影响越大。**

　　环境动态性对社会网络与资源内部积累的关系具有调节影响。为了应对高度动态的环境，企业必须寻找新的资源参与市场竞争。需要创业者注意的是，在动态变化的环境中，不同的资源具有不同的价值，在稳定环境下，有形资源更有效，而在高度动荡的环境中，以知识为基础的无形资源更有价值。因此，在动态变化的环境下新企业更需要建立社会网络获取新的资源，以保证新企业在动态环境下的灵活性，而且在动态变化的环境中，新企业更应注意获取和积累知识型资源。

14.1.3　信息获取与资源获取

　　识别资源的来源是新企业资源获取的前提，企业需要收集和掌握大量的资源所有者的信息，既包括显性信息也包括隐性信息，即信息获取。信息来源主要有两个方面：一是获取隐性信息的来源，具体指的是创业者与资源所有者如家庭、亲戚朋友、各类企业和机构的直接接触，这一来源最直接地反映了创业者所处的运营环境；二是获取各类显性信息的来源，主要指的是书面信息，报纸、商业出版物都能够为创业者提供竞争者市场信息。其实，雇员的流动、非正式交流、企业的衍生、合作创新、专利或技术转让、专业杂志、专利出版物、报纸、电视等都是企业获取信息的重要途径。

　　社会网络对资源外部获取的影响通过显性信息和隐性信息的获取发生作用，搜集资源的来源等信息是新企业的关键任务之一，对资源所有者信息的获取有助于创业者有针对性地接近并说服投资者将其资源投放到企业当中，企业掌握资源所有者的信息越多，通过网络获得资源的效率就越高。社会网络对资源内部积累的影响也通过显性和隐性信息的获取发生作用，特别是隐性信息的获取。正如米勒（Miller，1996）所言，企业的组织学习对于资源积累的有效性具有重要影响。企业通过有效地学习来获取经验和技能等隐性信息，并用于资源积累过程，企业获取的隐性信息越多，社会网络对资源内部积累的影响也就越大。

　　因此，**信息获取影响了新企业借助社会网络对资源的获取，即信息获取越有效，越容易减少信息的搜索成本，通过社会网络购买的资源越符合新企业创建及早期成长的需要，通过社会网络吸引的资源越符合新企业创建及早期成长的需要。**因此，新企业应该注重学习能力的提高，增加对信息的敏感性，积极主动地搜集资源所有者的各种信息，建立有效的信息获取渠道和信息甄别机制。

14.2　成长期的外部资源获取

　　创业者借助特许经营方式可以降低破产损失风险，是因为有偿使用已创立成功的品牌、工艺、产品和服务是实现新企业扩充业务的方法之一。考虑到特许经营在新企业创立和成长过程中的重要性，本节首先从创业者减少企业创立、成长风险的角度来介绍特许经营，然后讲述利用合资经营、收购及兼并等外部机制来扩张业务。最后，为创业者提出有关通过谈判手段获得人力和财务资源以发展企业的有效建议。

14.2.1　特许经营

特许经营（franchising）是提供市场产品 / 服务的制造商或独立分销商将某一个地区的排他性营销权授予零售商，后者以交纳一定许可费并实行标准化运营程序作为回报的一种安排。特许权提供者称**特许权授予人**（franchisor）；特许权购买者称特许证持有人。特许证持有人通过特许权的购买获得进入某一新市场的机会，其成功的概率往往高于从头开始经营企业的创业者。

1. 特许经营为特许证持有人带来的好处

创业者不必再承担创立新企业的所有风险是购买特许经营权最大的好处之一。表 14-1 总结了特许经营的一些重要特点。显而易见，创业者在新企业创立时，遇到的问题主要有产品可信度、管理技能、对资金需求的满足、市场知识以及企业运作与结构化控制等，而这些相互关联的风险可以通过特许经营来化解。

（1）产品接受程度。通常，特许证持有人向

表 14-1　实施特许经营的特点

1. 已进入市场且形象良好的一项产品或服务
2. 一项既有专利的配方或设计
3. 产品品牌或商标
4. 一套控制财务利润的管理系统
5. 本领域专家提供的管理咨询
6. 广告宣传与原料购买的规模经济效应
7. 总部机构提供的服务
8. 久经考验的商业理念

那些品牌已被认可的特许权授予人购买特许证，以便于新企业快速成长。例如，任何买下了赛百味特许权的人都可以使用这个享誉全美的名字，并且不必再耗费资源去建立声誉。因为赛百味早已在广告宣传上花费了大量的资金，建立了良好的产品与服务形象。但是，如果一个创业者打算开一家三明治快餐店，顾客根本不了解它，创业者就需要花大量心思建立产品的可信度和信誉。

（2）经营管理技能。对于特许证持有人而言，另一个好处就是特许权授予人在管理上给予的协助。每个特许证持有人都必须参加关于特许经营的全方位培训，其课程包括会计、员工管理、市场营销及生产等。麦当劳要求所有特许证持有人到他们自己的培训学校上课。有时，特许证授予人还要求新特许证持有人与老特许证持有人一起工作或者在自有店铺、实习场地等进行实地培训。在特许经营中，多数授予人在经营管理上对新企业给予免费帮助，持有人可随时咨询。通常，规模较大的特许证授予人会设置地方办事处，用以为特许证持有人提供长期服务，同时这也有利于特许证持有人掌握新企业的发展情况。

其实，这些培训和教学是创业者评估特许经营机会的一个衡量标准。若开始阶段的协助就不得力，创业者应另谋机会，除非他在该领域已经具有了丰富经验。

（3）资金需求。正如之前所言，创立一家新企业需要大量的时间和金钱。但是，特许权授予人也通过为新企业在创立时提供有力的帮助，如选址研究和市场调查，包括交通状况评估、人口统计、商业条件和竞争状况等，为新企业节省了重要的时间和资金。有时，特许证授予人甚至向新企业注入一定的初始资金以帮助创业者创立新企业。特许经营初期的投资通常用于特许权购买、施工以及设备购买。

设施规划、库存控制以及整个特许经营企业潜在的购买力，可以为创业者节约大量资金。如果母公司的规模较大，则在购买医疗保险和企业保险方面会有优势，因为创业者已经是整个特许经营组织中的一员。另外，母公司通过打广告提高销售量，扩大产品影响力，为新企业节省了大量资金。但是反过来，每一个特许证持有人也为特许经营发展做出贡献，使

得在一个地区或全国范围内进行广告宣传来提高企业信誉和企业形象成为可能，而这对单独的一家企业而言几乎是不可能的。

（4）市场营销知识。在通常情况下，现有特许经营企业会为创业者提供经营经验和市场知识。市场知识以一份计划的形式交予特许证持有人，其中包括目标客户以及经营策略。当市场环境和地域差异存在时，这一点就更为重要。因为，每一个市场的竞争、媒体效应和消费口味都大相径庭。而特许权授予人能够凭借其长期积累的经验，为创业者提供经验和帮助。

大多数特许权授予人持续地监控市场条件，确定最有效的市场战略，并将这些市场新思路和新动向信息以刊物和出版物的形式与特许证持有人分享。

（5）运营及结构控制。新企业创立时，创业者会碰到这样两个问题：如何进行产品／服务的质量控制和如何建立有效的管理机制。例如，在食品业，监测各种供应商的产品质量是否达到标准往往由特许权授予人负责，但有时产品／服务恰恰由他们自己专门提供。因此，应该建立产品供应、产品质量及服务的标准化，以帮助创业者确保至关重要的产品质量标准，同时这也有助于确立特许经营企业的一贯形象，从而有利于企业扩大规模。

管理机制包括财务管理和人事管理。财务管理包括对成本、库存、现金流的管理；人事管理包括员工雇用／解雇、日程安排、保证一贯性服务的培训等。这些管理标准通常被编撰成册分发给特许证持有人。

虽然以上这些优势都是针对特许证持有人的，但是也迎合了特许权授予人扩大企业规模的战略思考。对创业者而言，可供选择的特许权有很多。因此，特许证授予人须提供全面服务以吸引创业者的加入。例如，麦当劳、肯德基、赛百味、假日酒店等，它们的成功就在于建立了良好的特许经营体系，为特许证持有人提供周到的服务。

2. 特许经营给予特许证授予人的益处

特许经营为特许证授予人带来的好处是随着购买力不断增强，企业成长风险减小，资金需求和成本也随之降低。对赛百味来说，若弗雷德·德卢卡（Fred DLuca）不推行特许经营权，恐怕公司不会有今天的辉煌。因为，授予人想要通过特许经营扩大企业规模，就必须努力建立良好的产品信誉和形象来赢得特许经营持有人的青睐。而这一过程本身对企业就是一个提高。

（1）规模扩大风险。对创业者而言，特许经营最优之处在于创业者可以在不需要大量资金的情况下迅速扩大企业规模。这一点很重要。因为新企业创建时，创业者必须面对许多问题。而对特许权授予人而言，他可以通过在特定区域、国内甚至全球出售特许证，从而扩大业务范围。这种做法所需的资金比专营要少得多。迪鲁克建立 8 300 家赛百味（Subway）分店所用资金不失为一个例证。

特许证授予人的业绩档案及向特许证持有人所提供的服务决定了特许证的价值。赛百味的低转让费用，增加了其企业扩张的机会。因为更多的人可以承担它。

相对专营而言，特许经营企业所需员工数量少。总部及各分部的人员配备有效地支持了特许证经营企业，从而降低了工资费用及减少了人事问题。

（2）成本优势。特许经营企业无须太大的规模为特许经营人带来了很大好处：特许证授予人可以大批量买进原材料，运用规模经济的优势，这是其他经营方式难以实现的。许多特许经营企业甚至自己大量生产零部件、附件、外包装及原材料，再将这些卖给特许证持有人。这可作为合同条款的一部分，特许证持有人则根据合约，以优惠价格买下这些产品。

特许经营企业最大的成本优势在于不必支付大量广告费用。因为，每个特许证持有人只需抽出销售的一定百分比（1%～2%）组成广告宣传基金，授予人就可用这笔基金在各地区利用各知名媒体进行宣传，而专营企业则需要自己为整个宣传费用买单。

3. 特许经营的不利之处

当然，取得特许经营权对创业者来说并不一定是最好的选择。因此，在投资特许经营以前必须对机会进行彻底的调查。授予人和持有人之间难免存在一定的问题，其中一些普遍问题最近已引起了相关方面（如政府和商会）的重视。

对持有人而言，问题主要集中在授予人可能不提供服务、广告和选址。若授予人不按照合约履行诺言，创业者往往在很多关键问题上得不到帮助。柯蒂斯·比恩（Curtis Bean）先生在美国检验员有限责任公司购入一打经营权，以经营提供汽车检验服务的连锁店。在损失200 000美元后，比恩先生和其他几位特许经营人向法院递交了一份法律诉讼，控告特许经营证授予者篡改广告花费并做出错误的断言，包括没有经营经验是取得特许经营权上的必要条件。

如果授予人破产或被另一家公司收购时，持有人同样也会感到棘手。没有人比文森特·尼亚加拉（Vincent Niagra）更了解这种滋味了，他拥有3个Window Works的特许经营权。特许经营权被卖给远方企业并在4年后又卖给了另外一组投资者，而这期间他为特许经营权投资了100万美元。在授予期间，很多特许证持有人经营失败。这使得尼亚加拉无法继续运作企业，因为客户担心公司会失败都纷纷退出。这种情况下，授予人没有给予当初承诺的任何支持。

利用特许经营来扩大企业的规模也有一定的风险和不利之处。有时，特许证持有人很难找到高素质持有人。而管理不善，即使具备培训、监控能力，也可能导致企业经营失败，这对整个特许经营系统都将产生负面影响。然而不可避免的是，随着特许证持有人数量的增加，有效管理控制的难度也在加大。

4. 特许经营的种类

特许经营有以下三种类型：

第一种是经销商关系，在汽车制造业最为常见。生产商利用特许经营权销售系列产品，经销商作为生产商的零售点。有时，他们还得完成生产商分配的定额。当然，同任何特许经营关系一样，他们也从授予人提供的广告宣传及管理帮助中获益。

第二种，也是最普遍的一种类型是提供名称、品牌形象以及经营方式。如麦当劳、赛百味、肯德基及假日酒店等，这类企业名单及相关资料都可以通过多种渠道取得。

第三种类型是提供各式服务，如猎头公司、税务代理以及房地产经纪人。这些专营企业已经有了自己的名称、信誉和经营方式。有时，如房地产业，特许证持有人事实上早在加入特许经营前就已成立并运营企业。

特许经营的机会经常是在环境的变化中应运而生的，例如：

- 重视健康 。随着生活水平的提高，人们对食品卫生要求越来越高，在保持健康方面也花费了更多的精力，许多特许经营就这样随之产生了。例如，Bassett's Original

Turkey 满足了消费者对低胆固醇食品的要求；Booster Juice 也推出新鲜水果榨成的果汁和冰沙来代替传统的饮品小吃；Peter Taunton 以为顾客提供方便、便宜的服务为宗旨，在 2003 年建立了快速健身公司，并取得了良好的效果；Gary Heavin 创立了女性曲线——只为女性开发的健身中心。

- 节省时间。越来越多的消费者希望商品是主动送到他们面前而不是自己出去买。由此，许多食品店开展送货上门服务。美国汽车评论家公司在 1990 年开创了移动汽车检验服务；同年，罗纳德·托什（Ronald Tosh）创立了移动浴缸公司，为几乎所有的地方提供按摩浴缸的租赁服务，每晚价格在 100 ～ 200 美元不等。
- 健康护理。越来越多的老年人开始重视健康护理，健康护理特许经营的机遇正呈上涨趋势。"老年助手"建立于 2001 年，并于 2005 年开展了特许经营，它为老年人提供健康护理的服务，让老年人在家里生活得更加舒适、自由。"康源脊椎神经复健中心"在 2006 年开始特许经营，它为患者提供捏脊护理服务。在复健中心里，脊医同治疗师、按摩师、训练员一起陪伴复健者进行治疗。
- 第二次生育高峰。在上一次生育高峰出生的一代人有了他们自己的孩子后，出现了与孩子有关的特许权服务需求，如孩子托管专营公司日益兴旺，目前在我国的大中城市，婴儿智力开发的各种培训中心及课程方兴未艾。在少儿英语市场上，具有 100 多年历史的美国贝立兹（Berlitz）培训集团设立了适合 4 ～ 7 岁儿童的芝麻街英语（Sesame English）、8 ～ 11 岁儿童的碰撞英语（English Beat）和 12 岁以上青少年的阳光课程（Shine），将独特的贝立兹教学法融入儿童课程中，寓教于乐，让孩子以学习母语般的对话方式，自然地学会一种新语言。事实上，利用特许加盟的形式，贝立兹在全球 60 多个国家和地区建立了 500 多个培训中心，向超过 4 000 万名学员提供优质服务，致力于帮助世界各地的人们交流与沟通。

5. 投资特许经营

并不是所有的特许经营都适合创业者。所以创业者必须在最后决定之前充分考虑大量的影响因素，通过评估选择最好的，再做出最合适的决定。

（1）成功的与未成功的特许经营权。创业者需要在已成功经营的与未取得成功的特许经营权之间进行权衡。一方面，未成功的特许权价格较低，但风险较大，会更刺激，更具挑战性，也更具盈利空间。因为企业发展过程中，特许证授予人失误在所难免，且频繁的重组导致管理混乱。另一方面，成功的特许经营比新的未成功特许权风险小，但往往需要较大的投资额。

（2）特许经营的财务稳定性。购买特许权时必须考虑特许证授予人的财务稳定性，这一点十分关键。因此，购买之前持有人必须谨慎寻找如下问题的答案：

- 该组织中现有多少特许证持有人？
- 组织中每个特许证持有人的经营状况如何？
- 特许经营所得利润大部分来自最初的特许权出售还是来自特许证持有人获利的特许证使用费？
- 特许证持有人在生产、财务、市场方面有无专门的管理技能？

上述信息可以从特许经营组织的损益表中或同授予人面对面交流中获得。若有机会，还应同一些现有特许证持有人进行直接交流，看一下他们的成功之处以及存在的问题。如果特许证授予人的财务状况无法考究，美国的创业者还可以从类似于邓白氏的机构购买到其财务状况评级资料。大体上，较好的外部信息来源包括：

- 特许经营协会
- 其他特许证持有人
- 政府机构
- 会计师和律师
- 图书馆
- 特许经营指南及期刊
- 商业展会

（3）新特许经营的潜在市场。创业者的重要工作还包括评估出特许经营的潜在市场。评估可从交通流量和人口密度考虑。交通流向、通向商务区域的便捷程度、行人和汽车交通数量均可通过实地观察来估计；地区人口密度可从当地图书馆或地方办事处获得统计数字。同时，在地图上标出竞争者的位置，以考察他们对特许经营的潜在影响也是必要的。此外，市场营销方面的研究有利于创业者保持对新企业的态度和兴趣。有时，特许权授予人为持有人提供销售帮助同时也相当于在做市场调研。

（4）新特许经营的潜在收益。新企业编制预计利润表和预计现金流量表是非常必要的，特许权授予人应提供相关信息以便持有人进行相关估算。

总的来说，以上信息大多应以说明书的形式公开披露。在美国，联邦贸易委员会特许经营部要求特许证持有人以文件形式公开历史信息。文件应从 20 个不同方面描述该特许权，详见表 14-2，其中有些是综合性的，有些是概括性的。这样的公开文件是一项很好的资源，同时，对评估前面提到的服务也具有重要意义。创业者在做出购买决策之前，可参考并谨慎加以评估。

应该将先期费用、特许权费、各种经费开支及其他信息与同行业以及不同业务领域的其他特许经营相比较。若该特许权看来是一笔不错的投资，创业者可以向特许权授予人索要包括协议或合同草案的资料。通常情况下，在美国，这些资料需付 300 ~ 500 美元的保证金，保证金在最后可以全部偿还。

最后是签订合同或签署特许经营协议。这一步需要一位有特许经营方面工作经验的律师来帮忙。协议条款包括持有人的特别要求和义务：地区排他性条款可以保护持有人，限制授予人在一定范围内不再将特许权售予他人；可修改选项显示了合同的期限和必要条件；财务条件中规定了特许权的最初价格、支付计划及特许权使用费；特许权终止条款规定了若持有人丧失了劳动能力或死亡该如何应对，包括对其家属的补偿。当诉讼多于其他方面事务引起的纠纷时会导致特许权终止。协议条款中还包括为持有人提供合理的特许权市场价格，尽管协议已标准化，持有人仍应就重要条款与授予人协商，以减少投资风险。

14.2.2　合资企业

随着企业经营风险日益加大，市场竞争加剧，经营失败的企业不断增多，合资企业的形式也在发生变化。目前，许多企业已采用合资企业的形式进行经营，所以这一词汇已不再陌生。

何谓**合资企业**? 它是指两个或更多合伙人共同组建的企业, 有时也叫战略联盟, 通常包括各种各样的参与者, 如大学、非营利组织、企业、政府部门等。甚至, 竞争对手之间也可以组建合资企业, 如通用汽车和丰田、通用电器和西屋等。为了打入国际市场, 不同国家的企业之间也在不断加强合作。成立合资企业已成为创业者进入国际市场的有效手段之一。

两家企业一旦建立密切的合资关系, 创业者便开始重视潜在合作者的道德伦理问题。

表 14-2　公开报告中的必备信息

1. 授予人的身份信息, 其分支机构及从业经历
2. 授予人组织中的每位办事人员, 指导人员, 负责特许服务、培训及其他特许活动的管理人员的从业经验
3. 授予人组织中的每个办事人员、指导人员、管理人员曾涉及过的诉讼案件
4. 授予人组织中的每个办事人员、指导人员、管理人员曾涉及过的银行破产事件
5. 特许经营初始费用及为获得特许证所发生的其他初始开支
6. 特许经营企业开业后, 持有人需继续支付的费用
7. 对特许经营产品、服务质量和采购地点方面的限制, 包括要求是否必须从特许证授予人或其分支机构购买
8. 特许证授予人及其分支机构是否会资助特许权的购买
9. 对允许出售的特许权产品或服务有何限制
10. 对特许权涉及的顾客有何要求
11. 对特许证持有人进行的地方保护
12. 在什么情况下持有人可以回购特许权或拒绝授予人的修改, 以及在什么情况下持有人可以向第三方转让, 或者任一方可终止使用或修改
13. 对持有人的培训
14. 特许权涉及了哪些名人或公众人物
15. 在选择经营地点时授予人所能提供的帮助
16. 关于目前、将来特许经营企业数据的统计数字, 已终止企业的数目, 授予人决定不再更新的数目及过去授予人重新回购的特许权数目
17. 授予人的财务报表
18. 持有人参与特许经营的程度
19. 为持有人提供的授权人收益来源报表, 应包括达到既定目标的现有企业比例
20. 特许证持有人的名称和地址一览表

1. 合资企业的类型

尽管合资企业的类型有很多, 但是最常见的还是那种由两家或两家以上自营企业组成的形式。为实现技术共享和降低成本, 波音、三菱、富士、川崎重工四家公司共同组建了一家生产小型飞行器的合资企业, 通用汽车和丰田汽车在生产自动化上达成协议。合资企业成立的目的各异, 包括进入新市场的柯达、进入国外市场的美国电信电报公司、扩大资本及拓展市场的美国钢铁公司等。中国奇瑞汽车公司与伊朗霍德罗汽车公司、加拿大索立泰公司签署的在伊朗合资建厂协议中, 尽管奇瑞的股份只有 30%, 但合资公司将使用奇瑞公司生产的 CKD 件, 生产和销售 S21 车型 (即 QQ6), 在伊朗及周边国家销售; 无疑, 在这项合作中, 奇瑞的产品和技术将成为主导。为了降低成本, 由一汽、上海汽车和大众三方共同投资的一个合资变速箱厂的开业, 被普遍认为是大众在中国优化供应商结构的开始。

另外, 有些合资企业成立是为了能够合作进行研究。其中最著名的是浙江大学和阿里巴巴顺应社会发展潮流, 强强联手创建浙江大学软件学院电子商务技术系, 建立产学研合作基地, 阿里巴巴拥有这些研究成果和专利, 参与该项目的各公司能够得到技术使用许可证。

另一种合资企业类型，如位于北加利福尼亚三角公园的半导体研究公司（Semi-Conductor Research Corporation）由 11 家美国芯片制造企业和计算机企业组建而成，自 1981 年创建以来，参与的公司已达 35 家，其合作目的是为了资助基础研究，并将专业人才和工程师培养成未来的行业领头人。

为进行研究而形成的"企业—大学"（Industry-University）型企业已日益盛行。但是，这里存在这样的问题，即营利性企业以通过投资研究获得的显性成果如专利权为目标，并希望取得相应的知识产权。大学机构虽然也希望通过专利得到一定的经济回报，但研究者更希望通过发表文章来展示成果。尽管如此，仍有大量校企合资企业纷纷成立。在一项机器人研制协议中，西屋电器享有专利权，卡内基·梅隆大学则获得一定比例的专利使用费并有权出版或发表这些研究成果，只要不公开那些对专利可能有负面影响的重要信息即可。爱立信与东南大学协议共同开展无线接入领域先进技术的研究，以推动 LTE（长期演进，Long Term Evolution）增强及未来演进中的网络覆盖、容量和用户体验的改善。双方合作的研究成果将有利于下一代移动宽带领域的研究在中国乃至世界的发展。

工业化学品生产商塞拉尼斯（Celanese）公司和耶鲁大学（Yale University）为研究化合物与酶的合成项目而签订了成本共担的合资协议。塞拉尼斯需要承担博士后研究人员的工资以及研究所需的一切物资与设备的开支，而耶鲁大学则需支付相关专家、教授的薪资。研究成果必须经过一个 45 天的等待期才能公开发表。

之前提到过，国际合资的快速增长归功于它们的相对比较优势，即不仅合作双方能享受到成长所带来的收益，而且一旦以知识和专利注资企业，则现金需求降低。此外，合资企业较其他方式更易进入国际市场。最后，在人力资源和财务资源管理上，由于人力资源和财务资源双方共同提供，国际合资企业相比独立子公司而言疏漏更少。但是，组建跨国合资企业也有很多缺点。首先，各合伙人的商业目的差异可能引发企业发展方向上的问题。其次，各自的企业文化差异可能会造成新企业的管理困境。有时，政府政策也会对跨国合资企业的经营方向和日常运行产生负面影响。

尽管存在以上这些问题，众多跨国合资企业的组建足以证明其利大于弊。为生产车间自动化所需的两万个机器人，通用汽车公司与日本发那科公司（Fanuc）组建的跨国合资企业，合作双方股份各半，通用提供最初设计，发那科公司提供开发、生产汽车上漆机器人所需的工程人员和技术。

另一类跨国合资企业是像美国陶氏化学公司与日本 Asaki 化学公司那样，可以为走上国际市场开发和销售化工产品铺平道路。Asaki 提供原材料并拥有产品的独家销售权，道化学公司提供技术并取得在日本市场的销售权。合资公司最终被解散是由于日本政府的干涉及双方动机的根本性差异，道化学公司主要关心合资企业的利润，而 Asaki 公司则致力于为自身初级石油化工产品寻找买主。

2. 合资企业成功的要素

显然，并非所有的合资企业都能成功。因此，创业者需谨慎评估企业的发展方式，客观分析企业成功的因素以及可能碰到的问题。以下是一系列有助于合资成功的关键因素。

- 正确的评估

为了更好地经营新企业，正确评估参与各方显得至关重要。如果管理者合作愉快，企业运作将会更有效率；反之亦然。

- 合作各方的"协同性"

合作各方的"协同性"指合作各方保持经营目标和资源能力的一定平衡。一旦其中一方感到自身付出更多，或者一方追求利润而另一方为产品寻找出路（如 Asaki-Dow 跨国公司），合资就会出现问题。合资企业要取得成功，公司管理层及新建的合资企业的所有人员必须在企业目标及所能提供资源方面达成一致，而这需要管理人员之间建立良好的合作关系。

- 合理的期望值

多数情况下，至少有一方参与者将合资企业看成是解决问题的灵丹妙药。其实，双方对合资企业的期望一定要客观。

- 适宜的时机

环境不断变迁，行业条件、市场条件都在发生变化。正所谓风水轮流转，企业今年成功，明年可能就一团糟。激烈的竞争催生了环境敌对性与投资风险。有时，成功的机会几乎为零。创业者需要明辨合资企业到底是为本企业提供发展机会，还是阻碍了其前进发展，如被限制进入某个市场。

合资企业并不是扩大企业的灵丹妙药，应该被看作企业资源扩充和对市场竞争与市场机会更快地做出反应的选择之一。作为一种扩张策略，有效地利用合资战略需要创业者认真地评估环境和合作者。同时，也应该谨慎考虑其他战略，如收购、兼并和杠杆收购。

14.2.3　收购

创业者扩大企业规模的另一种方法是收购现有企业。收购是企业进入新市场和新产品领域实现扩张的最好手段。如在弄清一家化工公司的问题所在和运行机制以后，创业者可买下它作为自己公司的原料供应商。

收购是买下部分或整个企业，被收购的企业完全被吞掉而不再是一个独立实体。收购可以有多种形式，主要是由交易目的、参与各方地位、资金规模及公司类型而定，收购价格上往往很难达成一致。但事实上，成功的收购行为还包含更多东西。对于交易的结果来说，交易结构的安排比实际价格更重要。一家广播公司被一家企业收购以后经营非常成功，主要因为原来的业主贷款在头三年只拿到利息，第三年才取回了本金。

从战略角度看，创业者必须注意的是保证企业的整体性。无论目标企业将成为企业的核心还是补充部分，比如企业所需的销售渠道、销售力量或生产设备，创业者都必须确保其能够融入当前企业的发展方向和发展战略之中。

1. 收购的有利之处

对创业者来说，收购一家现有企业有很多好处，列举如下：

（1）已建立的业务。收购的最大优点是，被收购的企业已经树立了形象并备有业绩档案。如果该企业盈利性好，创业者只需在原有客户基础上继续沿用成功策略即可。

（2）已建立的客户基础。在收购现有企业的情况下，新客户对产品及服务已经十分了解。

（3）已建立的市场营销架构。购入现有的企业通常都有现成的分销商和营销架构。对创业者而言，已有的供应商、批发商、零售商和生产商的声誉都是重要的资产。如果这些都已准备就绪，创业者只需集中精力对新企业集中进行改造和扩大业务范围。

（4）低成本。收购可能比其他扩张方式花费更低的成本。

（5）现有的员工基础。在收购过程中，现有企业的员工是一项宝贵财富。因为，他们深知企业如何运作才有利于保持成功。另外，他们早在易主前，就已经同企业的客户、供应商和分销商建立了联系。

（6）创造更多的机会。收购企业以后，创业者往往不必再费心去寻找供应商、分销商、雇用新员工、寻找客户，所以创业者可以有更多的时间去评估或拓展、协调现有业务。

2. 收购的不利之处

虽然通过收购企业扩张有很多优点，但也有不利之处。创业者必须将收购与扩大规模的其他方式相比较来权衡各自的利弊。

（1）微利业绩风险。多数企业销售异常，只能算勉强合格，甚至没有盈利记录。因此，重估这些记录是非常关键的，同目标企业重要人员碰头以评估未来潜力。例如，如果店面设计非常平庸尚可纠正，但是如果地点不好，创业者只能另外寻找其他扩张方法了。

（2）盲目自信。有时创业者常常会认为自己能够"为别人所不能为"，这也是在收购之前要进行客观自我评价的原因。因为即使创业者为新企业带来新思路，提高管理质量，往往还会由于一些其他因素而导致新企业经营失利。

（3）骨干员工流失。通常，企业易主时，骨干员工也会随之离开。对收购企业的创业者来说，这可能是灾难性的，因为企业的价值来自员工的努力。尤其是服务业，我们很难分开服务人员及其所提供的服务。所以，在收购进行过程中，创业者最好能与全体员工单独交流，让员工确信自己对新企业未来的重要性，并可采取适当激励措施来留住员工。

（4）过高的收购价格。实际收购价可能会因为收购对象已树立的形象、客户基础、分销商及供应商等因素的影响而被高估。如果创业者收购价格过高，投资回报可能令人难以接受。也就是说，创业者只有正确估计收购所需投资额及预期利润，才能使收益和投资比例趋于合理，这一点非常重要。

创业者应在平衡收购的优劣势后，确定合适的收购价格。

3. 整合

"整体大于各部分之和"的概念适用于创业者创业过程中的整合，也是成功实现收购的关键环节。整合在这里体现了两个经济概念：一是，将收购作为一种企业接近总体目标和财务绩效的手段。二是，收购会有利于企业的长期收益和未来成长。所以，缺乏有效的整合很可能导致收购失败。

● 交易安排

一旦选定了收购对象，就要着手组织交易谈判。收购企业有许多技巧，对双方来说，每种技巧都会有利有弊。交易过程涉及交易各方及其资产、支付形式和支付时间的谈判。例如，一家企业所有或部分资产可被另一家企业以现金、有价证券、股票或雇用合同等方式构成的任意组合来收购，收购方可在收购时付款，或在之后的若干年内付款。

最常见的两种收购方式分别为：创业者直接购买目标企业的所有股份、分期购入目标企业的资产。直接购入时，收购者通常需要通过外部贷款或者拖延付款，而在后来的一段时间内用新公司的盈利来还清。

为了避免负债问题，创业者在收购时应量力而为。不妨用现金先购入企业的一小部分，比如20%～30%。对于剩余部分，再用长期有价票据的形式购入，长期有价票据可在一定时间内用目标企业的经营收益偿付。从税赋的角度看，这是一种对双方都更为有利的交易方式。

● 确定收购对象

在谨慎寻找收购对象时，创业者可以借助各种渠道收集信息。一般情况下，专业的经纪人（类似于房地产经纪人）可以接受创业者的委托协助其收购，他们是促进企业间收购的人，通常掌握收购方的情况或通过口头问询、广告或直销的方法积极地为其寻找买方。经纪人会按交易额的一定比例提取代理费，因此，对看好的交易他们会非常尽力。其实，会计师、律师、银行家、生意伙伴、咨询顾问都可能了解一些好的收购对象，而且具有丰富的收购经验，是交易谈判中的好帮手，谈判中创业者不妨请他们帮忙。

此外，如果创业者对目标企业的情况知之甚少，尽管价格相对较低但风险较大。所以，创业者应尽量从诸如报纸或商业杂志等渠道获取有关信息。创业者做出关于最佳收购对象的决定，需要耗费一定的时间和精力。因为在这一过程中，创业者需尽可能多地收集信息并认真阅读，与咨询师、专家商讨，结合自身情况，最后才能做出明智的选择。

《商业新闻》　为创业者提供可行的建议

创业者：詹姆斯·蒂肖内和安东尼·蒂肖内，亚利桑那州图森市ACM公司创办者。

产品描述：自动卡片管理器（ACM），一款薄薄的、可以存储一张驾驶证和另外五张信用卡的金属小盒，当使用者按动盒子上的六个按钮中的任何一个时，被选中的信用卡就会被选出来。

创办：2000年和2001年，投资50 000美元支付第一批共25 000台产品的生产。

销售额：2002年达180万美元。

挑战：在有限的营销预算内使新产品进入市场。

詹姆斯·蒂肖内开始做生意时资金并不充裕，但这并没阻止他找到把他那不同寻常的产品推向市场的办法。下面是他实施的步骤。

（1）获得专利。蒂肖内起初通过浏览美国专利和商标办公室的官方网站（www.uspto.gov）寻找相似的专利。"我查看了近1 000种专利产品，发现仅有两种和我的产品有极小的相似性"，他说，"只有在完成搜索后我才去专利局"。在自己的产品上做一些研究比仅仅节省资金更实际。"在我把资金投入到律师费、工艺设计和商品原型上之前，我也在试着规避风险。我也想去看看那里还有什么其他的想法，令我惊讶的是，没有其他人有这样的想法。"不久，蒂肖内申请了一个临时专利，这个专利不给发明者专利保护，但允许他们把他们的想法展示给公众。蒂肖内说："这是一种较便宜的保护方式，它允许发明者用一年的时间去研发。"2001年，他申请了他的发明专利。

（2）确定你需要什么帮助。由于蒂肖内从来没开发过一种产品，他觉得他缺乏实现想法的经验，他向作为发明家的父亲求助并完成他的产品设计。他也主动接近拥有真正的房地产与投资公司的商业奇才史蒂夫·帕加奇，蒂肖内说："史蒂夫在我们企业投资了血汗资本，并且他负责组织我们所有的客户。"

（3）制造原型。蒂肖内知道，人们在不尝试使用ACM之前是不会理解它的用处的，所以他做了一个产品原型。蒂肖内最终选择了加利福尼亚的一家原型供应商。一旦他开始使用原型，人们就会询问在哪里可以买到这个。这种积极的反馈在推动企业前行方面起着重要的作用。

（4）定位生产源。蒂肖内第一站是香港商会驻圣弗朗西斯科办公室。他说："他们发给我一张我曾经发过电子邮件的公司名单"，他把它们缩减至一家，但仅仅是在参观这家公司几次并且查看了一些试验产品后签订了最后的协议。

（5）开发所有的可能性去寻找分布网点。蒂肖内和史蒂夫不确定哪家零售商可能想要购买他们的产品，所以他们从接触像布鲁克斯东（美国一家连锁零售商）、夏普画面（Sharper Image）、Things Remembered（美国一家采购商）这样的零售商开始。"然而零售商并不接受，普利茅斯威斯康星州的一家名为 AMG 的促销公司接受了。"蒂肖内说："AMG 公司和我们签署了在 2001 年产品促销市场上的独家协议。"蒂肖内和史蒂夫也去联系 Sky Mall，一家特殊的零售商，它生产一种成本分担产品目录册，目标定位于航班旅客。蒂肖内说："在两个季度结束后的 9 月，Sky Mall 报道说 ACM 是目录中销量第一的产品，并且他们同意合作到 3 月。"蒂肖内和史蒂夫也联系了 MJ 媒体，一家凤凰城的电视购物市场，并和他们签署了非独家协议，通过电视广告销售 ACM。蒂肖内说："我们修改了我们的最初协议使 MJ 媒体包含更宽的网络分布。最初，协议只为了电视广告，修改协议后，MJ 媒体已经扩大到网络销售，并且从主流分布直到小的经销商。"现在，蒂肖内已经拥有广泛的客户销售他的产品。作为奖励，Taylor Gift，一家主要的客户商品目录，挑选了 AMC 作为它 2002 年的圣诞节专刊。

（6）签订交易使市场接触面最大化但限定财务风险。广告和市场费用能扼杀产品，但是蒂肖内通过在有限的风险内签订协议避免了这些费用。AMG 公司与 MJ 媒体签订了协议从 AMC 购买产品并自己进行促销。蒂肖内与 Sky Mall 的交易也是合作关系。蒂肖内是免费被列到 Sky Mall 的名单上的。但是所有销售都归 Sky Mall，直到销售达到一定水平，只要达到这一销售水平，销售额就变为 Sky Mall 和 ACM 公司均分。在新闻发布时，ACM 换用标准协议，这样它们需要支付广告费但是它们可以获得所有的销售额。

给创业者的建议

一位发明家曾经阅读了之前的文章并向你寻求意见。"这是我确切想做的事"，他说，"我没有专业知识或者资金去自己开发产品或者去开拓市场并销售产品。我需要的是其他人为我做那些事，我的问题如下：

（1）找到并且和他人建立关系去生产我的产品真的那么简单吗？生产商是否应该有制造许可证或者我是否应该加入合资企业？

（2）在营销结束时经常出现同类的问题，但我还是想知道在产品由代理人销售中，我能拥有多大的掌控性，或者说我是否应该不必担心那些事，让专家去按他们自己的方式做事。

（3）对于我的一个两难境地是在产品原型上我应该投入多少资金。我投入的资金越多，产品原型看起来越美观，但是我也不想浪费资金。"

资料来源：Reprinted with permission of Entrepreneur Media, Inc., "Play Your Cards Right. Presenting a Case Study in Striking the Best Deals to Launch Your Own Great Product on a Limited Budget." by Don Debelak, March2003，Entrepreneur magazine: www.entrepreneur.com.

《商业新闻》　　　　　　　　　**风险投资最喜欢的初创企业**

　　在过去的四个季度里，甚至随着国家经济问题愈加明显，在种子公司和初创阶段公司上的风险投资已超过 70 亿美元，交易超过 1 400 次。依据来自国家风险投资协会"金钱树报告"，自从 2001 年互联网泡沫破裂，年轻企业筹集到的资金比任何一年都要多。

　　在过去一年里的最大交易中，风险投资公司把资金投放到了解决气候变化和疾病所带来的全球问题的企业中。挑战巨大并且投资者赌定回报也会很大，因为初创企业成功地使类似太阳能、低排放汽车和新药物治疗的概念走向商业化。

　　谁是这些热门的新创企业？为了寻求答案，我们追随资金走，从 2007 年 10 月至 2008 年 9 月，以基于汤森路透数据分析的金钱树报告为依据，观察发生在最近四个季度的有效交易。然后我们把目标投向筹集了最多资金的种子公司和早期阶段的公司，且用幻灯片描绘了它们。

　　在名单的最顶端是一些经验丰富的创业者，他们通过寻找可以引起并购的公司已经在投资者面前证明了自己，在 Ralypsa 公司背后的组织，一家圣克拉拉的制药发展公司致力于治疗威胁生命的心脏病、高血压和肾脏病人，在 2007 年把其最后的公司以 4.2 亿美元卖给了 AMGN 公司。Ralypsa 公司在被收购几个月后成立，在 2007 年年末筹集资金 3 300 万美元。

　　但即使是对资金充足、拥有久经考验记录的新创企业，不确定资金前景意味着它们也必须精打细算。Ralypsa 公司的首席运营官格里特·克莱纳（Gerrit Klaerner）说："现在只想到方法精简的新创企业可能会陷入麻烦，运营一家小公司，我认为你必须做好准备面对苦活、累活，如果你今天才开始想到资本效益，那就太晚了。"

　　对于其他领域，衰退的同时也伴随着机遇。再生银行（Recycle Bank，美国一家垃圾回收公司）的合作创始人及首席执行官罗恩·戈嫩（Ron Gonen）说，对城市和家庭存款的突然需求让他的公司处于快速发展地位。拥有 85 名员工的纽约公司为城市运作垃圾回收系统，这使居民通过垃圾回收的数量赚取积分，积分可以用于商家消费而获得优惠。"既然城市真的需要省钱并且人们真的在寻找一种方式去获得额外的收入，在我们公司成长的曲线上，我们正处于这样一个独特时期"，戈嫩这样说。他说一个家庭在再生银行一年能赚到 400 美元以上的积分。再生银行，去年在前一轮融资 1 500 万美元的基础上融资达 3 000 万美元，拿到了一半的城市通过减少送往垃圾场的垃圾而节省的存款。

　　风险投资家把其他关注放在自然资源保护、可再生能源和减少导致全球变暖的各种排放的公司上，把它们看作可靠的赌注，即使是在不好的时期。

　　"不管经济变得多么恶劣，在接下来的 6 ～ 12 个月，总有许多人相信清洁技术型交通工具是处于经济不确定性之上的。"国家风险投资协会主席马克·黑森（Mark Heesen）这样说。对清洁能源的需求从政府到全球，随着新一轮关注放在来自奥巴马政府的节能减排上，这已经说服了投资者在太阳能和风能上及混合动力汽车上下赌注。

　　同样，黑森说："生物技术和医疗设备公司将继续吸引投资，因为它们的产品承诺延长生命是非常重要的。我们比前人活得久一些，我们想活得更久，活得更有意义，并且生物技术正处于这方面的尖端。"黑森预言在经济低迷时期最痛苦的新创企业将是 IT 企业，它们最终把产品销售给消费者或经销商，因为这两种都是要减少开支的。

　　然而，发展药品或者清洁技术要花费很多钱，伴随长时间的组织构建，再通过公开募股和艰难的市场并购可能导致时间更久。纽约一家 IRX 疗法药品生产公司，大约从它 10 年前创建至今，已经募股超过 6 000 万美元。这些资金大部分来源于高净值个人投资和一些风险投资用于发展修复头部免疫功能和颈部癌症患者方面的治疗。公司首席财务官 Jeffery Hwang 说："我们显然是一家在生意上没有收益而消耗资本的公司。"公司曾经裁员 1/3 并且推迟了为 2009 年制定的医疗实验，因为他不确定用于完成实验的资金是否将会到位。他说："在我们不能完成的情况下，我们将不会启动任何事。"

黑森说，许多新创企业在明年将会面临同样的问题，他估计会有更少的公司得到资助。那些创业者必须证明他们想法的价值性和他们的管理能力，甚至是在经济低迷时期的能力。

对创业者的建议

一个人想着手开展一桩生意，他接近你并且问你下面的问题：

（1）如果我没有成功开办和运营生意的经历，然而我能做些什么去提高我筹集资金去开办和发展一个新的生意的可能性？

（2）为什么"绿色机会"在经济萧条期非常有吸引力？在经济升温后它们会"消失"吗？

（3）生物技术要求科学知识和足够的资金，假设趋势是生物技术很有吸引力，其他什么领域也可能实现高成长？

资料来源：Reprinted from December 19,2008 issue of Business Week by special permission, copyright@2008 by The McGraw-Hill Companies, Inc., "Venture Capital's Favorite Startups," by John Tozzi, http://www.businessweek.com/smallbiz/content/dec20081218_856857.htm.

14.2.4　兼并

兼并（merger）是两家或两家以上的公司合为一体，结果是其中一方的消亡和另一方的壮大。兼并与收购类似，有时这两个词可以互换，都是法律上的购买行为。在美国，司法部常常就横向兼并、纵向兼并和混合兼并发布各种指南，为执行《谢尔曼法案》和《克莱顿法案》时提供诠释。由于这些指南涉及面广并具有相当的技术性，一旦出现争端，创业者可找到足够的法律支持。

图 14-1 列示了实施兼并的动机。兼并是出于防御性和进攻性战略的考虑。兼并动机涵盖范围很广，从保证企业生存到实现企业多元化经营等多方面。当出现技术过时、市场受侵或原材料短缺、财务状况恶化等情况时，实施兼并可能是企业存活的唯一出路。同样，兼并可以防止市场被竞争者侵占、被创新产品所替代或被恶意吞并。兼并还可以推动企业的多元化经营，为企业在市场、技术和管理能力的进一步发展提供机会。

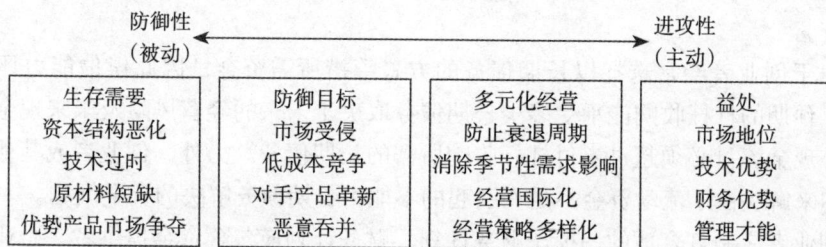

防御性　　　　　　　　　　　　　　　　　　　　　　　　进攻性
（被动）　◄─────────────────────────────►　（主动）

生存需要	防御目标	多元化经营	益处
资本结构恶化	市场受侵	防止衰退周期	市场地位
技术过时	低成本竞争	消除季节性需求影响	技术优势
原材料短缺	对手产品革新	经营国际化	财务优势
优势产品市场争夺	恶意吞并	经营策略多样化	管理才能

图 14-1　兼并动机

资料来源：F.T. Haner, Business Policy, Planning, and Strategy (Cambridge, MA: Winthrop, 1976), p. 399.

如何实施兼并，需要创业者精心策划。首先，关于兼并目标，尤其是未来的收益目标，必须由实施兼并的各参与方共同确定。其次，创业者应仔细评估兼并对象的管理能力，以确保原有管理层能够胜任企业的使命；现有资源的价值和适用性也应纳入评估。事实上，各方所进行的详尽分析，是为摒弃兼并对新企业产生的负面影响。最后，创业者应尽力营造一种相互信任的氛围，以消除可能的管理混乱。

兼并与收购企业的定价方法相似，都包括对潜在产品、潜在市场、最新国内外市场竞争地位、财务状况、在相关行业中企业是否具有技术优势、有无尚未充分利用的资产等情况的考察。常用的定价方法是计算兼并后的现金流量现值和期望税后的收益现值。当然，这些工作应建立在使用合理回报率水平的基础上，并考虑现金流量、公司收益的乐观／悲观估计值及其他可能的状况。

14.2.5　杠杆收购

杠杆收购（leverage buyout，LBO），是指一个创业者（或员工团体）通过借贷用现金收购某一现有企业。杠杆收购或是因为原企业主放弃经营而创业者认为自己可以比他能更好地经营企业，或是因为大公司想放弃本企业的一些太小或者与公司长期发展计划不相符的战略单元。

通常，收购者需要大量的外部资金，因为购买一家公司所需资金并非是个小数目。由于不可能额外发行股票来实现融资，创业者一般以所购企业资产作为抵押，通过 5 年或 5 年以上的长期贷款筹集资金。这一筹资方案的主要来源包括银行、风险投资者和保险公司。

创业者在杠杆收购中实际采用的一揽子财务计划反映了贷款者的风险收益偏好。银行通常采用债务形式，而风险资本家却经常发行有担保或期权的债券。无论什么方法，确定的偿还计划必须与预计现金流量持平。贷款利率通常采用浮动利率，基本上与当前的风险投资利率相一致。

在大多数杠杆收购中，产权比率通常高达 5∶1，有时甚至达到 10∶1。相对普通企业，杠杆收购的产权比率实在高得吓人。尽管可能带来高财务风险，但产权比率不是杠杆收购最关键的问题，创业者通过扩大销售实现利润增长以偿还本息的能力才是最主要的，而这完全取决于创业者的才能及企业的稳定性。

创业者确定一个理想的杠杆收购对象需要通过以下一系列评估程序来实现：

（1）创业者必须确定目前业主出价是否合理，这需要借助各种主观、定量的方法辅助决策。主观评估方法用于分析该行业竞争程度及该企业在行业中所处的竞争地位、企业产品的独特性及其所处的生命周期阶段以及管理能力与主要员工的情况等。定量方法则用于评估要价的合理性，计算杠杆收购预期的价格收益比率。这些未来收益预期及账面现值都要与类似企业相比较。

（2）由于创业者经常选择以长期债务的方式筹措所需资金，因此偿债能力评估就显得至关重要。预期的杠杆收购能承受多少长期债务取决于未来的经营风险及未来现金流的稳定性。但是，现金流量必须超过支付杠杆收购所需的长期债务。另外，创业者或其他投资者需要增加股本来解决由于流动资金不足而引起的不能由长期债务解决的资金问题。

（3）创业者应制订合适的一揽子财务计划。财务计划应包含资金提供者、企业和创业者三者的利益需求和目标。虽然财务计划大都符合实际情况，但是有时会有一些限制条件，如不分红。与风险投资家达成杠杆收购协议通常有这样的要求，即保证过一段时间后其债务可以转换成普通股，并成立长期债务偿还基金。

　　成功或失败的杠杆收购案例不胜枚举。国内第一起真正意义的杠杆收购就是太平洋联合集团（Pacific Alliance Group，PAG）对世界童车及儿童用品生产制造江苏好孩子集团（Goodbaby Group）部分股权的收购。在这次杠杆收购案中，太平洋联合集团通过注册于英属处女群岛的"纸上公司"G-Baby，向好孩子集团原有股东购入所有股份，收购价格为每股 4.49 美元，以 1.225 亿美元的收购总价取得好孩子集团 67.5% 的控股股权，相当于好孩子 2004 年 6 070 万港元净利润的 15.7 倍。由于 G-Baby 有一定负债，因此太平洋联合集团付给好孩子另外一个原股东的代价，由现金和发行 G-Baby 股份两部分组成。也就是说，好孩子集团管理层在这次交易之后，不仅提升了 3 个百分点的股权，而且获得了一笔现金，管理层利益得到充分保障。太平洋联合集团以现金收购好孩子集团的相关股权，收购用的现金部分来自银行抵押贷款。与一般收购不同的是，在杠杆收购中，太平洋联合集团是用好孩子集团的资产和现金流做抵押，向外资银行获得过渡性贷款。此次收购理清了好孩子集团的股东结构，股东减少到两个，这将使好孩子公司内部的决策更有效率。另外，集团总裁宋郑还表示："此次成功融资，对'好孩子'实现品牌经营、资本经营和建立儿童用品全球零售网络，将注入新的活力。"收购方太平洋联合集团表示，一年之内不太可能公开上市，目前的主要任务是继续提高公司经营状况。在获得好孩子集团控股权之后，太平洋联合集团还将通过对公司的经营，以及最终包装上市，获得投资回报和退出通道。好孩子集团将在两三年内被运作海外上市。收购后，太平洋联合集团会花更多的精力发掘具有长期价值的客户和在市场中有影响力的交易，无论前期需要花多少时间和努力。

14.2.6　克服谈判压力获取更多资源

　　企业往往需要通过谈判来获取外部资源。创业者与另一方谈判时需要注意两个主要问题：第一是**分配**（the distribution task），即合作各方之间的利益分配。换句话说，是双方协商如何分配既定大小的蛋糕，各自分配比例是多少；第二是**整合**（the integration task），即双方只有建立互利、合作关系才可能把"蛋糕"做大。

　　人们往往只关注分配，忽视整合。但是，利益分配之前做大"蛋糕"不但能给双方提供获得更多利益的机会，也能增加达成协议的可能性。另外，在纯粹的分配任务中，冲突解决方案仅包含简单利益分配。相比之下，双方共同合作一起寻找做大"蛋糕"的方法要更具创造性，更有趣，也更有益。

　　在促进双方利益最大化的过程中，创业者要运用各自信息寻求各方互利的结果。首先，初步估计自己、对方以及战略运用；其次，应用在交互谈判中获取详尽信息进一步完善初步评估。正如马克斯·巴泽曼（Max Bazerman）和玛格丽特·尼尔（Margaret Neale）两位著名谈判专家在其著作中强调的那样，面对强大的对手，创业者应在谈判前做好大量评估。

　　评估 1：协议无法达成，自己怎么办？这一问题的答案就是谈判策略的重要基础，指明了创业者在这一谈判失败时的退路安排，帮助创业者制定谈判的保留价格。**保留价格**（the reservation price）就是指创业者能接受的最低利益，也是双方有关收益的期望范围，否则他将另谋机会。与合资企业合作方谈判的最好退路是退而求其次，利用现有的知识、资金、网络等资源追求实现最低水平的成长。认识到这一备选方案，尽管不是最优，却可以提醒创业者这场谈判目标最起码是与之持平。

评估 2：协议无法达成，对方怎么办？创业者很难确定自己的保留价格，更难确定对方的保留价格。价格一旦确定，创业者便能大致确认**议价空间**（the bargaining zone），即双方保留价格之间的可能范围。创业者不必过于关注某一确定价格，只需盯住可能价格的范围。如果创业者能够确定议价空间又不让对方知道，那么他将在谈判中处于非常有利的地位。当然，这属于"分配"而不是"整合"。

评估 3：谈判的基本问题是什么？每一个问题对自己的重要性如何？这个答案告诉创业者，谈判时创业者应该关注最重要的即可，如关注一家合资企业的控制权而不是利润分成。认识到了各方面的相对重要性，创业者可能愿意"牺牲"权益（持有无投票权的股份）获得控制权（掌握 51% 的股份去获得董事会的一个席位或当董事会主席）。

评估 4：谈判的基本问题是什么？每一个问题对参与各方的重要性如何？创业者对对方了解越多，越可能实现整合，即做大"蛋糕"。基于此，创业者愿意放弃对自己不重要而对对方很重要的机会。相应地，创业者也可以得到对自己很重要，但对对方不重要的机会。总之，信息透明促进了双方共赢的实现，因为做大了"蛋糕"。

评价是迈向成功谈判的重要一步，但需要对方信息的支撑，从而获得谈判中有利于分配与整合的因素。基于巴泽曼与尼尔两位谈判专家的研究结果制定的策略，可以当作工具来使用。对于每一项工作而言，没有一个工具是完美的。有些工作需要同时使用大量不同类型的工具，然而有些工作需要一个接一个按顺序使用某些工具。创业者需要做出自己的决定，选择哪种策略以及何时实施，但不可能提前知道，尝试几种不同策略方案后，创业者才能判断哪种策略对当前谈判最有效。

策略 1：建立信任与信息共享。如上所言，最理想的谈判结果是要兼顾各方利益，即参与各方的利益均衡。为此，谈判各方需要掌握双方在某些问题上的信息及其重要程度。尽管提供相关信息有益于双方利益的整合，但是如果对方隐瞒真相，则不利于创业者分配利益。例如，谈判一方知道创业者的保留价格，而创业者却不知道对方的价格。因此，公开信息需要相互信任——相信对方不会做出对自己不利的行为。

相互信任是谈判的一个重要方面，如果协议达成了，也有利于维持双方的关系。相互信任伊始就是与对方共享信息，比如特定问题相对重要的方面。对方也可能与你共享信息作为互惠方式，这样加强双方的相互信任。可能的话，创业者应该评价对方的可信度，比如考察其以前与他人合作的情况。如果对方出现了失信的行为，对于合作方来说最糟糕的结果就是达成协议，因为与失信的合作者打交道不利于新企业的长期绩效。

策略 2：多提问题。多提问题增加了了解对方偏好的机会，而信息是整合中各方利益达到平衡的基础。即使对方未回答特定问题，但这个问题本身就可能隐含一些信息。洽谈一个特许经营权时，授予人可能问潜在特许权持有人："为了顺利地取得我们的技术许可，中止与目标公司目前的接触将会花费多少？"

策略 3：同时做出多重报价。如果不能用一个尺度来建立联系，则出现了基于不同尺度、不同水平的多重综合性报价。意识到这点，创业者就会同时做出多重报价。通过测定哪个报价更容易接受，创业者就能推断出对方最重视哪个问题，这对于形成一体化协议非常具有价值，同样给对方传达自己灵活性报价的信号。

策略 4：创造差异、实现双赢。双方在期望、风险偏好、时间偏好等方面的差异为形成一体化协议提供了机会。在进行特许经营权洽谈时，创业者可以进行差异调查，如期望差异。创业者期望的是，将自己的技术特许经营交给对方所能带来销售额提高的期望比对方还要高，有可能为一体化协议打下基础。双方都更青睐较低地投入技术方面上扬的费用和较高的使用费率，双方都感觉自己做得比期望的要好。

当一方比另一方更加偏好风险时，即当创业者更倾向于通过加大特许使用金放弃前期的收益而获得一个更大的、不确定的未来收益时，同样一个许可证协议也能达到双赢。同理，双方在时间偏好上的差异也可以达到一个双赢的特许经营许可。鉴于当特许经营权的收益已经产生时，许可证需要支付更多的资金，创业者倾向于先支付资金。

▣ 本章小结

创建新企业需要资源的支撑。新企业资源的获取一直是创业研究的前沿问题。基于创业者个人的社会网络有助于早期的新企业资源获取，主要包括：①社会网络对资源获取具有重要影响，社会网络与资源获取之间存在不同路径的关系；②环境动态性影响了社会网络与新企业资源外部获取和资源内部积累之间的关系，新企业应该监控环境变化，并制定相关的资源获取战略；③信息获取影响了社会网络与资源外部获取和内部积累的关系。

创业者扩展业务可以采用不同的方法。特许经营作为方法之一，可以有效地降低创立一家新企业所带来的可能损失，同时创业者可以通过向他人收取成功经营模式的使用费而扩大业务。对于特许证持有人来说，特许经营的好处就是可以使用那些已被认可的品牌产品和服务，可以获得来自特许证持有人的管理帮助，可以取得包括节约时间与金钱的支持，可以获悉大量的市场信息，可以通过运作与结构控制完善企业高效管理。但同时也有缺点，即过分关注特许权授予人所承诺的服务、宣传以及选址建议，尽管有时他已无能为力。而对特许证授予人而言，最大的优势就是只需花很少的个人资金就可以迅速扩大业务，但特许证授予人也是有风险的。有时，特许权授予人很难找到合适的特许证持有人。管理不善，即使具备完善的培训和监控体系，也可能导致特许经营的失

败，不利于整个特许经营系统。随着特许经营数目的日益增加，严密监控对特许权授予人来说已经变得力不从心。

创业者也可通过合资企业的形式实现企业成长。将合资企业作为成长战略需要创业者谨慎评估所处环境及潜在合作方。首先，创业者需要对另一方进行准确评估，才能保证双方正常、有效地管理新的企业。其次，需要双方有效地整合资源。再次，对合资企业的期望应合理，一定要客观、现实。最后，时机要正确。

创业者实现企业成长的另一个途径是收购。收购对于创业者来说，有很多有利的方面，例如，可以获得一个已经建立好的企业形象和业绩档案，对地理位置的熟悉，现成的分销与资源渠道，以及具有专业知识和技能的员工。此外，收购成本比其他实现企业成长的方式要低。但是，经验表明收购成功的案例有限。创业者似乎对于双方合作效果、企业文化的整合以及主要员工的续任等方面的能力过分自信。通过对收购利弊的平衡，创业者需要对目标企业做一个合理的估价。

兼并和杠杆收购也是创业者获得企业自身成长的主要途径。不管哪一种方式，都需要创业者具备良好的谈判技能。出色的谈判包含以下两个方面：一是，决定双方之间的利益分配。二是，如何扩大合作双方的共同利益。以利益最大化为目标的谈判要求创业者充分利用自己以及对方的

偏好等信息来获得一个双赢的结果，同样需要对自己和对方有一个初步的评价，并且要在谈判的过程中收集信息以完善那些初步的评价。

■ 调研练习

1. 找出三家利用社会网络获取资源的企业，并分析各自形成及利用网络的路径。
2. 访谈三位创业者，了解其企业创立后遇到的环境变化对其资源获取的影响，以及如何调整其社会网络。
3. 找出三家合资失败的企业并分析其失败原因。
4. 找出三家特许经营企业案例，观察它们的异同点。对其中一家进行深入研究，了解其选择特许经营而不是从零做起的好处以及与特许经营有关的所有费用。
5. 访谈三位特许证持有人并深入理解他们与特许权授予人的关系。
6. 找出三种业务许可协议，并了解它们何时相同何时不同。为什么这些企业只颁发这些产品和技术的许可证而不是直接出售。
7. 找出三家收购失败的企业并分析原因。

■ 课堂讨论

1. 既然特许经营是一种成长机制，那么对创业者来说，作为特许证持有人可以获得哪些成长机会？遵循不同的成长战略时，创业者是否受限于自己的能力？作为特许证持有人，只是简单地转换雇用类型吗？特许证持有人如何壮大自己的企业？
2. 中国政府鼓励外资到国内组建合资企业。建立合资企业对中国经济有何益处？对中国本土企业有何益处？对外国企业有何益处？对外国企业的本土经济有何影响？
3. 在本地寻找一位特许经营商，确定竞争者的状态及同一组织内的其他特许经营商的状态。尝试为该特许经营商评估其潜在价值。
4. 为什么有很多不同的方法来评估企业价值？在特定的情况下，是否有合适的方法来评估企业价值？你的回答对创业者收购会有什么影响？
5. 在新企业的早期阶段，创业者如何组建及利用其个人社会网络影响新企业获取所需资源？创业者如何将其个人社会网络转化为新企业发展所需的组织网络，为此创业者应具备哪些能力？

■ 选读资料

Bazerman, Max H.; and Jared R. Curhan. (2000). Negotiation. *Annual Review of Psychology*, vol. 51, no. 1, pp. 279–315.

This article focuses on the psychological study of negotiation, including the history of the negotiation game; the development of mental models on negotiation; the definition of negotiation rules based on concerns of ethics, fairness, and values; the impact of the selection of communication medium on the negotiation game; and the impact of cross-cultural issues on perception and of behavior on negotiation.

Chang, Sea Jin. (2004). Venture Capital Financing, Strategic Alliances, and the Initial Public Offerings of Internet Startups. *Journal of Business Venturing*, vol. 19, no. 5, pp. 721–41.

In this study the author examines how Internet start-ups' venture-capital financing and strategic alliances affect these start-ups' ability to acquire the resources necessary for growth. Using the initial public offering (IPO) event as an early-stage measure for an Internet start-ups' performance and controlling for the IPO market environment, this study found that three factors positively influence a start-up's time to IPO: (1) the reputations of participating venture-capital firms and strategic alliance partners, (2) the amount of money the start-up raised, and (3) the size of the start-up's network of strategic alliances.

Davies, Mark A. P.; Walfried Lassar; Chris Manolis; Melvin Prince; and Robert Winsor. (2011). A Model of Trust and Compliance in Franchise Relationships. *Journal of Business Venturing*, vol. 26, issue 3, pp. 321–40.

Using a foundation of relational exchange theory, the authors construct and test a model that demonstrates how two distinct forms of trust, based upon perceptions of franchisor integrity and franchisor competence, are critical to explaining the roles that relational conflict and satisfaction play in influencing franchisee compliance. Implications of these findings are then demonstrated to have compelling relevance to the effective management of franchise systems. (from journal's abstract)

Dietmeyer, Brian J.; and Max H. Bazerman. (2001). Value Negotiation. *Executive Excellence*, vol. 18, no. 4, p. 7.

This article advises executives on value negotiation, including developing wise trades in value creation, building trust and sharing information in an open and truthful manner, asking questions, making multiple offers simultaneously, and searching for postsettlement settlements.

George, Gerard; Shaker A. Zahra; and D. Robley Wood, Jr. (2002). The Effects of Business–University Alliances on Innovative Output and Financial Performance: A Study of Publicly Traded Biotechnology Companies. *Journal of Business Venturing*, vol. 17, no. 6, pp. 557–90.

Analysis of 2,457 alliances undertaken by 147 biotechnology firms shows that companies with university linkages have lower R&D expenses and higher levels of innovative output. However, the results do not support the proposition that companies with university linkages achieve higher financial performance than similar firms without such linkages.

Gonzalez-Diaz, Manuel; and Vanesa Solis-Rodriguez. (In press). Why Do Entrepreneurs Use Franchising as a Financial Tool? An Agency Explanation. *Journal of Business Venturing*.

When and why one type of entrepreneur (franchisor) attracts to its ventures another type of entrepreneur (franchisees) instead of passive investors is a central concern in entrepreneurship literature. Based on the informativeness principle of the principal-agent model, the authors claim that franchisees are not such an expensive financial tool as has been argued in the literature because their compensation (return) is more efficiently designed: it directly depends on variables which are under franchisee's control. They therefore link agency and financial explanations for franchising. Most of their findings show that, once the agency argument is controlled for, the higher the cost of alternative funds for the franchisor (estimated through different variables), the more the franchisor will rely on expansion through franchising as opposed to company ownership. (from journal's abstract)

Gulati, Ranjay; and Monica C. Higgins. (2003). Which Ties Matter When? The Contingent Effects of Interorganizational Partnerships on IPO Success. *Strategic Management Journal*, vol. 24, no. 2, pp. 127–45.

This paper investigates the contingent value of interorganizational relationships at the time of a young firm's initial public offering (IPO). Results show that ties to prominent venture-capital firms are particularly beneficial to IPO success during cold markets, while ties to prominent investment banks are particularly beneficial to IPO success during hot markets; a firm's strategic alliances with major pharmaceutical and health-care firms did not have such contingent effects.

Holmberg, Stevan R.; and Kathryn Boe Morgan. (2003). Franchise Turnover and Failure: New Research and Perspectives. *Journal of Business Venturing*, vol. 18, no. 3, pp. 403–19.

This paper's new franchise failure concept reconciles many prior, seemingly inconsistent study results based largely on franchisors' surveys. Overall franchisee turnover rates are significant and appear to have increased over time.

Katila, Riitta; Jeff Rosenberger; and Kathleen Eisenhardt. (2008). Swimming with Sharks: Technology Ventures, Defense Mechanisms and Corporate Relationships.

Administrative Science Quarterly, vol. 53, no. 2, pp. 295–332.

This paper focuses on the tension that firms face between the need for resources from partners and the potentially damaging misappropriation of their own resources by corporate "sharks." The findings show that entrepreneurs take a risk when they need resources that established firms uniquely provide (i.e., financial and manufacturing) and when they have effective defense mechanisms to protect their own resources (i.e., secrecy and timing). [Abstract from authors.]

Kenis, Patrick; and David Knoke. (2002). How Organizational Field Networks Shape Interorganizational Tie-Formation Rates. *Academy of Management Review,* vol. 27, no. 2, pp. 275–94.

The authors investigate the impact of communication in field-level networks on rates of formation of interorganizational collaborative ties, such as strategic alliances and joint ventures.

Marino, Louis; Karen Strandholm; Kevin H. Steensma; and Mark K. Weaver. (2002). The Moderating Effect of National Culture on the Relationship between Entrepreneurial Orientation and Strategic Alliance Portfolio Extensiveness. *Entrepreneurship: Theory & Practice,* vol. 26, no. 4, pp. 145–61.

This article examines the moderating effect of national culture on the relationship between entrepreneurial orientation and strategic alliance portfolio extensiveness.

Michael, Steven C. (2000). Investment to Create Bargaining Power: The Case of Franchising. *Strategic Management Journal,* vol. 21, no. 4, pp. 497–517.

In this article the author argues that the franchisor can make investments in activities to increase its bargaining power and decrease conflict and litigation in a franchise system. Includes tapered integration, ownership of some units with franchisement of others, selection of inexperienced franchisees, and employment of a long training program.

Park, Seung H.; Roger R. Chen; and Scott Gallagher. (2002). Firm Resources as Moderators of the Relationship between Market Growth and Strategic Alliances in Semiconductor Start-Ups. *Academy of Management Journal,* vol. 45, no. 3, pp. 527–46.

The results of this study indicate that, in volatile markets, resource-rich firms access external resources through alliances whereas resource-poor firms are less likely to do so. However, in relatively stable markets, this relationship reverses, and resource-poor firms become more active in alliance formation.

Pearce II, John A.; and Louise Hatfield. (2002). Performance Effects of Alternative Joint Venture Resource Responsibility Structures. *Journal of Business Venturing,* vol. 17, no. 4, pp. 343–65.

The authors examine the relationship between the acquirers of a joint venture's (JV's) resources and the JV's performance in achieving its partners' goals in the United States. Topics covered include the impact of alternative resource responsibility structures on JV performance, variation in resources received by JVs, and implications for business theory development and practicing managers.

Sarkar, M. B.; R. A. J. Echambadi; and Jeffrey S. Harrison. (2001). Alliance Entrepreneurship and Firm Market Performance. *Strategic Management Journal,* vol. 22, no. 6/7, pp. 701–12.

This article extends entrepreneurship into the domain of alliances and examines the effect of alliance proactiveness on market-based firm performance, including the higher performance of firms that are proactive in forming alliances, and the moderating influences of firm size and environmental uncertainty on the relationship between alliance proactiveness and performance.

Wiklund, Johan; and Dean A. Shepherd. (2009). The Effectiveness of Alliances and Acquisitions: The Role of Resource Combination Activities. *Entrepreneurship: Theory & Practice,* vol. 33, no. 1, pp. 193–212.

Resource complementarity increases the potential value of alliances and acquisitions, but the extent to which the value potential of an alliance or an acquisition becomes realized depends on the ability of the firm to discover and conduct productive resource combinations. Using a sample of 319 small firms, the authors separate domestic from international alliances and acquisitions and show that alliances and acquisitions bring limited benefits to firms unless a deliberate effort is devoted to resource combination.

代际转移计划和战略：为了收获并结束企业

本章概要

☐ 理解企业所有者或领导者进行有效的代际转移需要的计划；

☐ 检验所提供的退出战略选择，比如雇员股票拥有计划，或将企业出售给外部人士；

☐ 阐明1978年破产法案（在1984年和2005年进行了两次修订）中可选择的破产类型之间的区别；

☐ 阐明在不同的破产情况下，债权人和创业者的权利；

☐ 帮助创业者理解典型的破产预警信号；

☐ 阐明某些创业者是如何成功将破产的企业转变为成功的企业的。

开篇引例 大卫·哈特斯坦

创业者从一家企业获取重要的成功，卖掉它，看到它的衰退，然后再将这家企业转移到一个新的成功时代里，这种情况是不常见的。大卫·哈特斯坦（David Hartstein）和他的同事托马斯·施滕贝格（Thomas G.Stemberg）在1998年9月开张了他们的第一家Kabloom花店。哈特斯坦是超级办公室的首席执行官和共同奠基者，即以色列的第一个办公超级市场连锁店。施滕贝格是Staples有限公司的前主席和首席执行官，精心指挥了这家在全球范围内有1 300家连锁店的商店。

Kabloom的商业模式提供的效益是传统花卉商店没有的，比如给予消费者方便（地点对于徒步者和车辆代步者来说非常好找），从早到晚，花卉直接从种植者那里以船运输，确保花卉的新鲜与质量。花卉的采购可使用网络（www.kabloom.com）、电话或直接从零售店购买。kabloom计划提供一个更欧式的市场，邀请消费者每周从广泛系列的植物与鲜花中抽样检查。公司的目标是在三四年中经营150家商店。实现这个增长的战略基于每个共同创始人为办公用品业务带来的相同库存控制和分配方式。

Kabloom的构思可以追溯到哈特斯坦与施滕贝格在1997年的一次晚餐上的谈话。哈特斯坦正在寻找一个新零售连锁的想法。一开始他考虑了一个与健康食物菜单相配的波士顿禽类餐馆。然而，在晚餐时二人聊起了施滕贝格在德国见过的花店连锁，可能会适应美国市场。对这个想法的研究表明，美国人相比欧洲人对花卉的消费并不很热衷。

哈特斯坦发现这个矛盾一部分是因为一些中间商导致了花卉在美国的普遍高价。所以，他认为他们可以消除中间商阶层并且为消费者在每项消费中节省一大笔钱。例如，一打长茎玫瑰可以依据更直接的配送方式定价，这比通过传统花卉渠道要节省一半开支。Kabloom 依靠这个战略和它独有的效益取得了快速的成功，改变了花卉市场的行业文化。哈特斯坦是 2001 年新英格兰创业者年度大奖的决赛参与者。

2003 年，哈特斯坦决定售出经销权，这样他就可以在更少的内部资源的情况下，在不同地域上快速拥有更多的市场。哈特斯坦的愿景是要成为花卉市场的星巴克。到 2004 年年底，共有 55 个特许经营商店在 13 个州开张。他的目标是再开 100 家特许经营店，收益从 2002 年的 1 270 万美元增长到大约 5 000 万美元。2004 年，哈特斯坦引进了 MobileLime 独一无二的手机科技，这样购物者可以收到特殊促销的通知，同时 Kabloom 可以从未来消费中赚取报酬，并且很容易地通过手机快速收集订单。

2006 年，哈特斯坦决定卖掉公司。这时候他已经在 29 个州拥有 120 个连锁店，电子商务收益达到大约 4 000 万美元。在新的所有者的经营下，由于经济不景气和过多特许经营者的失败，公司经历了销售失利。在发现公司规模减少到了 24 家后，哈特斯坦决定重新买回公司，不仅是为了使经营好转，也是为了将他的新创新融入经营中，他将其命名为"摩西奇迹"。

摩西奇迹是在花束的茎部用基本的水气球紧紧包住。这就保证了即使是用船跨国运输，花卉仍可以一直保持新鲜。竞争者通常用船运输干燥的花朵，这样会导致花卉枯萎。他的专利创新是一个防漏的气球，可以快速且便宜地套到花茎上。

哈特斯坦认为他的创新的主要竞争优势之一是由于不需要大量的铅制品和水的提供，因此可以用低开销的店铺来售卖花卉。除此之外，店铺开在有大量行人的区域，消费者可以在他们要去工作的路上买花，因为花卉在摩西奇迹的专利下可以整日保持新鲜。哈特斯坦也计划着让经验丰富的老员工开连锁店铺，给予他们一个成为创业者的机会，且能达到 17% 的销售额。Kabloom 未来的成功不仅依靠这个新的经营战略，也依靠于公司能够与网络重量级竞争对手的竞争能力，如 1-800-Flowers.com、Teleflora 和 FTD。

本书对整个创业过程采用了深入的视角，从想法到经营计划，再到融资和成长战略的成功。然而，创业者也应该为一些未来几年在经营中会面临的问题做准备。我们在前文看到大卫·哈特斯坦最初在他的商业经营中取得巨大的成功，却在后来卖掉公司后发现它向错误的方向行进。典型的创业者会面临的问题是，是否要卖掉他们的生意，让家庭成员或信任的雇员继续经营。

**《商业新闻》　　对创业者的建议：
信用卡借款和保持你的信用良好**

轻易获取信用卡经常会使创业者陷入麻烦。通常为了筹措应收款或使新投资成长而获取难得的借款和信用链条，创业者会致力于用信用卡提供大量需求的现金。然而，债务不断积累和这些信用卡的利率不断增长使得每月的费用额和利息额超出创业者能够负担的范围。如果信用卡债务太高，未来的投资者和合作者可能会感觉到你的公司是依靠信用生存的，这样可能会影响你未来获取附加资源的机会。一些建议可以帮助解决这个问题。

第一，如果你需要使用信用卡来开一个贸易展览，或者旅行、做广告，确保能真的还清债务是个不错的主意。要知道如果利息和每月还款总量过高就会成为资金流动问题。因此，要在你的现金预算中将此问题考虑进去。如果应收款收回得太慢，做一个计划，访问拖欠账款的账户并为了更早还款为他们提供折扣。定期跟进这些账户有时还可能加速还款。

第二，不要同时申请太多信用卡。信用局在测算你的信用记录时会将此计入考虑因素。最好是坚持使用一张合理利率的信用卡，这样就可以按时还款，并且使未来放款者很舒服地认为你可以成为一个潜在借款人。

第三，不要仅仅因为信用卡有更低的利率就不断将金钱从一张信用卡移到另一张。这也会在信用局那里亮红灯，而且会影响你的信用等级。

第四，避免公司流出任何关于债务集合的消息，指明你会摆脱所有或者大部分的债务。这通常会使糟糕的情况变得更坏，并且会使你破产或一定会毁掉你的个人或公司的信用等级。

第五，你必须不断地检查自己的信用记录。信用报告可以很容易地免费获得。仔细地检查它们确保没有错漏。研究表明，大约 79% 的信用记录存在错误，其中 25% 的错误已足够严重影响你获取信用的能力。

第六，不要为了避免偿还可能写有你的名字的信用卡债务而宣布个人破产。重新开始的能力可能对你来说是个好主意，因为你相信它能拯救你的生意。然而，消费者给公司提供资金并不是那么宽容的，并且个人破产仍会保留在你的信用记录长达 10 年之久。

最低限度是信用卡可以用于短期资金用途，但是必须谨慎利用。试图在你的预算能够及时还款的情况下利用它们。试图在任何信用卡上保持小平衡。有时要更谨慎地寻找其他短期现金资源，比如从家里借钱或是找第二份工作。在财务上负责任能够长久地使企业避免财务灾难。保持良好的预算惯例，并持续检查你的效益目标确保你能真正地承担自己引起的债务。

给创业者的建议

在阅读前文后，一个创业者朋友跑来找你给他提出一些建议：

1. 我最近注意到，在欧洲有一个贸易展览能够给我提供良好的机会，与潜在消费者接触并且在全球扩大我的生意。我现在手中缺乏支付旅程的资金。使用我刚从邮件中获得的信用卡来支付此次旅程费用并潜在增强我公司的销售是否有意义？

2. 我有第二张署自己名字的信用卡，大约是 5 000 美元额度。我是应该用这张卡还是用第二张我从邮件中获得的利率更低的卡呢？或者我是否应该将债务转移到这张低利率的卡上，然后用第一张卡支付我去欧洲的旅费呢？

3. 个人债务不是署公司的名字为什么我还要担心呢？

资料来源: Adapted from Rosalind Resnick, "Keep Your Credit Clean," *Entrepreneur* (July 2010), p. 74; J.D. Roth, "Give Yourself Some Credit," *Entrepreneur* (August 2011), p. 82; and Rosalind Resnick, "A Debt-Free Philosophy," *Entrepreneur* (October 2010), p. 118.

15.1 退出战略

每个要创建新企业的创业者都应该考虑一个退出战略。一些可能的退出战略会在接下来的段落中讨论。退出战略包括首次公开发行上市（IPO）、私人出售股票以及并购，这些在本书的其他地方已谈论到（详见第 12 章和第 14 章）。

每个退出战略都有其优点和缺点。最重要的问题是创业者在起始阶段有一个退出战略或计划，而不是等到已来不及的时候再有效实施令人满意的策略。

15.1.1   企业的代际转移

到 2015 年成百上千在婴儿潮时期出生的人会退休，这会导致在劳动力方面出现重大的缺口。这对那些寻找继承人的小企业来说会成为一个重要的问题。只有大约 60% 的企业已经有了成熟的代际转移计划。对于非常小的企业来说，这个数字可能要更低一些。在下一个部分，我们会聚焦于重要的问题，能够帮助创业者将企业转移给家族成员、雇员或外部组织。表 15-1 提供了重要的建议总结，创业者在任何转移计划中都应考虑这些建议。

表 15-1   成功计划建议

通过尽早开始为过程争取更多时间
估计公司的价值或雇用一个顾问为你做这件事
评估潜在继承者的价值，而不是评估他们是否提醒了你自己的价值所在
如果考虑家族成员，要确认他们有重要的技能和积极性去继承生意
提供过渡阶段，这样继承者可以学习做生意
为管理传承考虑备选方案，比如员工持股计划
为过渡期设置一个完成日期，并坚持下去

如果在家族里没有人对生意感兴趣，那么创业者或者卖掉自己的企业或者培养组织内的人员来接管企业是非常重要的。每个这种转移的可能性都会在下文进行探讨。

15.1.2   向家族成员转移

成功将企业转移给一个家族成员面临艰巨的挑战。家族企业协会的研究表明只有 30% 的家族企业存活到第二代，并且只有 12% 的企业存活到第三代。这些数据清晰地支持了对转移计划的需求。

一个有效的传承计划也应该与所有雇员清楚地交流讨论。这与那些可能受继承转变影响的关键人员特别相关。在将生意转让给家族成员时创建一个能够最小化情绪和金融骚动的解决方案是个不错的传承计划。

有效的传承计划需要考虑以下重要的因素：

- 在转变阶段企业所有者的作用：他是否应继续全天工作？兼职？或所有者应该退休？
- 家族动态：一些家族成员是不是不能在一起工作？
- 参与企业工作的家族成员和股东的收入。
- 在转变期间的工作环境。
- 对忠诚员工的待遇。
- 税收结果。

一家企业转让给家庭成员也可以造成员工的内部问题。这通常是因为当儿子或女儿在接管企业运行时缺乏足够的训练。一个年轻的家庭成员接管企业成功的概率会随着他较早承担各种运营责任而提高。它有利于家庭成员斡旋于不同领域的业务，得到一个总运行的好前景。其他在此部门或领域的雇员能够促进这个训练并了解他们未来的领导者。

如果创业者可以为继承者当一段时间的建议者也是很有助益的。然而，表 15-1 表明，转变的结束应该设定一个日期。虽然创业者在转变阶段当一名建议者在做企业决策时对继承者有帮助，但是如果二者个性不能相容，这也很可能导致大的矛盾。除此之外，那些在企业创建之初就跟随的员工可能会对年轻家族成员来继承企业心存怨恨。然而，如果继承者在转变阶段就组织工作，他就能通过证明自己的能力来证明自己的接管是正确的。

15.1.3　转让给非家族成员

通常，家族成员对承担企业责任不感兴趣。当这种情况发生时，创业者就有三种选择：训练一名关键员工并保持公正，保持对企业的控制并雇用管理人员，或售卖全部的企业。

将企业转让给员工确保接班人（或委托人）熟悉企业和市场。员工的经验会使转让问题最小化。除此之外，创业者可以花一些时间使转让变得更平和。

转让企业给员工的关键问题是所有权。如果创业者计划保留一些所有权，那么保留多少的问题就成了重要的谈判区。新的接班人可能更愿意拥有控股权，且原创业者作为少数股权拥有者、股东或顾问而存在。员工的财务能力和管理能力将会成为决定转让多少所有权的重要因素。在许多案例中，企业的转变或继承会花很多年的时间来满足所有利益团体的要求。有证据表明，多数创业者会一直等到来不及的时候，但在需要售卖或转让企业所有权之前很早的时候就开始此过程是很重要的。美国商业部表明，约有 70% 的成功企业都不能在第二代所有者手中获取成功。

吉姆·霍兰（Jim Holland）是零售 backcountry.com 的创始人和 CEO 之一。吉姆在 2011 年将他的公司控制权转给了公司中的长期员工吉尔·雷菲尔德（Jill Layfield）。吉姆仍然在公司工作，但他鼓励吉尔独立思考。他认为在转让其间他的经验很重要，但是当吉尔向他寻求主要问题的意见时，他经常会将最终的决定权交给他。

如果企业在家族中运行一段时间，未来更可能转让给家族成员，创业者可能雇用一个管理者运行公司。然而，找寻合适的人来用与创业者相同的方式、相同的专业知识管理企业并不容易。如果找外人管理企业，最可能出现的问题是所有者和这个管理人员在未得到企业股权承诺的情况下没有期限地管理公司的兼容性。委托中介公司能够在这个寻找过程中提供帮助。对工作有个良好的定义描述对帮助寻找合适的人是很重要的。

在非家族企业的情况下，传承计划可能会采取稍微不同的方法。在这些企业中，关键的高级管理者或管理团队可能会将权力下移或离开公司。因为企业中没有家族成员，可能就需要考虑来自外部资源或内部资源的替换。对于合伙经营来说，这个过程可能会在合伙经营共识中被清晰地描述，并且会包括一个预先决定的选择。然而，也需要在合伙者之外寻找合伙经营的继承者。在这种情况下，比如在 S 公司或 LLC，可能只有很少数量的股东，继承者计划应考虑下面重要的问题：

- 公司的高级管理者必须致力于任何继承者计划。战略必须所有人共享。
- 拥有定义明确的工作描述是很重要的，并且恰当的界定对于满足任何或所有的职位都是重要的。
- 此过程必须是公开的。所有员工都应参与进来，这样他们才会对转让感到舒服，进而他们离开公司的可能性会最小化。

- 最后一个选择是向员工或外部的人售卖全部的企业。此选择考虑的主要问题是财务方面的，这就需要会计人员或律师的帮助。这个选择也要求企业价值的评估（详见第12章）。

15.2　售卖企业的选择

创业者售卖企业有一定的选择权。有些方法直截了当，还有一些涉及复杂的财务政策。每一种方法都应该仔细地被考虑。

15.2.1　直接售卖

这可能是售卖企业最常见的方式。创业者可能决定售卖企业，因为他想转去做一些新的工作，或单纯地决定退休。售卖给更大的公司能够注入更多需求资金，也能为企业成长提供机会，到达更大的市场。如果创业者决定售卖企业，但是并不需要立即售卖，在这个过程中应该考虑以下战略：

- 如果企业聚焦于一个狭窄的、定义明确的细分市场，则企业会变得更有价值。也就是说，在小市场中拥有大的份额比在大市场中拥有小的份额要更有价值。
- 创业者应关注于成本可控，并聚焦于高利润与高收益。
- 使所有财务描述有序，包括预算和现金流预测。
- 准备一个企业管理文档，能够解释企业是如何组织和如何运营的。
- 评定设备的情况。最新的或当前技术水平的设备可以增加公司的价值。
- 接受税收建议，因为公司的售卖比合伙经营、LLC 或 S 公司包括不同的税收因素。
- 从关键员工那里得到机密。
- 试图保持好的管理团队，允许其与关键消费者每日接触以减小公司对所有者与消费者关系的依靠。
- 没有事先准备或计划的替代品。

任何企业售卖考虑的重要因素之一是买者会使用的付款方式。通常，买者会用基于未来利益的票据来购买企业。如果新拥有者在经营中失败，那么售卖者可能会无法收回现金，也可能收回正在挣扎生存的公司。

商务经纪人在一些例子中可能是有帮助的，因为试图真正卖出企业会花费运营企业的时间。经纪人在售卖上可以谨慎一些，可能将消息用已建立的关系网散播出去。经纪人可以从企业售卖中获取佣金。通常，佣金是 20 万美元的 10% 左右。与潜在买者的最好沟通方式是商业计划。一个 5 年的综合性计划能够提供给企业买者一个未来的前景和企业的预期价值（详见第 7 章和第 8 章）。

正如之前所说，创业者可能会发现，售卖给更大企业能够提供更多需要的资源以获取重要的市场目标。它已成为一个更普遍的退出策略，使 IPO——更传统的增长融资选择，在目前的经济环境中变得更加稀有。

察哈尔（Gurbasksh Chahal）是一个非常成功的连续创业者，创建并售卖了两家企业给更大的公司。每次，他都能利用资源从售卖一家企业到创建一家新企业。他的第一个工作单位是在他 16 岁时进入的 ClickAgents，聚焦于基于业绩广告的宣传网络。18 岁时，他将此公司以 4 000 万美元卖给了 ValueClick（一家股票并购商）。察哈尔与 ValueClick 达成了 3 年同业禁止的共识。3 年后，他创立了 BlueLithium 公司，专门从事横幅广告的用户行为分析。它追踪了网络在线用户的响应习惯。2007 年，他将此公司以 3 000 万美元现金售卖给了雅虎，并在转让阶段仍保留 CEO 的身份。2009 年，察哈尔创立了他的第三家企业——gWallet，是一家将品牌代入社会媒体的广告公司。在企业财务增长到 1 250 万美元，且同业禁止共识期满后，他将公司更名为 RadiumOne，并发起了聚焦于覆盖将社会与意向数据放到一起的广告网络。2011 年在投资者给公司评估价定为 20 000 万美元后，公司估价又增长了 2 100 万美元。

　　与之前吉姆的例子不同，那个保留了 backcountry.com 的 CEO 位子的人，将企业售卖给员工或过继给家族成员的创业者可能会依靠销售共识与新所有者接触。许多买家希望卖家能够停留一段时间以提供温和的过渡。在这些情况下，卖家（创业者）应该就聘用合同详细探讨时间、薪酬和责任的问题。如果企业不再需要该创业者，新所有者很可能请求该创业者签订一份合同，表明在特定年限中不在相同行业从事经营。这些合同在范畴上不同，而且可能需要一个律师来阐明细节。

　　创业者可能打算将企业售卖给员工时也会计划保留该企业一段时间。这可能会通过员工持股计划或管理人员买断管理权的方式实现，这就使销售只能在特定管理人员间发生。

15.2.2　员工持股计划

　　在员工持股计划（employee stock option plan，ESOP）之下，将企业售卖给员工会在一定时期内进行。员工持股计划建立了新的法律实体——员工持股信托，为未来收益而融资。融通来的资金可以购买所有者的份额，并在借款付清后将它们分配到个人员工退休金账户中。员工持股计划有使用企业现金流偿还借款加利息的义务。通常，这些员工持股计划是奖赏员工和阐明继承过程的一种方式。除此之外，员工持股计划导致了对员工的重要持股价值，促进公司的持续成功。

　　最近在美国大约有 11 500 家员工持股计划公司，其中大约有 3 000 家被员工持股计划完全所有。员工持股计划对全国 1 000 万中大约 50% 的员工负责（包括大约 10% 的私人部门劳动力）。除此之外，大约 330 家（或 3%）是公开上市公司。

　　员工持股计划有一些优点。首先，它向员工提供了一个独一无二的动机，能够增强他们在额外时间和工作中注入的动机。员工会意识到他们为自己工作，因此而致力于创新工作，为企业带来长期的成功。其次，它提供了一个机制，向那些对企业忠诚的员工给予回报，特别是在艰难时期。再次，它使企业的转让处于精心策划的书面协议之中。最后，公司能从扣除对员工持股计划的贡献或股票分红中获取优势。

　　员工持股计划起源于 1996 年通过的新法律，目前对于 S 类公司来说是可能的。然而，在 C 类公司和 S 类公司间的税收处理存在着某些重要的不同之处，因为 S 类公司具有转嫁消费者的特征（详见第 9 章）。因为根据新税法，S 类公司在员工持股计划拥有的股票部分不支付收入所得税。

　　然而，尽管员工持股计划存在有利的特点，但员工持股计划也有一些缺点。这种类型的股票持有计划的建立通常非常复杂。它需要企业的完整评估以建立大量的员工持股计划组合。除此之外，它提出了如税收、支出比例、每年大量的转让股权和大量员工的实际投资等问题，同时必须说明当计划完成时员工是否可以买卖股票的增发额。很明显，因为这种计划类型的特殊性，创业者若选择这种类型的计划会需要专家的意见。有个更简单的方式就是企业骨干员工更直接地收购该企业。

创业伦理示例　　问题中涉及了雇员、银行家和生意伙伴

当企业陷入困难，谁应知道？创业者对自己的雇员付多大责任？你应该告诉你的银行家多少？客户应该意识到你的问题吗？当企业处在破产的边缘，这些都是创业者要面对的合理而又困难的问题。

一些人可能认为他们唯一的责任是他们的家庭和他们自己。事实上，试图以最小的个人名誉和经济福利损失摆脱困境，可能使事情变得更糟。在道德和伦理上，创业者是组织的领导，而且试图避免责任将不会改善现状。

事实上，有证据表明涉及的雇员、银行家和生意伙伴可以改善状况。雇员可能接受减薪或减少股票期权以支持公司，并努力使公司好转。银行家可以是你财务上最好的朋友，建议节省资金的方法并增加更多的现金流。在危机中，你的客户和供应商可以通过提供所需的现金以支持公司好转。一个例子是花光所有现金来生产连锁超市卖的产品的创业者。与揭示情况的重要顾客的会议将带来简单的解决方法。超市欣赏创业者的诚实并同意预付所有的订单，因此将会有足够的现金生产产品。

创业者需要考虑最初使得他成功的员工所做出的贡献，因此，最好的解决方式就是让员工参与。获取帮助远比采用自私的不道德的行为要好得多。诚信是最好的策略。

15.2.3　管理层收购

可以想到，创业者只想把公司卖给或移交给忠诚、重要的雇员。尽管早些时候描述的员工持股计划可能相当复杂和昂贵，但是创业者可能找到更合适的继任者会直接出售企业。

管理层收购通常涉及以预定价格直接出售。这将会与卖房子相似。为了确定价格，创业者将对所有资产进行评估，然后从过去收益中评估商誉价值。

将企业卖给关键员工可以付现，或者它可以以其他任何方式支付。如果企业的价值是巨大的，那么现金销售是不可能的。企业的销售可以通过银行完成，或者创业者同意票据付清。当创业者处在下面描述的情况时更希望采用这种方式，即销售收入在一个确定的时间段上进行分摊，从而增加了现金流，减少了税负的影响。出售公司的另一种方法是使用股票作为支付方式。购买企业的管理人员向其他的投资者出售没有表决权或有表决权的股票。然后这些资金用作公司的全额或部分支付款。其他的投资者有兴趣购买股票或银行愿意向管理人员贷款的原因是，企业拥有相同的管理团队并且它已经沿着正常的经营轨迹继续运作。

转交或出售企业的别的方法是通过公开发售甚至是和别的企业的合并。这些话题在第14章已经讨论。在决定恰当的销售策略之前，创业者应该寻求外部者的建议。每一个情景都是不同的，并且实际的决策依赖于创业者的目标。之前方法的每个历史案例也可以借鉴以能够有效地决定在给定情景下哪种选择是最佳的。

15.3　破产概述

在许多新创企业中，失败是很常见的，尤其是在当今全球经济环境不景气，伊拉克和阿富汗战争以及持续的反恐斗争的情况下。美国小企业管理局资料显示，大约一半的初创公司在第一年就失败了。对于创业者，这些失败是个人的悲痛。在公司运营中如果创业者更多地关注某些关键因素，那么很多失败是可以避免的。既然它出现了，那么重要的是理解在破产中涉及的问题，甚至在稳固的财务基础之上，这是个通过破产选项以使公司得以恢复的机会。

在 2005 年国会收紧破产法律之前，每年大约有 160 万家企业破产。2006 年，总的破产申请下降到大约 618 000 家，这是新法律的明确反映。然而，从 2006 年开始，这些备案明显增加，这是全球经济不景气的结果。2010 年，总的申请又接近约 160 万家，超过业务申请量（56 000 家）。而 2009 年总的申请是 147 万家，2008 年总的申请仅仅是 112 万家。2011 年，业务申请比 2010 年少了约 12%。然而，值得注意的是许多非业务申请可能是所有权失败、合伙关系失败或家庭企业失败的情况。同样重要的是理解企业破产和非企业破产申请，稍后按章节将会更加详细地解释。

最常见的破产类型是破产法中第 7 章的清算，它在 2011 年大约占了总数的 70%。破产法第 11 章提供了企业重组的机会，准备一个新的商业计划（被法院认可），之后随着时间和新目标的完成，回到正常的商业运营。2011 年，这些破产约占总业务申请的 21%。剩下的企业破产（约 9%）在破产法的第 13 章，它允许债务人在商定的分期付款计划中偿还。

在过去几年，当企业面临不景气的国内和全球经济、增加的竞争和企业增加的成本，破产是一个已刻在许多创业者脑海中的术语。正如前面所叙述的，破产可能并不总是意味着企业的终结，因为根据破产法第 11 章，它可以给创业者提供一个重组的机会，或与另一家公司合并。因为企业的性质或产业的特性，每一个破产申请的结果可能完全不同。下面的一些例子描述了从破产申请中出现的不一样的结果。

尽管破产法第 11 章允许公司重组并再次运营，但是考虑到 2005 年写入法案的新的限制，仍有一些外在制约。2008 年 2 月，The Sharper Image 归到了破产法的第 11 章的例子。它的目的是关闭 184 家商店中的 90 家以节省重要的运营成本。然而，因为新法律缩减了破产时间，适用破产法第 11 章的公司可以在法院控制下存续，但 The Sharper Image 的管理层没有足够的时间资助剩下的商店，所以公司反而选择清算剩余的一些资产的价值。另外，比如 Wickes Furniture、Whitehall Jewelers 和 Bombay Company 也有相似的经验。明显的是，新的时间限制对零售商尤其苛刻。

2011 年，一家纯电动车制造商 Think Global AS 被加雷维奇（Boris Zingarevich）收购，他是一个成功的国际技术创业者。在不能筹到更多所需资本之后，The Norwegian 汽车制造商依据破产法第 11 章宣布破产。然而，因为它的财务问题不能解决，公司只能准备出售并吸引了许多潜在投标人。投资运作基于俄罗斯的 Zingarevich 是成功的投标人。在赢得标的之后，Zingarevich 与一个重要的汽车电池制造商签署了合伙协议。他相信有了这个合伙关系并具有欧洲顶级汽车工程技术，新公司将会在世界市场上具有竞争力。

2004 年 2 月，当 Ground Round Grill & Bar 宣布申请破产时，灾难袭击了 72 家连锁店。依据连锁许可协议，连锁店归当地业主所有。这家公司拥有 59 家餐馆，成立于 1969 年。这家餐馆是休闲餐饮行业的先驱，但是现在面临着 1 000 万～5 000 万美元的无担保债权人的债务。一些餐馆的出售已提供了部分资金，但是当融资被延迟并且公司拖欠贷款时，幸免于破产的任何其他餐馆都碰到了钉子。然而，加盟商做出了快速、创新的决策，决定重组成一个合作社。以这个新组织的名义，他们能够筹集内部和外部的资金以从破产法院中买回商标。2011 年年初，合作社宣布在还完最后的银行付款后，它已经解脱债务。现在，合作社在 13 个州运营 30 家餐馆。合作社新的商业模式似乎以一些原始连锁店所有者的形式成功运营，并且现在又开了新的餐馆。

Bankrate 是能够幸存于网络泡沫破灭的少数网络股。在 1999 年 5 月以每股 13 美元首次公开发行之后，2002 年 8 月其股票跌到了每股 1 美元。自从那个低点，公司做出了完全的转变，这主要得益 Elizabeth DeMarse 的领导。公司网站列出了比较的费率表和有关 100 项比如抵押、信用卡、汽车贷款和货币市场等金融产品的费用信息。然而，它的大部分收益来源于网站上的广告积累。现在，在新的领导下，公司用其网络，如 Interest.com、Mortgage-calc.com、Nationwide Card Services 和 Savingforcllege.com，强化了产品系列。目前其收入已经达到了超过 3 亿美元的新高，但也有不一致的较小的亏损。

一些可以从经历过破产的公司中吸取的教训：
- 许多创业者花费太多的时间和努力在他们缺乏知识的市场中多样化。他们应该只集中在已知的市场。
- 破产只保护创业者免受债权人的进一步困扰，而非竞争者的挑战。
- 很难把创业者从企业分离。创业者将其所有都投入到公司，包括担心员工的未来。
- 许多创业者直到很晚才考虑他们的生意将要失败。他们应早些提出破产计划。
- 破产是情感上的悲伤，但在破产后去掩饰是个大错误。破产需要和雇员及涉及的其他人分享。

正如前面的例子所暗示的那样，破产是重要的业务并需要一些申请者的理解。1978 年破产法（1984 年和 2005 年进行了补充修正）的设计是为了确保对债权人公平的资产分配，保护债务人免受不公正的资产损失，并保护债务人免受债权人不公平的要求。对于接近或处在破产位置的公司，破产法案提供了以下三个选择：重组，《破产法》第 11 章；延期付款，《破产法》第 13 章；清算，《破产法》第 7 章。所有方法都是用来保护有麻烦的创业者并提供合理的方法来组织对债务人的支付或结束企业。

15.3.1　重组

对于一家要破产的企业而言，这是一个不错的选择。在这种情况下，法院试图给予企业喘息的机会以偿还债务。通常，这种情况的结果是企业有了现金流问题和债权人开始用诉讼向企业施压，经过一段时间，创业者感觉到企业变得更有偿还能力并可以满足债务需求。然而，正如在本章之前讨论的例子中我们所看到的，有关在法院控制下公司可以继续运营的新的时间限制已经使得零售业中公司的有效重组尤其困难。然而，公司仍对重组感兴趣，因为在这种选择下有机会变得有偿还能力从而寻求保护。

一个主要的债权人、任何有利益的一方或一群债权人通常将此诉诸法院，将准备一个重组的计划以表明企业将如何回转。计划将把债务和所有者利益分为两部分：受计划影响的人和不受影响的人。它将详细列举谁的利益受影响及如何付款。

　　一旦计划完成，它必须由法院同意。现在所有的破产由美国破产法院处理，它的权利由1984 年的破产修正案和联邦法官法案所调整。计划的同意也需要所有债权人和所有者同意遵守递交给法院的重组计划。在重组计划中做出的决策通常反映下列的一项或几项：

　　（1）延期。当两个或更多的主要债权人同意延后任何要求时，可以延期。这会刺激小的债权人也同意延期计划。

　　（2）替代。如果企业未来的潜力看起来足够有希望，它可能为了存活而以股票或别的资产抵押债务。

　　（3）比例结算。将债务按比例分配给债权人作为其任何债务的结算依据。

　　尽管对于申请破产的企业，只有 20% ～ 25% 能够通过破产这个过程，但是它确实提供了一个找到治愈公司问题的机会。一些这样的问题是可以解决的，如果没有《破产法》第11 章的保护，这些 20% ～ 25% 的企业将不会有机会成功。同样值得注意的是，一些通过这个过程的公司经常发现它们不能成功而必须清算或找到买主。

　　有一些不同的原因可以解释为什么公司不能因第 11 章中的破产重组而成功。在申请前，一些公司等得太久，别的公司面临着不景气的市场、激烈的竞争或正如目前的情形——不景气的世界经济。甚至行业可以被不景气的市场状况和激烈的竞争所影响。例如，在美国，因为疲乏的经济及来自中国的激烈竞争，替代或清洁能源市场上许多企业正经受着破产。因为 Solyndra LLC 主要依靠接近枯竭的政府补贴，所以它是一家可以得到《破产法》第 11 章中提到的清算的大量补贴的加州太阳能公司。它裁掉了 1 100 名工人，并处在补贴钱使用的调查中。在同行业，马萨诸塞州的几家公司也经历了破产问题。Evergreen Solar Inc. 曾经是一家价值超过 10 亿美元的新创企业，不得不完成以净价仅 3 400 万美元的资产破产拍卖。因为补贴耗尽且中国以提供很低价格的产品来强化它的国际化营销，所以别的企业难以从破产获益。然而，尽管有这些失败，风险投资者仍然以正确的产品系列和独特的技术而将这个行业视作投资的主要行业。

《商业新闻》　　　　　　　**人体动能发电机的电梯演讲**

　　你先前的合作者，是一家非常成功的新创企业的投资者，给你打电话问你是否有好的投资项目。他刚刚套现了一家非常有利可图的企业，并筹集资金进行再投资。你知道他喜欢远足，在考察过下面这家新创企业之后，你认为这可能是一个好的项目，可以提交给先前的合作者。你怎样认为？

　　阿伦·勒米厄（Aaron Lemieux）喜爱远足但总是抱怨他为手机、iPod 和其他电子产品而需要携带额外的电池。之后有一天他想到试图获得一个人从远足中放出的所有能量。当时勒米厄是一个机械工程师，受聘于一家管理咨询公司。他认为这个想法是非常可行的，于是他说服他的妻子同意他辞去管理顾问的工作。他掏空自己的积蓄，并用这些钱开发产品原型。他的最初原型重 11 盎司，相当于智能手机的 2 倍长。这个装置从人的行走中提取能量，并把它转化为 2.5 瓦的电，这对于短期内为任何电子产品充电来说足够了。

　　2007 年，他成立了 Tremont Electric 公司并开始从朋友、家人和当地银行筹集资金以建立起制造和营销环节。他大约花费了两年的时间使得所有事情就绪，并在 2011 年中期，公司开始接到定价 159 美元的订单。公司的目标人是背包旅行者或行动中的没有足够机会充电的人。

公司表明，26 分钟的步行通过一个 USB 端口，1 分钟足够完成 3G 智能手机的充电。在未来，预测便携式电池和燃料电池制造商将会对这种独特的技术感兴趣。

资料来源：Rachel Z. Arndt, "America's Most Promising Startups: Tremont Electric," www.businessweek.com/smallbiz; http//www.wired.com/gadgetlab/tag/npower-peg/; and Jefferson Graham, "Talking Tech at CES: Recharge Devices Naturally with nPower PEG," January 5, 2011, www.usatoday.com.

　　总体上，创业者有忽视破产警报信号的倾向。这些信号可能被回避或忽视直到出现紧急事件，如现金不足。在目前不稳定的全球经济中，这个问题变得更为明显，正如我们在给出的例子中所看到的。留意任何预警信号是非常重要的，可以给予创业者机会来制订一个新计划和供选择的战略。

15.3.2　幸存于破产

　　幸存于破产最明显的方法是完全地避免它。然而，既然破产变为如此常见的事情，那么对于创业者来说有一个破产计划是有用的。下面给出一些如何从破产困境中生存下来的忠告。

- 破产可以当作谈判的筹码以允许创业者自愿地重新构建和重组企业。
- 在企业花光现金或没有收入前申请破产，可以支付不受破产保护的费用。
- 不要申请破产法第 11 章的保护，除非企业有一个合法的恢复机会。
- 准备好文件，以便债权人检查过去 12 个月所有的财务交易（债权人防范债务人欺诈）。
- 维持良好的记录。
- 完全理解这种针对债权人的保护是如何进行的并弄清保持它需要什么。
- 如果存在任何诉讼，那么把它交给破产法院，那里对于创业者来说是一个有利的论坛。
- 努力准备一个实际的财务重组计划。
- 听取一些建议并准备好破产所需的证据是任何人能给创业者的最好的建议。准备将会避免不利的情况，并能增加成功走出破产的可能性。

15.3.3　延期付款计划

　　自 2005 年 10 月 17 日起，创业者申请按照《破产法》第 7 章破产更加困难。在 2005 年 4 月写进法律的破产法的改革是基于一个人有义务偿还一些他的债务的论据（《破产法》第 13 章），因此，这些改革使得通过申请破产走出债务更为困难。在这个新的法律条款下，个人需要在申请破产的 6 个月内获得信用咨询并采用经济情况调查以确保是否符合《破产法》第 7 章或 13 章。经济情况调查表明，如果他们的收入达到或超过全国人均收入，那么这些人不能按照《破产法》第 7 章申请破产。

　　在《破产法》第 13 章的条款下，个人可以在法院的监督下制订一个 5 年的还款计划。在每个案例中，法院指定的受托人接到来自债务人的钱，并有责任对所有债权人做出预定的还款计划。这种改革比旧的法律条款更受债权人欢迎。唯一的问题是，根据破产协会的报告，大约 2/3 的按照第 13 章申请破产的人最终不能履行他们预定的义务，这样就导致了按照破产法第 7 章申请破产的情况。

现在的研究体现了这些改革的综合结果。美国企业研究所最近发表的研究宣布个人或企业破产的创业者能够在没有许多困难或限制的情况下，建立新的企业。这些重新构建的公司的盈利能力和那些从来没有宣布破产的公司一样强。然而，研究同样报告了宣布破产的创业者在贷款时有更多的困难或必须付更高的利息。他们能够恢复并通过找到别的途径来获得高的利润率，使新公司筹得资金。然而，问题仍然是，对于创业者从破产中恢复，改革使得它更加容易还是更加困难。

15.3.4　清算

破产的最极端的情形是要求创业者自愿或者不自愿地将企业所有的未予豁免的资产进行清算。

如果创业者根据《破产法》第 7 章的要求提交一份**自愿破产**（voluntary bankruptcy）的申请书，那么会形成一个他的企业破产的决定。通常法院会要求提交一个当前的收入和费用报表。

表 15-2 总结了一些在**非自愿破产**（involuntary bankruptcy）申请时重要的问题和要求。正如表 15-2 中所列出的，非自愿破产可能会非常复杂并需要很长的时间来解决。然而，如果没有希望从这种情况下恢复，那么清算是创业者最好的选择。

表 15-2　在《破产法》第 7 章下非自愿破产的清算

要求	债权人的数量和要求	创业者的权利和义务	受托人
当债务到期时没有付清	如果有 12 个或更多的债权人，至少 3 个无担保，债权共 5 000 美元需要签申请书	如债权人申诉债务人欺诈，其损害可能得到补偿	由债权人选出，临时受托人由法院指定
在 120 天申请期内指定管理人	如少于 12 个债权人，1 个无担保，债权至少 5 000 美元，需要签申请书	如果自愿申请被法院驳回，成本、费用和损害需要得到补偿	变为由所有财产的法律意义上的所有者考虑不免责或清算
当所有资产的公允价值小于债务，考虑破产。这叫作资产负债表测试	索要债权的证据必须在第一次债权人会议后的 90 天内提出	需要列出债权人，给出目前的收入支出表，提交法庭	可以驳回申请，在特定条件下转移财产给债权人

15.4　重组中的战略

一般，在《破产法》第 11 章下的重组或在第 13 章下的延期付款计划需要很长的时间。在这期间，创业者可以通过在准备计划中带头，把计划卖给有担保债权人，与债权人沟通，不要写不能兑现的支票来加速过程。

加快破产过程的关键是使债权人了解企业是如何运作以及在过程中强调他们支持的重要性。提升创业者对债权人的信任将会有助于企业走出财务困难。但是试图与债权人面对面开会议事通常导致混乱和敌意，所以这些会议应避免。

对于创业者，破产是最后的手段，应该尽一切努力避免它并保持企业运营。

15.4.1　保持企业继续经营

并不是所有的破产都有不利的结果。Ground Round Grill & Bar 和 Think Global AS 幸免

于破产，并在新的所有权和战略变革下合并。

任何创建企业的创业者应该注意也必须从别人的错误中学习。有一些要求，可以有助于企业的运作并减少失败的风险。我们不能保证成功，但我们可以学习如何避免失败。

表 15-3 总结了一些关键的因素，它们可以减少企业失败的风险。不论企业的规模和类型，创业者应该对这其中的每一个问题都保持敏感。

表 15-3　保持新企业运行的要求

- 当企业成功时，避免过度乐观
- 总是用清晰的目标准备好的营销计划
- 进行现金预测并避免资本化
- 保持较高的市场份额
- 确定能够把企业放在合适的压力点

许多创业者对他们的能力有自信，对于在他们的领域中取得成功持肯定态度。他们在自己的公司里通过实施新战略和方向适应变化的市场情况以在别人可能失败的地方取得未来的成功。这种方法的两个例子是伊莱（Eli）和谢里·古罗克（Sheri Gurock）、亨德里克（Hendrik）和洛雷蒂·沃斯鲁（Lorette Vosloo）。在马萨诸塞州的社区里，伊莱和谢里·古罗克发现他们社区里的两家大名鼎鼎的玩具店关门了。他们相信他们可以成功开设一家社区玩具店，里面还可以提供各种各样的婴儿衣服和婴儿必需品。他们想让来这家店（名为 Magic Beans）购物的即将为人父母的人，产生这是个买玩具的好地方的想法。另外，尽管玩具销售非常趋向于季节性，但是婴儿必需品的销售会创造全年的很好的商业环境。他们强调的这是一家有超值跟进服务的社区企业使得他们在销售中扩张到了 4 家店面，拥有 34 个员工及 1 个有效的网站，估计每年有约 300 万美元的净销售额。

亨德里克和洛雷蒂·沃斯鲁正在寻找新的业务。他们对他们参观过的一家名为 Cork and Olive Store 的美味葡萄酒和橄榄油店感兴趣。最终，他们决定买下经销权。大约一年之后，授予特许经营者出现了财务问题，以至于亨德里克和洛雷蒂·沃斯鲁想销售最好的葡萄酒和任何新的商品都没有货源。当授予特许经营者宣布按第 11 章破产时，亨德里克和洛雷蒂·沃斯鲁决定依靠自己继续经营。他们保留了名字但是进行了重组，购进了更好的葡萄酒并举办了更多的品酒会。他们经过一年的努力后，之前的授予特许经营者把所有权卖给了另一个团队，并希望使其最终免于破产。然而，重组没有持续，授予特许经营者宣布按第 7 章破产。尽管亨德里克和洛雷蒂·沃斯鲁作为特许经营者失去了主要的定价优势，但是他们决定增加另一个收入来源，举办了一个葡萄酒品酒会并附赠美味的食物。这家新公司在困难的经济中幸存下来，乐于并能尝试新的策略以使企业更为成功。

在这些例子中的创业者识别出制定不同战略或面临失败的可能性。在第一个案例中，需要的是开发一个独特的混合产品，它将有助于建立良好的商店形象。在第二个案例中，创业者意识到他们需要独自继续经营，即使在授予特许经营者按《破产法》第 11 章宣布破产时。随着新的战略的开展和公司的重组，即使在授予特许经营者最终不得不以《破产法》第 7 章进行清算的情况下，他们幸存了下来。在本书的第 8 章，我们看到了市场营销计划的重要性，以应对上文描述的情况的出现。

对于创业者，好的现金预测也是重要的考虑因素。对于一个创业者，现金流问题是不得不宣布破产的主要原因之一。这样，为了准备现金预测，创业者应该从会计、律师或如小企业管理局这样的联邦机构寻求帮助。这样可以避免形势到达无法挽回的局面。

许多创业者回避搜集有关市场的充分信息（参见本书第 7 章）。对于任何创业者，信息是重要的资产，尤其是关于未来市场潜力和预测立即可获得的市场份额。创业者经常试图猜测市场将会发生什么，而忽视了变化的市场。这可能意味着灾难，尤其当竞争者对市场变化反映更加积极的时候。

在新创企业的早期阶段，创业者意识到临界压力点是有用的，也就是说，当企业规模变化时，这些点要求新的生存策略。早期销售的快速增长可能会导致误判，以至于企业发现自己扩大生产规模，与供应商签署新的合同或增加存货，将导致利润缩水、放债过度。为了摆脱这种情形，提高销售价格而降低质量标准最后将导致更低的销售量，这便成了导致破产的恶性循环。

压力点可以从销售量上鉴定出来，比如意识到 100 万美元、500 万美元、2 500 万美元的销售额可能代表着一个在重大资本投资和运营费用方面的关键决策标志，雇用新的重要人员。创业者应该了解不同销售量下带来的资本投资和运营费用的负担水平。

15.4.2　破产的预警信号

创业者应当对企业和环境中的一些信号保持敏感性。这些信号可能成为破产的早期预警。通常，创业者没有意识到事情的发展或者不愿接受事情的不可避免性。表 15-4 列出了一些关键的破产早期预警信号。一般来说，它们都是互相关联的，一个信号的出现经常意味着另一个信号也会出现。

表 15-4　破产预警信号

- 财务管理松弛，以至于没有人能够解释钱是怎么花掉的
- 董事不能够提供那些重要交易的文件，也不能解释这些重要交易
- 由于糟糕的现金流量状况不得不给予顾客很大的折扣，促使其尽快付款
- 为了获取现金，低于常规价格的合同也会被接受
- 银行贷款有附加条件
- 核心人员跳槽离开企业
- 缺少原材料，无法满足订单的要求
- 没有支付税费
- 供应商要求以现金付款
- 顾客关于服务和产品质量的投诉增加

例如，当财务管理工作松懈时，就会有一种不惜一切代价以获得现金的倾向，比如降低价格，压低供应商的供货价格以达到订单要求的价格，或者解雇重要的人员如销售代表。一家针对中小型企业的办公家具公司向我们演示了这种情形是怎样发生的。企业的高层管理人员认为减少库存是最重要的，把增加销售量（而不是销售额）作为销售代表能否获得佣金的标准。这样做导致了销售代理人每次可以把价格直接降低到成本以下来促销，即使这样，他们一样能够拿到佣金，但卖出的价格已经低于成本了。长此以往，这家公司最终损失了巨额资金，不得不宣布破产。

当创业者看到表 15-4 中的任何一个破产预警信号时，就应当立即寻求注册会计师或律师的帮助。为了改善企业的现金流，提高企业的盈利能力，要立即进行经营整顿。通过这种方式防止破产仍然是有可能的。转变策略将稍后在本章讨论。

15.5　重新开始

破产和清算对创业者来说并不是其事业的必然结局。我们可以在企业发展过程中发现许

多在最后成功之前经历过许多失败的创业者的例子。

在吉尔·波登（Gail Borden）的墓碑上写着："我多次尝试都失败了，但是因为没有气馁继续尝试才有了最后的成功。"他的一个最早的发明是水陆两栖车——可以同时在陆地上或水面上行驶的车。但他设计出来的两栖车，首航就以沉没而告终。波登还有其他三项没有获得专利权的发明，第四个发明取得了专利权，但是最后由于缺少资金和销售状况不佳而破产。然而波登是个执着的人，他确信他的真空浓缩工艺过程会成功，这一过程能够延长牛奶的保存期。在他 56 岁的时候，波登凭借这项工艺获得了首次成功。

历史上，许多著名的创业者在最终获得成功之前同样经历过多次失败。梅西百货（Macy）的罗兰德·赫塞·迈西（Rowland Hussey Macy）、国家音像（National Video）公司的荣·伯格（Ron Berger）以及托马斯·爱迪生等都是曾经经历过一次次的失败后获得成功的创业者的例子。

关于创业者的性格特点，我们在第 3 章中已经有所讨论。在那一章我们知道创业者即便失败以后，仍倾向于继续创建新公司。有证据显示，他们会从失败中学习经验，并且投资者通常支持有过失败经验的人，并假设他不会再犯同样的错误。

一般说来，经历过失败的创业者，通常倾向于对市场研究、能够转化的初始资本和经营企业的技巧有更深入的了解和重视。不幸的是，不是所有的创业者都能从他们失败的经验中学到这些技巧，许多人仍然会再次失败。

然而，当寻求风险投资的时机成熟时，过去经营企业失败的经历并不一定就是耻辱的标志。尽管随后的新企业在经营过程中会显示出过去的记录，但是细心的创业者会对失败发生的原因以及如何在未来的操作中防止失败做出解释，以恢复投资者的信任。我们在第 7 章中讨论过，企业创业计划书将有助于向投资者宣传企业的计划。正是在创业计划书中，创业者才能在即使经过多次失败之后，也能够说明这次创业将会取得怎样的成功。

15.5.1 失败的现实

不幸的是，失败确实会发生，但不一定是最终结果。许多创业者可以扭转失败的局面，这种能力也就是我们一直在文中提到的那些创业者与生俱来的特性之一。既然失败可能发生，那么有些失败发生时重要的考量也需要提及。

首先，并且也是最重要的，就是创业者应该与自己的家人先进行探讨、磋商。尽管创业者面临破产已经很艰难了，但是他的配偶更加艰难。问题会发生是因为在一般情况下，除非是一家家族经营模式的企业，否则配偶是不能控制企业经营的。这样，配偶对于潜在的破产威胁毫无察觉。因此，当破产发生的时候，创业者应该做的第一件事就是向配偶解释当前的情况，这种讨论也能帮助创业者减缓由破产所带来的压力。

其次，创业者应该从外界专业人士、朋友或者商业合作伙伴那里寻求帮助。即使这些人并不能都对你表示同情，但你可能会从这些人当中得到帮助。比较专业性的帮助一般来自中小企业局、大学、高级陆战队退休高管和小企业发展中心。

最后，在失败的局面无法挽回的时候，及时终止企业也是一种非常明智的选择。把花费在尝试拯救濒临死亡的企业上的投入可以看作一种机会成本，这是很合理的；将时间花费在重新开始或者做别的事情上可能会显得更有效率。如果扭转局面重新开始是有可能的，聪明的做法就是制定一个时间表；如果你计划的扭转局面的工作没有在规定时间内完成，则应直接终止现有企业。

15.5.2 扭转企业的经营状况

本章我们讨论了很多企业扭转经营的案例，比如在本章开篇提到的 Kabloom 案例。它们都面临销售收入下滑的问题，最后都破产或濒临破产。

在企业的生命周期中，创业者总会遇到一些挑战。这种现象可能是一些外部因素导致的，主要包括宏观的经济环境、竞争者、顾客的需求变化、技术以及一些如战争、恐怖主义、天气等不可抗力的因素；也可能是自己造成的，比如管理不善。这些内外因素可能会导致企业经营状况不良而破产或者需要重组来实现企业经营局面的扭转。扭转不良局面可能有很多路径，有一些基本的原则和方法可以帮助创业者应对不良局面。

应对不良局面，最重要的就是创业者要意识到表 15-4 中的破产预警信号。然而，对预警信号的识别并不能解决问题，但它是我们接下来要讨论的原则的重点内容。如果创业者感觉到不足以应对这些预警信号，那么我们推荐他向专业的注册会计师或律师进行咨询。还有一些专门的咨询公司提供针对各种规模的企业改善经营管理的服务。创业者可以简单地在网上搜索它们，进而向它们进行咨询。企业财务委员会和企业转机协会也能在这种情况下提供支持。

想要成功扭转破产局面，第一条准则（从我们所有之前讨论过的案例中反映出）就是亲自进行激进的管理。在所有这些案例中，领导力最初都集中于与所有的员工见面和交流。这种高透明的策略对于鉴定造成破产威胁问题的根源非常重要，并能获得外部支持以帮助企业从破产危机中走出来。创业者需要让所有的员工把注意力集中于如何让企业重新回到市场、财务稳定的位置，并希望这能带来管理水平的提高。创业者需要坦诚地面对所有员工，让他们认识到自己以及企业所处的状态，找出需要解决的问题。从历史上看，在这个阶段不管是管理层的缺乏还是长时间管理的围困都是不够有效的。

第二个准则就是必须有计划。本书前面章节中讨论过，任何计划进程必须至少包括三个基本问题。在这里，制订扭亏方案的计划同样需要这三个问题。计划的第一步是要着手于商业现状并且要弄清楚问题所在。这解决了分析情境，或是"我们在哪里"的问题；任何计划的第二步都是回答"我们要去哪里"的问题，由于创业者已经明确扭转企业现状的发展目标，因此计划就变得非常重要。另外，让组织中的每个人都要通过节省开支、提高效率、提高服务质量和运用策略增加销售量来寻找机会，改善企业现有的市场和财务状况。

扭转过程的第三步也是最后一步，就是行动。这和我们说的计划进程的第三个问题是相关的，也就是我们所说的"我们如何达到目标"的问题。这个计划应该包含富有冒险精神的、正确的行动，而当前时间非常紧迫，你应该或者避免破产，或者向债权人、破产法庭证明，你有能力让企业回到正常轨道。在这一步上，如果创业者把握不好，建议去寻求扭转企业咨询师的支持来完成。

◘ 本章小结

本章讨论了企业需要考虑的退出策略，包括：找到企业的继任者、全部或部分卖出企业、宣布破产。所有这些可能的情景都是真实并普遍存在于小企业中的。因此，为了做好准备，创业者应该了解这每一个问题并准备好退出计划，以防为时已晚。在创业者的退出策略中，一种方式是企业的移交。如果企业是由家族持有的，那么创业者可以找一个家族成员来继承企业。在没有家族成员可以移交的时候，其他选择包括将企业的部分或者全部移交给员工或局外人，或者雇用一个局外人来管理企业。另一种退出方式是企业的出售，其中直接出售企业、员工持股计划或者管理层收购都是创业者销售企业的一些可选方案。这些都是创业者的退出战略选择并需要及早计划，这样可以将损失降到最低。

尽管所有创业者的意图都是建立一家长期的企业，但是许多问题会造成这些计划的失败。由于接近半数的新创公司在其成长的 4 年之内都以失败告终，所以对于创业者来说，了解终止企业的方式或者能够扭亏的办法是非常重要的。

破产为创业者提供了三种选择。在破产法第 11 章中所阐述的 1978 年制定的破产法（分别于 1984 和 2005 年进行了两次修订），企业将按照法律允许的计划进行重组。在这种计划下，创业者有机会扭转企业的财务状况，并以新的战略回归市场。

破产法第 13 章中的破产法案为掩盖突出的债务提供了一个延时偿还的计划。2005 年修订的法案使这一特定选择更加趋向于第一选择，这个选择必须在创业者申请清算前已消耗殆尽。法庭认为人们应该要求偿还他们的债务，因此，这项修订使得按照破产法第 7 章进行企业清算更加困难。如果人们不能获得延期的赔偿，那么清算，不管企业是否自愿，都将是最终选择。

维持企业的运转是所有创业者的首要意图。避免过度的乐观，准备良好的市场营销计划，制订良好的资金计划，把握市场变化，对企业经营中的压力点保持敏感等做法都将有助于维持企业的运转。

创业者同样也要对于那些潜在问题的关键预警信号保持敏感。财务管理上的松弛、贴现获得的现金、关键员工的流失、原材料的匮乏、拒付的工资税、供应商以现金支付的要求以及顾客对产品和服务质量投诉的增多等诸多因素都是导致破产的一些预警信号。如果公司最后失败了，创业者就应该考虑重新创业。经营失败可以作为以后创业积累经验的一个学习过程，这已经被众多在经历多次失败之后才取得成功的知名创业者的经历所证明。

调研练习

1. 找到三个创业者的档案资料，其中记载了他们在经营不善公司的经验和经历破产的过程。他们的经验有哪些相同之处，又有哪些不同点？情感是否发挥作用？创业者是否从中吸取了教训？

2. 采访一位家族企业的成员，深入理解我们前面所说的关于家族企业管理的问题，尤其是与继承者相关的问题。

3. 描述一些人或者事物，他们现在就在你身边，但是以后会不可避免地离开你，那时你会是什么感受？这种感情在你做其他相关事情的时候是如何影响你的行为的？你是如何战胜你的负面情绪的？当创业者自己亲手创建的企业即将失败的时候，你认为创业者将在何种程度上控制这种情感？

课堂讨论

1. 如果你的家族企业经营得非常好，那么将企业移交给下一代子女时，会顺利吗？会不会有冲突或伤害感情的可能？什么样的继承方式是公平的？

2. 你认为应该改变法律来为创业者营造更好的环境进入并从破产中恢复吗？你的答案对当今的创业者、债权人和国内经济有什么启发？

3. 创业者在决定是否宣布破产时面临哪些问题？

4. 下面的角色扮演要求你完全像当事人一样去思考和作为。

- 一个学生作为创业者准备一个演讲，通知员工公司经营不善，明天将关闭；其他同学作为员工因担忧自己失业而做出反应或提问。

- 在小组中，模仿一个失败的创业者与他的朋友进行交流，创业者表达自己的负面情绪，而他的朋友给他一些建议，如何尽快适应现在的情况。

选读资料

Driscoll, Suzanne. (Spring 2011). Ten Ways Your Succession Plan Can Go Wrong. *Family Business*, vol. 22, issue 2, pp. 16–19.

This article identifies ten important factors that can cause problems with a succession plan. Advice is offered as to how to avoid these issues. Some of the issues identified were failure to consider the viewpoint of all parties, failure to give control to successor, automatic designation of son or daughter as successor, and failure to consult family members.

Finnell, Kelly. (July 2011). The ESOP Boom in Succession Planning. *Employee Benefit Advisor*, vol. 9, issue 7, pp. 50–56.

This article explains how an ESOP operates, how stocks are handled, and what tax advantages might exist now that the U.S. Congress is creating new tax incentives for businesses who use the plan.

Gerlach, Christopher S. (2011). Reorganize or Liquidate? An Empirical Investigation of Post-Bankruptcy Reform Law. *Retail Property Insights*, vol. 18, issue 1, pp. 1–5.

Critics argue that the new bankruptcy law of 2005 has led to more liquidations rather than reorganizations. Supporters of the law indicate that there are other factors leading to this trend. The research reported in this article includes data from 29 countries spanning 19 years and finds that lenient and friendly bankruptcy laws are significantly correlated with the level of entrepreneurship development.

Grove, Hugh; and Tom Cook. (July 2011). Whitetrack Design, Inc. *Entrepreneurship Theory and Practice*, vol. 35, issue 4, pp. 831–48.

This is an interesting case of owners of a snowshoe manufacturing business that are contemplating selling. Their dilemma relates to whether the business should be sold now or should be operated for a while longer in order to enhance its value. The case focuses on valuation and provides some ways to assist in the valuation of a business.

Heggde, Githa; and Sunitha Vilakshan Panikar. (March 2011). Causes of Sickness and Turnaround Strategies in Public and Private Sector Organizations. *The XIMB Journal of Management*, vol. 7, issue 3, pp. 53–70.

The authors of this paper argue that there is a need to identify the cause of industrial sickness that is pervasive in both developed and developing countries. With this organizations would then be able to formulate turnaround strategies. Research examined turnaround strategy in public and private sector organizations and found that a major cause of this sickness was the external and internal organization structure.

Klein, Karen E. (April 18, 2011). Succeeding in Business after Bankruptcy. *BusinessWeek.com*, p. 1.

This article presents an interview with a recent scholar at the American Enterprise Institute. She indicates that the original notion of bankruptcy was to provide a fresh start. In the interview she points out how the bankruptcy laws can have a positive effect on entrepreneurship.

Knowlton, John. (January 2010). Building a Successful Succession Plan for a Financial Service Practice. *Journal of Financial Service Professionals,* vol. 64, issue 1, pp. 60–65.

There are important elements to consider in order to have a successful transition from one financial advisor to a successor. These elements are also beneficial to any entrepreneur thinking about a succession strategy, particularly in the service sector where clients are involved. The author maintains the importance of selection of the successor, implementing an effective transition, and even allowing the retiring person to maintain some equity.

Mercer, Christopher Z. (June 2011). Buy-Sell Agreements. *CPA Journal,* vol. 81, issue 6, pp. 62–67.

Buy-sell agreements for privately owned businesses with two or more owners are discussed in this article. It explores the importance of these agreements and discusses topics that trigger the need for these agreements such as death or departure of one or more owners. Recommendations for valuation are also discussed.

Nunes, Paul; and Tim Breene. (January/February 2011). Reinvent Your Business Before It Is Too Late. *Harvard Business Review,* vol. 89, issue 1/2, pp. 80–87.

To survive over the long term a business needs to reinvent itself periodically, moving from one business performance curve to another. Very few firms make this leap successfully, mainly because they start the process too late. The authors report on an extensive longitudinal study that looks at the differences between companies that have successfully reinvented themselves and those that failed.

Shepherd, Dean A.; and Andrew Zackarakis. (2000). Structuring Family Business Succession: An Analysis of the Future Leader's Decision Making. *Entrepreneurship: Theory and Practice,* vol. 24, no. 4, pp. 25–39.

This article examines the perception of potential family business leaders from a behavioral economics theory perspective. The authors argue that founders should structure succession so that the future leader incurs both financial and behavioral sunk costs as well as hold the future leader to stringent performance requirements prior to the succession.

Wood, Robert W. (April 2011). Can't Find a Buyer? Create an ESOP. *M & A Tax Report,* vol. 19, issue 9, pp. 5–6.

In order to facilitate the sale of a business the author advises owners to create an employee stock ownership plan (ESOP). The firm can claim a tax deduction for its ESOP contributions providing significant tax savings. There may also be tax deductions for certain kinds of dividends depending on how they are distributed.

译者后记

本书是《创业学》第 9 版的中文版。《创业学》的主要作者罗伯特 D. 赫里斯博士现为美国肯特州立大学教授、商学院副院长。赫里斯教授在创业学方面的造诣很深，熟知创业的各个环节，并形成了独特的理论体系。自 2005 年以来，赫里斯教授一直作为吉林大学的名誉教授同吉林大学管理学院和吉林大学创业研究中心开展富有成效的学术交流与合作。

创业学是新兴学科，并且与多个学科交叉，比如管理学、经济学、社会学、心理学、统计学等。和任何一个新兴学科一样，创业学缺乏理论体系的指导，在学术界也呈现百花齐放、百家争鸣的现象。作为创业学的"百家"之一，赫里斯教授是为数不多的受到广泛认可的创业学专家。赫里斯教授的合作伙伴遍布世界各地，其主要著作《创业学》也被译成多个语言版本。

《创业学》第 9 版是赫里斯教授、彼得斯教授和谢泼德教授最新修订的创业学教材，受到各国读者的广泛期待，这其中当然包含中国的读者。创业学在中国得到了蓬勃的发展，在国内多所大学都开展了创业教育。一些大学专门设有创业学的硕士、博士研究方向，如清华大学、中山大学、南开大学、浙江大学和吉林大学等。作为一本详细介绍创业学的著作，其对于中国学生的价值不言而喻。

本书具体的翻译分工如下：第 1～6 章、第 9 章、第 10 章、第 11 章由蔡莉教授组织翻译，第 7 章、第 8 章、第 12～15 章由葛宝山教授组织翻译。考虑到部分内容与国内读者阅读习惯不太一致，顺序略有调整，少部分举例采用国内企业的例子，但不影响原书内容。全书最后由蔡莉教授和葛宝山教授统稿。吉林大学管理学院的李雪灵教授、苗青教授、朱秀梅教授、苗淑娟副教授、董保宝副教授、尹苗苗副教授和创业学领域的博士生参与了本书的翻译，在此向参加本书翻译工作的同志表示衷心的感谢。最后感谢机械工业出版社华章公司的大力支持。

采用本书作为教科书的课堂教学安排建议如下：

章节	本科生	MBA
第 1 章	1 课时	2 课时
第 2 章	3 课时	2 课时
第 3 章	4 课时	3 课时
第 4 章	3 课时	2 课时
第 5 章	3 课时	2 课时
第 6 章	3 课时	3 课时
第 7 章	4 课时	3 课时
第 8 章	4 课时	3 课时

（续）

章节	本科生	MBA
第 9 章	3 课时	3 课时
第 10 章	2 课时	3 课时
第 11 章	4 课时	2 课时
第 12 章	4 课时	1 课时
第 13 章	2 课时	1 课时
第 14 章	2 课时	1 课时
第 15 章	2 课时	1 课时

管理教材译丛系列

课程名称	书号	书名、作者及出版时间	定价
工程经济学	978-7-111-48830-9	工程经济学原理（第3版）（朴赞锡）（2015年）	69
战略管理	即将出版	战略管理：概念与案例（第19版）（汤普森）（2015年）	65
战略管理	978-7-111-29071-1	战略管理：赢得竞争优势（第2版）（希特）（2010年）	48
运营管理	978-7-111-46650-5	运营管理基础（第5版）（戴维斯）（2014年）	59
领导学	978-7-111-39776-2	领导学：在实践中提升领导力（第7版）（哈格斯）（2012年）	69
国际企业管理	978-7-111-48684-8	国际企业管理：文化、战略与行为（第8版）（卢森斯）（2014年）	75
管理学	978-7-111-36487-0	管理学原理（第7版）（达夫特）（2011年）	69
管理沟通	978-7-111-24811-8	管理沟通：原理与实践（第3版）（哈特斯利）（2008年）	35
管理沟通	978-7-111-43944-8	商务与管理沟通（第10版）（洛克）（2013年）	75
公司治理	978-7-111-45431-1	公司治理（格尔根）（2014年）	49
创业管理	978-7-111-41965-5	创新与创业管理（第2版）（贝赞特）（2013年）	69
创业管理	978-7-111-31277-2	创业管理：成功创建新企业（第3版）（巴林格）（2010年）	48
职业规划	978-7-111-41048-5	职业生涯规划与管理（哈林顿）（2013年）	39
项目管理	978-7-111-30704-4	项目管理（第2版）（宾图）（2010年）	59
项目管理	即将出版	项目管理（第3版）（宾图）（2015年）	75
服务管理	978-7-111-41261-8	服务管理：运作、战略与信息技术（第7版）（菲茨西蒙斯）（2013年）	69
IT项目管理	978-7-111-32728-8	IT项目管理（第6版）（施瓦尔贝）（2011年）	58
国际商务谈判	978-7-111-39276-7	商务谈判（第5版）（列维奇）（2012年）	39
组织行为学	978-7-111-38973-6	组织行为学（安德烈）（2012年）	75
组织行为学	978-7-111-36291-3	组织行为学（第5版）（麦克沙恩）（2011年）	69
人力资源管理	978-7-111-35334-8	人力资源管理（第11版）（蒙迪）（2011年）	69
人力资源管理	978-7-111-41186-4	人力资源管理（第8版）（卡肖）（2013年）	75
物流管理	978-7-111-41805-4	物流管理（第4版）（哈里森）（2013年）	45
供应链（物流）管理	978-7-111-44642-2	供应链管理（第3版）（威斯纳）（2013年）	69
供应链（物流）管理	978-7-111-27762-0	供应链管理：获取竞争优势的科学方法（霍普）（2009年）	35
供应链（物流）管理	978-7-111-27188-8	供应链管理：原理与工具（韦伯斯特）（2009年）	48
管理信息系统	978-7-111-47626-9	管理信息系统（第6版）（克伦克）（2014年）	69

课程名称	书号	书名、作者及出版时间	定价
财务会计	即将出版	财务会计：概念、方法与应用（第14版）（威尔）（2015年）	95
财务会计	978-7-111-39244-6	财务会计教程（第10版）（亨格瑞）（2012年）	79
财务管理（公司理财）学习指导	978-7-111-32466-9	公司理财（第8版）习题集（汉森）（2010年）	42
财务管理（公司理财）	978-7-111-36751-2	公司理财（第9版）（罗斯）（2012年）	88
财务管理（公司理财）	978-7-111-47887-4	公司理财（精要版）（第10版）（罗斯）（2014年）	75
电子商务	978-7-111-45187-7	电子商务：管理与社会网络的视角（第7版）（特班）（2014年）	79
战略管理	978-7-111-39138-8	战略管理：概念与案例（第8版）（希尔）（2012年）	69
战略管理	978-7-111-43844-1	战略管理：获取持续的竞争优势（第4版）（巴尼）（2013年）	69
商业伦理学	978-7-111-37513-5	企业伦理学（第7版）（乔治）（2012年）	79
领导学	978-7-111-47356-5	领导学（全球版·第8版）（尤克尔）（2014年）	65
管理学	978-7-111-46255-2	管理学（诺里亚）（2014年）	69
管理学	978-7-111-41449-0	管理学：原理与实践（第8版）（罗宾斯）（2013年）	59
管理学	即将出版	管理学：原理与实践（第9版）（罗宾斯）（2015年）	59
管理技能	978-7-111-37591-3	管理技能开发（第8版）（惠顿）（2012年）	98
创业管理	即将出版	百森创业教学法：基于实践的视角（奈克）（2015年）	49
创业管理	978-7-111-40258-9	公司创新与创业（第3版）（库拉特科）（2012年）	49
项目管理	978-7-111-39774-8	项目管理：基于团队的方法（布朗）（2012年）	49
数据、模型与决策	978-7-111-49612-0	数据、模型与决策：基于电子表格的建模和案例研究方法（第5版）（希利尔）（2015年）	89
管理会计	978-7-111-39512-6	管理会计教程（第15版）（亨格瑞）（2012年）	88
投资银行学	978-7-111-41476-6	投资银行、对冲基金和私募股权投资（斯托厄尔）（2013年）	99
金融中介学	978-7-111-43694-2	金融市场与金融机构（第7版）（米什金）（2013年）	99
金融学（货币银行学）指导或案例	978-7-111-44311-7	货币金融学（第2版）学习指导（米什金）（2013年）	45
金融学（货币银行学）	978-7-111-34261-8	货币金融学（第2版）（米什金）（2011年）	75
金融市场学	978-7-111-26674-7	金融市场学（第10版）（罗斯）（2009年）	79
金融工程学习指导	978-7-111-30014-4	期权、期货及其他衍生产品习题集（第7版）（赫尔）（2010年）	42
金融工程	978-7-111-48437-0	期权、期货及其他衍生产品（第9版）（赫尔）（2014年）	109
（证券）投资学学习指导	978-7-111-42662-2	投资学习题集（第9版）（博迪）（2013年）	49
（证券）投资学	978-7-111-39028-2	投资学（第9版）（博迪）（2012年）	98
（证券）投资学	978-7-111-44455-8	投资学（专业版）（博迪）（2013年）	199
中级宏观经济学	978-7-111-43155-8	宏观经济学（第5版）（布兰查德）（2013年）	75
西方经济学学习指导	978-7-111-33099-8	哈伯德《经济学》学习指南（第3版）（斯卡希尔）（2011年）	45
西方经济学学习指导	978-7-111-31352-6	经济学精要（精要版）（第4版）学习指南（拉什）（2010年）	39
西方经济学（微观）	978-7-111-32767-7	经济学（微观）（第3版）（哈伯德）（2011年）	59
西方经济学（微观）	978-7-111-42810-7	经济学（微观部分）（第2版）（斯通）（2013年）	55
西方经济学（宏观）	978-7-111-32768-4	经济学（宏观）（第3版）（哈伯德）（2011年）	49
西方经济学（宏观）	978-7-111-42849-7	经济学（宏观部分）（第2版）（斯通）（2013年）	49
西方经济学	978-7-111-28088-0	经济学：私人与公共选择（第12版）（格瓦特尼）（2009年）	78
西方经济学	978-7-111-27481-0	经济学原理（精要版）（第4版）（帕金）（2009年）	62
商务与经济统计	978-7-111-37641-5	商务与经济统计（第11版）（安德森）（2012年）	108
商务与经济统计	即将出版	商务与经济统计（第12版）（安德森）（2015年）	109
财政学	即将出版	财政学（第4版）（格鲁伯）（2015年）	79
组织行为学	978-7-111-44814-3	组织行为学精要（第12版）（罗宾斯）（2014年）	45
人力资源管理	978-7-111-40189-6	人力资源管理（亚洲版·第2版）（德斯勒）（2012年）	65
消费者行为学	978-7-111-47509-5	消费者行为学（第12版）（霍金斯）（2014年）	79
市场营销学（营销管理）	978-7-111-43017-9	市场营销学（第11版）（阿姆斯特朗、科特勒）（2013年）	75
市场营销学（营销管理）	978-7-111-43202-9	市场营销原理（亚洲版·第3版）（科特勒）（2013年）	79
服务营销学	978-7-111-48495-0	服务营销（第6版）（泽丝曼尔）（2014年）	75
供应链（物流）管理	978-7-111-45565-3	供应链物流管理（第4版）（鲍尔索克斯）（2014年）	59
管理信息系统	978-7-111-34151-2	管理信息系统（第11版）（劳顿）（2011年）	55